Anette Scharla-Dey
Franz Peter Tschauner

MIT DEM WOHNMOBIL durch den HUNSRÜCK entlang der MOSEL in die EIFEL

Die Anleitung für einen Erlebnisurlaub

womo®
DER WOHNMOBIL-VERLAG
altennordheim
dorf

Die Deutsche Bibliothek – CIP-Einheitsaufnahme

Bibliografische Information der Deutschen Bibliothek

Die Deutsche Bibliothek verzeichnet diese Publikation in der Deutschen Nationalbibliografie.
Detaillierte bibliografische Daten sind im Internet über <http://dnb.ddb.de> abrufbar.

Titelbild: Skulptur Windklang auf dem Erbeskopf - Veröffentlichung mit freundlicher Genehmigung des Künstlers Christoph Mancke (Tour 4)
Bild in vorderer Klappe: Rotes Haus in Monschau (Tour 13)

Karten: A. Scharla-Dey/F.P. Tschauner
Fotos: Bildnachweise Seite 375

4. überarbeitete und aktualisierte Auflage - 2021

Druck:
Louis Hofmann Druck- und Verlagshaus, 96242 Sonnefeld

Vertrieb:
GeoCenter GmbH, 70794 Filderstadt

Herausgeber:
WOMO-Verlag, OT Mittelsdorf, 36452 Kaltennordheim
GPS: N 50°36'38.2" E 10°07'55.6"

Fon: 0049 (0) 36946-20691
Fax: 0049 (0) 36946-20692
eMail: verlag@womo.de
Internet: www.womo.de

Autoren-eMail: afp@womo.de

ISBN 978-3-86903-174-3

Jede Tour und jeder Stellplatz sind von uns meist mehrfach überprüft worden, wir können jedoch inhaltliche Fehler nie ganz ausschließen. Bitte achten Sie selbst auf Hochwasser, Brandgefahr, Steinschlag und Erdrutsch!
Verlag und Autoren übernehmen keine Verantwortung für die Legalität der veröffentlichten Stellplätze und aller anderen Angaben. Unsere Haftung ist, soweit ein Schaden nicht an Leben, Körper oder Gesundheit eingetreten ist, ausgeschlossen, es sei denn, unsere Verantwortung beruht auf Vorsatz oder grober Fahrlässigkeit.

Einladung

Wir laden Sie ein, mit uns den linksrheinischen Teil des Rheinischen Schiefergebirges kennenzulernen!

Eingebettet zwischen Hunsrück- und Eifelhöhen windet sich die Mosel durch ein romantisches Flusstal mit idyllischen Weinorten und kleinen Städtchen mit pittoresken Winzerhäusern. Sanfte Hügel wechseln mit steilen Felswänden, auf sonnigen Hängen wächst der typische Moselriesling und über dem glitzernden Fluss wachen trutzige Burgen.
Auch wir erliegen dem Charme dieser malerischen Region, die Jahr für Jahr viele Besucher in ihren Bann zieht und je nach Reisezeit von Wohnmobilen überquillt.
Auf der Suche nach ruhigeren Gefilden verlassen wir das Tal der Mosel und treffen in der Eifel und im Hunsrück auf eine dünne Besiedlung, viel Weite und Einsamkeit. Hier streifen wir durch intakte Naturlandschaften mit Hochebenen, Wäldern und Tälern, kreuzen wildromantische Bachläufe und blühende Wiesen. Bizarre Felsformationen und in der Eifel einzigartige vulkanisch geprägte Landschaften mit tiefblauen Maaren faszinieren uns. An der Ahr, der Nahe und der Ruwer begegnen wir weiteren bekannten deutschen Weinregionen und kosten deren köstliche Erzeugnisse. Begleitet von Bergwerken und Edelsteinen erleben wir Kultur jenseits der großen Museen und wandeln auf den Spuren der Römer. Durch urwüchsige Fachwerkdörfer und -städte mit in der Sonne glänzenden Schieferdächern folgen wir Pfaden, die noch immer abseits der großen Touristenströme liegen.

Begleiten Sie uns durch eine der bekanntesten Regionen Deutschlands, das Moseltal zwischen Trier und Koblenz und erkunden Sie mit uns herrliche Gebiete im Hunsrück und in der Eifel, die für Reisen mit dem Wohnmobil teils immer noch wenig erschlossen sind!

Viele schöne Reiseerlebnisse und eine angenehme Urlaubszeit wünschen Ihnen

Ihre

Anette Scharla-Dey und Franz Peter Tschauner

Unsere persönlichen Top Ten

Rotenfels

Die höchste Steilwand nördlich der Alpen gehört zu einem Naturschutzgebiet und präsentiert die grandiose Aussicht in die einer Eisenbahnlandschaft ähnelnde Umgebung.
Tour 1, Seite 35/36

Geierlay

Die für uns schönste Hängeseilbrücke Deutschlands befindet sich im Hunsrück und ist etwas für Schwindelfreie und Abenteurer.
Tour 2, Seite 57/58

Stumm-Orgeln

Die älteste, im Originalzustand erhaltene Orgel in Münstermaifeld ist ein Genuss für Augen und Ohren sowie nur eine von rund 400 Orgeln der Orgelbauer-Dynastie Stumm.
Tour 3, Seite 86

Erbeskopf

Es ist ein wenig wie Fliegen, wenn wir von der begehbaren Skulptur Windklang über die Weiten der rheinland-pfälzischen Landschaft schauen können.
Tour 4, Seite [illegible]-114

Römerbauten in Trier

Sieben Bauten einer der größten Metropolen des Römischen Reiches gehören neben dem Dom und der Liebfrauenkirche zum Unesco-Weltkulturerbe. Das sagt alles!
Tour 6, Seite 143 - 148.

persönlichen Top Ten

Burg Eltz

Eine der bekanntesten Burgen Deutschlands versprüht Mittelalter pur und zieht uns als Freunde von geschichtsträchtigen Gemäuern sowie als Naturliebhaber in ihren Bann.
Tour 8, Seite 211/212

Maare

In der vulkanischen Phasen der Eifel entstanden vor vielen Jahrtausenden die Maarseen. Heute sorgen diese für eine atemberaubende Kulisse in Dunkelblau und sattem Grün.
Tour 10, Seite 245

Monschau

Das idyllischste mittelalterliche Ortsbild mit engen Gassen und Kopfsteinpflaster sowie gemütlichen Fachwerkfassaden bietet für uns dieses lebendige Städtchen.

Tour 13, Seite 316/317

Campingplatz Ahrweiler

Der herzliche Empfang verbunden mit der Lage direkt an der Ahr und der Entfernung von nur wenigen Gehminuten zur historischen Altstadt sprechen für diesen Platz.
Tour 14, Seite 358

Wein

In den Regionen Nahe, Mosel, Ruwer und Ahr spiegeln sich im Wein alle Nuancen der Natur, hier verbinden sich Geschmack und Gefühl. Einfach wunderbar!
Touren 1 - 15

Inhaltsverzeichnis

Reisegebiet

Bevor Sie uns auf unsere von ganz persönlichen Vorlieben und Wahrnehmungen geprägte Reise begleiten, möchten wir Ihnen ein wenig über unser gemeinsames Ziel und den Aufbau dieses Buches mitteilen.

Die beiden westlichsten Mittelgebirge Deutschlands Hunsrück und Eifel sowie die sich dazwischen in vielen Windungen schlängelnde Mosel bieten sich sowohl für einen interessanten Kurztrip als auch für einen abwechslungsreichen, erholsamen und spannenden, längeren Urlaub an.

Hier vereinen sich Natur und Kultur, sodass Wanderer, Radfahrer oder andere Aktivurlauber genauso auf ihre Kosten kommen, wie jene, die gerne Museen besuchen und an der historischen Vergangenheit der Region interessiert sind. An der Nahe, zwischen Mosel und Ruwer, aber auch an der Ahr verkosten wir Weine bekannter und weniger bekannter Winzer und alle drei Gebiete verbindet nicht nur das blaugraue Band des Schiefers und die römische Vergangenheit, sondern auch eine Vielzahl von attraktiven Sehenswürdigkeiten sowie eine ausgeprägte Flora und Fauna, die es zu entdecken gilt.

Auf der Innenseite der hinteren Umschlagklappe zeigt Ihnen das abgebildete Gebiet die geografische Lage von Hunsrück, Mosel und Eifel innerhalb Deutschlands und unseren Reiseverlauf.

Unsere persönlichen Top Ten

Auf jeder Reise sehen Sie genauso wie wir viel Schönes, erleben Dinge, die mal mehr, mal weniger ansprechen und emotional berühren oder aber auch zum "Must see-Programm" des jeweiligen Zielgebietes gehören.

Unter den auf Seite 4 und 5 dieses Buches genannten Top Ten finden Sie unsere ganz persönlichen Lieblingsorte oder Lieblingslandschaften, unsere erfreulichsten Begegnungen sowie beeindruckendsten Momente und leckere kulinarische Erfahrungen. Hierbei kann es sich durchaus um eine bekannte Sehenswürdigkeiten handeln, aber vielleicht ist es gerade das versteckte, weniger Bekannte, das uns begeistert hat und Ihnen im besten Fall auch gefallen könnte. Die Aufzählung erfolgt nach Touren und ist nicht als Ranking zu verstehen.

Stellplätze

In diesem Buch werden Sie nicht alle vorhandenen Wohnmobilstellplätze aufgelistet vorfinden. Viel zu viele gibt es davon und zudem darunter Plätze, die nicht an unserer Streckenführung liegen oder uns aus den unterschiedlichsten

Gründen nicht zugesagt haben, sodass wir für Sie eine Vorauswahl getroffen haben.
Besonders in den größeren Orten, aber auch entlang des direkten Tourenverlaufs haben wir alle uns bekannten **offiziellen Stellplätze** erwähnt. Da die **Preise** auf diesen Plätzen oft einem Wandel unterworfen sind, verzichten wir in der Regel auf die genaue Angabe und weisen lediglich darauf hin, wenn sie anfallen und geben als Anhaltspunkt die Höhe in Form von Euro-Zeichen an:

€ bis 7,50 Euro €€ bis 12 Euro €€€ über 12 Euro

Die Angaben gelten jeweils für zwei Personen und ein Wohnmobil, meist werden Strom und/oder Ver- und Entsorgung extra berechnet. Gegebenenfalls fallen zusätzlich ortsübliche Tourismusabgaben, Kurtaxen oder anderes an.
Fehlen Preisangaben, sind die Plätze (nicht unbedingt Wasser und Strom) kostenfrei und falls wir keine Öffnungszeiten angegeben haben, sind sie im Allgemeinen ganzjährig zugänglich. Es kann aber sein, dass ein Platz aufgrund eines Festes, eines Zirkusbesuches oder eines Jahrmarktes nicht nutzbar ist. Sehen Sie es uns bitte nach, dass uns nicht alle etwaigen Veranstaltungstermine bekannt sind.
Wir nennen Ihnen für jeden Stellplatz die Koordinaten und wenn möglich die Adresse, sodass Sie Ihr Navigationsgerät entsprechend einstellen können. Schauen Sie trotzdem von Zeit zu Zeit in unsere Zufahrtsbeschreibung, da die vom Navi vorgeschlagene kürzeste oder schnellste Strecke nicht immer die beste sein muss.
Manche Strecken zu den Stellplätzen sind für Fahrzeuge mit einem Gesamtgewicht von mehr als 3,5 Tonnen gesperrt.
Achten Sie darauf, ob ein Zusatz wie z. B. *ausgenommen Wohnmobile* oder *Durchgangsverkehr frei* vorhanden ist. Ist das nicht der Fall, sind tatsächlich alle Fahrzeuge über 3,5 Tonnen Gesamtgewicht gemeint. Allerdings kommt es nicht selten vor, dass die Gemeinden durch dieses Verbotsschild lediglich Lastwagen aus Wohngebieten fernhalten wollen. Möglichweise verändern sich Straßenbeschilderungen in diesem als auch in anderen Fällen und wir können diesbezüglich keine exakt und abschließend recherchierten Fakten an Sie weitergeben (vgl. Seite 369 Tipps und Infos).
Wenn wir auf die Angabe für **Strom** eingehen, so bedeutet das nicht, dass jeder Stellplatz über einen Steckdosenzugang verfügt. Manchmal ist nur in einigen Bereichen ein Stromzugang vorhanden, manchmal gar nur eine Steckdose für mehrere Wohnmobile.
Zu Strom und Wasser machen wir bewusst keine Preisangabe,

da sie sich häufig ändert und nur schwer zuverlässig nachzurecherchieren ist.

Mit der Angabe „Max. WOMOs“ geben wir die **Kapazität von Stellplätzen** an, die unserer Meinung nach der Anzahl entspricht, die den ortsansässigen Bewohnern zugemutet werden kann. Diese Angabe ist jedoch nur bedingt zuverlässig und von den Größen sowie dem Parkverhalten der jeweiligen Wohnmobile abhängig. Selbst wenn Parkbuchten oder Parzellen vorgegeben sind, besteht manchmal die Möglichkeit, mehr oder aber auch weniger Fahrzeuge unterzubringen.

Wenn wir auf **WOMO-Größen** eingehen, bedeutet das nicht, dass alle im Buch genannten Stellplätze für Wohnmobile im Lastwagenformat geeignet sind. Unser Wohnmobil gehört zwar nicht zu den kleinsten, es ist dennoch schwierig, sich in die Dimensionen größerer Fahrzeuge hineinzuversetzen.

Die Angabe bei offiziellen Plätzen entspricht der tatsächlichen Anzahl.

Bedenken Sie bitte, dass ein Stellplatz je nach Jahreszeit oder eigener Stimmung sowie situationsabhängig unterschiedlich auf den jeweiligen Betrachter wirken kann, sodass wir im Allgemeinen von derartigen Bewertungen absehen.

Wenn wir von **einfachen Parkplätzen** berichten, dann meinen wir tatsächlich Parkplätze, die ihrer Bestimmung als Abstellfläche entsprechen beziehungsweise die lediglich einige ausgewiesene Wohnmobilplätze bieten oder in ihrer Gesamtheit als offizieller Stellplatz ausgelegt sind.

Denken Sie bitte auch daran, dass sich die WOMO-Reihe nicht nur auf offizielle Plätze beschränkt, sondern auch solche berücksichtigt, die wir aufgespürt haben und die man wohl im allgemeinen Sprachgebrauch als **freie Stellplätze** bezeichnet. Auf diese Plätze passen oft nur wenige Fahrzeuge oder wir geben nur wenige an, um den Platz, vor Sperrungen für Wohnmobile zu schützen. Gerade momentan, da die Zunahme

von Wohnmobilen ungeheuer groß ist, sollten diese Plätze nicht überbelegt werden, da ihre Existenz dann erst recht von extrem kurzer Dauer sein wird. Die Plätze können aber auch aus ganz anderen Gründen, beispielweise einer Bebauung, ganz schnell verschwinden.
Wenn wir von **klappstuhlgeeignet** schreiben, dann sei Ihnen hiermit verraten, dass Sie ihre Campingmöbel vor dem Wohnmobil nutzen zu können, was nicht auf jedem, auch nicht auf einem offiziellen Platz immer möglich ist.
Keiner der in diesem Buch genannten Stellplätze ist dafür geeignet, um sich dort tagelang wie auf einem Campingplatz aufzuhalten und auszubreiten! Inwiefern Sie die Campingmöbel über Nacht vor dem Mobil belassen können, richtet sich sicher nach den örtlichen Gegebenheiten, ist aber in der Regel nicht angebracht. Nur wenige Stellplätze verfügen über Grillmöglichkeiten – hierbei ist zu erwähnen, dass es fraglich ist, ob man überhaupt irgendwo sonst auf der Welt noch auf Kohle grillen darf.

Campingplätze
Die genannten **Öffnungszeiten** können unter Umständen trotz unserer genauen Recherche variieren und sich als unzuverlässig erweisen. Falls Sie in der Vor- oder Hauptsaison, also in den Grenzbereichen der angegebenen Zeiten, unterwegs sind, sollten Sie sich vorher auf den Internetseiten der Campingplätze über die genauen Öffnungszeiten informieren. Das Preisniveau haben wir analog zu den Preisen bei Stellplätzen als Anhaltspunkt in Form von Euro-Zeichen angegeben:

€ bis 15 Euro €€ bis 25 Euro €€€ über 25 Euro

Die Angaben gelten jeweils für zwei Personen und ein Wohnmobil, Ver- und Entsorgung inklusive, meist wird Strom extra berechnet. Gegebenenfalls fallen zusätzlich ortsübliche Tourismusabgaben, Kurtaxen usw. an.
Falls Hunde auf einem Campingplatz nicht gestattet sind, erwähnen wir diese Tatsache soweit Sie uns bekannt ist.

Stell- und Campingplatzsymbole sowie farbige Kästen
Um die Übernachtungs- und Campingplätze auf einen Blick erfassen zu können, haben wir diese im Text in einem Kasten nochmals farbig hervorgehoben und, wie auf den Karten, fortlaufend durchnummeriert. Wir nennen die Ausstattungsmerkmale und geben Ihnen eine kurze Zufahrtsbeschreibung. „Max. WOMOs" soll dabei andeuten, wie viele Wohnmobile dieser Platz maximal verträgt und nicht, wie viele auf ihn passen würden (schließlich gibt es auch Einwohner und andere Urlauber)!

In den neueren WOMO-Büchern ab 2018 sehen Sie für offizielle Stellplätze auf den Karten ein eigenes Symbol in Form eines Wohnmobils. Übernachtungsplätze mit **B**ademöglichkeit sind mit hellblauer Farbe unterlegt. Wanderparkplätze sind grün gekennzeichnet. **P**icknickplätze erkennen Sie an der violetten Farbe und Stellplätze bei Winzern, an Bauernhöfen sowie Gaststätten sind gelb-grün. Auf Schlafplätze, denen die gerade genannten Merkmale fehlen, also auf einfache **S**tellplätze, weist die Farbe Gelb hin. Empfehlenswerte **C**ampingplätze haben olivgrüne Kästchen.

Besonders sehenswerte Orte und Städte sowie Sehenswürdigkeiten oder erwähnenswerte Ereignisse sind zum schnelleren Auffinden im Text hellgelb unterlegt. Wanderungen oder Radtouren, die wir Ihnen besonders ans Herz legen möchten, haben wir hellgrün markiert.

Alle erwähnten Übernachtungs- und Campingplätze sind zusätzlich sowohl in den Touren als auch in den ihnen vorangestellten Tourenkarten fortlaufend durchnummeriert. Alle weiteren Kartensymbole finden sich in der **Zeichenerklärung** auf der hinteren Umschlagklappe.

Ver- und Entsorgungsstationen und Toiletten

Alle genannten Campingplätze verfügen in der Regel über Ver- und Entsorgungsstationen und wir informieren Sie nur,

falls uns das Fehlen einer solchen Einrichtung aufgefallen ist. Alle weiteren **Ver- und Entsorgungsstationen** an den Stellplätzen oder anderen Einrichtungen sind auf den Tourenkarten mit Symbolen gekennzeichnet. Nicht an jedem Wasserhahn können Sie mit einem Schlauch Wasser fassen, sondern benötigen teilweise eine Gießkanne, einen Kanister oder ein anderes Hilfsmittel.
Wenn wir bei den Stellplätzen auf **Toiletten** hinweisen, geschieht das nicht, um Ihnen einen Tipp zu Entleerung der Bordkassette zu geben, sondern es dient vielmehr als Hinweis an die Leser, die ihren Bedürfnissen nicht in den eigenen vier Wohnmobil-Wänden nachgehen können oder wollen sowie denen mit Campingbusausbauten ohne Porta-Potti oder ähnlichem.

Sehenswürdigkeiten und Öffnungszeiten
Eintrittsgelder, Entgelte für Stadtführungen und ähnliches sind einem steten Wandel unterworfen, sodass wir auf die genaue Angabe in der Regel verzichten und lediglich darauf hinweisen, wenn sie anfallen. Ähnlich verhält es sich bei den Öffnungszeiten und wir geben, soweit sie uns bekannt sind, in der Regel die Kassenöffnungszeiten an.

Wanderungen und Radtouren
Wir nennen Ihnen verschieden lange Wanderungen und Radtouren, die Ihnen die unterschiedlichen Landschaftsformen

Wintermärchen an der Mosel bei Trittenheim

der jeweiligen Regionen näherbringen. Im Allgemeinen sind die Wege gut markiert und entsprechen leichten bis mittleren Anforderungen.
Hierbei ist zu erwähnen, dass wir uns eher wandernd durch die Natur bewegen, da unsere Hunde lieber auf dem Waldboden schnüffelnd als hechelnd neben dem Fahrrad mit uns unterwegs sind. Auch wenn wir Sie auf vorhandene Radwege oder MTB-Trails hinweisen, werden in diesem Buch dennoch die Wanderrouten überwiegen.

Restaurants
Für das leibliche Wohl halten wir eine Mischung vom noblen Restaurant über Konditoreien, Metzgereien und Hofläden bis zur einfachen Gaststätte bereit. Vermutlich können Sie in vielen der von uns nicht genannten Gaststätten preiswerter einkehren, aber wir gehen lieber einmal weniger essen und geben dafür etwas mehr Geld aus, können uns aber dafür ziemlich sicher sein, dass wir eine vernünftige und vor allen Dingen dem Preis angemessene Mahlzeit in einer angenehmen Atmosphäre erhalten.
Die Nennung von Firmen, Restaurants oder Produkten sind als Beispiele ohne Wertung gegenüber anderen anzusehen. Die Qualitäts- und Quantitätsangaben entsprechen unseren rein subjektiven Einschätzungen und erheben keinen Anspruch auf Vollständigkeit.

Anreise, Navigation, Entfernungsangaben und Tourenverlauf
Wir wählen für die Anreise meist die von Nord nach Süd verlaufende Autobahn A61. Eine weitere detaillierte Beschreibung ist nicht erforderlich, da ein gut ausgebautes Straßennetz aus allen Ecken Deutschlands für eine unkomplizierte An- und Abreise bestens sorgt und der Einstieg in unsere Touren an verschiedenen Punkten möglich ist.
In diesem Reiseführer geben wir, soweit sie uns bekannt sind, die Straßennamen der Park-, Stell- und Campingplätze an.
Obwohl wir davon ausgehen, dass nahezu jeder Leser mit einem Navigationsgerät unterwegs ist oder mit dem Smartphone beziehungsweise Tablet navigiert, haben wir die Zufahrten zu allen Stell- und Campingplätzen als auch zu Tourenverläufen zumindest grob beschrieben.
Die **Kilometerangaben** neben der Tourenüberschrift erlauben nur eine erste Orientierung über die Länge der jeweiligen Tour und betreffen die ungefähre Entfernung ab dem letzten Stell- oder Campingplatz der vorhergehenden Tour bis zum letzten Stell- oder Campingplatz der aktuellen Tour.
Da sich unsere Reiserouten an einigen Stellen sehr nahekommen, bietet sich nach Lust und Laune ein „Touren-Hopping“ an.

Sie können sich natürlich auch „sklavisch“ an unsere Tourenvorschläge halten. Wir sind den beschriebenen Tourenverlauf jedoch nicht in „einem Rutsch“ durchgefahren, vielmehr setzt er sich aus vielen Aufenthalten und einzelnen Erlebnissen zu unterschiedlichen Jahreszeiten zusammen. Auch wenn wir dabei nicht alle Sehenswürdigkeiten und Urlaubsangebote aufzählen können, sind wir dennoch davon überzeugt, dass wir Ihnen einen sehr großen und typischen Ausschnitt des Reisegebietes nahebringen können. Aber auch für Ihre eigenen Entdeckungen wird immer noch genug Raum bleiben.

Tourenkarten, Straßenkarten und Übersichtskarte

Die den Touren vorangestellten **Tourenkarten** ersetzen keine regulären Straßen- oder Wanderkarten und sollen lediglich zur Orientierung dienen.

Neben einem funktionstüchtigen Navigationsgerät oder Navigations-Apps auf Smartphone sowie Tablet empfehlen wir nach wie vor die Mitnahme von aussagekräftigen **Straßen- und Wanderkarten**. Näheres entnehmen Sie bitte unter dem Stichwort Kartenmaterial im hinteren Teil des Buches.

In der hinteren Umschlagklappe finden Sie eine **Übersichtskarte** der Touren dieses Buches, die Ihnen einen ersten Überblick darüber verschafft, an welchem Abschnitt unseres Reisegebietes die einzelnen Strecken verlaufen.

Tipps und Infos

Vieles in den einzelnen Tourenbeschreibungen würde sich wiederholen, sodass wir es im hinteren Teil dieses Buches zusammengefasst haben.

Lesen Sie daher bitte vor Ihrem Einstieg in die einzelnen Reiseetappen unsere allgemeinen **Tipps und Infos** für einen gelungenen Aufenthalt im Hunsrück, an der Mosel und in der Eifel.

Alle Touren bereisten wir mit unserem Wohnmobil mit einer Länge von 6,99 Meter, einer Breite von 2,22 Meter und einer Höhe von drei Meter sowie einem zulässigen Gesamtgewicht von vier Tonnen problemlos. Sollte es nach unseren Einschätzungen für größere Reisemobile auf den beschriebenen Strecken Einschränkungen geben können, weisen wir im Text gezielt darauf hin.

Erwarten Sie bitte keine Geheimtipps! Die gibt es seit der enormen Zunahme von Reisemobilen schon lange nicht mehr. Wenn es sie bei den Stellplätzen je gab, dann sind sie oft genug von Höhenbegrenzungen blockiert, Wohnmobile sind schlicht verboten oder im besten Fall ist ein offizieller Stellplatz daraus geworden. Letztere sind mittlerweile leider nicht nur in der Hauptreisezeit schnell belegt, sondern zeichnen sich teilweise zusätzlich durch eine wenig erfreuliche Enge aus. Das ändert jedoch nichts an

der Attraktivität des Zielgebietes als WOMO-Reiseland.
Im Gegenteil, denn die Vielzahl von offiziellen Stell- und Campingplätzen lassen ein Übernachten oder Verweilen an ganz unterschiedlichen Orten in abwechslungsreichen Regionen zu. Dies hat den Vorteil, dass wir einen Großteil der Landschaft im Hunsrück, an der Mosel und in der Eifel mit dem Wohnmobil „erfahren" und, ergänzt durch freie Stellplätze, fast überall einen Lieblingsplatz finden können. Davon gibt es nämlich immer noch eine ungeheure Fülle und je nach Gusto, aber mit viel Fingerspitzengefühl wird man schnell fündig!

Corona, COVID-19
Wir möchten Sie darauf aufmerksam machen, dass dieses Buch vor der Corona-Pandemie, während des sogenannten Lockdowns und nach der Erleichterung der Kontaktbeschränkungen bis etwa Mitte 2020 überarbeitet wurde.
Wir haben vorwiegend auf Fotos unserer vorherigen Recherchetouren zurückgegriffen, um Ihnen keine leeren, nur mit wenigen oder nach der Rücknahme des Lockdowns mit ungewöhnlich vielen Wohnmobilen belegte Stell-, Camping- und Parkplätze zu zeigen. In bisher „normalen" Zeiten waren diese Plätze entweder gut frequentiert, eher spärlich besucht oder beinahe unbekannt. Wir können nicht in die Zukunft schauen und es ist daher nicht vorhersehbar, welche der von uns genannten Stell- und Campingplätze, Sehenswürdigkeiten, Gaststätten sowie diverse andere Attraktionen, möglicherweise auch Stellplatz- und Zugangskapazitäten, Angebote, Preise und Öffnungszeiten sich in irgendeiner Form verändern oder im schlechtesten Fall ganz gestrichen werden müssen.
Wir können Ihnen diesbezüglich nur empfehlen, im Vorfeld Ihres Besuches auf den entsprechenden, meist von uns angegebenen Internetseiten oder sich unter den ebenfalls beinahe in allen Fällen genannten Telefonnummern zu informieren. Im Zweifelsfall sind die Tourist-Informationen immer eine gute Anlaufadresse. Beachten Sie bitte gegebenenfalls die aktuellen Hinweise des Bundesgesundheitsministeriums der Bundesregierung sowie der Landesregierungen von Rheinland-Pfalz und Nordrhein-Westfalen zum Coronavirus in Deutschland (*www.bundesgesundheitsministerium.de* und *www.rlp.de* und *www.land.nrw*).

Unsere Bitte an Sie
Mit sehr viel Freude und Spaß, aber auch mit Arbeit und Mühe haben wir für Sie die vorliegenden Tourenvorschläge recherchiert. Wir testeten Sehenswürdigkeiten und Aktivitäten vor Ort und haben unsere Erlebnisse für Sie aufgeschrieben. Trotz aller Sorgfalt ist es möglich, dass sich die Gegebenheiten

bereits bei Erscheinen dieses Buches verändert haben. Wenn Ihnen Derartiges auffällt, Sie etwas Neues entdecken oder Ihnen etwas besonders gut gefallen hat, würden wir uns über eine entsprechende Nachricht von Ihnen sehr freuen!
Auch wenn Ihnen etwas missfallen hat, lassen Sie es uns bitte ebenfalls wissen. Nur so können wir Ihren WOMO-Reiseführer bei der nächsten Auflage verbessern.
Alle Autoren des WOMO-Verlags sind auf die Mithilfe der Leser angewiesen und Ihre Tipps sowie Anregungen sind uns immer willkommen!
Hierzu können Sie das vorbereitete Infoblatt am Ende des Buches benutzen, eine entsprechende Notiz im verlagseigenen Forum hinterlassen oder uns direkt per E-Mail kontaktieren:

afp@womo.de

Letztere Möglichkeit ist uns die angenehmste, da wir Ihre Informationen dann am besten weiterverarbeiten können. Wir beantworten grundsätzlich alle an uns direkt gerichteten individuellen Schreiben. Sehen Sie es uns bitte nach, wenn dies vielleicht erst nach einigen Wochen oder Monaten geschieht oder wir die Antwort auf eine gut gemeinte Zuschrift im Ausnahmefall auch einmal vergessen!
Informieren Sie sich vor Ihrer Reise über Stellplatzsperrungen und ähnliche Veränderungen auf der Homepage oder im Forum des WOMO-Verlags unter **www.forum.womoverlag.de** oder **www.womo.de** und vermitteln Sie nach Ihrer Reise dort mit eigenen Beiträgen anderen Lesern aktuelle Informationen.

Wir danken Ihnen bereits heute für Ihre Mithilfe!

Sonnenaufgang am Pulvermaar

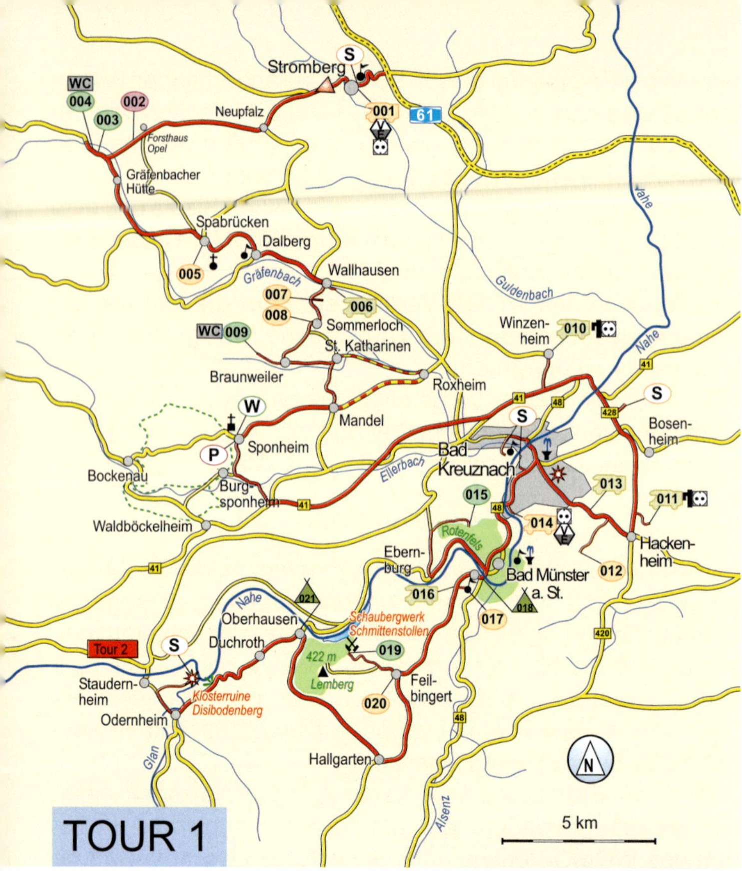

Der Ort Ebernburg mit dem Rotenfels

Tour 1 135 km

Stromberg – Spabrücken – Sponheim – Wallhausen Bad Kreuznach – Bad Münster am Stein – Odernheim

Stellplätze:	Stromberg, Neupfalz, Spabrücken, Wallhausen, Sommerloch, Braunweiler, Sponheim, Winzenheim, Hackenheim, Bad Kreuznach, Traisen, Ebernburg, Feilbingert.
Campingplätze:	Bad Münster am Stein Campingplatz Nahe-Asenz-Eck, Oberhausen an der Nahe Camping Nahetal.
Besichtigen:	Stromberg Heimatmuseum, Burgruine Pfarrköpfchen; Spabrücken Wallfahrtskirche, Sponheim Benediktiner Abtei, Bad Kreuznach div. Museen und Kirchen, Salinental; Bad Münster am Stein, Odernheim Klosterruine und Park.
Wandern:	Sponheim, Bad Kreuznach, Bad Münster am Stein.
Essen:	Stromberg Brasserie Voss; Spabrücken Zur Sonne; Hackenheim Bonnheimer Hof; Bad Kreuznach Restaurants Brauwerk, Im Gütchen, Im Kittchen.

In den ersten fünf Touren unserer Rundreise werden wir uns mitten in Rheinland-Pfalz zwischen Rhein und Nahe aufhalten. Hier erstreckt sich auf rund 100 Kilometer Länge der Hunsrück, eine ländliche Mittelgebirgslandschaft mit ungeheuer viel Grün, klarer Luft und unzähligen Möglichkeiten zum Erholen und Entspannen in fast unberührter Natur (www.hunsruecktouristik.de). Wir möchten dem im Hunsrücker Dialekt als "Gehaichnis" bezeichneten Gefühl nachspüren, das Geborgenheit sowie Wohlbefinden verspricht und positiv auf alle Sinne wirken soll. Bei ausgedehnten Wanderungen auf federnden Waldböden wird uns das fröhliche Gezwitscher der Vögel begleiten, wir werden Burgen und Schlösser in schattigen Tälern oder auf Erhebungen weithin sichtbar entdecken sowie uns von unvergesslichen Ausblicken über die Landschaft faszinieren lassen. In kleinen und großen Museen folgen wir den Spuren von Kelten, Römern und Pfalzgrafen und spüren deren Geschichte sowie ihrer Kultur nach.
Fernab von Industrie und Großstädten stellt sich zwischen schattigen Wäldern, blühenden Wiesen, tief eingeschnittenen Bachtälern, gewaltigen Felsformationen sowie sanft gewellten Höhenzügen bei uns nach einigen Tagen tatsächlich ein entspanntes als auch anregendes Urlaubsgefühl ein.

Das könnte Ihnen auch gefallen? Dann folgen Sie uns doch von der A61 kommend zunächst nach **Stromberg**. Die Kleinstadt gilt als Tor zum Hunsrück und bezeichnet sich selbst gerne als „Drei-Burgen-Stadt“.

(001) Offizieller WOMO-Stellplatz: Stromberg, Michelsland

GPS: N 49°56'50.2" E 7°47'17.1"
Deutsche Michel Halle
Max. WOMOs: 6
Ausstattung: V/E, Strom, Müllbehälter.
Beschreibung: Der meist schattenlose, auf Wiese gelegene Stellplatz liegt am Ortsrand nahe der Feuerwehr. Es gibt Supermärkte in der Nähe und einen Fußweg zur Stromburg. Vom Kreisel verkehrt die Buslinie 230 Richtung Bad Kreuznach bis ca. 20 Uhr in den Ort.
Preise: €. **Zufahrt:** Von der A61 kommend am Kreisel den WOMO-Piktogramme folgen.

Stromberg

Vom Stellplatz gelangen wir im hinteren Teil des Geländes über einen Fußweg und durch ein Wohngebiet (Rother Weg) leicht abwärts bis zu einer Querstraße. Dort folgen wir links den Hinweisen zur **Stromburg**.

Unter dem Schieferdach der 1056 erstmals erwähnten Burg wurde 1574 **Hans Michael Elias Obentraut** geboren, verbrachte hier seine Kindheit und Jugend und machte später im Dreißigjährigen Krieg aufseiten der Protestantischen Union militärische Karriere. Wegen seiner gefürchteten Attacken erhielt er erstmals von den Spaniern den Namen des „schrecklichen Miguel Aleman". Als Reitergeneral führte Obentraut seine tollkühne Kavallerie zu manchem Sieg, und als er 1625 auf dem Schlachtfeld tödlich verletzt wurde, endete das Leben eines Mannes, der von Freund und Feind mit unterschiedlichen Gefühlen ehrfurchtsvoll **Deutscher Michel** genannt wurde. Ob Hans Michael Elias Obentraut als Vorbild für die uns heute bekannte Symbolfigur des Deutschen Michel diente, kann nicht eindeutig geklärt werden. Auf jeden Fall hat der oft als derb-bieder und schlafmützige „Michel" unserer Tage wenig oder nichts mit der Persönlichkeit des tapferen und zeitlebens seiner Sache, dem Protestantismus, treuen Stromberger Reitergenerals zu tun.

An den „Deutschen Michel" von einst erinnert heute nur noch eine Holzbüste vor dem Eingang der Stromburg, denn mittlerweile residiert unter der Schieferhaube der Burg eine Event-Location.

Über den Johann-Lafer-Weg gehen wir abwärts in den Ort, über welchem in nordwestlicher Richtung die unbewohnte, in Privatbesitz befindliche **Burg Gollenfels** thront. Einer Überlieferung nach soll hier **Michael Praetorius** das Weihnachtslied „Es ist ein Ros entsprungen" gedichtet haben. Erstmals sei es dann in der Burgkapelle der Stromburg am Weihnachtsabend 1595 erklungen.

Durch enge Gässchen und nach Überqueren der Durchgangsstraße, statten wir dem **Heimatmuseum** einen Besuch ab. Das im 18. Jahrhundert erbaute, zunächst als Apotheke und später als Forsthaus genutzte Haus vermittelt auf angenehme Weise die Vergangenheit der Stadt Stromberg *(Do 15 - 18 Uhr, jeden 2. So 14 - 16 Uhr, Eintritt).*

Südlich vom Heimatmuseum und über die Straße Im Zwengel zu erreichen, bietet sich die Einkehr in der **Brasserie Voss** in der Alten Gerberei an. In schönem Ambiente werden zu einem leckeren Essen feine Weine angeboten *(Mi - So 17.30 - 22 Uhr, So zusätzlich 11.30 - 14 Uhr, Kreuznacher Straße 1, Telefon 06724/6050390).*

Heimatmuseum

Um wieder zum Stellplatz zu gelangen, besteigen wir am Gerbereiplatz den Bus (Linie 230) Richtung Bingen. Bei der Fahrt wird die in der ehemaligen Pfarrscheune untergebrachte und gut sortierte **Tourist-Info** gestreift *(Mo - Fr 9 - 12.30/14 - 17 Uhr, Sa 9 - 12 Uhr, Binger Straße 3a, Telefon 06724/274, ferienregion-stromberg.de)* und wenig später die Ruine der **Burg Pfarrköpfchen**. Archäologische Ausgrabungen lassen vermuten, dass es sich hier um die alte Stromburg handeln könnte. In der ehemaligen romanischen Doppelkapelle befand sich ein Mosaik, das heute im Stromberger Heimatmuseum zu bestaunen ist. Da der westliche Bereich der Burg durch Kalkabbau im 19. Jahrhundert zerstört wurde, kann die einstige Größe der Anlage nicht mehr rekonstruiert werden *(Gelände frei zugänglich)*. Bald erreicht der Bus den Kreisverkehr (Bushaltestelle Stromberg Ost), von dem es nur noch wenige Minuten Fußweg bis zum Stellplatz sind.

Burg Pfarrköpfchen

Mountainbiker finden in Stromberg 10 Kilometer feinste Singletrails auf einer Flow-Trail-Strecke *(Startpunkt P5 Richtung Schindeldorf, die Strecke ist von November bis März geschlossen)* und **Wanderer** können auf familienfreundlichen oder anspruchsvollen Wanderwegen die Natur erkunden.

Vom Stellplatz lassen wir das Wohnmobil nach Stromberg hinabrollen und passieren die Burg Pfarrköpfchen [N 49°56'54.2" E 07°46'41.4"].
Im Ort orientieren wir uns Richtung Schöneberg, folgen später dem Hinweis nach Neupfalz und halten uns dort Richtung Gräfenbacher Hütte. Vorbei am Seminargebäude des Walderlebniszentrums geht es tiefer in den Soonwald hinein.

(002) WOMO-Picknickplatz: Dörrebach, Salzlackwiese

GPS: N 49°55'33.3" E 07°40'17.4"
Max. WOMOs: 2 - 3
Ausstattung: Grillhütte, Tische und Bänke.
Beschreibung: Der einfache, geschotterte, halbschattige Parkplatz liegt außerhalb jeder Ortschaft an einer Wiese und nur durch Bäume von der nachts ruhigen Straße getrennt. Evtl. Geräuschbelästigung durch Waldcamp-Besucher.
Zufahrt: An der L240 ca. 600 m hinter dem Forsthaus Opel rechts zum Parkplatz abbiegen.

Weiter geht es durch einen dichten Laubwald. Am Ende der Straße zweigen wir Richtung Ellern ab.

(003 + 004) WOMO-Wanderparkplatz: Münchwald, Freizeitanlage Opelwiese I und II

GPS: N 49°55'27.5" E 07°39'19.5"
GPS: N 49°55'39.1" E 07°39'05.1"
Max. WOMOs: Jeweils 2
Ausstattung: Infotafeln, WC, Grillhütte, Feuerstelle, Tische und Bänke, Spiel- und Klettergeräte.
Beschreibung: Die einfachen, geschotterten, halbschattigen Parkplätze liegen außerhalb der Ortschaft an einer durchgängigen großen Wiese direkt an der nachts ruhigen Straße. Hier verlaufen Wander- und Radwege.
Zufahrt: Etwa 650 Meter beziehungsweise ca. 1.100 Meter hinter dem Abzweig nach Ellern rechts der Straße gelegen.

Die weitläufige **Freizeitanlage** inmitten des Soonwaldes empfiehlt sich nicht nur für einen Aufenthalt auf dem Abenteuerspielplatz, der jedes Kinderherz höherschlagen lässt, sondern bietet mit ihren großen, vom Wald umgebenen Wiesenflächen und natürlichen Bachläufen allen Besuchern puren Naturgenuss. Auch lässt sich der Soonwald von hier mit seinem weitverzweigten **Rundwanderwegenetz** durch die weitgehend ungestörte Mittelgebirgslandschaft zu Fuß gut erkunden.
Nach unserem Abstecher zur Opelwiese lenken wir unser Wohnmobil auf der L239 zurück, durchfahren den Ort Gräfenbacher Hütte, in dem wir die Ausstellung der ehemaligen Eisenhütte vermerken. Die wichtigsten Standortfaktoren zum Betreiben der **Gräfenbacher Hütte** waren die Wasserkraft des Gräfenbaches, die umliegenden weitflächigen Laubwälder zur Holzkohleproduktion, die oberflächennahen Eisenerzvorkommen und ausreichende Arbeitskräfte in den benachbarten Dörfern. Die Eisenhütte besitzt den einzigen freistehenden Hochofen in Westdeutschland aus dem Jahr 1830.
Hinter dem Haus Gräfenbach schwenken wir links Richtung **Spabrücken**, um etwa 1,5 Kilometer weiter in den Ort zu fahren. Der Ortsname, früher „Spachbrukken" oder „Spachbrucken", leitet sich von Reisigbündeln, den „Spachen" ab, die in die Längszwischenräume zusammengebundener Stämme gelegt wurden und als Brücke über feuchten Stellen lagen. Heute erkennen wir davon nichts mehr, sehen aber aus der Ferne schon die bemerkenswerte, über die Häuser des Ortes ragende **Wallfahrtskirche Mariä Himmelfahrt**.

(005) WOMO-Stellplatz: Spabrücken

GPS: N49°53'55.5" E07°42'46.7" Hauptstraße **Max. WOMOs:** 1-2
Ausstattung: Bänke, Müllbehälter, WC (während der Gottesdienste).
Beschreibung: Der einfache, befestigte, meist schattenlose Parkplatz liegt im Ort in der Nähe des Bäckers und von Gaststätten. Er ist leicht schräg und unterhalb gibt es einen weiteren Wiesenparkplatz.
Zufahrt: Im Ort der Hauptstraße folgen, kleiner öffentlicher Parkplatz gegenüber der Wallfahrtskirche und dem Landgasthof Zur Sonne. Links abbiegend durch einen hohen und breiten Torbogen gut zu erreichen.

Vermutlich begann die **Spabrücker Wallfahrt** im 14. Jahrhundert. Durch die Reformation wurde die Pfarrkirche für etwa sechzig Jahre lutherisch, um im 17. Jahrhundert ihre Wallfahrtstradition wieder aufleben zu lassen. Die angeschlossene Klostergemeinschaft der Schwestern vom gemeinsamen Leben ist

noch heute aktiv. Schon von außen lassen wir uns von dem barocken Kleinod verzaubern und sind nicht überrascht, als wir im Inneren der Kirche einen prächtigen Hochaltar bestaunen dürfen. Auf dem Weg Richtung Bad Kreuznach erreichen wir die **Naheweinstraße** und den in die reizvolle Reblandschaft eingebetteten Weinort **Wallhausen**.
Gutsausschänke und Straußwirtschaften säumen die Hauptstraße und das Familienweingut Keber bietet einem schön gelegenen Stellplatz.

(006) Offizieller WOMO-Stellplatz: Wallhausen, Weingut Keber

GPS: N 49°53'09.6" E 07°46'50.6"
In der Au **Max. WOMOs:** 6
Kontakt: Telefon 06706/1035, www.weingut-keber.de
Ausstattung: Strom, Weinprobierstube.
Beschreibung: Ein wunderschöner, sonniger Wiesenplatz bei einer freundlichen Winzerfamilie am Ortsrand, der klappstuhlgeeignet ist. Direkt vor Ort kann man zu Wanderungen und Radtouren aufbrechen und die Weinprobe am Abend ist für uns obligatorisch.
Preise: € (entfällt bei Weinkauf).
Zufahrt: Im Ort auf der "Hauptstraße" bis zur Straße "An der Ruh" fahren und dort den Hinweisen rechts bis zum Weingut folgen.
Hinweis: Telefonische Anmeldung unbedingt erbeten.

In der Weinprobierstube erklärt uns Andreas Keber den Anbau sowie die Pflege seiner Traubensorten und wir verkosten die wohlschmeckenden und erschwinglichen Naheweine. Am Ende des unterhaltsamen Abends wandern einige Flaschen des Rebensaftes in die Garage des Wohnmobils, sodass wir in den folgenden Tagen immer mal wieder den Geschmack der Wallhäuser Trauben genießen können.
In Wallhausen peilen wir am nächsten Morgen Sommerloch an, fahren bergauf bis zum Ortsausgang und finden nahe am Wingert, wie hier der Weinberg auch genannt wird, ein ruhiges Plätzchen.

(007) WOMO-Stellplatz: Wallhausen

GPS: N 49°53'02.1"E 07°45'30.8"; An der K50 **Max. WOMOs:** 1 - 2
Beschreibung: Der einfache , sonnige Parkstreifen auf Wiese neben

einem Wirtschaftsweg bietet einige Meter entfernt ein schöne Aussicht. Er liegt unterhalb des alten Sportplatzes und die Zufahrt kann etwas zugewachsen sein!
Zufahrt: Der K50 folgend ca. 300 m hinter dem Ortsausgang von Wallhausen in einer Linkskurve scharf links in einen Wirtschaftsweg einbiegen.

Weiter geht es der **Naheweinstraße** folgend nach **Sommerloch**, wo wir am Sportplatz einen Parkplatz notieren [**008:** N 49°52'30.2" E 07°45'28.5"; Zehnmorgen], und anschließend nach **Braunweiler**.

(009) WOMO-Wanderparkplatz: Braunweiler

GPS: N49°52'06.9" E07°44'01.9" Heegwaldstraße
Max. WOMOs: 1 - 2
Ausstattung: Infotafeln, Grillhütte, Tische und Bänke, WC, Müllbehälter.
Beschreibung: Der einfache, befestigte Waldparkplatz liegt am Ortsrand und von hier kann man zu diversen Wander- und Radtouren aufbrechen. Einige Hundert Meter im Ort gibt es Gaststätten.
Zufahrt: Im Ort an der abknickenden Vorfahrtsstraße hinter der Kirche rechts ca. 1 km der „Heegewaldstraße" folgen. Am Waldfestplatz ca. 50 m vorbei zum auf der rechten Seite liegenden Wanderparkplatz fahren.
Hinweis: Enge Zufahrt - nichts für lange und breite WOMOs!

Nach einem Spaziergang auf dem ausgeschilderten **Naturlehrpfad** wenden wir uns wieder der Naheweinstraße zu und rollen den Berg hinunter nach Sankt Katharinen und von dort rechts nach Mandel.
WOMOs, die schwerer als 3,5 Tonnen sind, müssen den kleinen Umweg über Roxheim nehmen, um in Mandel wieder die Naheweinstraße zu erreichen (Vorfahrtsstraße folgen, nächste Straße rechts nach Roxheim, dort zweite Straße rechts, anschließend wieder rechts).
Von hier fahren wir weiterhin durch eine abwechslungsreiche Landschaft mit Weingärten, die durch kleine Wäldchen unterbrochen werden und steuern, den Blick nun über Felder und Wiesen gerichtet, auf **Sponheim** zu.
Hier fällt sofort die **ehemalige Benediktinerkloster-** und **heutige Pfarrkirche** auf, die mit ihrem wuchtigen Äußeren den ganzen Ort beherrscht und mit deren Bau in seiner jetzigen Form im Jahr 1101 begonnen wurde. In ihr wirkte **Johannes**

Trithemius, der im 15. Jahrhundert als Abt eine Bibliothek von anfänglich rund 50 Büchern auf 2.000 Bücher aufbaute und sie damit zu einer der größten in Deutschland machte. Einer Überlieferung nach sollen die Mönche gegen das strenge Regiment des zu seiner Zeit bekannten Humanisten und Gelehrten rebelliert haben, indem sie einen Teil der wertvollen Bibliothek verbrannten.

Zur Besichtigung der Klosterkirche und zum Einstieg in die nachfolgende Wanderung eignet sich folgender Parkplatz [N 49°50'47.5" E 07°43'31.0"; Trithemiusstraße].

WOMO-Wandertipp: Rund um Sponheim

Mittelschwere Wanderung von ca. 10 Kilometer Länge bzw. erweitert von 16 Kilometer Länge vorwiegend auf Forst- und Waldwegen.

Von der Trithemiusstraße folgen wir der Markierung S aus dem Ort hinaus und hinein in eine schöne Landschaft. Auf dem Teersträßchen wandern wir bis zum Wanderparkplatz am Waldrand und gehen rechts an der Grillhütte vorbei in den Wald; auf dem steiler werdenden Weg folgen wir der Markierung + nach links und kommen kurze Zeit später am Jagdhaus Schauinsland vorbei. An der großen Wegkreuzung auf der Höhe gehen wir links und folgen dem roten Punkt auf breitem, ebenen Waldweg weiter. Nach einer Linkskurve nicht geradeaus, sondern unbedingt nach rechts der Markierung B4 hinab ins Ellerbachtal folgen. Bei Erreichen des Fahrwegs halten wir uns links und marschieren am Lindenhof vorbei abwärts. An der zweiten Möglichkeit biegen wir rechts auf einen weiteren Teerweg ein, um gleich wieder links auf einem Sträßchen zwischen Wingert und Waldrand weiter zu laufen. Einer Rechtsbiegung folgend ist Bockenau bald erreicht. Auf der Brunnenstraße gehen wir bis zur Mainzer Straße, wenden uns rechts und erreichen im weiteren Verlauf das Rathaus. Links durch das Rathaustor bis zur katholische Kirche und zur Durchgangsstraße, dort rechts Richtung Waldböckelheim. Wir queren rechts die Brücke, vorbei am

Eisenbahnmuseum geht es weiter bis zur Kreuzung gegenüber dem großen Steinbruch. Von hier kann man unsere Wanderung dem Sponheimer Weg (S) links folgend abkürzen und auf direktem Weg nach Sponheim zurückwandern. Wir gehen jedoch der Markierung Rotes Kreuz (am Schalterkasten) nach, um uns in steilen Serpentinen aufwärts zum Jagdhaus Leos Ruh und später abwärts durch den Wald, an einem Wanderparkplatz vorbei, zum **Gasthof Leos Ruh** führen zu lassen. Von hier erreichen wir die L108, an der wir uns rechts und nach 50 Meter gleich links auf einem geteerten Wirtschaftsweg (W2) halten. Bei Erreichen eines Weinberges biegen wir links ab, steigen erst leicht bergan und schlendern anschließend durch Wiesen hinab zur Straße nach Sponheim. Hier wenden wir uns rechts, um bei der Bushaltestelle links in einen geteerten Weg abzubiegen. Durch das schöne Ellerbachtal wandern wir bis zu einer Schutzhütte. Hier geht es auf der B4 rechts hinauf nach Burgsponheim. In der Ortsmitte folgen wir dem Sponheimer Weg (S) und dem Nahehöhenweg (N) und wandern zurück zum Ausgangspunkt der Wanderung nach Sponheim.

Auf der Naheweinstraße rollen wir aus dem Ort Richtung Burgsponheim und erreichen links fahrend die B41, die wir an der Ausfahrt Bad Kreuznach/**Winzenheim** wieder verlassen.

(010) Offizieller WOMO-Stellplatz: Winzenheim, Weingut Neuhof

GPS: N 49°52'07.6" E 07°51'30.8"; Gut Neuhof **Max. WOMOs:** 4
Kontakt: Telefon 0671/41119, www.gut-neuhof.de
Ausstattung: Wasser und Strom. Gaststätten im Ort/Ortsrand, ruhig.
Beschreibung: Das Weingut liegt in exponierter Lage oberhalb des Ortes mit Blick in das Nahetal und auf Bad Kreuznach. Im Ort gibt es Gaststätten und die Gegend bietet sich für Wander- und Radtouren an.
Preise: €€.
Zufahrt: B 41 Abfahrt Bad Kreuznach Nord/Winzenheim, 1. Kreisel links, 2. Kreisel geradeaus auf der „Breetzenheimer Straße", hinter einer Apotheke links „Zum Neuhof" bergauf, am Ende links.
Hinweis: Unbedingt telefonisch reservieren!

Zurück an der B41 halten wir uns Richtung Bingen, überqueren die Nahe und wechseln auf die B428 Richtung Kusel.
Am nächsten Kreisel wird das Gewerbegebiet und der dortige Reisemobilhändler mit gut sortiertem **Fritz-Berger-Shop** erreicht [N 49°51'30.3" E 07°54'10.9"; Mainzer Straße].
Bleibt man auf der Bundesstraße, dann gelangt man vorbei an Bosenheim an unseren nächsten Stopp in **Hackenheim**.

(011) Offizieller WOMO-Stellplatz: Hackenheim, Bonnheimer Hof

GPS: N 49°49'46.0" E 07°54'28.0"
An der B428 **Max. WOMOs:** 5
Kontakt: Telefon 0671/63187, www.bonnheimerhof.com
Ausstattung: Strom und Wasser gegen Gebühr, Gaststätte, Hofladen, Streichelzoo, Spielgeräte.
Beschreibung: Auf dem außerhalb des Ortes gelegenen großen Weingut wird für kleinere Kinder im Streichelzoo viel Abwechslung geboten, die Großen können im Innenhof der **Gutsschänke** unter alten Platanen bei einem guten Preis-/Leistungsverhältnis die bodenständige Küche und die hauseigenen Weine genießen *(tägl. ab 17 Uhr, So/Feiertage ab 11 Uhr, www.bonnheimerhof.com)*. In den angrenzenden Weinbergen kann man wandern und rund um den Ort bzw. nach Bad Kreuznach führen schöne Radtouren. Die Stellplätze sind befestigt, leicht schräg und meist sonnig und bedingt klappstuhlgeeignet.
Zufahrt: An der B428, ca. 1.100 m hinter der 2. Abfahrt nach Bosenheim links zum ausgeschilderten Gutshof.

Wir wenden das Wohnmobil an der B428 links und biegen an der nächsten Ausfahrt rechts nach Hackenheim ab.
Hinter dem Ort führt eine Straße links zum **Freizeitgelände Kuhberg** [**012:** N 49°48'46.3" E 07°51'59.8"; Rheingrafenstraße]. Auch wenn der Parkplatz nicht gerade prickelnd ist, so taugt er zur Not auch zur Übernachtung.
Auf dem ehemaligen Freizeitgelände der US-Streitkräfte gibt es einen **Hochseilgarten** (www.hochseilgarten-badkreuznach.de), eine **Minigolfbahn** und einen **Abenteuerspielplatz**. In der Nähe lädt eine Gaststätte zur Einkehr ein *(Mo - Sa ab 17 Uhr, So/Feiertage ab 9 Uhr)* und **Wanderwege** führen in das Landschaftsschutzgebiet und zur Ruine der **Burg Rheingrafenstein**.
Zurück an der Landstraße steuern wir bergab **Bad Kreuznach** an und notieren zuvor am **Weingut Desoi** einen **Winzerstellplatz** für drei Wohnmobile mit wunderschönem Blick ins Nahetal, auf den Hunsrück sowie ins Rheintal [**013:** N 49°49'40.6" E 07°53'21.1"; Darmstädter Hof, Telefon 0671/63660, www.desoi-wein.de, Strom und Wasser, Preis €].
Bei unseren mehrmaligen Besuchen in der Kurstadt haben wir uns den Hinweisen Zentrum/Kurviertel anvertraut und

am Kurhaus auf dem gebührenpflichtigen, sehr engen Parkplatz geparkt [N 49°50'30.0" E 07°51'13.0"; Kurhausstraße]. Längere Wohnmobile sollten allerdings auf dem offiziellen WOMO-Stellplatz abgestellt werden und die Besatzungen zu Fuß, mit dem Fahrrad oder dem ÖPNV in die Stadt gelangen. In der **Tourist-Info** nahe des oben genannten Parkplatzes kann man sich dann mit Informationsmaterial über die Stadt eindecken oder zu einer gebührenpflichtigen **Stadtführung** anmelden *(Apr. - Okt. Mo - Fr 9 - 12.30/13.30 - 17 Uhr, Sa 9 - 16 Uhr, So/ Feiertage 9 - 14 Uhr, Nov. - März Mo - Fr 9 - 12.30/13.30 - 16 Uhr, Kurhausstraße 22 - 24, Telefon 0671/8360050, www.bad-kreuznach-tourist.de)*. Zusätzlich können Besucher bei einem Glas Nahewein immer freitags **Erlebens- und Wissenswertes** über Bad Kreuznach erfahren. An einen Film schließen sich ein Vortrag und eine Führung durch den Radonheilstollen an *(16.30 Uhr, Treffpunkt Haus des Gastes, kostenfrei)*.

(014) Offizieller WOMO-Stellplatz: Bad Kreuznach, Brauwerk

GPS: N49°49'40.1" E07°51'00.0" Karlshalle
Max. WOMOs: 40
Kontakt: Telefon 0171/4702873, www.braunundroethgastronomie.com
Ausstattung: V/E, Strom, Duschen, WC, Brötchenservice, E-Bike-Verleih.
Beschreibung: Die befestigten Parzellen liegen im Halbschatten direkt am Fluss, nahe der B48 und sind nachts ruhig. Die Bänke am Gradierwerk laden zum Verweilen ein und natürlich können auch die Klappstühle herausgeholt werden. In unmittelbarer Nähe befindet sich das Restaurant Brauwerk und ein Schwimmbad. Es gibt ausgezeichnet ausgeschilderte Nordic-Walking-, Rad- und Wanderwege und den Weinwanderweg Rhein-Nahe. Von der nahen Bushaltestelle (Linie 203 nach Bad Kreuznach, Linie 201 nach Bad Münster a. St.) ist die ca.1 Kilometer entfernte Innenstad zu erreichen.
Preise: €€€.
Zufahrt: Von der Innenstadt der B48 Richtung Bad Münster am Stein folgend und in einer leichten Linkskurve vor der Nahebrücke links abbiegen.

Bad Kreuznach

Für unseren Stadtrundgang überqueren wir am Pkw-Parkplatz nahe des Stellplatzes die Bundesstraße. Durch eine als **Roseninsel** bezeichnete Grünanlage, die als Verbindungsglied zwischen Salinental und Kurpark fungiert, schlendern wir über Terrassenanlagen und durch einen von duftenden Rosen berankten Laubengang Richtung Innenstadt. Dabei säumen Kunstwerke sowie Rosenrabatten unseren Weg und an der Uferpromenade sprudelt die Nahe munter vorbei.
Über eine Fußgängerbrücke gelangen wir auf die andere Seite des Flusses und folgen dem **Panoramaweg** hinter dem Quellenhof links hoch zum Aussichtspunkt am **Teetempel**, um im weiteren Verlauf am

Rande der Weinberge unseren Blick über die Stadt schweifen zu lassen. Direkt unter uns liegt der Badewörth. Die Insel wird von der Nahe und dem Mühlenteich umschlossen und erhielt ihren Namen Anfang des 19. Jahrhunderts, als sich das Kurgebiet aus dem unbebauten Areal entwickelte. Wir erreichen den Abzweig zur Kauzenburg und folgen ihm nach links. Die neue **Kauzenburg**, die auf historischen Burgteilen 1972 erbaut wurde, fällt heute durch ihre, wie wir finden, unpassende Fassadengestaltung auf. Hinter der alten Festung der Grafen von Sponheim führt uns der Fußweg der Sinne durch den Schlosspark in kurzer Zeit hinab zu den **Museen im Rittergut Bangert** *(Di 10 - 13 Uhr, Mi - Fr 10 - 16 Uhr, Sa/So 11 - 17 Uhr, geschlossen: Mo, 24., 25., 31.12., 1.1. sowie Römerhalle und Puk im Februar, Eintritt, www.museen-bad-kreuznach.de)*.

Die Museen können auch mit dem Wohnmobil angefahren werden, jedoch sollten Eigner größerer Wohnmobile ihre Fahrzeuge unter Umständen gleich an der Straßenseite stehen lassen, da es auf den Parkplätzen zeitweise eng zugeht [N 49°50'45.0", E 07°50'48.0"; Hüfelsheimer Straße].

Wir beginnen unseren Rundgang in der **Römerhalle**, die Exponate zur römischen Vergangenheit von Bad Kreuznach und der Umgegend beherbergt. Auf rund 1.000 Quadratmeter verfolgen wir einen Zeitraum vom Beginn der römischen Besiedlung in augustäischer Zeit bis zur letzten Phase der römischen Herrschaft. Besonders beeindruckend sind das 58 Quadratmeter große Gladiatorenmosaik, das etwa auf das Jahr 250 nach Christus datiert wird und das um 10 Quadratmeter größere Oceanusmosaik, vermutlich aus dem Jahr 234 nach Christus.

Unter dem Gladiatorenmosaik machen wir uns mit dem Prinzip der römischen Fußbodenheizung vertraut und lassen uns anschließend anhand der Soldatengrabsteine von Bingerbrück in die römische Militärgeschichte einführen. Einer der Grabsteine erzählt die Geschichte von **Tiberius Julius Abdes Pantera**, von dem der US-Religionswissenschaftler James Tabor annimmt, dass dieser der Vater von Jesus Christus gewesen sein könnte. Fasziniert von der römischen Vergangenheit und gleichzeitig irritiert von den Erkenntnissen des Religionswissenschaftlers streben wir den Außenbereich des Museums an. Ein

Historische Brückenhäuser

Eiermarkt

Rundweg führt durch den begehbaren Teil des teilweise aufgemauerten Grundrisses eines einst prächtigen römischen Herrenhauses, dessen gigantische Grundfläche 70 mal 80 Meter maß. Ein riesiger Zeitsprung führt uns nun in das Museum für **PuppentheaterKultur („PuK")**. Auf 600 Quadratmeter Ausstellungsfläche bestaunen wir u. a. chinesische Schattenfiguren aus Pergament, übermalte, mit Patina versehene Holzköpfe und Figurensätze mit verschiedensten Themen. Wir schwelgen in Erinnerungen als wir auf Figuren, wie „Robbi, Tobbi und das Fliewatüt" stoßen oder uns der „Räuber Hotzenplotz" mit verschlagenem Blick entgegen schaut.

Nach dem vergnüglichen und kurzweiligen Besuch im PuK schlendern wir hinüber zum **Schlossparkmuseum**. Im Amalienschlösschen machen wir uns mit der Vor- und Frühgeschichte der Region sowie dem stadtgeschichtlichen Werdegang vertraut, wir lernen die Kreuznacher Bildhauerdynastie Cauer kennen und bewundern die schöne Glaskunst von Ida Paulin.

Wenn man schon einmal hier ist und nicht nur dann, bietet sich die Einkehr im luftig-behaglichen **Restaurant Im Gütchen** mit angrenzender Terrasse an. Der freundliche Service, die frische, qualitativ hochwertige und preisgerechte Regionalküche haben es uns angetan und uns zu "Wiederholungstätern" werden lassen *(Mo, Mi - Sa ab 18 Uhr, So 12 - 14.30/ab 18 Uhr, Hüffelsheimerstraße 1, Telefon 0671/42626, www.im-guetchen.com)*.

Wir spazieren durch den mit Baumraritäten bewachsenen **Schlosspark** zurück zur Kauzenburg und von dort zum Panoramaweg, über den wir unseren Stadtrundgang fortsetzen.

Inhalationspark

Nach wenigen Metern erreichen wir die alte **Klappergasse**, an deren Ende wir rechts die lebensgroße Plastik der Kreuznacher Romanfigur Jean Baptiste aus selbiger Straße – kurz Schambes Klappergässer – finden. Die Mannheimer Straße überquerend tauchen wir in die **Altstadt** ein. Die engen Gässchen bieten einige hübsch anzusehende Häuser und kleine Läden, Cafés und Restaurants laden zum Verweilen an. Wir erreichen den **Eiermarkt**, der als „der Markt" Jahrhunderte lang den Mittelpunkt Kreuznachs darstellte *(Sa Vormittag Markt)*. Ganz in der Nähe können wir das kleine, intime **Restaurant Im Kittchen** empfehlen, dessen Tapas-Menü eine Wucht ist. Die Rechnung bleibt moderat und da die angenehme Atmosphäre bekannt ist, sollte unbedingt ein Tisch im Vorfeld reserviert werden *(Di - Sa ab 18 Uhr, Alte Poststraße 2, Telefon 0671/9200811)*.
Wir umrunden die älteste noch erhaltene Kirche Bad Kreuznachs, die **St. Nikolauskirche**, die zu den bedeutendsten Zeugnissen mittelalterlicher Baukunst des mittelrheinischen Raums gehört. Weiterschlendernd kommen wir an die Nahe und sehen links das **Faust-Haus**. Unklar ist, ob jener berühmte Arzt und Astrologe und spätestens seit Goethes Schriften bekannte Johannes Faust tatsächlich einige Zeit in diesem Haus verbrachte. Ein Blick auf die Fachwerk-Architektur lohnt sich jedoch. Der Magister-Faust-Gasse folgend erreichen wir das etwas hochtrabend genannte **Klein-Venedig** am Ellerbach. Über eine Treppe erklimmen wir wieder die Mannheimer Straße und somit die **alte Nahebrücke mit den historischen Brückenhäusern**, die das Wahrzeichen der Stadt bilden. Da es innerhalb der Stadtbefestigung keinen Platz mehr gab, begannen vorwiegend Kaufleute Ende des 15. Jahrhundert.

Gradierwerk 1

mit der Bebauung der Nahebrücke. Die um 1300 erbaute Brücke gehört zu den ältesten Brückenbauten in Rheinland-Pfalz. Mit ihren schweren Pfeilern und Bögen sowie den Brückenhäusern mit Holzverstrebungen bietet sie von der Geißenbrücke am Mühlteich einen besonders eindrucksvollen Anblick.
Jenseits der Brücke treffen wir auf den **Kornmarkt** *(Di/Fr Vormittag Wochenmarkt)* und könnten von hier aus mit der Eroberung der Kreuznacher Neustadt beginnen. Wir ziehen jedoch ein Kaffeepäuschen unterhalb der Nahebrücke im Schatten der evangelischen **Pauluskirche**, in der Karl Marx und Jenny von Westfalen heirateten, und der Brückenhäuser vor.
Von hier begeben wir uns auf der Kurhausstraße zum Haus des Gastes, in dem sich die **Tourist-Info** befindet (siehe oben). In den nahen **Crucenia Thermen** können Badegäste in drei Innen- und Außenbecken mit 33° Grad warmer Sole Entspannung und Vergnügen finden *(www.crucenia-thermen.de)*.
In dem mit einer auffallenden klassizistischen Säulenfassade errichteten nahen **Bäderhaus** befindet sich wohl eine der schönsten Saunalandschaften Deutschlands. Bereits die Eingangshalle zog bei der Erbauung 1912 die Blicke der Badegäste auf sich und bis heute lassen sich Saunierende hier verwöhnen *(www.baederhaus.de)*.
Hinter dem gegenüberliegenden **Kurhaus** mit dem sich anschließenden **Kurpark** liegt der **Inhalationspark**, in dem salzhaltige Luft tief eingeatmet werden kann, bevor wir über die Roseninsel wieder zum Stellplatz zurückspazieren oder wie an einem Wochenende Mitte Juni am Mühlenteich das **Weinfestival** besuchen. Unter den ausladenden Bäumen an der Pauluskirche kredenzen verschiedene Winzer ihre guten Nahetropfen sowie kleine Speisen und ziehen damit alljährlich ein bunt gemischtes Publikum an. Über weitere Feste und Veranstaltungen informiert man sich am besten in der Tourist-Info, die natürlich auch ein großes Angebot für In- und Outdoor-Aktivitäten in ihrem Repertoire hat.

Das **Salinental** zwischen Bad Kreuznach und Bad Münster am Stein bildet eine einzigartige und geschichtsträchtige Kulturlandschaft.
Gradierwerke mit einer Gesamtlänge von über einem Kilo-

Salinental mit Gradierwerk

Kurmittelhaus Bad Münster am Stein mit Burgruine Rheingrafenstein

meter und jeweils einer Höhe von neun Metern reihen sich aneinander. Die über die mächtigen Schwarzdornhecken rieselnde Sole erzeugt eine kühle Meeresbrise – wir befinden uns **inmitten des größten Freiluftinhalatoriums Europas**. Die Salzproduktion ist mittlerweile eingestellt, aber die heute noch anzuschauenden Triebwerkgräben, Wasserräder, Gradierwerke und Arbeiterhäuser vermitteln einen Einblick in die Zeiten der Salzgewinnung.

Vom vorgenannten Stellplatz am Gradierwerk 1 im Salinental empfiehlt sich auch eine **Fahrradtour**, eine kleine **Wanderung** entlang der Nahe oder die Busfahrt (Linie 201) nach **Bad Münster am Stein**.

Aussicht vom Rotenfels

Sehenswert ist das 1910 erbaute **Kurmittelhaus mit Brunnenhalle**, das inmitten einer spektakulären Felskulisse im Kurpark liegt. Von hier kann die Nahe mit einer handgezogenen Fähre überquert und nach einem etwa 30-minütigen steilen Aufstieg die auf einem 245 Meter hohen Porphyrfelsen liegende **Burgruine Rheingrafenstein** aus dem 11. Jahrhundert erwandert werden *(Bitte Winterpause der Fähre beachten!)*.
Wir verabschieden uns von Bad Kreuznach und fahren auf der B48 weiter nach Bad Münster am Stein. Dort verlassen wir die Bundesstraße über Norheim nach Traisen und folgen den Hinweisen zum **Rotenfels**, der imposant das Nahetal begrenzt.

(015) WOMO-Wanderparkplatz: Traisen, Rotenfels
GPS: N 49°49'13.2" E 07°50'08.8" **Max. WOMOs:** 2 - 3

Ausstattung: Infotafel, Müllbehälter.
Beschreibung: Der einfache, geschotterte große Parkplatz liegt außerhalb des Ortes in einem Waldgebiet und ist beinahe schattenlos. Hier führen Wanderwege (u. a. der Weinwanderweg Rhein-Nahe) vorbei und in der Nähe befindet sich eine **Gaststätte** mit Biergarten *(11 - 18 Uhr, Do Ruhetag)*
Zufahrt: Von der Landstraße in Traisen auf enger werdendem Sträßchen mit Ausweichstellen ca. 2 Kilometer bis zum Wanderparkplatz am Ende der Straße fahren.

Vom Parkplatz folgen wir der Forststraße etwa 500 Meter zu Fuß und stehen an der Abbruchkante des Rotenfels-Plateaus, von dem wir eine grandiose Aussicht ins Tal haben. Der **Rotenfels** bildet mit einer Höhe von 327 Meter Höhe sowie einer Breite von rund zwei Kilometer die höchste Steilwand nördlich der Alpen. Der Fels ist Naturschutzgebiet und beheimatet eine Vielfalt von seltenen Pflanzen und Tieren, die man in der Region nur hier antrifft. Auch für Wanderer ist der Rotenfels einfach ideal. Einer von vielen **Wanderwegen** führt direkt entlang der gesamten Kante des Bergmassivs und ist, obwohl ein wenig alpin anmutend, gut zu gehen.
Als spektakulär können wir den Rotenfels nicht bezeichnen, aber seine Lage, die Vegetation und die Aussicht vom Felsenrand auf die einer Eisenbahnlandschaft gleichenden Umgebung lässt ihn Platz unter unseren **Top Ten** finden.

Echium vulgare - Gewöhnlicher oder Blauer Natternkopf

Für ausgedehnte Märsche bietet sich der **Weinwanderweg Rhein-Nahe** an, auf welchem man zum Beispiel nach etwa 2,5 Kilometer in Bad Münster landen würde. Der knapp 100 Kilometer lange Fernwanderweg führt von Kirn über Bad Sobernheim und Bad Münster am Stein/Ebernburg durch das Salinental weiter bis nach Bingen durch eine vielfältige Weinberglandschaft. Um die Strecke in vier bis fünf Tagesetappen zu erwandern, kann man sich beispielsweise auf einigen der von uns genannten Parkplätzen "einnisten", teils über Zuwegungen den mit einer gelben Weintraube auf weißem Hintergrund markierten Weg erreichen und nach erfolgter Wanderung mit dem ÖPNV in die Nähe des jeweiligen Aus-

Blick vom Rotenfels auf die Ebernburg

gangspunktes zurückbringen lassen *(www.fernwege.de/d/weinwanderweg-nahe/wandern/index.html)*.

Auf gleichem Weg fahren wir zurück nach Bad Münster am Stein, setzen uns wieder auf die B48 und rollen durch eine Landschaft, die durch Wälder und von der Sonne gesegneten Weinbergen besticht, nach Ebernburg und Richtung Schmittenstollen.

Am **Weingut Rapp** laufen wir einen sehr angenehmen Übernachtungsplatz an, um den Tag in der Weinstube gemütlich ausklingen zu lassen.

(016) Offizieller WOMO-Stellplatz:
Bad Münster am Stein-Ebernburg, Weingut Rapp

GPS: N 49°48'26.3" E 07°49'44.5"; Schlossgartenstraße
Max. WOMOs: 3
Kontakt: Telefon 06708/2312, www.weingut-rapp.de
Ausstattung: V/E, Strom, Brötchen- u. Frühstücksservice, WLAN, Winzerstube, Weinprobe *(Do 20 Uhr oder nach Vereinbarung)*.
Beschreibung: Die Parzellen liegen an einer Wiese mit Obstbäumen sind gekiest und auf Schotterrasen und insgesamt kann man sich auf dem gepflegten Anwesen mit netten Betreibern sehr wohlfühlen. Hier ist ein idealer Ausgangspunkt für Wanderungen und Radtouren und die Weinprobe bringt super Weine auf die Zunge. Der Stellplatz liegt etwa 700 m außerhalb der historischen Ortsmitte mit Restaurants und weiteren Weinwirtschaften
Preise: €€.
Zufahrt: Am Ortsausgang geradeaus über den Kreisel. 200 m später liegt rechts die Einfahrt zum Weingut.

Bei einem kleinen Spaziergang kann der **Steinskulpturenpark** erreicht werden [N 49°48'19.6" E 07°49'37.7"], in dem steinerne Kunstwerke mit der naturbelassenen Landschaft zu verschmelzen scheinen und in einem Ausstellungsraum wei-

tere Exponate gezeigt werden (*Ende März - Mitte Okt. Sa/So/ Feiertage 14 - 17 Uhr, öffentliche Führung So 15 Uhr, Eintritt, www.steinskulpturenmuseum.de)*.
Gegenüber vom Weingut führt die Straße zur **Ebernburg**, die erstmals 1209 erwähnt wurde und nicht besichtigt werden kann [**017:** N 49°48'22.2" E 07°50'11.2"]. Aber der Blick von der Terrasse der **Burgschänke** *(Mo Ruhetag)* ins Nahetal und auf die gegenüberliegende **Ruine Rheingrafenstein** oder auf den **Rotenfels** lohnt sich.
Direkt unter uns können wir den am Flussufer der Nahe schön gelegenen Campingplatz erkennen.

(018) WOMO-Campingplatz: Bad Münster am Stein-Ebernburg, Nahe-Alsenz-Eck

GPS: N 49°48'23.0" E 07°50'29.0"; Auf dem Grün
Kontakt: Telefon 06708/2453, www.campingplatz-nahe-alsenz-eck.de
Öffnungszeiten/Preis: April - Oktober.
Ausstattung: Kleine Gaststätte, Kinderspielplatz, Waschmaschine, Wäschetrockner, Gasflaschenverkauf, werktags Brötchenservice.
Beschreibung: Der einfache Platz liegt zwischen Bäumen an der Nahe und nach etwa 5 Minuten Fußweg gelangt man ins Ortszentrum.
Preise: €€.
Zufahrt: An der B48 am südwestlichen Ortsrand, Anfahrt über Berliner Straße 83/87 und den Hinweisen zum Campingplatz folgen.

Wir verabschieden uns jedoch von der auf dem Berg liegenden Ebernburg und wollen stattdessen Bergmannsluft unter Tage schnuppern.
Vom Burgparkplatz fahren wir zurück bis zum Feuerwehrhaus, halten uns dort links Richtung **Feilbingert/**Besucherbergwerk Schmittenstollen und wenden uns dem einzigen in Westeuropa für Besichtigungen freigegebenen Quecksilberbergwerk zu.

(019) WOMO-Wanderparkplatz: Feilbingert, Besucherbergwerk Schmittenstollen

GPS: N 49°47'04.3" E 07°46'55.2" **Max. WOMOs:** 2 - 3

Ausstattung: Bänke, Müllbehälter.
Beschreibung: Der einfache geschotterte, halbschattige Waldparkplatz kann Ausgangspunkt für Wanderungen und Radtouren sein und liegt weit außerhalb der Ortschaft.
Zufahrt: In Feilbingert den Hinweisschildern zum Bergwerk folgen. 100 Meter vor dem Ortsausgang rechts durch Felder und Wald auf enger Straße zum Parkplatz fahren.

Wir parken unser WOMO, ziehen feste Schuhe und wärmere Jacken an und marschieren auf steilem Weg 600 Meter hinab zum Stolleneingang. Für Lauffaule oder Gehbehinderte ist am Parkplatz ein „Grubentelefon" eingerichtet worden. Für einen geringen Unkostenbeitrag kann man am Parkplatz von einem Kleinbus abgeholt und wieder zurückgebracht werden. Mit Schutzhelm und dem Gruß der Bergleute „Glück auf!" fahren wir durch das Mundloch in die Grube ein und lassen uns bei einer Führung über die mühevolle Arbeit der Bergleute informieren.

Besucherbergwerk Schmittenstollen
Möglicherweise wurde mit dem Quecksilberabbau an dieser Stelle schon in der Römerzeit begonnen, ganz sicher aber im 15. Jahrhundert. Ein Blick in einen etwa ein Kilometer zugänglichen Teil des insgesamt 15 Kilometer langen Stollensystems verdeutlicht uns, unter welchen erbärmlichen Bedingungen die Bergleute das Quecksilber in Form des scharlachroten Zinnobers dem Berg abgerungen haben müssen. Auf dem sogenannten Arschleder fuhr der Bergmann in den Stollen ein. Bei schlechtem Licht und ohne die heute selbstverständlichen Arbeitsschutzmaßnahmen benötigte er einen Tag, um mit Schlägel und Eisen drei bis fünf Zentimeter des Gesteins abzubauen. Mit Erstaunen vernehmen wir, dass eine mit Zinnobererz hergestellte Salbe im 15. Jahrhundert gegen Syphilis helfen sollte. Sicher ist nur, dass die Patienten, wenn sie nicht vorher durch die im Mittelalter verbreitete Krankheit verstarben, spätestens durch eine Quecksilbervergiftung dahingerafft wurden. Unser Besuch im Schmittenstollen ist heute ungefährlich, da Quecksilber in seiner giftigen Form in der Grube nicht vorkommt. Nach über 400 Jahren wurden erst 1942 die Arbeiten in der Grube nach mehreren Wassereinbrüchen und wegen mangelnder Rentabilität eingestellt *(April - Okt. Di - So 10 - 18 Uhr, Führungen 11 - 16 Uhr, Eintritt, www.schmittenstollen.de)*.

Nach diesem interessanten Ausflug in die dunkle und anstrengende Grubenwelt hat uns das Tageslicht wieder. Nachdem wir die wärmenden Sonnenstrahlen ein wenig genossen haben, erklimmen wir den steilen Berg zum Parkplatz und steuern unser Gefährt zurück nach Fellbingert. Im Ort notieren wir an der Lemberghalle bald eine alternative Parkmöglichkeit zum einsam gelegenen Wanderparkplatz am Schmittenstollen [**020:** N 49°46'49.3" E 07°47'56.9"; Kolpingstraße].
Zurück an der Landstraße geht es durch Wiesen und Felder weiter Richtung Obermorschel und auf der L378 kurvig sowie hügelig nach **Oberhausen an der Nahe**.
Die Weinberge lassen es erahnen, die Naheweinstraße hat uns wieder und wer etwas länger in der Gegend verweilen möchte, findet hier einen netten, von Niederländern betriebenen Campingplatz direkt am Ufer der Nahe.

(021) WOMO-Campingplatz: Oberhausen an der Nahe, Camping Nahetal

GPS: N 49°47'40.5" E 07°45'17.7"; Bahnhofstraße 38
Kontakt: Telefon 06755 96001, www.camping-nahetal.de
Öffnungszeiten: Ganzjährig (Urlaub Jan. - Mitte Februar).
Ausstattung: Kiosk, Brötchenservice, Grillplatz, Gasflaschenverkauf/ Ortsrand, an der Nahe gelegen.
Beschreibung: Der kleine Campingplatz wir von freundlichen Niederländern betrieben, liegt an der Nahe und bietet Kanu- und Angelmöglichkeit sowie den Einstieg in Wander- und Radwege.
Preise: €€.
Zufahrt: Im Ort links fahren und den Hinweisen zum Campingplatz folgen.

Von Oberhausen aus geht es weiter nach Duchroth. Hinter dem Weinort bietet sich ein schöner Blick ins Nahetal, den schon Hindenburg 1917 genossen hat (Foto unten). Unter dem Eindruck des Geschützdonners an der damaligen Westfront wird er den Blick zu unserem nächsten Ziel, der **Klosterruine Disibodenberg** gerichtet haben und um einen guten Schlachtenausgang gebeten haben.
Nach wenigen Minuten sind wir in **Odernheim**, überqueren der Durchfahrtsstraße folgend die Nahe und richten uns wenige Meter vor Staudernheim rechts nach den Hinweisschildern zur Klosterruine [N 49°46'43.1" E 07°42'13.4"].

Klosterruine Disibodenberg

Um 600 gründet hier zwischen der Nahe und dem Glan der irisch-schottische **Disibod** die erste Glaubensgemeinschaft. Das spätere Kanonikerstift wird im 12. Jahrhundert zum Benediktinerkloster umgewandelt. In dieser Zeit übernimmt u. a. die spätere und unter diesem Namen bis in die heutige Zeit bekannte **Hildegard von Bingen** die Leitung des Klosters. Im Hofladen der Scivias-Stiftung kann man sich mit ihrem Gedankengut vertraut machen. In den folgenden vier Jahrhunderten sind es die Zisterzienser, die das Kloster baulich erweitern. Die Großbauten beeindrucken heute noch durch ihre eindrucksvollen Ruinen. In Folge der Reformation wird das Kloster Mitte des 16. Jahrhundert geschlossen und geht in napoleonischer Zeit in Privatbesitz über. Bei unserem Rundgang durch den Mitte des 19. Jahrhunderts nach englischem Vorbild angelegten Landschaftspark können wir noch gut das Konzept des

damaligen Gartenbauinspektors Johann Metzger erkennen. Nachdem wir über eine Streuobstwiese leicht ansteigend in den dunklen Wald eintauchen, empfangen uns nicht nur eine wohltuende, fast meditative Ruhe, sondern auch herrliche Aussichten und schattige Plätze. Auf befestigten Wegen erreichen wir die wie verzaubert wirkenden Ruinenbauten und fühlen uns in eine längst vergangene Welt versetzt. Eine friedliche, geradezu romantische Stimmung hat uns erfasst, als wir nach langem Umherstreifen durch Park und Ruinen den Rückweg zum Ausgang antreten *(Klosterruine und Park sind jederzeit zu betreten, Museum Sa 12 - 18 Uhr, So/Feiertage 11 - 17 Uhr, Eintritt. www.disibodenberg.de).*

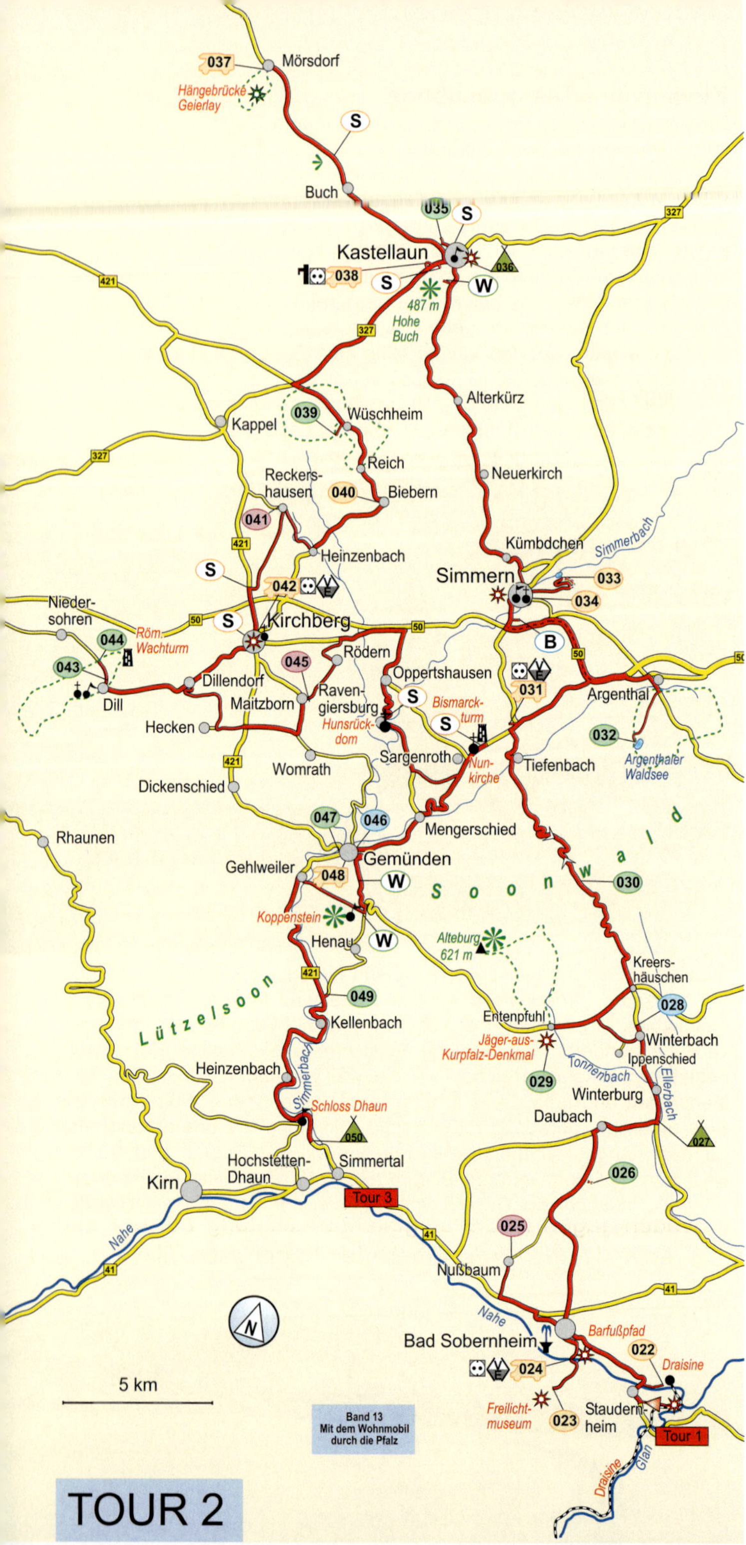
Mörsdorf
037
Hängebrücke Geierlay
Buch
035
Kastellaun
038
036
487 m
Hohe Buch
Alterkürz
Wüschheim
039
Kappel
Reich
Reckershausen
040
Biebern
Neuerkirch
041
Heinzenbach
Kümbdchen
Simmerbach
Simmern
033
034
042
Niedersohren
Kirchberg
044
Röm. Wachturm
043
Dill
Dillendorf
045
Rödern
Oppertshausen
031
Argenthal
Maitzborn
Ravengiersburg
Bismarckturm
Hunsrückdom
032
Hecken
Sargenroth
Nunkirche
Tiefenbach
Argenthaler Waldsee
Womrath
Dickenschied
047
046
Mengerschied
Rhaunen
Gemünden
Gehlweiler
048
Soonwald
030
Koppenstein
Henau
Alteburg
621 m
Kreershäuschen
049
028
Lützelsoon
Kellenbach
Entenpfuhl
Jäger-aus-Kurpfalz-Denkmal
Winterbach
Ippenschied
Heinzenbach
Tonnenbach
Ellerbach
029
Winterburg
Simmerbach
Schloss Dhaun
Daubach
050
027
Hochstetten-Dhaun
Simmertal
026
Kirn
Tour 3
Nahe
025
Nußbaum
Nahe
Bad Sobernheim
Barfußpfad
022
024
Draisine
Freilichtmuseum
023
Staudernheim
Tour 1
Glan
Draisine
5 km
Band 13
Mit dem Wohnmobil durch die Pfalz
TOUR 2

Tour 2 205 km

Staudernheim – Bad Sobernheim – Simmern Kastellaun – Mörsdorf – Kirchberg – Simmertal

Stellplätze:	Staudernheim, Bad Sobernheim, Nussbaum, Daubach, Winterbach, Entenpfuhl, Tiefenbach, Argen--thal, Simmern, Kastellaun, Mörsdorf, Bell, Wüschheim, Biebern, Reckershausen, Kirchberg, Dill, Sohren, Maitzborn, Gemünden, Königsau.
Campingplätze:	Bockenau Bockenauer Schweiz, Kastellaun BurgStadt CampingPark, Simmertal Campingplatz Haumühle.
Besichtigen:	Staudernheim Draisine; Bad Sobernheim Barfuß--pfad, Freilichtmuseum, Heimatmuseum; Simmern Hunsrück-Museum, Stephanskirche, Schinderhannesturm; Neuerkirch Kulturhistorisches Museum; Kastellaun Sponheimer Burg mit Museum; Mörsdorf Geierlay; Kirchberg Heimatmuseum; Ravengiersburg Hunsrückdom, Sargenroth Nunkirche, Bismarckturm.
Wandern:	Entenpfuhl, Argenthal, Mörsdorf, Wüschheim, Dill, Gemünden.
Baden:	Argenthaler See, Winterbach, Gemünden.
Radfahren:	Bad Sobernheim Nahe-Radweg; Simmern, Kastellaun, Bell Schinderhannes-Radweg.
Essen:	Simmern Gasthaus Domäne am See, Schwarzer Adler, Pizzeria GiGi; Kastellaun Badische Kellerey; Laufersweiler Schatulle.

Vom Disibodenberg fahren wir in wenigen Minuten nach **Staudernheim** und folgen im Ort den Hinweisen Draisine, bis wir den Parkplatz der Draisinenbahn erreicht haben [**022:** N 49°46'50.9" E 07°41'43.5", nur in Verbindung mit einer Draisinenfahrt zu nutzen].
Zu Fuß sind wir schnell am Ausgangspunkt der Tour, die an geraden Tagen von Staudernheim nach Altenglan und an ungeraden Tagen in die umgekehrte Richtung auf der eingleisigen und ansonsten stillgelegten Bahntrasse führt.

Draisinentour durch das Glantal

Die Draisine wird wie ein Fahrrad mit Pedalen angetrieben und läuft auf vier Rädern schnurgerade auf dem Gleis. Im Schneckentempo lassen wir das Glantal an uns vorüberziehen, halten von Zeit zu Zeit an, um in den Orten neben der Strecke kleine architektonische Kostbarkeiten, wie z. B. das historische Rathaus und die katholische Barockkirche in Meisenheim anzuschauen. Zur Halbzeit der Strecke stärken wir uns im Lauterecker Brauhaus bei Schnitzel und süffigem Bier, um später in Eschenau dem Kleinen Kunstbahnhof und der Historischen Ölmühle

einen Besuch abzustatten. Nachdem wir die im doppelten Sinne genussreiche Tour in Altenglan beenden, geht es mit öffentlichen Verkehrsmitteln zurück nach Staudernheim. Vielleicht hätten wir doch die Strecke umgekehrt von Altenglan aus angehen sollen. Von dort geht es nämlich leicht abwärts nach Staudernheim und der Spaß ist dann nicht ganz so anstrengend – oder man lässt sich gleich durch den Hilfsmotor der E-Draisine unterstütze *(März bis Okt. Ausleihe: 9 - 15 Uhr, Abgabe 14 - 18/19 Uhr, ab 39 - 49 € pro Draisine/Tag, Streckenlänge: 20 oder 40 km, barrierefreie Draisine möglich. Reservierung angeraten, Naheland-Touristik 06752/137610, www.draisinentour.de).*

Von diesem Punkt unserer Reiseroute bietet sich übrigens auch der Einstieg zu einer Rundreise mit dem **Wohnmobil durch die Pfalz**, WOMO-Band 13 unseres geschätzten Autorenkollegen Ralf Gréus an.

Am Nachmittag trudeln wir wieder am Wohnmobil ein und sind versucht, unsere lahmen Beine einfach hochzulegen und uns der Ruhe hinzugeben. Wäre da nicht die Aussicht auf eine natürliche Fußreflexzonenmassage!

Also keine Müdigkeit vorgeschützt und schon rollen wir auf der L232 nach **Bad Sobernheim**.

Hinter dem Kreisel richten wir uns nach den Hinweisschildern zum Freilichtmuseum, kommen unter der Bahnunterführung hindurch und sehen linker Hand den schön gelegenen und exzellenten offiziellen Stellplatz. Der Straße kurz folgend, finden wir den einfach Parkplatz am Freilichtmuseum [**023:** N 49°46'24.1" E 07°39'20.1"; Nachtigallental].

(024) Offizieller WOMO-Stellplatz: Bad Sobernheim

GPS: N 49°46'45.2" E 07°39'28.4" Hömigweg **Max. WOMOs:** 50

Kontakt: Telefon 06751/7142, www.amnohfels.de

Ausstattung: V/E, Strom, Café, Brötchenservice.

Beschreibung: Der zu der Top-Platz-Kette gehörende schöne Stellplatz bietet parzellierte Plätze auf Schotter als auch zur freien Platzwahl auf Wiesenflächen zwischen Bäumen an. In der Nähe und im wenige Gehminuten entfernten Ort befinden sich Gaststätten und direkt am Platz beginnen Wander- und Radwege, u.a. führt auch hier der Weinwanderweg Rhein-Nahe vorbei. Wer Lust auf

Minigolfen hat oder den ca. 700 m entfernt Barfußpfad besuchen möchte, ist hier genau richtig.
Preise: €€.
Zufahrt: Im Ort den WOMO-Piktogrammen bzw. den Hinweisen zum Freilichtmuseum folgen.

Der Stellplatz bietet einen idealen Ausgangspunkt für eine Ausfahrt auf dem **Nahe-Radweg** oder für den Rundgang durch die überschaubare Innenstadt. Dabei kann das **Heimatmuseum** besichtigt *(Do 10 - 12 Uhr)* sowie die **Tourist-Info** besucht werden *(Juni- Mitte Okt. 9 - 17 Uhr, Sa/Feiertage 9.30 - 12.30 Uhr, Mitte Okt. - Mai Mo - Fr 9 - 12/13.30 - 16 Uhr, Bahnhofstraße 4, Telefon 06751/811163, www.bad-sobernheim.de oder www.ferienregion-nahe-glan.de)*.
Wir entscheiden uns für einen Besuch des Barfußpfades, der heute für unseren vergnüglichen Tagesabschluss sorgen soll. Unabhängig vom Besuch desselben kann man im direkt angrenzenden **Biergarten Nahe-Garten** mit Blick auf die Nahe und bei kleinen Speisen sowie einem süffigen Nahe-Wein die Zeit vertrödeln *(April - Okt. Öffnungszeiten nach Wetterlage)*. Wir entledigen uns also unserer Schuhe und Strümpfe, krempeln die Hosenbeine hoch und schon geht es los!

Barfußpfad
Bereits Ende des 19. Jahrhundert hat der **Lehmpastor Emanuel Felke** in Bad Sobernheim seinen Patienten das Barfußlaufen empfohlen. Licht, Luft und Lehm stellte er in den Mittelpunkt seiner Naturheilkunde und war Begründer des einzigen Felke-Heilbad Deutschlands. Es wundert uns daher nicht, dass ausgerechnet in der Nahestadt ein außergewöhnlich schöner Barfußpfad entstanden ist. Er erstreckt sich 3,5 Kilometer über Gras, Steine, Lehm, Kies, Sand und Rindenmulch. Die Nahe wird durchquert (Brrr, das Wasser ist doch ganz schön kalt!) und über eine 40 Meter lange Hängebrücke in Indiana Jones-Manier überwunden. Damit der Wissensdurst gestillt wird, werden uns die vielfältigen Gesteine des Nahe-Berglands nicht nur erklärt, sondern wir können sie buchstäblich erlaufen. Ein tolles Erlebnis, an dessen Ende wir warme, gut durchblutete Füße haben *(Mai - Anfang Okt. tägl. 9 - 20 Uhr, Hunde nicht gestattet, Eintritt)*.

Pastor Felkes Therapie scheint bei uns anzuschlagen – ohne Muskelkater und mit frischer Kraft können wir am nächsten Morgen zum Besuch des wenige Hundert Meter entfernten Freilichtmuseums im Nachtigallental aufbrechen.

Bauerngarten im Freilichtmuseum

Rheinland-Pfälzisches Freilichtmuseum

Auf dem 2 Kilometer langen Rundweg begegnen wir der Geschichte, die für die Menschen der Region in den vergangenen Jahrhunderten zum Alltag gehörte. In meist ehrenamtlicher Arbeit wurden knapp 40 historische Gebäude aus den Gebieten Hunsrück-Nahe, Pfalz-Rheinhessen, Mittelrhein-Westerwald und Mosel-Eifel abgebaut und im Freilichtmuseum originalgetreu und liebevoll wiederaufgebaut. Durch Streuobstwiesen, Weiden und Äcker erreichen wir die kleinen, jeweils separat liegenden Baugruppen und erhalten Einblicke in das Schul- und Backhaus, in Bauernhöfe und Winzerhäuser. Besuchen den Friseur und den Uhrmacher und können uns gut vorstellen, wie in der Metzgerei die Wurst über die Theke gereicht und in der kleinen Kneipe der Feierabendschoppen getrunken wurde.

Bei verschiedenen Veranstaltungen lässt der Schmied in der Dorfschmiede wieder die Funken fliegen und im Backhaus wird Brot gebacken. Im Freigelände kreuzen freilaufende Hühner, Enten und Gänse unseren Weg und zeigen großes Interesse an unserem kleinen Imbiss, den wir auf einem der Picknickplätze verzehren. An der

Ehemalige Metzgerei aus Wöllstein/Rheinhessen

Museumskasse erhalten wir ein Faltblatt mit umfangreichen Erklärungen, lassen das Gesamtensemble auf uns wirken und genießen die stille Beschaulichkeit im Tal des Igelsbaches. An der kleinen Flurkapelle und am Weinberg vorbei führt unser Weg zum Ausgang, an dem wir im **Museumsladen** leckeren Honig erstehen, der im museumseigenen Lehrbienenstand gewonnen wird *(Mitte/Ende März - Anfang/Mitte Nov. Di - So 9 - 18 Uhr, Juni - Aug. und während der Schulferien in Rheinland-Pfalz auch montags geöffnet, Eintritt.* **Museumsgaststätte** *zu den Öffnungszeiten des Museums bis 19 Uhr, Hunde an der Leine gestattet, www.freilichtmuseum-rlp.de).*

Wer einen einsamen Parkplatz im Grünen mit schöner Aussicht auf saftige Wiesen und den Soonwald sucht, steuert über die B41 Richtung Kirn den kleinen Ort **Nußbaum** an

(025) WOMO-Picknickplatz: Nußbaum, Grillplatz

GPS: N 49°48'19.6" E 07°37'14.2" **Max. WOMOs:** 1 - 2

Ausstattung: Tische und Bänke, Schutzhütte, Feuerstelle, Müllbehälter.

Beschreibung: Eine kleine einfache, leicht schräge Parkmöglichkeit auf Wiese unter einem Baum an einem nachts ruhigen Wirtschaftsweg, von der man eine schöne Aussicht hat. Im Ort befindet sich an der Hauptstraße der Einstieg in den Weinwanderweg Rhein-Nahe.

Zufahrt: Auf der "Mühlenstraße" in den Ort fahren, am Ende rechts auf die Hauptstraße abbiegen und der 2. Straße „Mannengraben" links Richtung Grillplatz folgen. Etwa 600 m hinter dem Friedhof liegt der kleine Parkplatz auf der linken Seite.

Wir fahren indessen durch Bad Sobernheim und folgen den Hinweisen Richtung Gemünden/Daubach. Der Blick heftet sich zunächst auf die **Bockenauer Schweiz** und bald durchfahren wir den Waldböckelheimer Wald, der von einem einsam gelegenen Parkplatz erwandert werden kann [**026:** N 49°49'42.9" E 07°38'08.5"].

Am Ende des Waldes geht es rechts auf der nun schon bekannten **Naheweinstraße** weiter nach Daubach und von dort Richtung Winterbach.

(027) WOMO-Campingplatz: Bockenau, Bockenauer Schweiz

GPS: N 49°51'05.2" E 07°39'34.6"; Dauerbacher Brücke
Kontakt: Telefon 06756/298, www.bockenauerschweiz.de
Öffnungszeit: Ende März/Anfang April - Oktober.
Ausstattung: Gaststätte, Kinderspielplatz, WLAN.
Beschreibung: Der ruhige, idyllisch im Ellerbachtal gelegene und von Niederländern betriebene Campingplatz, der vorwiegend von Dauercampern genutzt wird, aber auch für den Natur und Ruhe suchenden Kurzurlauber und dessen Wohnmobil ein Plätzchen hat, gefällt uns immer wieder gut.

Wander- und Radwege am Rand des Soonwaldes führen direkt am Platz vorbei. Die Stellplätze sind teils schattig, gepflastert und auf grasbewachsenen Flächen, die Sanitäranlagen sauber.
Preise: €€.
Zufahrt: Hinter Daubach wird die L108 erreicht. Der Campingplatz liegt schräg gegenüber.

Über die L108 erreichen wir Winterburg und dann das erstmals

im Jahr 1295 erwähnte Örtchen **Winterbach**. Nach ausgedehnten **Wanderungen** oder **Radtouren** durch den Soonwald bietet sich das kleine, am Ortsende hinter einem monumentalen Quarzitfelsen gelegene **Freibad** am Sportplatz zum Abkühlen und Relaxen von April/Mai bis September an [**028:** N 49°52'47.7" E 07°37'55.1"; Am Felsen]. Bereits im Ort zweigt eine Straße nach Ippenschied und **Entenpfuhl** ab, an deren Ende wir uns Richtung Gemünden halten.

(029) WOMO-Wanderparkplatz: Entenpfuhl

GPS: N 49°52'03.0" E 07°35'52.8" An der L230 **Max. WOMOs:** 2

Ausstattung: Tisch und Bänke, Schutzhütte/außerorts, Häuser und Straße in der Nähe, nachts ruhig.
Beschreibung: Der einfache geschotterte Waldparkplatz bietet wenig Schatten, aber jede Menge Wanderwege (z. B. 2 km langer Gedichtspfad, Start Forsthaus). Obwohl sich der Parkplatz außerorts liegt, befinden sich Häuser in der Nähe. Trotz Straßennähe ist es nachts ruhig und man kann den Ruf des Käuzchens vernehmen.
Zufahrt: Hinter dem Abzweig ca. 1,5 km bis zum Waldweiler Entenpfuhl. Der Wanderparkplatz liegt auf der linken Seite der Straße.

Bei unserem Abendspaziergang kommt uns das Lied vom **Jäger aus Kurpfalz** in den Sinn, als wir gegenüber dem Parkplatz an seinem Denkmal stehen. Der Erbförster Friedrich Wilhelm Utsch hat im 18. Jahrhundert tatsächlich gelebt und ist im Soonwald seiner Arbeit nachgegangen. Im Jahr 1913 setzte Kaiser Wilhelm II. ihm und den nachfolgenden Jäger-Generationen das Denkmal. Schenken wir alten Überlieferungen Glauben, so sollen sich bei der feierlichen Enthüllungszeremonie die aufmarschierten Grünröcke nach dem Genuss des verwürzten Festmahls beim Strammstehen vor den kaiserlichen Augen in die Hosen gemacht haben. An einer derart geschichtsträchtigen Stelle schlagen wir unser Nachtlager auf und schlafen in angenehmer Ruhe am Rande des **Verbotenen Soon**, dessen Name daher rührt, dass zu Zeiten von Förster Utsch den Bauern die Nutzung dieses Teils des Soonwaldes durch die Kurpfalz verboten war.

Am Morgen sind wir in der Zwickmühle und können uns kaum für eine der zahlreichen, von hier beginnenden Wanderungen entscheiden. Ein Muss ist der Weg zum **Aussichtsturm der 620 Meter hohen Alteburg**, der uns vorwiegend durch den Wald führt. Auf geht's!

WOMO-Wandertipp: Alteburg und Soonwaldsteig

Leichte, ruhige Rundwanderung von ca. 14 Kilometer Länge. Vorwiegend auf befestigten Forstwegen und -straßen und bei sommerlichen Temperaturen wegen des dichten Waldes zu empfehlen.

Jäger aus Kurpfalz-Denkmal

Vom Parkplatz folgen wir der Landstraße links und tauchen hinter den letzten Häusern rechts in den Wald ein. Leicht ansteigend folgen wir der weißen Markierung S auf grünem Grund des Sponheimer Weges, die manchmal etwas schwer auszumachen ist. Da wir uns jedoch immer auf dem breiten Weg aufwärts geradeaus halten, ist ein Verlaufen kaum möglich. Nach ca. 4 Kilometer treffen wir auf einen Rastplatz und den Soonwaldsteig. Hier schwenken wir links zu einem Abstecher, um weiter bergauf nach etwa 1,5 Kilometer den steinernen Aussichtsturm der 620 Meter hohen Alteburg zu erreichen. Während der Hinweg mit dem X eines Fernwanderweges markiert ist, führt der Soonwaldsteig uns wieder zurück zum Rastplatz. Von hier folgen wir dem Steig in nordöstlicher Richtung, der jetzt als schmaler Pfad neben dem Rennweg verläuft. Der Pfad schlängelt sich mal bergauf, mal bergab zwischen Bäumen hindurch, führt durch dichtes Unterholz oder entlang von Wiesen bis er wieder im schattigen Wald verläuft. Herrlich ruhig ist es hier und hin und wieder erhaschen wir einen schönen Ausblick. An der "Runden Tanne" erreichen wir wieder den X-Weg und folgen nun dem Hinweis nach Entenpfuhl stets bergab. Auf der Waldstrecke begleitet uns ein Bächlein mal links, mal rechts des Weges, ein Schild weist auf den Gedichtspfad hin und schon bald sind wir wieder am Forsthaus Entenpfuhl.

Nach unserem Abstecher nach Entenpfuhl rollen wir auf der L230 zurück und biegen in Kreershäuschen nach Tiefenbach ab. Auf der L108 durchfahren wir auf teilweise schmaler, kurviger, doch gut zu befahrender Straße den dichten Soonwald.

Am höchsten Punkt der Strecke befindet sich ein Wanderparkplatz, von dem sich die bereits erwähnte **Alteburg**, der südwestlichste Gipfel des Großen Soons, auf 5,5 Kilometer langem ausgeschilderten **Wanderweg** ebenfalls erreichen lässt [**030:** N49°54'22.6"E07°36'05.3"; An der L108].

Von hier rollt das WOMO erst hinab und dann wieder bergauf nach **Tiefenbach**.

(031) Offizieller WOMO-Stellplatz: Tiefenbach, Höhenhof

GPS: N 49°56'53.6" E 07°32'16.4" **Max. WOMOs:** 3
Kontakt: Telefon 06761/6290, www.hoehenhof.de
Ausstattung: V/E, Strom, Barfußpfad und Labyrinth, Reitmöglichkeit, Streichelzoo, Wasch- und Trockenmöglichkeit
Beschreibung: In ruhiger und abgeschiedener Umgebung kommen besonders die Jüngeren der Wohnmobil-Familie auf dem Erlebnisbauernhof voll auf ihre Kosten. Die Plätze sind geschottert, meist schattig und überwiegend eben. Vom Stellplatz bietet sich eine famose Aussicht.
Preise: €€€ inkl. Nutzung der Freizeitanlagen.
Zufahrt: Bei Erreichen der L162 rechts Richtung Riesweiler/Argenthal und gleich wieder links abbiegen.

Weiter geht es Richtung Rheinböllen und über die B50 erreichen wir **Argenthal**.

Hier finden wir **den schönsten naturbelassenen Badesee im Vorderhunsrück**, der nicht nur bei Badewetter einen Ausflug wert ist. Wo bis vor etwa 90 Jahren noch Erzabbau betrieben wurde, ist heute ein familiär wirkendes Freizeitgelände mit Freilichtbühne für Veranstaltungen entstanden. Das Wasser ist klar und der kleine Sandstrand mit seinem flachen Einstieg ins kühle Nass für Kinder ideal. Auf einem 5,5 Kilometer langen **Geo-Erlebnispfad** können wir viel über die Geologie, die Geschichte und den Naturraum dieser Region erfahren. Im Hochsommer kann es mitunter eng am See und auf den Liegewiesen werden, wenn Groß und Klein mit Schwimmreifen, Gummibooten und Badelaken anrücken und für Leben sorgen.

(032) WOMO-Wanderparkplatz: Argenthaler Waldsee

GPS: N 49°57'31.3" E 07°35'38.9"; Waldseestraße **Max. WOMOs:** 2 - 3
Ausstattung: WC, Müllbehälter.
Beschreibung: Der einfache, geschotterte Waldparkplatz liegt außerhalb des Ortes etwa 100 Meter vom Waldsee. Bademöglichkeit *(Mai - Sept. 8 - 21 Uhr, Eintritt, Liegewiese, Hunde am See verboten)*. Hier starten verschiedene Wander- und Radwege und ein Geo-Erlebnispfad. Zur Einkehr lädt das **Gasthaus Waldsee Argenthal** ein *(Di - Mi 16 - 22 Uhr, Sa/So 11 - 22 Uhr, Telefon 06761/967575, www.gasthaus-cafe-waldsee.business.site)*.
Zufahrt: Von der B50 kommend im Ort dem Hinweis „Waldsee" folgen. Nach rund 2 Kilometer ist der Parkplatz am See erreicht.
Hinweis: Bei schönem Wetter wird es auf dem Parkplatz tagsüber sehr eng!

WOMO-Wandertipp: Traumschleife Schanzerkopf-Tour

Mittelschwerer Rundwanderweg von ca. 15,7 Kilometer Länge mit einigen An- und Abstiegen. Die abwechslungsreiche Wanderung ist durchgängig mit dem weiß-lila farbenen Traumschleifen Symbol markiert und nicht zu verfehlen.

Wir gehen einen Teil des Geo-Erlebnisweges, den wir Richtung Ginsterkopf verlassen und durch den Wald bis zu einem Parkplatz wandern. Jetzt beginnt der Aufstieg auf den 643 Meter hohen Schanzerkopf und unser Weg trifft auf halber Höhe auf den Soonwaldsteig. Vom Berggipfel genießen wir einen herrlichen Blick über den Hunsrück, bevor wir dem Weg zunächst immer bergab folgen. Nachdem wir den Soonwaldsteig nach links verlassen haben, erreichen wir durch einen Mischwald den Schinderhannes-Erlebnisweg, der über eine Kastanienallee mit angrenzenden Wiesen Richtung Ellern führt. Wir überqueren die alte Trasse der Hunsrückbahn und gelangen in das Naturschutzgebiet Kloppwiesen, durch das ein idyllischer Bach sprudelt. Durch offene Wiesenlandschaften steuern wir nun wieder Argenthal entgegen und durchqueren zum Abschluss ein kleines Waldstück Richtung Waldsee, um zum Ausgangspunkt unserer Wanderung zu gelangen.

Zurück an der B50 geht es nun nach **Simmern**. An der Ausfahrt Simmern WEST verlassen wir die Bundesstraße, um der Stadt, die als **Zentrum des Hunsrücks** gilt, einen Besuch abzustatten. Am Ende der Straße fahren wir links und vermerken, nachdem wir der ersten Straße rechts gefolgt sind, einen kleinen Parkplatz [N 49°58'31.8" E 07°31'20.7"; Am Freibad] bevor wir das **Naturfreibad** *(Mai - Sept. Mo - So 11 - 20 Uhr)* und das **Dschungeldorf** erreichen *(Mo - Fr 14 - 18.30 Uhr, Sa/So/Feiertage/Ferien RLP 10.30 - 18.30 Uhr, Eintritt. www.dschungeldorf.de)*. Im Letztgenannten gibt es Kinderbelustigung in Hülle und Fülle schon für die ganz Kleinen und auch die Größeren scheinen Spaß am Dschungelparcours zu haben.

(033) WOMO-Stellplatz: Simmern, Simmersee

GPS: N 49°59'40.0" E 07°32'18.8" **Max. WOMOs:** 2

Ausstattung: Infotafel, Bänke, Feuerstelle, Müllbehälter.
Beschreibung: Der einfache, asphaltierte, schattenlose Parkplatz liegt direkt am See (Baden verboten!). Von hier kann man wandern und mit dem Rad fahren und über einen ausgeschilderten Weg ist das 1,5 km entfernte Ortszentrum zu erreichen. Die Gäste des sehr beliebten **Gasthaus Domäne am See** *(Prima Essen! Mo/Mi - Fr ab 17 Uhr, Sa ab 12 Uhr, So 9.300 - 11.30 Uhr Frühstücksbrunch nach vorheriger Reservierung, 06761/9676921, www.domaene-am-see.de)* benutzen den Parkplatz ebenso die Ausflügler fleißig.
Zufahrt: Von der B50 an der Abfahrt Simmern West abfahren, am Ende der Straße links bis zum Kreisverkehr fahren. Dort rechts der Gemündener Straße bis zum 2. Kreisverkehr folgen, dort links und vor der Bahnbrücke links Richtung Altweidelbach wenden. Am 4. Kreisverkehr Richtung Koblenz/Kastellaun halten und in einer Rechtskurve rechts dem Hinweis „Simmersee" ca. 500 m bis zum Parkplatz am See folgen.
Hinweis: Sehr schräg, Keile unbedingt nötig! Leichte Geräuschkulisse durch Umgehungsstraße.

Wir parken unser Wohnmobil auf einem zentralen Stadtparkplatz [**034:** N 49°58'55.0" E 07°31'19.0"; Poststraße].
Von dort gelangen wir in nur wenigen Minuten zur **Tourist-Info**, die im Seitenflügel des am Anfang des 18. Jahrhunderts im klassizistischen Stil erbauten **Neuen Schlosses** untergebracht ist *(Mo - Fr 10 - 17 Uhr Sa/So/Feiertage 14 - 17 Uhr, Schlossplatz 4 - 8, Telefon 06761/837-293, www.simmern.de)*. Ausgestattet mit der Broschüre für einen **kulturhistorischen Stadtrundweg** schlendern wir durch die Stadt und erfahren einiges zu Personen, Gebäuden und Ereignissen der Simmerner Stadtgeschichte. Alternativ können Besucher im Sommer an einer **öffentlichen Stadtführung** teilnehmen *(Sa 10.30 Uhr, Treffpunkt Innenhof Neues Schloss, Gebühr)*.

Simmern

Das Neue Schloss beherbergt auch das **Hunsrück-Museum** *(März - Dez. Di - Fr 10-13 Uhr/14-17 Uhr, Sa/So 14-17 Uhr, Eintritt. www.hunsrueck-museum.de)*. Hier ist u. a. eine Abteilung dem Hunsrück-Epos HEIMAT von **Edgar Reitz** gewidmet. Der Regisseur und Ehrenbürger der Stadt hat mit seinem Werk dem Hunsrück und seinen Bewohnern ein filmisches Denkmal gesetzt.
Im weißen **Schinderhannesturm** wurde der über die Grenzen des Hunsrücks bekannte Ganove ein halbes Jahr gefangen gehalten. „Das ist der Schinderhannes, der Lumpenhund, der Galgenstrick, der Schrecken jedes Mannes, und auch der Weiber Stück ...", so schreibt Carl Zuckmeyer in seinem Schinderhannes-Lied. **Johannes Bückler** (geboren 1779), der als Lehrling eines Abdeckers, auch Schinder genannt, seinen Rufnamen erhält, ist, wenn man wissenschaftlichen Forschungen glauben darf, keinesfalls der große Räuberhauptmann, der eine Bande um sich scharte und nach Robin-Hood-Manier die Reichen bestahl und die Armen beschenkte. Der Räuber hatte bestimmt einen gewissen Rückhalt in der Bevölkerung, doch wohl eher aus Furcht als aus Solidarität. Wo auch immer die verherrlichende Popularität des Schinderhannes zu suchen ist, feststeht, dass er an verschiedenen Orten im Hunsrück auf Diebestour war oder Unterschlupf fand und unter anderem im ehemaligen, bis dahin als ausbruchsicher geltenden Pulverturm von Simmern 1799 inhaftiert war. Ein halbes Jahr später gelang ihm eine spektakuläre Flucht. 1802 wurde er abermals festgenommen und nach einem langen Prozess im November 1803 zum Tod durch

Neues Schloss

Schinderhannes-Turm

die Guillotine verurteilt. Für eine weitere Vertiefung der Schinderhannes-Story bietet sich die kleine Ausstellung im Schinderhannesturm an.

In der katholischen **Josephskirche** bestaunen wir die wunderbaren Deckenfresken, machen Halt an der **Bastion Römerberg** und schauen über die Dächer der Stadt, bevor wir der evangelischen **Stephanskirche** einen Besuch abstatten. In der St. Anna-Kapelle befinden sich die Grabdenkmäler der Simmerner Herzöge, die zu den berühmtesten Zeugnissen der Bildhauerkunst der Renaissance zwischen Mainz und Trier zählen. Sehenswert ist auch die **Stumm-Orgel** von 1782.

Wir lassen uns weiter durch die Fußgängerzone treiben, betrachten die alten, mit Schiefer verkleideten Häuser und stehen dann etwas ratlos in der Marktstraße vor dem Bronzeabbild einer kleinen Frauenstatue. Unsere fragenden Gesichter lassen eine alteingesessene Simmernerin bei uns stehen bleiben und sie erzählt uns die Geschichte der **Zement-Grete**: Grete, seit ihrer Kindheit wegen ihrer Kleinwüchsigkeit und ihres Wesens von ihren Mitbürgern gehänselt, wurde vor etlichen Jahren in einen LKW-Unfall verwickelt. Andere Personen fanden den Tod, während das schrullige Simmerner Original damals „nur" von Zement überschüttet wurde und den tragischen Vorfall überlebte. Die daraus folgende traurige Berühmtheit und die bereits vorhandene Aufmerksamkeit aufgrund ihrer Persönlichkeit waren ihr stets ein Graus. Ihre Heimatstadt widmete ihr nach dem Tod trotzdem ein Denkmal und so stehen wir heute vor der in Bronze verewigten Zement-Grete, die sich vermutlich im Grab herumdrehen würde, wenn sie wüsste, dass sie noch heute auf der Marktstraße steht und die Aufmerksamkeit der Menschen auf sich zieht.

Zum Abschluss unseres Rundganges stärken wir uns nicht weit entfernt in der Koblenzer Straße in einem der ältesten Häuser der Stadt. Im **Restaurant Schwarzer Adler** wird seit dem 16. Jahrhundert für das leibliche Wohl der Gäste gesorgt und auch heute kann man sich hier und in der dazugehörigen **Pizzeria GiGi's** ausgezeichnet bekochen lassen *(Restaurant Di - Fr 11.45 - 14 Uhr, Fr - So 17.30 - 21.30 Uhr, Pizzeria Di - Fr 11.45 - 14/17.30 - 21 Uhr, Sa ab 17.30 Uhr, So 12 - 14/17.30 -21 Uhr, Koblenzer Straße 9, Telefon 06761/901832, gigis-pizzeria.de)*.

Nachdem wir die Nacht am Simmersee verbracht haben, geht es zum bereits bekannten Kreisverkehr und wir passieren nochmals die Zufahrt zum See. Danach halten wir uns Richtung Zell/Mosel, steuern erst Kümbdchen und anschließend

Keidelheim an. Dort biegen wir nach Kastellaun ab und befinden uns wieder auf der L108.
Parallel zur Landstraße verläuft der **Schinderhannes-Radweg**, der 38 Kilometer Radfahr-Spaß auf der ehemaligen Bahntrasse zwischen Simmern und Emmelshausen verspricht. Fernab von verkehrsreichen Straßen könnten wir durch wunderbare Landschaften mit herrlichen Ausblicken auf die Hunsrückhöhen strampeln. Dieses Vergnügen behalten wir uns jedoch für unsere letzte Etappe durch den Hunsrück vor (vgl. Tour 8, Seite 197). Wer bereits von hier losstrampeln möchte, findet zum Beispiel in Simmern den Einstieg in den herrlichen Radweg.
Wir durchfahren Külz, notieren in **Neuerkirch** das **Kulturhistorische Museum** *(Mitte April - Mitte Okt. So 14 - 17 Uhr, Eintritt)* und betrachten bei der Fahrt durch Alterkürz die für den Hunsrück typischen Häusern mit weit hinabgezogenen Schieferdächern.
Durch ein Wäldchen rollen wir nun auf **Kastellaun** zu und wer eine wunderschöne **Aussicht** auf das **lebendige Zentrum des Vorderhunsrücks** und weit darüber hinaus über einen Großteil unseres Reisegebietes haben möchte, findet diese und den **Wanderparkplatz Hohe Buch** an der Straße Richtung Kaserne [N 50°03'36.1" E 07°26'29.4"].
Für einen längeren Aufenthalt in dem reizenden, kleinen Städtchen empfiehlt sich der Campingplatz und für die Stadtbesichtigung bietet ein Parkplatz unterhalb der Burg an der B327 den richtigen Ausgangspunkt [N 50°04'10.2" E 07°26'22.1"].
Etwas außerhalb vermerken wir von der B327 Richtung Buch/Friedhof kommend einen kleinen Parkplatz am **Lavendellabyrinth**, das während der Blütezeit ein wundervoller „Eyecatcher" ist [**035:** N 50°04'28.7" E 07°26'03.9"; Bucher Straße. Der Parkplatz kann nur von **WOMOs bis 3,5 t** Gesamtgewicht angefahren werden!].

(036) WOMO-Campingplatz: Kastellaun, BurgStadt CampingPark

GPS: N 50°04'03.3" E°7°27'16.7"; Südstraße 34
Kontakt: Telefon 06762/40800, www.burgstadt.de
Öffnungszeit: März - Oktober.
Ausstattung: Frühstücks- und Brötchenservice, WLAN, Flugsimulator, Restaurant, Vitalresort.
Beschreibung: Der terrassenförmig angelegte Platz bietet teilweise Schatten und ein sauberes Sanitärgebäude. Wander- und Radwege starten quasi direkt vor dem Eingang und ganz in der Nähe befinden sich „WaldAbenteuer" und „Sturmwurfpfad". Der Platz befindet sich am Rand des Ortes, der in einigen Gehminuten zu erreichen ist.
Preis: €€€.
Zufahrt: Am Ortseingang rechts dem Hinweis zum Campingplatz folgen.
Hinweis: Der eine findet es gut, der andere entsetzlich: Kinder bzw. Jugendliche erst ab 14 Jahre erwünscht!

Kastellaun

In der von Schiefer, Fachwerk und Bruchstein geprägten **Altstadt** bummeln wir durch aufwendig restaurierte Straßenzüge, stöbern durch kleine Läden und betrachten das teils geschäftige Treiben auf dem Marktplatz. Hier befindet sich auch die **Tourist Info** *(Mai - Okt. Mo - Fr 9 - 17 Uhr/Sa 9.30 - 13 Uhr, Nov. - April Mo - Do 9 - 17 Uhr/Fr 9 - 13 Uhr, Marktstraße 16, Telefon 06762/401873 o. 401698, www.kastellaun.de).* Über der Altstadt erhebt sich die Ruine der aus dem Jahr 1226 stammenden **Sponheimer Burg**. In der Unterburg ist das empfehlenswerte **Haus der regionalen Geschichte** untergebracht (*März - Dez. Do - So/ Feiertage 12 - 17 Uhr, Eintritt).* Wir erfahren, wie die Kelten während der Eisenzeit hier lebten, die Römer das Land veränderten und erhaschen einen Blick in das mittelalterliche Burgenleben im Hunsrück. Der Reigen endet mit der Zeit des Kalten Krieges nach 1945, in der sich der Hunsrück zu einer Basis des atomaren Rüstungswettlaufs entwickelte und sich die Proteste der Bevölkerung dagegen mehrten.

Bei einem geführten abendlichen **Stadtspaziergang** vertiefen wir die bisher gewonnenen Eindrücke der Stadt *(Buchung über Tourist-Info)* und beschließen den Abend in einem der historischen Gebäude von 1670. Wo früher der badische Steuereintreiber die Münzen einsammelte, sitzen wir nun in der Schlossstraße im **Gasthaus Badische Kellerey** bei gutem Essen und knüpfen mit der einheimischen Thekenbesatzung schnell Kontakt (*Fr/Mo17 - 21 Uhr, Sa/So/Feiertage 11.30 - 14.30/17 - 21 Uhr, Schlossstr. 19 Telefon 06762/40190, www.badische-amtskellerey.de).* Sie empfehlen uns den Besuch des am Rande von Kastellaun gelegenen **Naturerlebnispark Waldabenteuer** (*Mai - Sept. 10 Uhr bis17/18 Uhr, Eintritt. www.waldabenteuer.de).*

Hier kann man nach Herzenslust und zu saftigen Preisen den Barfußpfad erkunden, im Abenteuerpark unter Anleitung in bis zu 12 Meter Höhe klettern und balancieren oder in der Gruppe den Hochseilgarten gemeinsam erleben.

Dem Anfang 2007 wütenden Orkan Kyrill ist der 830 Meter lange und ganzjährig begehbare **Sturmwurfpfad** gewidmet. Der Sturmwurf, seine Folgen und Schäden sowie die sich regenerierende Natur sind hier als gigantisches Naturereignis gratis und live zu erleben.

Eingebettet ist der Kyrillpfad übrigens in den einfachen und knapp 7 Kilometer langen **Rundwanderweg der Traumschleife Burgstadt-Pfad**. Der familienfreundliche Wanderweg führt über verschlungene Pfade und den alten Postweg auf der Hunsrücker Hochfläche und streift urwüchsige Wälder und idyllische Wiesen.

In Kastellaun orientieren wir uns Richtung Hermeskeil und fahren anschließend Richtung Treis-Karden nach Mörsdorf mit der angeblich **schönsten Hängeseilbrücke Deutschlands**. Der erste Blick auf einen der Höhepunkte unserer Reise durch den Hunsrück eröffnet sich bereits von einem Parkplatz vor **Mörsdorf** [N 50°05'37.7" E 07°21'34.8"; An der L204]. Das Parken im Ort ist eindeutig geregelt und für unsereins eignet sich lediglich ein für Wohnmobile ausgewiesener Parkplatz.

(037) Offizieller WOMO-Stellplatz: Mörsdorf, P2

GPS: N 50°06'16.7" E 07°20'14.1"; Windorfer Straße **Max. WOMOs:** 10

Ausstattung: Infotafeln, Bank, WC, Müllbehälter.

Beschreibung: Der einfache geschotterte, schattenlose Parkplatz liegt am Ortsrand und mit Anschluss an diverse Rad- und Wanderwege. Im Ort gibt es Gaststätten und in der Nähe die Gasfachfrau, falls man sich für eine Tankflaschen interessieren sollte (www.gasfachfrau.de).

Zufahrt: Im Ort den WOMO-Piktogrammen zum Parkplatz folgen.

Hinweis: Für die tagsüber fällige Parkgebühr sollte man **unbedingt €-Münzen bereithalten!**

Näher können Wohnmobile nicht an der **Geierlay-Brücke** geparkt werden, die nur über einen 2,5 Kilometer langen gut befestigten Weg zu Fuß oder mit dem Fahrrad zu erreichen ist! Gehbeeinträchtigte Menschen können jedoch einige Tage vor dem geplanten Besuch in Kastellaun einen gebührenpflichtigen **Shuttle-Service** buchen *(Termine und Gebühren Tourist-Info Kastellaun Mai - Okt. Mo - Fr 9 - 17 Uhr/Sa 9.30 - 13 Uhr, Nov. - April Mo - Do 9 - 17 Uhr/Fr 9 - 13 Uhr, Marktstraße 16, Telefon 06762/401873 o. 401698, www.kastellaun.de. Keine Rollstühle, Rollatoren nur nach vorheriger Absprache!)*.

Unser Tipp: Die Geierlay sollte zeitig am Tag oder in den Abendstunden besucht werden, dann sind nicht Heerscharen von Besuchern unterwegs und man kann das wahrlich erhabene Gefühl auf der Brücke fast allein genießen!

WOMO-Wandertipp: Die Geierlayschleife

Anstatt den direkten Zuweg zur Brücke zu nehmen, dehnen wir die Wanderung, die wegen der An- und Abstiege als mittelschwer einzustufen ist, auf knapp 7 Kilometer aus.

Vom Parkplatz erreichen wir zunächst das gut ausgeschilderte **Besucherzentrum** in Mörsdorf, in dem Informationen rund um die Brücke sowie deren Entstehung parat gehalten werden und man via einer Live-Webcam einen ersten Blick auf die Geierlay werfen kann. Das zugehörige **Restaurant** bietet sich vor oder nach der Wanderung

für eine Stärkung mit regionalen Speisen an (*Info-Zentrum 10 - 16 Uhr, Restaurant Mo - Do/So 10 - 19 Uhr, Fr/Sa bis 21 Uhr, www.geierlay.de*). Vom Besucherzentrum folgen wir dem ausgewiesenen Weg (Markierung Vogelschwinge) durch die Hangflanke der Geierlay bis zum Mückenberg, an dem sich der Mörsdorfer Brückenkopf befindet.
Seit Oktober 2015 überspannt die 360 Meter lange Hängeseilbrücke in 100 Meter Höhe das tief gelegene Mörsdorfer Bachtal. Sie ist nicht nur das Top-Ziel der Region, sondern hat es nach mehrmaligen Besuchen auch unter unsere **Top Ten** geschafft. Der Anblick ist schwindelerregend schön und wer es allein auf die Brücke schafft, der kann beinahe ein Gefühl fürs Fliegen entwickeln.
Der Brückenname leitet sich von der historischen Bezeichnung des Flurstücks Geierlay ab, das mit der Silbe „Lay" auf regionaltypische Schiefervorkommen verweist. Zudem haben sich am Felsabhang vor langer Zeit vermutlich viele Greifvögel („Geier") aufgehalten, sodass sich der erste Teil des jetzigen Namens erklärt.
Ein bisschen mulmig ist uns schon zumute, als wir das beeindruckende Bauwerk betreten und in luftiger Höhe auf etwa 80 Zentimeter Breite leicht schwingend über dem Abgrund gehen (Hunde sind übrigens an der Leine gestattet). Begleitet von einer grandiosen Aussicht über den vorderen Hunsrück gelangen wir an den Sosberger Brückenkopf und folgen dem Wanderweg links in den Wald. In Schlenkern geht es nun hinab ins Tal, wo wir auf den Saar-Hunsrück-Steig treffen und Richtung Blankenrath marschieren. Am 5-Wege-Platz wenden wir uns wieder Mörsdorf zu und erreichen nach einem strammen Anstieg das Besucherzentrum sowie den Ausgangspunkt unserer Wanderung.

Unser Weg führt nun zurück Richtung Kastellaun und dann Richtung Hermeskeil auf die B327, der Hunsrückhöhenstraße. Am ehemaligen Bahnhof **Bell** notieren wir linker Hand einen Parkplatz, der sich trefflich als Ausgangspunkt für eine Runde auf dem bereits erwähnten **Schinderhannes-Radweg** eignet [N 50°03'18.2" E 07°25'32.7"].

Hängeseilbrücke Geierlay

Im schräg gegenüberliegenden **Tier-Erlebnispark Bell** leben Damwild, Hühner, Shetland Ponys, Ziegen und viele andere Tiere nebeneinander in großen, artgerechten Gehegen. Das Highlight sind jedoch vier Sibirische Tiger, bei deren Training man zuschauen kann *(Mi - So/Feiertage 10 - 18 Uhr, Eintritt. www.tier-erlebnisparkbell.de)*.

Wer sich in der Gegenwart von so viel Getier wohlfühlt, der kann vor Ort seine Zelte aufschlagen, pardon, natürlich mit dem Wohnmobil übernachten [**038:** N 50° 03'11.3" E 07°25'03.1"; Am Markt, Wasser/Strom/Preis €€].

Etwa 4,5 Kilometer hinter dem Freizeitpark lenken wir unser Reisemobil links bis kurz vor **Wüschheim** an den Wald- und Feldrand.

(039) WOMO-Wanderparkplatz: Wüschheim, Grillhütte

GPS: N 50°00'45.5" E 07°24'50.9" **Max: WOMOs**: 2 - 3

Ausstattung: Infotafel.

Beschreibung: Der einfache, schattenlose, geschotterte Parkplatz liegt außerhalb des Ortes an Wald- und Wiesenrand und ist nachts sehr ruhig. Hier starten Wander- und Radwege.

Zufahrt: Etwa 200 m vor Wüschheim rechts der Beschilderung zur Grillhütte und zum Parkplatz ca. 200 m folgen.

Der **Biebertaler Rundweg** verbindet alle sechs Ortschaften des Biebertals auf einer Länge von gut 26 Kilometer. Von kleinen Anhöhen kann man von vielen Sitzbänken aus die Aussicht auf die Hunsrücklandschaft genießen, und da es nur einen ge-

ringen Anteil an Gefäll- und Steigungsstrecken gibt, sind die Wege auch für Familien mit Kindern bestens geeignet. Wir wollen uns heute einer Etappe im Quellgebiet des Namengebers zuwenden, der oberhalb von Wüschheim entspringt.

WOMO-Wandertipp: Im Quellgebiet des Bieberbachs

Leichte Wanderung von etwa 14 Kilometer Länge.
Von der Grillhütte marschieren wir entlang des Waldrandes über die „Kleine Runde" zum Biebertaler Rundweg. Von hier geradeaus durch Wüschheim und nach Reich zum dortigen Kriegerdenkmal. Hier verlassen wir den Rundweg kurzzeitig und gelangen über einen Verbindungsweg durch den Ort zum Bieberbach, den wir überqueren und wenig später wieder auf den eigentlichen Rundweg gelangen. Durch Felder und Wiesen wandern wir entlang des 484 Meter hohen Gossbergs in den Wald. Still ist es hier und wir genießen die Gerüche und Geräusche unter Bäumen, um nach etwa 5 Kilometer, kurz vor Wüschheim und bei Erreichen der Wiesen, direkt links abzubiegen und zur Grillhütte sowie zum Wohnmobil zurückzugehen.

Am Ortseingang von **Biebern**, kurz bevor wir die L226 in den Ort verlassen, finden wir vor der Kirche einen Parkplatz mit Fernsicht [**040:** N 49°59'41.3" E 07°26'41.7"; An der L226]. Hinter der Kirche rollen wir in das Unterdorf und halten auf Heinzenbach zu. In der Ferne können wir schon Kirchberg mit seinem markanten Wasserturm erkennen. Doch bevor wir der Stadt auf dem Berg einen Besuch abstatten, machen wir einen kleinen Abstecher nach rechts, um in **Reckershausen** der Freizeitanlage einen Besuch abzustatten.

(041) WOMO-Picknickplatz:
Reckershausen, Freizeitanlage Reckershausen

GPS: N 49°59'16.6" E 07°24'03.4"; Bachweg **Max. WOMOs:** 2
Ausstattung: Tisch und Bänke.
Beschreibung: Der einfache befestigte Waldparkplatz am Ortsrand liegt unter Bäumen und gilt als Ausgangspunkt für Rad- und Wanderwege. In der Nähe gibt es eine Volleyballanlage und einen schön angelegten Barfußpfad. Gegebenenfalls kann auch schon der Parkplatz vorher genutzt werden.
Zufahrt: Von Heinzenbach kommend im Ort in einer Linkskurve nach rechts den Hinweisen „Freizeitgelände" folgen. 2x links abbiegen, am

alten Schwimmbad vorbeifahren. Am Waldrand liegt der Parkplatz vor der Grillhütte.
Hinweis: Es werden unbedingt Keile benötigt. **Nur für WOMOs bis 6,50 Meter Länge!**

Der Hauptstraße im Ort folgend erreichen wir durch Wald und Flur die B421 und wenden uns **Kirchberg** zu.
Im Gewerbegebiet ist neben einem türkisfarbenen Gebäude ein Fitnesspark mit einer über die Grenzen Kirchbergs bekannten **Indoor-Kletterhalle** untergebracht [N 49°57'30.7" E 07°23'40.4"]. Hier können Kletterer auf 800 Quadratmeter Fläche bis zu einer Höhe von 20 Meter ihre Geschicklichkeit und Konzentration auf die Probe stellen *(www.fitness.sc., Telefon 06763/1899, Terminvereinbarung sinnvoll, Eintritt)*.
Für den Kurzbesuch Kirchbergs können Wohnmobile bis 6,50 Meter Länge in den Ort und dann Richtung Dillendorf gelenkt werden, um auf dem Parkplatz Innenstadt abgestellt zu werden [N 49°56'31.3" E 07°24'22.6"; Fuchsbräugasse].

(042) Offizieller WOMO-Stellplatz: Kirchberg, Camping Caravan Park

GPS: N 49°57'13.0" E 07°24'28.4"; Herbert-Kühn-Straße10
Max. WOMOs: 6
Kontakt: Telefon 06763/544, www.amb-reisemobile.com
Ausstattung: V/E, Strom, Gasflaschentausch.
Beschreibung: Der mit Rasenschotter versehene Platz bietet keinen Schatten, liegt an einer Wiese mit schöner Aussicht hinter den Gebäuden eines Reisemobilhändlers mit Werkstatt und Zubehör-Shop.

Preise: €.
Zufahrt: Von der B421 kommend die B50 überqueren und am Kreisel an der 3. Ausfahrt links abbiegen und später über die Bahnschienen fahren, dann links halten. Der Stellplatz liegt rechter Hand hinter der Werkshalle.

Kirchberg

Vom oben genannten Parkplatz aus schlendern wir durch enge Gassen und lassen uns in idyllischen Winkeln mit romantischen Fachwerkhäusern vom Charme des kleinen Städtchens bezaubern. Bereits im Jahr 1259 erhält Kirchberg durch einen der zahlreichen Sponheimer Grafen die Stadtrechte und ist somit die älteste Stadt des Hunsrücks.
Um den feinen **Marktplatz** gruppieren sich Häuser aus dem 17. und 18. Jahrhundert. Das **Haus Weber**, in dem sich die **Tourist-Info** befindet, fällt durch sein reiches, symmetrisches Fachwerk und den fünfseitigen Erker mit seiner geschweiften Schieferhaube auf *(Mo - Mi 8.30 - 12 Uhr/14 - 16 Uhr, Do 8.30 - 18 Uhr, Fr 8.30 - 13 Uhr, Marktplatz 6, Telefon 06763/910144, www.kirchberg-hunsrueck.de)*. Nur einen Kat-

zensprung entfernt sehen wir ein weiteres schönes Beispiel für die Fachwerkbauten im 17. Jahrhundert. Unter dem doppelt geschweiften Giebel finden wir die **Schwanen-Apotheke**, die ihrerseits die älteste Apotheke des Hunsrücks ist. Die reich verzierten Fensterumrandungen nach Art der „Fränkischen Erker" und Konsolköpfe unter den Fenstern wurden allerdings erst später ergänzt. Es wundert uns nicht, dass wir in der ältesten Stadt mit der ältesten Apotheke nun auch noch die älteste Kirche des Hunsrücks vorfinden. Bei Grabungen im Bereich der **St. Michael Kirche** wurden Fundamente von drei steinernen Vorgängerbauten aus dem 8.-11. Jahrhundert der heute spätgotischen Hallenkirche freigelegt (Führungen über die Tourist-Info). Ab 1688 wurde die Kirche für fast 300 Jahre als Simultankirche genutzt. Protestanten und Katholiken konnten in hälftiger Eigentumsgemeinschaft die Kirche zu bestimmten Zeiten allein benutzen. Erst 1965 verkaufte die evangelische Kirchengemeinde ihren Anteil an die katholische Kirchengemeinde und finanzierte mit dem Erlös den Neubau der **Friedenskirche**.
Das Haus, in dem das **Heimatmuseum** untergebracht ist, ist mit seiner Breite von 1,65 Meter bereits von außen ein kleiner Augenschmaus. In seinem Inneren beherbergt das Museum eine historische Fahrradsammlung sowie die Dokumentation der Stadthistorie *(Di 19 - 21 Uhr oder nach Vereinbarung 06763/2514).*
Die Hauptstraße nach Westen weiterbummelnd treffen wir auf den rekonstruierten **Leugenstein**. Er erinnert an die römische Vergangenheit Kirchbergs, dem damaligen „Dumnissus", als sich hier eine bedeutende Station an der alten Römerstraße zwischen Bingen und Trier befand. Die Leuge, ein 202 nach Christus in den nördlichen Provinzen Roms eingeführtes gallisches Längenmaß, betrug 1500 Doppelschritte von je 1,4815 Meter. Das entspricht einer heutigen Entfernung von 2,22 Kilometer.

Inspiriert durch den Leugenstein wollen wir ein wenig auf römischen Spuren wandern und verlassen Kirchberg nach Dillendorf und später nach **Dill**.
Auf einem Felskegel über dem Ort thront die in Privatbesitz befindliche **Burgruine** aus dem 12. Jahrhundert. Erwähnung sollte die barocke, evangelische Kirche des hübschen Örtchens finden. Das schlichte Dorfkirchlein kann an der Emporenbrüstung und dem Chorgewölbe mit ungewöhnlich schönen Gemälden des naheländischen **Malers J. G. Engisch** aufwarten.

Burgruine in Dill

(043) WOMO-Wanderparkplatz: Dill, Festplatz

GPS: N 50°00'45.5" E 07°24'50.9" Denkmalstraße
Max: WOMOs: 2 - 3
Beschreibung: Der am Ortsrand gelegene einfache, geschotterte und schattenlose Parkplatz bietet sich als Ausgangspunkt für Rad- und Wandertouren an.
Zufahrt: Im Ort Richtung Niedersohren fahren. Der Parkplatz liegt rechts am Ortsausgang.

Von hier kann in die nachstehende Wanderung eingestiegen werden. Vom Parkplatz geht es zunächst in den Ort und dann der Dorfstraße links folgend auf den Hunsrückhöhenweg. Wir starten jedoch vom folgenden kleinen Wanderparkplatz aus, den wir im weiteren Straßenverlauf Richtung Niedersohren nach etwa 600 Meter erreichen [**044:** N 49°55'18.3" E 07°20'34.5"; An der K2. Für Wohnmobile bis maximal 6,50 Meter Länge].

Decimus Magnus Ausonius

„Viatores, sequimini vestigia Romana!"
(Wanderer, folgt den römischen Spuren!)

Decimus Magnus Ausonius (310 - 392 nach Christus), römischer Gelehrter und Rhetoriker, war als Erzieher an den Hof des römischen Kaisers Valentinians I. nach Trier berufen worden und reiste auf der alten Römerstraße quer durch den Hunsrück von Bingen nach Trier. Seine Reiseeindrücke schrieb er in dem Werk **Mosella** nieder, das die älteste Beschreibung einer deutschen Landschaft darstellt. Zusammen mit einer alten Straßenkarte, der Tabula Peutingeriana, lässt sich der

Verlauf der römischen Straße von Bingen über Simmern, Kirchberg und das Belginum bis nach Trier bestens rekonstruieren.
Ausonius bezeichnet die Hunsrück-Landschaft als „wilde Waldeinsamkeit" und wir wollen einen kleinen Teil seines Weges per pedes erkunden.

WOMO-Wandertipp: Auf den Spuren von Ausonius

Mittelschwere Wanderung von ca. 12,5 Kilometer mit einigen An- und Abstiegen und schönen Aussichten. Markierungen AU und H.
Vom Wanderparkplatz starten wir gegen den Uhrzeigersinn und gehen auf der mit AU markierten alten Römerstraße zwischen Weiden leicht bergan. Nachdem wir ein folgendes Waldstück mit der Augustushütte passiert haben, lichtet sich der Wald und wir überqueren die Kreisstraße, um wieder in den Wald einzutauchen. Leicht abwärts erreichen wir ein kleines Bachtal und wenden uns am Ende einer Lichtung halb links, spazieren in ein weiteres Tal hinab und überqueren den Hirschbach. Wenig später verlassen wir den Ausoniusweg nach links und folgen dem asphaltierten Weg bis zu einer Weggabelung. Hier schwenken wir nochmals links und überqueren den Hirschbach ein zweites Mal. In weitem Rechtsbogen und später mit einer engen Linkskurve erreichen wir durch Wald und Flur stetig leicht ansteigend Laufersweiler. Wir folgen dem Niederweiler Weg nach links bis zur Straße Kelebann, die in die Kirchgasse übergeht und erreichen die Provinzialstraße, die wir kurz links gehen – nach rechts liegt das **Hotel-Restaurant Schatulle**, das zur Einkehr einlädt *(Mi - Mo 17 - 22 Uhr, So/Feiertage 11 - 14/17 - 22 Uhr, Provinzialstraße 6, Telefon 06543/980319, www.hotel-schatulle.de)*.
Von der Provinzialstraße wechseln wir rechts in die Straße Obere Anspann, verlassen den Ort und marschieren durch die Felder bis zum Waldrand, an dem wir ein Stück geradeaus und dann rechts unter den Bäumen weitergehen. An einer Lichtung folgen wir anschließend der Markierung III links und erreichen wieder den Waldrand, an dem wir ins Tal des Siehlbachs gelangen. Nach einem Rechtsbogen sind wir bald auf der Kreisstraße und erreichen in Dill die Denkmalstraße, der wir in den Ort folgen und auf der Dorfstraße links zum Ortsausgang folgen. Die Markierung H des Hunsrückhöhenweges bringt uns sanft bis zur Anhöhe und zum Ausoniusweg mit der Markierung AU.
Nach wenigen Metern stehen wir links vor dem rekonstruierten **Römerturm**, von dem wir einen eindrucksvollen Blick über die male-

rischen Täler- und Hügellandschaften genießen und darüber nachdenken, wie wohl die römischen Legionäre diese Gegend fern ihrer Heimat empfunden haben müssen. Den Blick auf den in nordwestlicher Richtung am Horizont liegenden Flughafen Hahn hätten sie sich allerdings noch nicht einmal im Traum vorstellen können.
Ein Teil der **Ausoniusstraße** ist hier erstaunlich gut erhalten und wir marschieren durch einen Hohlweg auf gepflastertem Pfad sanft abwärts weiter. Im Tal gurgelt der Dillerbach und auf den restlichen Metern leicht aufwärts zum Ausgangspunkt unserer Wanderung erfahren wir auf Infotafeln Wissenswertes über die Römer.

Auf gleichem Weg fahren wir nach Dillendorf zurück, von dort bis kurz vor Hecken, um uns Richtung Dickenschied zu halten. Wir überqueren die B421 nach Womrath und folgen hinter einem Wäldchen dem Hinweis Maitzborn. Im Ort halten wir uns rechts nach Rödern und finden hinter dem Ortsausgang von **Maitzborn** rechter Hand einen kleinen Picknickplatz unter Bäumen [**045:** N 49°56'03.9" E 07°26'19.5"; Dorfstraße]. Schnell haben wir auch Rödern hinter uns gelassen und biegen am Ende der Straße rechts Richtung B50 ab.
Ein kurzes Stück fahren wir parallel zur B50 und vertrauen uns dann den Hinweisen Ravengiersburg/Hunsrückdom an. Hinter Oppertshausen lichtet sich der Wald, und während wir über Serpentinen nach **Ravengiersburg** rollen, eröffnet sich uns der Blick auf den mächtigen, doppeltürmigen **Hunsrückdom**, der sich auf einem Schieferfelsen über den dicht gedrängten Häusern des Ortes erhebt.
Nach einer Parkmöglichkeit für unser Wohnmobil suchend, folgen wir der Durchfahrtsstraße und werden in einer Rechtskurve am Buswartehäuschen fündig [N 49°56'07.8"E 07°28'43.0"; Hauptstraße]. Von hier ist der Fußweg zum Dom ausgeschildert und schnell zurückgelegt.

Der Hunsrückdom in Ravengiersburg

Zwischen 930 und 940 wurde auf dem Felsen eine Burg gebaut, die dem Edlen Rabanger gehörte und Rabangers- oder Ravengiers-Burg hieß. 1072 wurde die Burgkapelle geweiht. Als Patron wurde der Heilige Christophorus gewählt, der bis heute der Schutzheilige des Hunsrückdoms ist. 1074 übergab das kinderlose Grafenpaar Berthold und Hedwig das Burggut dem Erzbischof von Mainz mit der Auflage, dort ein Kloster zu errichten. Das Stift bestand bis 1566, später ging der reiche Besitz in pfälzische Verwaltung über. Seit 1699 ist die Kirche katholische Pfarrei. 1920 übernahmen Missionare die Klostergebäude und richteten eine theologische Hochschule ein. Heute sind Teile der

Hunsrückdom
Gebäude im Besitz der katholischen Arbeitnehmerbewegung. Von der mittelalterlichen Klosteranlage des Hunsrückdoms haben nur die beiden 42 Meter hohen Türme des Westwerks mit zahlreichen Reliefs und Plastiken und mit ihren Rautendächern die wechselvolle Geschichte der Jahrhunderte bis heute überdauert. Sie waren ursprünglich als wuchtige Wehranlage errichtet und beeindrucken weniger durch ihre Höhe, sondern vielmehr durch ihre Breitenmaße. Die Unversehrtheit und Geschlossenheit der Anlage machen den Hunsrückdom zu einem der bedeutendsten Bauwerke des 11./12. Jahrhunderts zwischen Mosel, Rhein und Nahe. Eine romanische Besonderheit stellt ein Kreuz mit einem bekleideten Christus an der Außenfassade des Südturms dar. Christus steht auf einem Dämonenkopf, dem Symbol der Sünde. Die Hände sind angenagelt und eine Königskrone schmückt seinen Kopf. Der barocke Hochaltar aus dem Jahre 1722 mit der Kreuzigungsgruppe ist das Schmuckstück im Kircheninneren, die prächtige Orgel entstand in der ersten Hälfte des 18. Jahrhunderts (weitere Informationen unter www.hunsruecker-dombauverein.de).

Wir verlassen den beschaulichen Ort Richtung Mengerschied und zweigen an der nächsten Kreuzung nach **Sargenroth** ab. Bei Erreichen der L162 halten wir uns links und 500 Meter später erwarten uns die **Nunkirche** und der in einem Wäldchen fast verborgene **Bismarckturm**. Mit etwas Glück kann das Wohnmobil direkt vor dem Friedhofseingang seinen Platz finden, etwas besser steht es jedoch auf dem Parkplatz unter Bäumen am Aussichtsturm [N 49°56'12.7" E 07°31'16.7"].

Nunkirche und Bismarckturm
Die frühere Wallfahrtskirche steht im Schatten alter Linden und Kastanien und bietet einen malerischen Anblick. Vom mittelalterlichen Kirchenbau ist noch der Turm erhalten. Das Kirchenschiff wurde 1745 neu errichtet. Im Untergeschoss des Turmes sind wunderschöne Wand- und Gewölbemalereien aus dem 13. Jahrhundert zu sehen. Die Malereien in der Fensterlaibung und im Chorbogen stammen aus dem 14. Jahrhundert.

Nunkirche und Film-Gräber

Auf dem Friedhof begegnen wir nach unserem Museumsbesuch in Simmern ein weiteres Mal der Hunsrück-Saga HEIMAT, als wir auf die ausgewiesenen (und nicht belegten!) Filmgräber der Familie Simon treffen. Über den Rochusplatz, auf dem seit dem Mittelalter unter freiem Himmel die Gerichte des Klosters Ravengiersburg gehalten wurden und auf dem heute jeweils am ersten Dienstag im September noch der **Nunkircher Markt** veranstaltet wird, gehen wir zum **Bismarckturm** hinüber.
Nach dem Tod Bismarcks wurde 1898 aufgrund eines Aufrufs der deutschen Studentenschaft überall in Deutschland mit dem Bau von Denkmälern zur Erinnerung an den „Eisernen Kanzler" begonnen. Im Jahr 1900 erfolgte der erste Spatenstich zur Erbauung des 1902 eingeweihten Turms. Es sollte in jenen Jahren ein „Ehrendenkmal als Wahrzeichen der Dankbarkeit und Treue" sein. Mit Treue hat das Besteigen des 17,5 Meter hohen, aus Soonwaldquarzit errichteten Turms für uns nichts zu tun, denn wir haben es auf die Aussichtsplattform abgesehen. Von hier können wir die ganze Schönheit der Hunsrücklandschaft, den Soonwald im Hintergrund und die welligen Hochflächen im Norden und Westen betrachten. Allerdings sollte nicht unerwähnt bleiben, dass die Bäume mittlerweile dem Himmel entgegenstreben und der Ausblick eventuell getrübt wird. Der Turm ist frei zugänglich, für die Besichtigung der Nunkirche kann zurzeit Kontakt mit der Küsterin aufgenommen werden.

Auf dem Friedhof sind wir neben dem Museum in Simmern zum zweiten Mal der Hunsrück-Saga begegnet und es wird Zeit, dass wir einige zusätzliche Worte darüber verlieren.

HEIMAT

Durchstreift man den Hunsrück, begegnet man in vielen Orten den Hinweisen auf die Film-Trilogie von Edgar Reitz. 1984 hatte der erste Teil der Chronik Premiere, in der die Geschichte der Familie Simon von 1919 bis 2004 im fiktiven Ort Schabbach erzählt wird. Filmkulissen sucht man vergeblich, denn die Landschaft spielt eine der Hauptrollen. Die Hunsrück-Saga wurde meist in Originalgebäuden gedreht und Laienschauspieler sowie Komparsen aus der Region wurden engagiert. Egal, ob vor dem Rhaunener Rathaus, in Woppenroth (dem imaginären

Schmiede in Gehlweiler

Schabbach) oder auf dem Friedhof an der Nunkirche, überall ist hier das in der europäischen Filmgeschichte anerkannte Filmepos präsent. Auch wenn die letzte TV-Ausstrahlung schon einige Jahre zurückliegt, wird uns im Hunsrück noch einmal ein Teil der deutschen Geschichte vom Weg nach dem 1. Weltkrieg in die Nazi-Zeit, vom Wiederaufbau und vom Wirtschaftswunder nähergebracht. Die Erzählungen über Herkunft, von Aufbruch und Rückkehr haben nichts an Aktualität verloren und sind in andere Regionen bzw. auf andere Menschen übertragbar. Dies zeigt sich auch am neueren Filmprojekt von Edgar Reitz, das 2013 Premiere hatte und eine dramatische Familien- und Liebesgeschichte Mitte des 19. Jahrhunderts im Hunsrück erzählt. Ganze Dörfer waren damals von Hungersnot und Armut gebeutelt und die Bewohner emigrierten auf der Suche nach Arbeit und Glück ins ferne Südamerika. Auf unserer Reise durch den Hunsrück werden wir, z. B. in Idar-Oberstein in den Edelsteinminen oder auf der Suche nach der Herkunft des Spießbratens, immer wieder auch an diese Auswandererzeit erinnert. Wenn wir dann in Herrstein, Bernkastel oder an der Burg Baldenau an weitere Drehorte gelangen, wird der Kinofilm „Die andere Heimat" fast ein wenig „lebendig". Dazu tragen sicher auch die auskunftsfreudigen Hunsrücker bei, die gern mal ein „Stickelche" von den Dreharbeiten wiedergeben. Im nahen Gehlweiler dokumentieren 12 Bildtafeln einige Filmszenen innerhalb des Ortes und in Morbach, das wir später besuchen werden, wird sich der Kreis um Edgar Reitz schließen.

Auf der L162 lassen wir uns über Mengerschied nach **Gemünden** führen, wo vor dem Ortseingang bei schönem Wetter das von Mai bis September geöffnete **Freibad** mit einem erfrischenden Bad locken könnte. Zudem vermerken wir auf dem dazugehörenden Parkplatz ein Übernachtungsplätzchen nahe der Straße [**046:** N 49°53'59.4" E 07°29'21.3"; An der L162]. Wir finden unseren Stopp jedoch inmitten von Wiesen und am Rande des gurgelnden Simmerbachs auf der anderen Seite Gemündens.

(047)WOMO-Wanderparkplatz: Gemünden, Grillhütte

GPS: N 49°53'31.4" E 07°28'12.0" Mühlenweg **Max. WOMOs:** 2
Ausstattung: Bänke.
Beschreibung: Der einfache geschotterte, schattenlose Parkplatz liegt außerhalb des Ortes etwa 600 Meter von Geschäften und Gaststätten entfernt. Rad- und Wanderwege befinden sich in der Nähe und hinter dem nahen Simmerbach und verläuft eine nicht stark befahrene, nachts ruhige Straße.
Zufahrt: Der L162 in den Ort bis an das Ende folgen, dort links auf die B421 und sofort rechts Richtung Geol. Lehrpfad/Grillhütte fahren. Der Parkplatz liegt ca. 400 m später auf der rechten Straßenseite unterhalb der Grillhütte.

Beim Durchfahren des Ortes müssen wir alle Vorsicht walten lassen, damit wir mit dem Wohnmobil bei Gegenverkehr nicht die Hauswände oder andere Fahrzeuge touchieren. Fast entgeht uns dadurch das WOMO-Piktogramm, das links zum offiziellen **WOMO-Stellplatz** der Stadt zeigt [**048:** N 49°53'38.8" E 07°28'41.1"; Raiffeisenstraße]. Von hier lässt es sich prima in die mittelschwere, etwa 11 Kilometer lange **Traumschleife Heimat** einsteigen. Höhepunkte der Wanderung sind sicher die schönen Steilpassagen vom später beschriebenen Koppenstein hinab ins Simmerbachtal und der HEIMAT-Drehort Gehlweiler. Von beiden Parkplätzen ist das landschaftlich und am Simmerbach sehr reizvoll gelegene Gemünden gut zu Fuß zu erreichen. Das in Privatbesitz der Freiherren von Salis-Soglio befindliche hat seinen Ursprung in einer von den Grafen von Sponheim im 12./13. Jahrhundert errichteten Burg, die im 16. Jahrhundert für 300 Jahre in den Besitz der Ritter von Schmidtburg überging. Ende des 17. Jahrhunderts wurden während der Zeit des pfälzischen Raubkrieges durch Sprengungen

und Brände große Teile der Anlage zerstört. Die Wiederaufbauarbeiten begannen Anfang des 18. Jahrhunderts und noch heute schmiegt sich der Ort mit winkligen Gässchen sowie schiefergedeckten, ineinander verschachtelten Fachwerkhäusern um das auf einem Felsvorsprung liegende Schloss.
Der **Geologische Lehrpfad** mit unzähligen Schautafeln vermittelt verständlich die komplizierte mehr als 400 Millionen Jahre alte Entwicklungsgeschichte des Hunsrücks.
Gemünden ist einer der Eckpfeiler der **Hunsrück Schiefer- und Burgenstraße**, die uns ab hier mit Unterbrechungen für einige Zeit immer wieder den Weg weisen wird. Bevor es soweit ist, schlängeln wir uns hinter der Kreuzung L162/B421 erst einmal wieder in den Ort hinein und folgen dem Hinweis Burgruine Koppenstein, dem **Wahrzeichen des Hunsrücks**. 400 Meter später liegt rechter Hand ein **Wanderparkplatz**, von dem sich über den Rundweg 8 die Burgruine erklimmen lässt [N 49°53'28.3" E 07°29'12.0"].
Uns ist heute mehr nach einem kleinen Spaziergängelchen und wir fahren den Berg weiter hinauf, biegen rechts nach Henau ab und finden kurz hinter dem Abzweig nach Gehlweiler rechtsseitig eine Parkbucht [N 49°52'46.1" E 07°29'47.3"].

WOMO-Wandertipp: Burgruine Koppenstein

Vom kleinen Parkplatz gehen wir dem Wegweiser folgend zur Burgruine Koppenstein, die im 12. Jahrhundert als sponheimische Burg erbaut wurde und um 1600 verfiel. Wahrscheinlich wegen Wassermangels misslang eine dauerhafte Stadtgründung. Übrig geblieben sind Überreste des Wallgrabens und der Ringmauern. Auch von Zwinger und Palas, sowie den Toranlagen ragt noch Mauerwerk zwischen den Bäumen empor. Nach der Besteigung des 16 m hohen Bergfrieds und einer grandiosen Rundumsicht zieht es uns noch ein paar Meter zum charakteristischen **Wackelstein** weiter. Seit Jahrtausenden balanciert der tonnenschwere Gesteinsbrocken mit einer Ecke auf einem Quarzitkamm und droht bisher erfolglos jederzeit hinabzustürzen.

Auf gleichem Weg gehen wir zurück zum Wohnmobil und setzen unsere Fahrt fort. Bevor wir Henau erreichen, bietet sich uns ein erster schöner Blick auf den **Lützelsoon**, den kleinen Soon, von dem später noch die Rede sein wird. Durch ein liebliches Tal rollen wir den Berg hinab und gelangen in das **Wandergebiet Obere Nahe**, das sich nahe des Dorfes **Königsau** erkunden lässt.

(049) WOMO-Wanderparkplatz: Königsau

GPS: N 49°51'14.0" E 07°29'29.4" **Max. WOMOs:** 2

Beschreibung: Der einfache, geschotterte, schattenlose Parkplatz liegt außerhalb des Ortes und bietet gute Einstiegsmöglichkeiten in die umliegende Wanderwelt.
Zufahrt: Kurz hinter dem Ortsgang die B421 nach links verlassen und knapp 200 m zum rechts gelegenen Parkplatz fahren.
Hinweis: Manchmal werden hier landwirtschaftliche Gerätschaften geparkt.

Am Ende der Straße biegen wir Richtung Kirn ab und befinden uns mit der B421 auf der **Schiefer- und Burgenstraße**, der wir durch das romantische Kellenbachtal mit seinen bizarren Felsformationen und idyllischen Talauen folgen. Hinter Heinzenberg blitzt hoch über dem Tal zwischen hohen Bäumen **Schloss Dhaun** kurz hervor und inmitten von grünen Wäldern lädt auf dem Gelände einer alten Kornmühle ein Campingplatz zum längeren Verweilen am Simmerbach, der hier auch Kellenbach genannt wird, ein.

(050) WOMO-Campingplatz: Simmertal, Campingplatz Haumühle

GPS: N 49°48'53.7" E 07°30'14.4"; Haumühle 1
Kontakt: Telefon 06754/946565, www.camping-haumuehle.de
Öffnungszeit: Ganzjährig.
Ausstattung: Gaststätte.
Beschreibung: Die einfache, aber ordentliche Anlage liegt auf einer Lichtung am Bach und bietet teilweise schattige Wiesenplätze. Die Sanitäranlagen sind sauber und das Restaurant empfehlenswert. Es gibt einen Spielplatz und Angelmöglichkeiten sowie die Möglichkeit für ausgedehnte Wanderungen. In der Nähe des außerhalb der Ortschaft befindlichen Platzes gibt es eine Bushaltestelle.
Preise: €.
Zufahrt: An der B421 zwischen Heinzenberg und Simmertal.

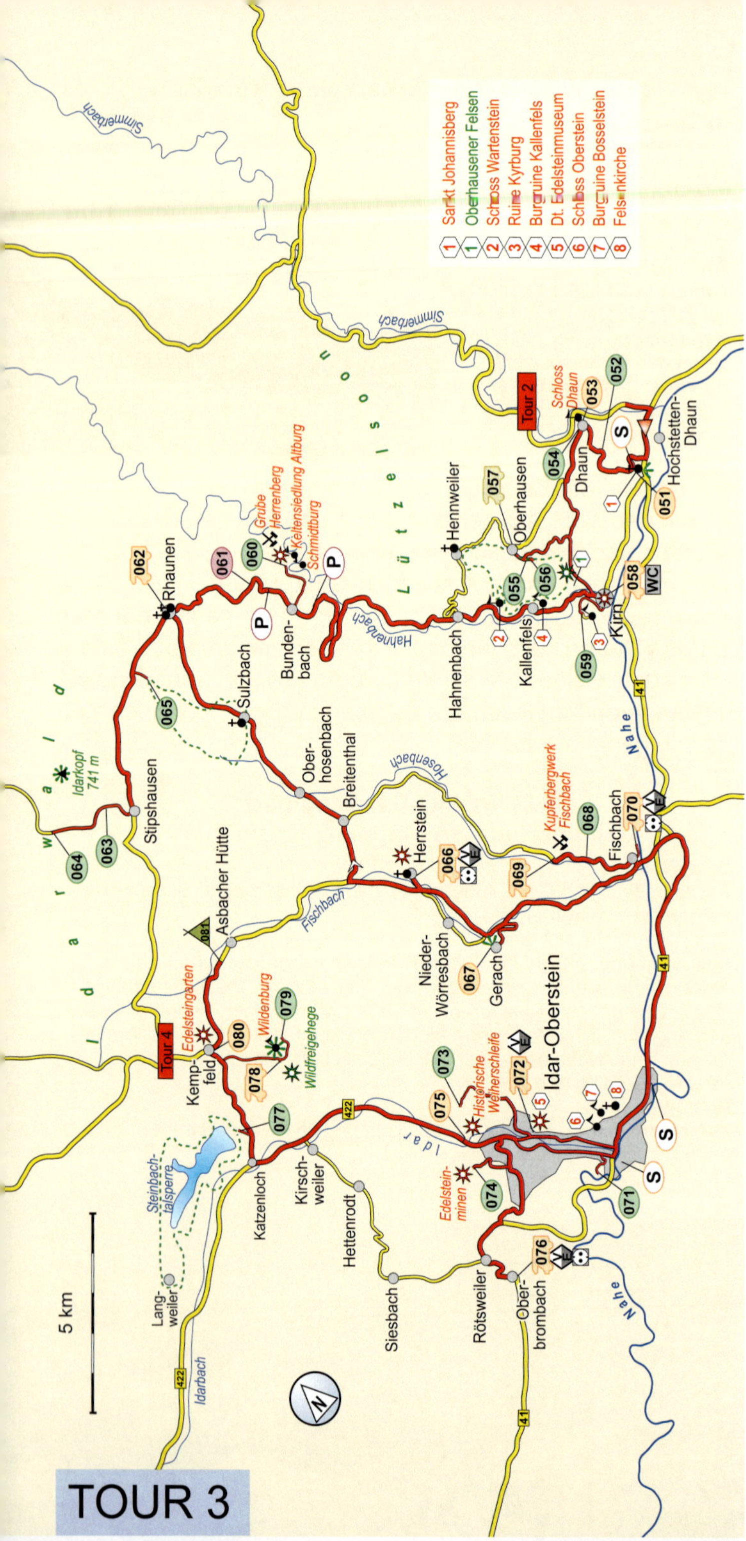
TOUR 3
1 Sankt Johannisberg
1 Oberhausener Felsen
2 Schloss Wartenstein
3 Ruine Kyrburg
4 Burgruine Kallenfels
5 Dt. Edelsteinmuseum
6 Schloss Oberstein
7 Burgruine Bosselstein
8 Felsenkirche
Simmerbach
Lützelsoon
Idarwald
Idarkopf 741 m
Rhaunen
Sulzbach
Bundenbach
Grube Herrenberg
Keltensiedlung Altburg
Schmidtburg
Hahnenbach
Hennweiler
Oberhausen
Kallenfels
Kirn
Dhaun
Schloss Dhaun
Hochstetten-Dhaun
Tour 2
Stipshausen
Asbacher Hütte
Ober-hosenbach
Breitenthal
Hosenbach
Herrstein
Kupferbergwerk Fischbach
Fischbach
Nahe
Nieder-Wörresbach
Gerach
Idar-Oberstein
Edelsteingarten
Wildenburg
Wildfreigehege
Kemp-feld
Tour 4
Steinbach-talsperre
Katzenloch
Kirsch-weiler
Hettenrode
Historische Weiherschleife
Edelstein-minen
Idar
Lang-weiler
Siesbach
Rötsweiler
Ober-brombach
Idarbach
5 km
WC
062 061 060 057 054 053 052 051 055 056 058 059 065 064 063 066 068 069 070 067 081 080 079 078 077 073 072 075 074 071 076
41
422

Tour 3 135 km

Oberhausen – Kirn – Bundenbach – Herrstein Fischbach – Idar-Oberstein – Asbacherhütte

Stellplätze:	St. Johannisberg, Dhaun, Oberhausen, Kirn, Bundenbach, Stipshausen, Gerach, Fischbach, Idar-Oberstein, Oberbrombach, Katzenloch, Kempfeld.
Campingplätze:	Asbacherhütte Campingplatz Harfenmühle.
Besichtigen:	Hochstetten-Dhaun Kirche und Skywalk in Sankt Johannisberg, Schlosspark Dhaun; Kirn Ev. Kirche, Ruine Kyrburg, Whisky-Museum; Bundenbach Schieferbergwerk, Fossilienmuseum, Keltensiedlung; Rhaunen und Sulzbach Stumm-Orgeln; Herrstein Heimatmuseum, Stadtbild; Fischbach Kupferberg werk; Idar-Oberstein Felsenkirche, Schloss, Burg, Edelsteinminen, Hist. Weiherschleife, Industriedenkmal J. Bengel, Dt. Edelsteinmuseum, Dt. Mineralienmuseum, Edelstein Erlebniswelt, Fissler Shop; Kempfeld Wildfreigehege, Edelsteingarten.
Wandern:	Hochstetten-Dhaun, Oberhausen, Bundenbach, Rhaunen, Herrstein, Idar-Oberstein, Katzenloch, Asbacherhütte.
Essen:	St. Johannisberg Landhaus St. Johannisberg; Oberhausen Landhaus Wartenstein; Kirn Kyrburg; Idar-Oberstein Spießbratenhaus Kammerhof und Zur Weiherschleife; Langweiler Köhlerstube; Asbacherhütte Harfenmühle.

Hinter Simmertal erreichen wir die B41, um ihr nach **Hochstetten-Dhaun** zu folgen. An der 2. Ampel biegen wir nach **St. Johannisberg** ab und die **Schiefer- und Burgenstraße** führt uns in Kurven den Berg hinauf zu einem Parkplatz, auf dem wir unser Wohnmobil stehen lassen und in den kleinen Weiler spazieren [N 49°48'02.2" E 07°29'51.6"]. Nach einigen Minuten stehen wir vor der aus dem 13. Jahrhundert stammenden **Stiftskirche St. Johannisberg**, die mit ihren 22 figürlich meisterhaft gearbeiteten Grabdenkmälern die Bildhauerei der Renaissance

und des Barocks gut nachvollziehen lässt. Die ehemalige Grabkirche der Dhauner Wildgrafen erweist sich als kostbares Kunstkabinett und wahres Kleinod am Wegesrand, das nicht unbeachtet bleiben sollte *(April - Okt. Di - So 9 - 18 Uhr)*. Nur wenige Meter entfernt bedarf es schon ein wenig Schwindelfreiheit, um den ganzjährig geöffneten **Nahe-Skywalk** zu betreten. Einem Balkon ähnlich, ragt die stählerne Aussichtsplattform 100 Meter über dem Nahetal sowie sieben Meter freischwebend oberhalb einer Klippe hinaus und lässt die ungetrübte Aussicht auf den Hellberg, die Stadt Kirn und den zurzeit aktiv betriebenen Steinbruch zu.

Der Hellberg gilt als imposanteste **Blockschutthalde** nördlich der Alpen, der in einer vulkanisch sehr aktiven Zeit vor etwa 285 Millionen Jahren entstand, als Magma in das Gestein der festen Erdkruste eindrang und erstarrte. Nach und nach wurde das äußerst harte Gestein über die Jahrmillionen freigelegt, ist durch die starke Hangneigung noch heute ständig in Bewegung und bietet im oberen, fast vegetationslosen Bereich lediglich Flechten eine Überlebenschance.

Unmittelbar neben Kirche und Skywalk befindet sich das **Landhaus St. Johannisberg** mit einer ordentlichen und leckeren Küche *(ab 17 Uhr, So/Feiertage ab 11 Uhr, Mi Ruhetag, Telefon 06752/6080, www.landhaus-st-johannisberg.de)*. Zudem wird auf Nachfrage am Ortseingang gegenüber dem uns bekannten Parkplatz eine in der Nacht ruhige Übernachtungsmöglichkeit geboten [**051:** N 49°48'01.5" E 07°29'48.6"; St. Johannisberg].

Die Straße bringt uns weiter bergauf und an einen kleinen Wanderparkplatz, der den Startpunkt für einen **Geologischen Lehrpfad** markiert

(052) WOMO-Wanderparkplatz: Hochstetten-Dhaun, Geologischer Lehrpfad

GPS: N 49°48'28.2" E 07°29'49.9" **Max. WOMOs:** 2
Ausstattung: Infotafeln, Tische und Bänke.
Beschreibung: Vom einfachen, meist schattenlosen Wiesenparkplatz

außerhalb der Ortschaft starten Rad- und Wanderwege und man hat eine Aussicht in die Umgebung
Zufahrt: Vom vorgenannten Parkplatz der Straße ca. 1 Kilometer folgen.

Kombiniert mit dem **Wald- und Naturlehrpfad Simmertal,** ist von hier eine 3,5 bis 20 Kilometer lange Wanderung möglich, die über die Geologie sowie die Fauna und Flora des Kirner Landes informiert.
Etwa 2 Kilometer später erreichen wir den Ortsteil **Dhaun**, dessen Schloss wir bereits vom Kellenbachtal aus erspähen konnten [**053:** N 49°48'56.2" E 07°30'00.5"].

Schloss Dhaun

Aus den im 10. Jahrhundert zur Landesverwaltung eingesetzten Nahegaugrafen gingen die Wild- und Raugrafen hervor, die am Anfang des 12. Jahrhunderts das „castrum de Dune", die Burg auf der Höhe erbauten. Zum Kriegsschauplatz geriet Dhaun im 14. Jahrhundert, als durch einen ritterlichen Schabernack unter Verwandten eine Katze in den Stiefel des Grafen Heinrich von Schmidtburg befördert wurde, der seinerseits erbost seinen Anteil der Wildgrafschaft innerhalb einer Woche an den Erzbischof von Trier veräußerte. Zur **Dhauner Fehde** oder zum **Katzenkrieg** kam es, als der Dhauner Graf Johann den Besitz zurückerobern wollte. Er war jedoch dem Kirchenfürsten militärisch weit unterlegen und musste diesem am Ende der Streitigkeiten das Öffnungsrecht der Burg zugestehen, das die unentgeltliche Nutzung des befestigten Hauses im Kriegsfall erlaubte. Eine ziemliche Schlappe für den Wildgrafen, bedeutete es doch zusätzlich, dass Johann dem Erzbischof gestatten musste, jederzeit nach Belieben ein- und ausgehen zu dürfen und ihn samt seinem Gefolge verköstigen zu müssen. Im Zusammenhang mit der „Dhauner Fehde" entstand ein regelrechter Burgenkranz von vier weiteren Burgen in diesem Gebiet, von dem heute lediglich der Rest des Bergfrieds der Burg Brunkenstein zeugt. Im 15. und 16. Jahrhundert wurde die Burg weiter ausgebaut und verstärkt, während im 18. Jahrhundert Wild- und Rheingraf Carl die Umgestaltung zum Barockschloss vorantrieb, bevor französische Revolutionstruppen

das Schloss besetzten und plünderten. 1804 wurden die Überreste der Burg als Abbruch versteigert und alle brauchbaren Bauteile zur Kauzenburg nach Bad Kreuznach gebracht. Ab 1850 wurde die Ruine nach mehreren Besitzerwechseln in den heutigen Zustand versetzt und beheimatet jetzt die Volkshochschule und eine weitere Bildungsstätte. Trotzdem sollte man sich die Zeit nehmen, die vielen Pfade auf dem Areal zur erkunden!

Vom Parkplatz bietet sich aus 400 Meter Höhe ein schöner Blick ins Nahetal und über die Höhen des Hunsrücks bis zum Nordpfälzer Bergland. Hier und am folgenden Wanderparkplatz kann zu diversen Radtouren und Wanderungen aufgebrochen werden, zu denen auch der **Weinwanderweg Rhein-Nahe** gehört (vgl. Tour 1 Seite 36).

(054) WOMO-Wanderparkplatz: Dhaun, Ortsrand

GPS: N 49°48'50.6" E 07°29'28.7"; Kirner Straße **Max. WOMOs:** 2 - 3

Ausstattung: Infotafeln, Tische und Bänke, Schutzhütte.
Beschreibung: Der einfache, befestigte und geschotterte Parkplatz ist terrassenförmig angelegt und befindet sich am Ortsrand und bietet teilweise Schatten und eine Aussicht. Natürlich starten auch von hier Rad- und Wanderwege.
Zufahrt: Vom vorgenannten Parkplatz der Straße etwa. 600 Meter bis zum Ortsausgang folgen. Der Parkplatz liegt rechts der Straße.

Von hier oder vom Schloss kann die kurzweilige und abwechslungsreiche **Vitaltour Wildgrafenweg** angegangen werden. Die knapp 14 Kilometer lange Strecke mit einigen An- und Abstiegen erschließt die gerade erwähnten kulturhistorischen Sehenswürdigkeiten der nahen Umgebung und führt gut markiert durch die wunderschöne Naturlandschaft mit herrlichen Aussichten.
Weiter geht es durch Karlshof weiter hinauf nach **Oberhausen** bei Kirn.

(055) WOMO-Wanderparkplatz: Oberhausen, Sportplatz

GPS: N 49°48'14.8" E 07°27'08.8"; Kirner Straße **Max. WOMOs:** 2 - 3
Ausstattung: Infotafel, Tische und Bänke, Müllbehälter.
Beschreibung: Einfacher, asphaltierter, Parkplatz am Ortsrand, der sich als Ausgangspunkt von Wanderungen eignet.
Zufahrt: Von Karlshof kommend 1. Straße (Kirner Straße) hinter dem Ortseingang links bis zum Ende und zum Parkplatz fahren.

(056) WOMO-Wanderparkplatz: Oberhausen, Oberhausener Felsen

GPS: N 49°48'04.6" E 07°26'57.7" **Max. WOMOs:** 2
Beschreibung: Einfacher teils schattiger Parkplatz auf Schotter oder Wiese.

Er wird oft von Kletterern benutzt und ist ein guter Ausgangspunkt für Wanderungen.
Zufahrt: Von vorgenannten Parkplatz vor dem Vereinsheim rechts bis zum Ende des Waldes, dort links dem Weg bis zum Parkplatz folgen.

Wir fahren das Sträßchen bis zum Ende, stellen unser Wohnmobil auf der Wiese ab, holen, weil wir hier niemanden stören, Tisch und Stühle heraus und schauen einigen mit klirrender Kletterausrüstung bepackten Menschen hinterher. Sie alle wollen zu den **Oberhausener Felsen**, die auch als **Kirner Dolomiten** bekannt sind. Während das weiche Schiefergestein bei den Verwitterungsprozessen in Tausenden von Jahren leichter abgetragen wurde, blieben die widerstandsfähigen Quarzite als steile, bizarre Felszacken erhalten und bieten Bergsteigern ideale Kletterbedingungen. Nach unserem Kaffeepäuschen auf der von der Sonne beschienenen Wiese verlagern wir unseren Standort zum **Landhaus Wartenstein** in den Ort *(16.30 - 23 Uhr, So ab 11 Uhr, Di Ruhetag, Telefon 06752/2733, www.landhaus-wartenstein.de).* Neben gutem Essen und einem Biergarten, in dem auch schon mal der Spießbraten auf offenem Feuer gegrillt wird, gibt es sogar noch ein Plätzchen fürs WOMO [**057:** N 49°48'28.9" E 07°26'54.9"; Auf dem Scheid 4, Wasser/Strom, Preis €].

Am folgenden Morgen brechen wir zu einer schönen, abwechslungsreichen Wanderung durch den südlichen Lützelsoon auf.

WOMO-Wandertipp: Rund um die Kirner Dolomiten
Mittelschwere Wanderung von ca. 9 Kilometer Länge mit einigen heftigen Anstiegen. Museumsbesuch möglich.
Vom Sportplatz in Oberhausen gehen wir unmittelbar links am Vereinsheim vorbei, folgen der Markierung H kurze Zeit später rechts in den Wald hinein. Nach einem Rechtsbogen halten wir uns links und es geht leicht ansteigend hinauf zu den Felsen (nicht links ins Tal!). Aus der Vogelperspektive eröffnen sich uns schöne Ausblicke auf Kirn. Durch den

Wald wandern wir mit schwacher, weißer Markierung H an den Felsen entlang und anschließend steil hinab zu einem Wirtschaftsweg, der uns rechts direkt zur **Burgruine Kallenfels** führt. Von einem Wanderparkplatz kann man bergauf dem Sträßchen zurück Richtung Sportplatz in Oberhausen folgen und ist nach etwa 1,5 Kilometer wieder am Wohnmobil. Wir marschieren jedoch auf dem Schützen- und dann auf dem Eulenweg ins Tal zur Schlossstraße und folgen ihr bis zum letzten Haus des lang gestreckten Ortes Kallenfels. Dort zum **Naturlehrpfad Schloss Wartenstein** nach rechts in den Wald und in ein stilles Bachtal hinein. An einem quer führenden Wirtschaftsweg halten wir uns rechts und stiefeln auf einem alleenartigen Zufahrtsweg bis zum ausgeschilderten Brunnenweg, der uns links steil hinauf direkt bis zum ländlich-barocken **Schloss Wartenstein** führt *(10 - 17 Uhr, Di/Mi Ruhetag, Eintritt, www.schlosswartenstein.de)*. Von der Terrasse hat man von Platanen beschirmt einen **herrlichen Blick** auf die fast mit dem Fels verwachsenen Ruinen der Burgen Stein, Kallenfels und Stock im Hane und die 3 Kilometer entfernte Kyrburg oberhalb Kirns. Imposant muss das Panorama im Mittelalter gewesen sein, als die Burgen majestätisch und intakt auf den Felsen standen! Nach einem Rundgang durch die **kleine Ausstellung** im Stall und dem Kavaliershaus nehmen wir den breiten Wirtschaftsweg durch den Wald nach Hennweiler und an verschiedenen Stationen des Naturlehrpfades vorbei.

Wenige Minuten hinter einem Rastplatz gehen wir weiter geradeaus, folgen nicht (!) dem Weg ins Hahnenbachtal und verlassen in einem Linksbogen den Wald. Bald schweift der Blick über die Felder ins Tal und wir treffen auf einen Wirtschaftsweg, dem wir rechts nach **Hennweiler** folgen. Auf der Schlossstraße geht es links zur großen evangelischen Pfarrkirche und von dort rechts die Haupt- bzw. Oberhauser Straße, wo wir linker Hand in der St. Stephanus-Kapelle eine **Stumm-Orgel** bewundern, bis zur Hochstraße. Von dort weist uns der Rundwanderweg P4 den Weg nach Oberhausen. Auf einem Feldweg durchwandern wir Äcker und Wiesen und erblicken bald die Kirchturmspitze von Oberhausen. Bergab und wieder bergauf erreichen wir die Hennweilerstraße und folgen ihr links bis zur Soonwaldstraße, die uns rechts in der Verlängerung als Kirner Straße zu unserem Wohnmobil führt.

Blick von der Kyrburg zu Schloss Wartenstein und Burgruine Kallenfels

Von Oberhausen fahren wir Richtung **Kirn** und lassen uns bergab in die Stadt bis zur quer verlaufenden L182 rollen.

(058) Offizieller WOMO-Stellplatz: Kirn, Parkplatz Zentrum

GPS: N 49°47'04.2" E 07°27'32.0"; Fontaine-les-Dijon-Straße
Max. WOMOs: 3
Ausstattung: WC neben dem Info-Point auf dem Parkplatz Kiesel.
Beschreibung: Die ausgewiesenen Parkbuchten auf dem einfachen, asphaltierten Parkplatz liegen im Ort unter Bäumen und bieten nachts eine ruhige Übernachtungsmöglichkeit. In der Nähe befinden sich Gaststätten und Geschäfte sowie Einstiegsmöglichkeiten in Rad- und Wanderwege (z. B. Weinwanderweg Rhein-Nahe).
Preise: Tagsüber €, nachts kostenfrei.
Zufahrt: Bei Erreichen der L182 links ins Zentrum fahren und den Hinweisen zum Parkplatz folgen.
Hinweis: Gegebenenfalls Geräusche durch die Straße.

(059) WOMO-Wanderparkplatz: Kirn, Kyrburg

GPS: N 49°47'15.3" E 07°27'12.8"; Kyrburg **Max. WOMOs:** 2
Ausstattung: Tisch u. Bänke, Müllbehälter.
Beschreibung: Der einfache, asphaltierte Parkplatz liegt außerorts am Waldrand und nur wenige Meter unterhalb der Kyrburg.
Zufahrt: Bei Erreichen der L182 links abbiegen und wenig später rechts den Hinweisen zum Friedhof bzw. zur Kyrburg steil bergauf folgen. Der Parkplatz liegt am Waldrand an der rechten Seite.

Mit Anregungen für einen **Stadtrundgang**, die wir uns mittels eines Flyers in der **Tourist-Info** aushändigen lassen, starten wir in das erstmals im Jahr 814 urkundlich erwähnte Städtchen *(Info-Pavillon am Markt und am Bahnhof Juni - Okt. Mo - Mi 8 - 12.30 Uhr/14 - 16 Uhr, Do bis 18 Uhr, Fr 8 - 12.30 Uhr, 06752/93400, www.kirn.de)*. An dieser Stelle seien die **Gäste- und Familienkarten** erwähnt, die es ermöglichen, 15 Sehenswürdigkeiten entlang der **Hunsrück Schiefer- und Burgenstraße** und im **EdelSteinLand** mit dem Zentrum Idar-Oberstein zu vergünstigten Eintrittspreisen zu besuchen. Die Karten sind ein Jahr ab dem Tag der Ausstellung gültig *(Gästekarte 2€/ Familienkarte zwei Erwachsene, ein Kind 5€)*.

Kirn

Am **Marktplatz** gruppieren sich historische Fachwerkhäuser und Bauten aus der Gründerzeit um den St.-Georg-Brunnen. Die Markttradition der Stadt geht bis zu den Anfängen des 12. Jahrhundert zurück und noch heute ist der jeweils am 1. Montag im Monat stattfindende **Krammarkt** einer der größten periodisierenden Märkte in Rheinland-Pfalz. Die Händler bieten von Bekleidung über Deko-Stoffe, Haushaltswaren, Lederwaren bis hin zu ausgewählten Lebensmitteln alles feil, was der Mensch meint zu brauchen. Der **Kunsthandwerker- und Bauernmarkt** im Oktober, der **Andreasmarkt** im November sowie der **Wochenmarkt**, der jeweils Mittwoch und Samstag von 7 - 13 Uhr stattfindet, runden das Bild ab. An zahlreichen Hausfassaden finden sich Informationstafeln, die über die Geschichte der Gebäude Auskunft geben und bei unserem kleinen Stadtrundgang begegnen wir repräsentativen Bauten der salm-kyrburgischen Fürsten aus dem 18. Jahrhundert, wie z. B. der hufeisenförmig angelegten **Fürstlichen Kellerei**. Im heutigen **Rathaus** riefen ehemals katholische Piaristen ihre Schüler in die Klosterschule zum Unterricht. Weitere kunstvolle Grabdenkmäler der Wild- und Rheingrafen erwarten uns in der **evangelischen Kirche**, die im 15. Jahrhundert im spätgotischen Stil errichtet wurde und deren romanischer Turm bereits aus dem 11./12. Jahrhundert stammt. Auffallend ist die Symbiose aus historischen und modernen Gebäuden, die der Stadt, die einen guten Ruf in der Feinlederindustrie hat und auf eine lange Brauereitradition zurückblicken kann, einen gewissen Reiz verschafft.

Über den Dächern Kirns thront die **Kyrburg**. Das weithin sichtbare Wahrzeichen der Stadt wurde 960 vom Gaugrafen Emicho erbaut. Nach einer durch verschiedene Besetzungen geprägten Geschichte wurde die Burg 1734 von den Franzosen gesprengt und diente den Kirnern anschließend als Steinbruch. In dem im Jahr 1764 erbauten Garnisonhaus befindet sich heute ein Restaurant. Seit 1988 ist die Burganlage im Besitz der Stadt Kirn und dient mit ihrer außergewöhnlichen Kulisse oft als Freilichtbühne.

Auf unseren Schottlandreisen haben wir das „Wasser des Lebens" kennen und, wir gestehen es, lieben gelernt, sodass ein Besuch des **Restaurants Kyrburg** mit dem nach Absprache geöffneten **Whisky-Museum** deshalb unumgänglich ist *(Mo/Di Ruhetag, ansonsten ab 10 bzw. 11 Uhr geöffnet, den Museumsbesuch unbedingt telefonisch anmelden, Telefon 06752/91190, www.kyrburg.de)*.

Wir haben uns zu einem der am Freitag oder Samstag stattfindenden **Whisky-Tastings** angemeldet und werden nach dem Betreten des ehemaligen Wachhauses der Kyrburg von einer durch und durch schottischen Atmosphäre umfangen. Nach einem 3-Gänge-Menü lassen wir uns vom Hausherrn im Gewölbekeller durch die Welt der Whiskys führen und sind froh, nach einigen Stunden humoriger, kurzweiliger Informationen, Live-Musik und sieben edler Whiskys unser Wohnmobil nicht weit entfernt stehen zu haben. Slainte!

Beim Betrachten der unzähligen eckigen, runden, schlanken und bauchigen Whiskyflaschen im Gastraum kann man dort zu den oben angegebenen Öffnungszeiten auch ohne Anmeldung einkehren, in feinen Räumlichkeiten dinieren oder bei einer Tasse Kaffee auf der Terrasse weit ins Land blicken.

Am nächsten Morgen werfen wir vom hochgelegenen Aussichtspunkt der **Burgruine** einen Blick über Kirn, das Nahetal und die Felsformation der Oberhauser Felsen, bevor wir uns zur L182 wieder hinabrollen lassen.
Dort führt unser Weg weiter der Schiefer- und Burgenstraße folgend nach **Hahnenbach** und durch das reizvolle Hahnenbachtal. Wir winden uns durch das Tal und passieren das **Alte Rathaus** (siehe Foto rechts) sowie die **sechseckige Kapelle**. Beide Gebäude sind erst in den Vierzigern des letzten Jahrhunderts erbaut und liegen idyllisch an einer steinernen Bogenbrücke über dem Hahnenbach.

Weiter geht es aufwärts durch den Wald, den wir nach einigen Kilometern verlassen und von einem rechts der Straße liegenden **Picknickplatz** eine Aussicht nicht nur auf die schiefergedeckten Häuser von **Bundenbach**, sondern auch auf zwei unserer nächsten Ziele, die **Schmidtburg** und die **Keltensiedlung Altburg** haben – dazu muss man allerdings ein kurzes Stück der Straße zu Fuß folgen [N 49°50'15.6" E 07°23'10.7"].
Wir folgen der Landstraße in den Ort hinein und orientieren uns an den Hinweisschildern zum Besucherbergwerk Grube Herrenberg.
Hinter dem Friedhof wurde eine kleine Schneise in den Bewuchs geschlagen und von hier können wir einen weiteren Blick auf die Burg und die Keltensiedlung werfen.
Kurz dahinter führt ein schmaler Weg in den Wald und zu einigen noch vorhandenen Stationen eines alten Kreuzwegs, der an einer kleinen Kapelle am Berghang über dem Hahnenbachtal endet. Das **Dickhecker Bildchen**, eine Muttergotteskapelle, erinnert der Legende nach an die wundersame Rettung von Bergleuten.

(060) WOMO-Wanderparkplatz:
Bundenbach, Grube Herrenberg

GPS: N 49°50'48.7" E 07°23'04.4" **Max. WOMOs:** 2 - 3
Ausstattung: Infotafel, Tisch und Bänke, Müllbehälter.
Beschreibung: Der einfache, befestigte Waldparkplatz liegt außerhalb des Ortes und verspricht nachts ein einsames und ruhiges Übernachten. Am

Morgen kann man dann zu einer Wanderung wie z. B. **Traumschleife Hahnenbachtaltour** (s. u.) aufbrechen.
Zufahrt: Von der L182 im Ort den Hinweisen „Besucherbergwerk" bis zum Parkplatz folgen.
Hinweis: Für Menschen mit Handicap gibt es einen weiteren Parkplatz 400 m Richtung Bergwerk.

Vom Parkplatz gelangen wir nach etwa 500 Meter Fußweges bergab zum Bergwerk, von wo wir uns auf eine Zeitreise durch mehrere Millionen Jahre begeben.

Grube Herrenberg, Fossilienmuseum, Keltensiedlung Altburg, Burgruine Schmidtburg

In der **Schiefergrube Herrenberg** lassen uns die Dunkelheit und die ganzjährig herrschenden Temperaturen um die 8°C im Inneren des Berges nun zum zweiten Mal auf unserer Reise in einem Bergwerk frösteln und die schwere Arbeit der Layenbrecher, wie die Bergleute genannt wurden, erahnen. Gern würden wir zur „inneren Erwärmung" auf den „Schüttelschnaps" zurückgreifen, den sich die Bergleute vor der Einfahrt in den Berg genehmigten. Da Genussmittel jeglicher Art während der Arbeit verboten waren, griffen die listigen Layenbrecher zum Schnaps, schüttelten sich kräftig nach jedem Schluck, damit klar war, dass es sich bei der Verkostung des alkoholischen Gesöffs wahrlich nicht um einen Genuss handeln könnte ...

Keltensiedlung Altburg und Burgruine Schmidtburg

Terrassenähnlich liegen Abbaue und Weitungen (Höhlen) im Berginneren auf fünf Stollen-Niveaus übereinander. Handgepickelte Stollen und Abbaue zeugen von Schürfungen aus dem 16. Jahrhundert. In der erstmals 1822 erwähnten Grube, die 1964 ihren Betrieb einstellte, wurde vorwiegend **Dachschiefer** abgebaut, der vor 400 Millionen Jahren entstand. Im tiefen Meeresbecken, das sich damals zwischen Rhein, Saar, Mosel und Nahe erstreckte und den südlichen Teil des Devon-Meeres bildete, lagerte sich eine „Pampe", ähnlich des Schlicks, den wir aus dem Wattenmeer kennen, ab. Im Laufe der Jahrmillionen kamen weitere Schichten dazu, in denen Muscheln und Tierskelette eingeschlossen wurden, verdichteten sich und wandelten sich langsam zu Stein um. Der ursprünglich waagerechte Meeresboden mit dem entstandenen Sedimentgestein, dem Schiefer, faltete sich nach dem Rückzug des Wassers und durch die Plattenverschiebungen des Kontinents schräg bzw. senkrecht. Die Basis zum Schieferabbau viele Millionen Jahre später war gelegt! Die verschiedenen Ablagerungsschichten mit ihren gut erhaltenen Fossilien, wie z. B. Sterntiere, Seeigel, Beutelstrahler und Seelilien können wir bei unserem Rundgang durch die Grube erkennen.

Acanthocrinus rex

Nachdem wir die Untertagewelt verlassen haben, können wir im **Fossilienmuseum** unsere Kenntnisse vertiefen. Vor etlichen Jahren versammelten sich Paläontologen aus aller Herren Länder in Bundenbach, veröffentlichten ihre hier gemachten Forschungsergebnisse und begründeten damit den wissenschaftlich-paläontologischen Weltruf Bundenbachs als fossilen Fundort. Die Besonderheit der **Bundenbacher Fossilien** ist die extrem gute Erhaltung der kleinsten Details und der weichen Körperteile. Durch die Einlagerung der Tiere in feines Tonsediment und dessen chemische Zusammensetzung wurde die Verwesung stark verlangsamt. Diese hervorragende Art der Konservierung gestattet uns, die unzähligen Fossilienfunde hinter Glas heute bewundern zu können.
Unsere Zeitreise führt uns nun zur nahe gelegenen **Keltensiedlung Altburg**. Nachdem wir die 400 Meter vom Schaubergwerk hinter uns gelassen haben, empfangen uns zwei hölzerne keltische Wächter und weisen den Weg zur vom 3. bis 1. Jahrhundert vor Christus genutzten keltischen Kleinburg. In der auf einem Bergsporn über dem Hahnenbach gelegenen ehemaligen Höhenburg sind nach umfassenden archäologischen Ausgrabungen Wohn- und Wirtschaftsgebäude zum Teil rekonstruiert worden. Die strohgedeckten Gebäude, deren Wände aus einem Flechtwerk aus Staken und Ruten bestehen und die mit Lehm verputzt sind, ermöglichen uns einen Eindruck vom Leben der keltischen Hunsrücker vor gut 2000 Jahren. Wer möchte, kann sich alljährlich am ersten Wochenende im August beim **Altburg-Festival** bei keltischer und irischer Musik noch mehr in die Welt der Kelten zurückversetzen *(Ostern - Okt. 11 - 16 Uhr, Führungen mehrmals täglich, Eintritt. Die Altburg kann mit und ohne Führung besichtigt werden, www.bundenbach.de)*.
Sowohl von der Keltensiedlung als auch vom Besucherbergwerk führen ausgeschilderte Wege in etwa einer halben Stunde zur **Schmidtburg**. Wir stehen vor einer der ältesten und bedeutendsten Burganlagen des Hunsrücks und sind auf unserer Zeitreise im Jahr 926 gelandet, in dem drei fränkische Edle die Burg als Fluchtburg und Festung gegen die Ungarn errichteten. Etwa ein Jahrhundert später ging die Burg in den Besitz der Emichonen, dessen Vertreter Emicho II. sich den Beinamen „Wildgraf" gab. Wir erinnern uns: Einer seiner Nachfahren war es, der, durch einen Schabernack verprellt, den Katzenkrieg heraufbeschwor und daraus folgend 1324 auch die Schmidtburg und die dazugehörenden Dörfer als Lehen an den Trierer Erzbischof und Kurfürsten Balduin von Trier verlor. Die Burg blieb bis 1794 in kurtrierischem Besitz und bot verschiedenen Amtmännern einen standesgemäßen Sitz, obwohl Teile der Unterburg mehr und mehr verfielen bzw. im Pfälzischen Erbfolgekrieg durch die Franzosen zerstört wurden. Genau die richtige Umgebung, um im 18. Jahrhundert auch dem Schinderhannes auf seiner Flucht vor den Kirner und Mainzer Gendarmen Unterschlupf zu gewähren. Im Laufe des 19. Jahrhundert kam die Burg in den Besitz der Gemeinde Schneppenbach und teilte das Schicksal vieler Burgen, in dem sie als Steinbruch für die umliegenden Dörfer diente. Bald gerieten die Ruinen jedoch in Vergessenheit und erst in den 80er Jahren des vorigen Jahrhunderts wurde die Burganlage gesichert und restauriert, sodass sie uns heute eine Vorstellung über die Größe und Bedeutung der einstigen Festung geben kann (*April - Okt. 10 - 13 Uhr/14 - 17 Uhr. Die Schmidtburg ist für Menschen mit Gehbehinderungen leider nicht zu erreichen!*).

Grube, Keltensiedlung und Schmidtburg bilden die Kulisse für die abwechslungsreiche **Wanderung Traumschleife Hahnenbachtaltour**. Diese mittelschwere, etwa 9,5 Kilometer lange Runde startet gut beschildert direkt am genannten Wanderparkplatz, bietet herrliche Ausblicke und führt unter anderem auch zur Wachholderheide von Woppenroth.
Auf dem weiteren Weg nach **Rhaunen** notieren wir hinter Bundenbach zwei **Picknickplätze** mit netten Aussichten auf den Lützelsoon [N 49°50'57.1" E 07°22'36.9"] und **[061:** N 49°51'11.1" E 07°22'32.1"]. Der zweite Picknickplatz liegt zwar nahe der Straße, ist allerdings durch Bäume geschützt, nachts ruhig und somit als übernachtungstauglich einzustufen.
Wir folgen der L182 bis zur Rhauner Ortsmitte, wo wir neben der Löwen-Apotheke das markante **Rathaus** aus dem Jahr

1723 gar nicht verfehlen können. Vier mächtige Eichenholzsäulen tragen das verschieferte Obergeschoss. Rhaunen war bereits seit dem frühen Mittelalter eines der bedeutendsten Hochgerichte der Region und die offene Vorhalle des Rathauses diente weitere Jahrhunderte später als Gerichtslaube.
Wenige Meter entfernt bietet der Ort einen eigenen, wenn auch nur zweckdienlichen **WOMO-Stellplatz** [**062:** N 49°51'53.9" E 07°20'43.3"; Marktplatz]. Sowohl die katholische als auch die evangelische Kirche von Rhaunen können mit je einer **Stumm-Orgel** aufwarten.
In der evangelischen Kirche, die man am besten vom Stellplatz in Rhaunen zu Fuß erreichen kann, ist die Orgel von Johann Michael Stumm aus dem Jahr 1723 als ältestes Werk des Baumeisters erhalten und überzeugt noch heute mit einem vollen, überwältigenden Klang.

Familie Stumm und ihre Orgeln

An der aus Sulzbach im Hunsrück stammenden Familie Stumm kommt man in unserem Reisegebiet nicht vorbei. Johann Nikolaus (geboren 1669), der Mann „fürs Grobe" kaufte mehrere alte Hunsrücker Hammerwerke, betrieb sie mit großem Erfolg und wurde Begründer der saarländischen Verhüttungsindustrie. Seine Nachfahren prägten über zwei Jahrhunderte die Wirtschaftsgeschichte der Saarregion.
Der musisch und handwerklich begabte Bruder Johann Michael (geboren 1683) war gelernter Goldschmied und Begründer der über sieben Generationen agierenden Orgelbauer-Dynastie. Eine kleine reparaturbedürftige Hausorgel, ein Lotteriegewinn, soll der Auslöser für die Orgelbauer-Karriere gewesen sein. Rund 400 Orgeln sind nachgewiesen und davon etwa 140 unverändert, umgebaut oder restauriert erhalten geblieben. Das nicht mehr im Originalzustand befindliche Erstlingswerk Johann Michaels von 1722 finden wir später in Münstermaifeld und die zuletzt im Jahr 1746 gebaute Orgel im nahen Sulzbach. Weitere Werke sind über die gesamte Mosel-Eifel-Hunsrück-Region verteilt. Der Stumm-Stil ist über die Generationen gleich geblieben und stimmt in klanglichen, technischen und optischen Details überein. Regelmäßig finden Konzerte auf den musik- und kunsthistorisch wertvollen Glanzstücken statt und wer einmal den Klang dieser außergewöhnlichen Musikinstrumente gehört hat, wird verstehen, dass wir die Stumm-Orgeln in ihrer Gesamtheit in unsere persönlichen **Top Ten** aufnehmen (www.stumm-orgelverein.de).

Die Gegend um Rhaunen wird Richtung Stipshausen/Erholungs- und Wintersportgebiet vom 741 Meter hohen **Idarkopf** dominiert, dessen Reize in einem beliebten **Wander- und Wintersportgebiet** zu finden sind.
Die herrliche Landschaft lädt sommers wie winters zu langen Spaziergängen ein und Rodeln sowie Langlauf sind ebenfalls möglich. In der Planung befindet sich seit einigen Jahren ein **Mountainbike-Park** der ganzjährig zu nutzen ist. Es soll mehrere Trails mit unterschiedlichen Schwierigkeitsgraden, ein Panoramacafé sowie einen Verleih- und Bikeshop geben. Wie bei vielen Großprojekten ist auch in diesem Fall noch nicht ersichtlich, wann die Eröffnung stattfinden wird und wir nennen folgende Wanderparkplätze am Idarkopf unter Vorbehalt, da sich momentan nicht abschätzen lässt, ob und in welcher Form sich die Situation vor Ort verändern wird (aktuelle Infos unter www.bikepark-idarkopf.com).

Gut ein Kilometer hinter Stipshausen ist der erste Parkplatz und nach weiteren 2,5 Kilometer der zweite Wanderparkplatz mit Tisch und Bänken sowie einer Infotafel erreicht **[063:** N 49°51'09.4" E 07°16'47.9"] und [**064:** N 49°50'54.8" E 07°15'06.7"].

Eine feste Größe ist hingegen das zwischen Rhaunen und Stipshausen idyllisch gelegenen **Waldfreibad Idarwald** (*in der Saison Mo 10 - 12 Uhr, Di - So 9.30 - 20 Uhr*).

(065) WOMO-Wanderparkplatz: Rhaunen, Waldfreibad

GPS: N 49°51'39.4" E 07°19'30.1" An der L 162 **Max. WOMOs:** 2 - 3
Ausstattung: Infotafel, Tisch und Bänke, Müllbehälter.

Beschreibung: Einfacher, geschotterter, halbschattiger Parkplatz außerhalb des Ortes. Nach der folgenden Wanderung oder einer ausgedehnten Radtour kann im direkt angrenzenden Schwimmbad ein erfrischendes Bad genommen werden.
Zufahrt: In Rhaunen Richtung Stipshausen fahren und hinter dem Ortsausgang von Rhaunen links den Hinweisen Schwimmbad/Stumm-Orgel-Weg folgen. Der Wanderparkplatz liegt ca. 50 m links vom Schwimmbad und ist auf einem Schotterweg zu erreichen. Vor dem Freibad befindet sich ein weiterer Parkplatz.

WOMO-Wandertipp: Traumschleife Stumm-Orgel-Weg

Mittelschwere Wanderung von ca. 14 Kilometer, durchgängig mit dem weiß-lila Symbol der Traumschleifen markiert und nicht zu verfehlen.
Der Rundweg führt in der reizvollen Mittelgebirgslandschaft vorbei an stillgelegten Schieferstollen, durch Täler und unberührte Wälder zu schönen Aussichtspunkten. Dabei werden Natur- und Kulturerlebnisse miteinander verknüpft, denn der Wanderweg erläutert auf eine ganz besondere Art die Orgelthematik der Region. Zum einen informieren Tafeln über die Orgelbauer-Dynastie Stumm am Wegesrand, zum anderen können vor Antritt der Wanderung über einen QR-Code auf der Infotafel Einspielungen der Stumm-Orgeln und zusätzliche Texterläuterungen auf das Smartphone heruntergeladen werden. Derart präpariert können passende Orgelmusikstücke unter freiem Himmel eingespielt werden. Ein musikalisches Naturerlebnis, dass uns richtig gut gefallen hat!
Weitere Informationen zu Streckenführung und Einkehrmöglichkeiten unter www.edelsteinland.de und www.saar-hunsrueck-steig.de.

Von Rhaunen aus folgen wir nun der L180 Richtung Herrstein und erreichen bald **Sulzbach**, das wir bereits bei unserer Wanderung durchstreift haben.

Das Dorf ist der Geburtsort des bereits erwähnten Johann Michael, Begründer der Orgelbauerfamilie Stumm. Liebhaber der Orgeln finden neben dem kleinen Kirchlein mit seiner überdimensionierten **Stumm-Orgel** (Foto unten) in der urigen **Stumm-Stube** altes Handwerkszeug und Aufzeichnungen über nahezu alle Stumm-Orgeln *(Besichtigung nur nach vorheriger Anmeldung, Kontakt im Schaukasten an der Kirche)*.

Über die **Schiefer- und Burgenstraße** streifen wir Oberhosenbach und Breitenthal, genießen immer wieder den Blick über die Wiesen und Täler, bevor wir mit 11 Prozent Gefälle ins Tal brausen. Auf der L160 geht es links Richtung Fischbach weiter und bald grüßt **Herrstein** mit seinem Schinderhannes-Turm.

Wir befinden uns nun auf der **Deutschen Edelsteinstraße** und rollen dem offiziellen Stellplatz des Ortes entgegen. Über diese Themenstraße und Herrstein informiert die **Tourist-Info** *(Mo - Fr 9 - 12/13.30 - 17 Uhr, Brühlstraße 16 bzw. die Außenstelle im Haus Lind im historischen Ortskern Ostern - 1. Nov. Wochenende Sa/So/Feiertage 10 - 15 Uhr, Schlossweg 6, Telefon 06785/791400 oder 06785/99899977, www.edelsteinland.de)*. Außer geführten Wanderungen, Themenführungen und vielem anderen mehr wird eine **öffentliche Stadtführung** angeboten *(Mai - Okt. Do 16.30 Uhr/Sa 14.30 Uhr, Gebühr, Treffpunkt Uhrturm)*. Erwähnenswert sind nochmals die **Gäste- und Familienkarten**, die es ermöglichen, 15 Sehenswürdigkeiten entlang der Deutschen Edelsteinstraße mit dem Zentrum Idar-Oberstein und der Hunsrücker Schiefer- und Burgenstraße zu vergünstigten Eintrittspreisen zu besuchen. Die Karten sind ein Jahr ab dem Tag der Ausstellung gültig (Gästekarte 2€/ Familienkarte zwei Erwachsene, ein Kind 5€).

(066) Offizieller WOMO-Stellplatz: Herrstein

GPS: N 49°46'43.8" E 07°20'10.1"; Brühlstraße **Max. WOMOs:** 4
Ausstattung: V/E, Strom, WC, Müllbehälter.

Beschreibung: Der gepflasterte, fast schattenlose ausgewiesene Stellplatz liegt am Ortsrand an einer nachts ruhigen Straße und am Rand eines Pkw-Parkplatzes. Der maximale Aufenthalt beträgt 2 Tage und Supermarkt, Bäcker und Gaststätten befinden sich im Umkreis von 500 Meter.
Zufahrt: Von der L160 kommend Ausfahrt „Herrstein Süd", 1. Möglichkeit links und dem WOMO-Piktogramm folgen.
Hinweis: Eventuell Geräusche durch die weiter entfernte Landstraße.

Herrstein

Die 500 Meter zum Uhrturm über dem einzig erhaltenen **mittelalterlichen Stadttor** der Nahe-Hunsrück-Region sind schnell zurückgelegt. Von hier startet die angebotene **Stadtführung** durch das im 13. Jahrhundert erstmals erwähnte Herrstein.

Die anfänglich kleine Ansiedlung unterhalb einer Burg mauserte sich nach und nach. Die Landflucht, schon damals kein unbekanntes Thema, ließ das Steuersäckel der Landesherren schrumpfen und man entschloss sich, Herrstein 1428 kurzerhand die Stadtrechte zu verleihen. Der Plan funktionierte! Die Bewohner der Region versprachen sich von ihrer Ansiedlung in der Stadt bessere und sichere Lebens- und Arbeitsbedingungen, wurden freie Bürger und erlangten Privilegien wie zum Beispiel eigene Gerichtsbarkeit. Handwerk und Gewerbe siedelten sich an, Zünfte wurden gegründet. In den folgenden Jahrhunderten wuchs und gedieh die Stadt unter verschiedenen Regierungen und die Steuereinnahmen der Oberen erhöhten sich. Erst nach der Französischen Revolution wurden Herrstein die Stadtrechte aberkannt

und die Bevölkerung schrumpfte wieder. Die in den vorangegangenen Jahrhunderten erbauten Häuser im fränkischen Fachwerkstil um den historischen Ortskern blieben jedoch erhalten. Mit Beginn des 19. Jahrhundert waren die Fachwerkhäuser nicht mehr en vogue und galten als bäuerlich, sodass die Landesherren ein Verputzen der Fachwerke forderten. Diese Entwicklung setzte sich bis weit ins 20. Jahrhundert fort, als man sich eines Besseren besann und mit Hilfe von staatlich geförderten ABM-Stellen das alte Fachwerk mühsam wieder freilegte. Erstaunt sahen die Bewohner, welche herrlichen Fassaden hinter dem unansehnlichen Putz verborgen waren und einer nach dem anderen schloss sich den Restaurierungsarbeiten an. Mittlerweile bestimmen **über 60 wunderschön hergerichtete Fachwerkhäuser** das Bild der engen Gassen und Winkel im Ort und vermitteln eine Atmosphäre von Harmonie und Geborgenheit. Sie bilden alljährlich eine stimmungsvolle Kulisse für das **Schinderhannes-Räuberfest** mit Kunsthandwerker- und Bauernmarkt. Nachdem wir vom Rathausplatz eine Treppe, vorbei an einem Felsvorsprung, dem **Heresteyn**, emporgestiegen sind, ermöglicht uns die auskunftsfreudige Stadtführerin die Besichtigung der **Schlosskirche**. Bei Orgelmusik von einer CD bewundern wir die kostbare **Stumm-Orgel** und die alten Bildtafeln eines unbekannten Meisters. Anschließend folgen wir über den Wehrgang vom Glocken- zum Schinderhannesturm den Spuren des Räuberhauptmannes und inspizieren das dunkle Loch, in dem der Halunke immerhin eine Nacht in Haft verbracht hat. Der 1½-stündige und kurzweilige Stadtrundgang endet im kleinen **Heimatmuseum**. Danach ziehen wir uns in das **Café Zehntscheune** zurück und werden mit regionalen Speisen sowie hausgemachten Spezialitäten verwöhnt - besonders lecker sind die Forellenfilets und die gefüllten Klöße *(Mo - Fr 12 - 20 Uhr, Sa 11 - 21 Uhr, So 10 - 21 Uhr, Schlossweg 13, www.zehntscheune.de)*.

Wer noch nicht genug vom Mittelalter hat und auf Schusters Rappen dichte Wälder auf schmalen Pfaden durchstreifen möchte, dem sei die mittelschwere, etwa 8,5 Kilometer lange **Traumschleife Mittelalterpfad** ans Herz gelegt. Der Rundweg lässt sich wunderbar mit einem Stadtrundgang kombinieren und startet in der Hauptstraße am hölzernen Eingangstor des Mittelalterpfades. Entlang von Felsen sowie Gewässern, über Felder oder Wiesen gelangen Wanderer zu herrlichen Aussichten und können auf Sinnesbänken entspannen und immer wieder die schöne Natur genießen.

Nachdem wir Herrstein verlassen haben und uns weiter der **Deutschen Edelsteinstraße** Richtung Fischbach anvertrauen, sehen wir etwa zwei Kilometer später links die **Historische Wasserschleife** von 1874 an unserem Weg liegen. Im dazugehörigen Steinbruch kann man sich am Wochenende auf Mineraliensuche begeben *(Öffnungszeiten variieren, Eintritt. www.steinbruch-juchem.de)*.

Gegenüber der Wasserschleife führt eine Straße in Serpentinen bergauf ins Örtchen **Gerach**, das auf dem Festplatz einen Parkplatz mit schöner Aussicht über die bewaldeten Höhen und auf Herrstein sowie Niederwörresbach zu bieten hat [**067:** N 49°45'14.9" E 07°20'27.8"; Friedhofsweg].

Zurück an der L160 rollen wir weiter gen Fischbach und folgen dort den Hinweisschildern Historisches Kupferbergwerk Fischbach durch das Dorf. Etwa 500 Meter hinter dem Abzweig verzeichnen wir rechts den Wanderparkplatz an der „Ringmauer Hütte" mit Anschluss an den **Sirona-Wanderweg** **[068: N 49°44'58.3" E 07°23'17.6"]** und weitere 700 Meter später linker Hand den offiziellen **WOMO-Stellplatz** gegenüber dem Bergwerk **[069: N 49°45'13.7" E 07°22'58.0"]**.

Stellplatz 067 Gerach

Stellplatz 069 Kupferbergwerk

Historisches Kupferbergwerk Fischbach

Diesmal müssen wir zum Eingang eines Bergwerks emporsteigen und betreten die 11°C kühlen Stollen in Begleitung unseres mittelalterlich gewandeten Guides und etlicher behelmter Besucher. Vom Beginn des 15. Jahrhundert bis in das Jahr 1792 wurde im Hosenberg das qualitativ gute Kupfererz abgebaut und verarbeitet und wir besichtigen heute ein in seinem mittelalterlichen Zustand erhaltenes Bergwerk. Wir kommen uns wie Zwerge vor, als wir über Treppen und enge Gänge auf verschiedenen Ebenen in die riesigen, bis zu 30 Meter hohen Weitungen gelangen. Gehen mal rechts, mal links in die Stollen hinein und lassen uns von den verschiedenen Schattenspielen, den glänzenden Erzen und den zahlreichen Tropfsteinen verzaubern. Vor 500 Jahren hatten die Bergleute sicher einen weniger romantischen Eindruck von ihrem Arbeitsplatz Wir können uns durchaus vorstellen, wie mühselig der Vortrieb und die Erzgewinnung Zentimeter für Zentimeter mit Schlägel und Eisen waren. Da das Fischbacher Erz relativ weich war, konnte zusätzlich die Keilhauarbeit angewendet werden. Hierbei wurde

ein vertikaler Schlitz in das Gestein getrieben und in gleichmäßigen Abständen weitere Schlitze gehauen. So konnten die dazwischenliegenden Erzpartien gelockert und durch Hebelwirkung leicht abgebaut werden. Später wurden die Vortriebs- und Gewinnungsarbeiten durch Sprengungen mit Schwarzpulver erleichtert. Plötzlich hören wir ein angeekeltes, lang gezogenes „Igittegitt" einer unserer Mitbesucherinnen, als sie mit der triefenden Nase des Berggeistes Bekanntschaft macht. Der bizarr geformte Kalksinter, der durch die Abscheidung von in Wasser gelösten Mineralien entsteht, löst bei der zartbesaiteten Dame wohl sehr widersprüchliche Gefühle aus. Nach dem Verlassen des Stollenlabyrinths statten wir der nach mittelalterlichem Vorbild rekonstruierten **Kupferhütte** einen Besuch ab und lassen uns die Arbeitsgänge erläutern, die für die Aufbereitung des im Berg gewonnen Erzes und der Kupferschmelze notwendig waren. Im Anschluss können auf dem 3,5 Kilometer langen **Bergbaurundweg** mit 17 Stationen weitere Einblicke in die vergangene Epoche der Bergleute gewonnen werden *(Führungen März - Okt. 10 - 17 Uhr, letzte Führung um 16.15 Uhr, Nov. - Feb. Führungen 11.30 und 13.30 Uhr, Eintritt. Für Menschen mit Handicap bietet sich von April - Mitte Okt. die Besichtigung des barrierefreien Erbstollens an! www.besucherbergwerk-fischbach.de).*

Zurück in **Fischbach** orientieren wir uns an der Hauptstraße Richtung Kirn.

(070) Offizieller WOMO-Stellplatz: Fischbach Wohnmobilpark Fischbach-Nahe

GPS: N 49°44'25.2" E 07°24'15.4"
Marktstraße **Max. WOMOs:** 40
Kontakt: Telefon 0173/3101988 oder 0152 01801906www.wohnmobilparkfischbach-nahe.de
Öffnungszeit: März - November.
Ausstattung: V/E, Strom, Grill- und Bouleplatz, Brötchenservice, Angelmöglichkeit, Müllbehälter.
Beschreibung: Der teilweise schattige, befestigte Rasen- bzw. Schotterplatz ist großzügig parzelliert und liegt direkt an der Nahe am Ortsrand in der Nähe der Land- bzw. Bundesstraße. Die Betreiber sind freundlich und bei der Auswahl von Rad- und Wanderwegen sowie anderen Freizeitmöglichkeien hilfsbereit Von der wenige Gehminuten entfernten Bahnstation sind Ausflüge nach Kirn oder Idar-Oberstein möglich.
Preise: € - €€, V/E ohne Übernachten oder tagsüber Parken ohne Übernachtung jeweils 3 €.
Zufahrt: Im Ort links fahren und den WOMO-Piktogrammen folgen.

Schnell haben wir die B41 erreicht, die uns zügig durch das Nahetal und den Altenberg-Tunnel nach **Idar-Oberstein** bringt. An der 2. großen Ampelkreuzung hinter dem Tunnel biegen wir rechts und gleich wieder links ab und ergattern durch Zufall einen der rar gesäten Parkplätze vor der **Tourist-Info** *(Mitte März - Okt. Mo - Fr 9 - 18 Uhr, Sa/So/Feiertage 10 - 15 Uhr, Nov. - Mitte März Mo - Fr 9 - 17 Uhr, Adventssamstage 10 - 15 Uhr; Hauptstraße 419, Telefon 06781/64871, www.edelsteinland.de).*

Der uns ausgehändigte Stadtplan bestätigt unsere Befürchtungen: Die Straßenführung und die Parkmöglichkeiten in der **Edelstein- und Schmuckstadt** sind für unser Wohnmobil sowie auch für uns als Fahrer eine Herausforderung!
Am besten hält man sich an die größeren Straßen und steuert den offiziellen Stellplatz der Stadt auf dem Parkplatz Börse an, um von dort die zwei Stadtteile zu Fuß oder mit dem ÖPNV zu erreichen und zu erkunden. Oder man folgt unseren Spuren und fährt tagsüber – bequem, wie wir nun mal sind – einfach so nah wie möglich an die jeweiligen Sehenswürdigkeiten heran. Für den Abend beziehungsweise für die Nacht wird dann eine nettere Umgebung angepeilt. Der Parkplatz Kammer kann als Ausgangspunkt für eine **Traumschleifen-Wanderung** dienen und auf dem Weg zum Parkplatz Wäschertskaulen durchfahren wir ein weites, unbebautes Gelände oberhalb Idar-Obersteins, das für Laufwillige mit und ohne Hund genügend Auslauf bietet. Hier und da finden sich kleine Parkbuchten, in denen ein (!) Wohnmobil stehen könnte.

(071) WOMO-Wanderparkplatz: Oberstein, In der Kammer

GPS: N 49°42'01.0" E 07°18'44.2"; In der Kammer **Max WOMOs:** 2 - 3
Beschreibung: Der einfache, fast schattenlose Wiesenparkstreifen liegt an der Nahe und ist ein idealer Ausgangspunkt für Rad- und Wandertouren (z. B. die 6,6 Kilometer lange **Traumschleife Rund um die Kama**). Leichte Geräuschkulisse durch die B41. Da der Parkplatz außerhalb des Ortes liegt, kommt uns das empfehlenswerte **Spießbratenhaus Kammerhof** in etwa 400 Meter Entfernung gerade recht (Mo Ruhetag, Telefon 06781/24348, www. restaurant-kammerhof.de).

Zufahrt: Von der B41 an einer Fußgängerbrücke Richtung Bahnhof/Edelstein-Erlebniswelt der Vorfahrtsstraße folgen und die B41 überqueren. Links in die „Klotzbergstraße", dann links „Weinsau" bergab und wieder rechts „In der Kammer" bis zu einem kleinen Parkplatz an der Nahe fahren.
Folgt man dem Sträßchen etwa 250 m rechts Richtung Kammerhof, befindet sich ein weiterer Parkplatz auf Wiese direkt an der Nahe [N 49°42'05.6" E 07°18'33.4", siehe Foto)].
Hinweis: Zur Stadtbesichtigung nicht geeignet!

(072) Offizieller WOMO-Stellplatz: Idar, Parkplatz Börse

GPS: N 49°43'10.8" E 07°18'12.5"; Hauptstraße 108 **Max. WOMOs:** 10
Ausstattung: V/E.
Beschreibung: Der einfache, asphaltierte, schattenlose für Wohnmobile ausgewiesene hintere Teil eines Großparkplatzes liegt im Ort und ist in der Nacht erstaunlich ruhig. Straßengeräusche sind jedoch nicht auszuschließen. Gaststätten und Geschäfte befinden sich in der Nähe und vom nahen Kreisverkehr kann man mit dem Bus halbstündig z. B. zur Felsen-

kirche/Tourist-Info oder in die andere Richtung zur Weiherschleife (Fußweg ca. 2 Kilometer) fahren (Linie 301, umsteigen am Bahnhof in Linie 305). Zu Fuß beträgt die Entfernung zur Felsenkirche etwa 4 Kilometer.
Preise: €.
Zufahrt: Im Ort auf der B422 Richtung Bernkastel-Kues fahren und den WOMO-Piktogrammen folgen. Der Parkplatz liegt ca. 50 m hinter dem Deutschen Edelsteinmuseum rechts.
Hinweis: Zur Stadtbesichtigung geeignet!

(073) WOMO-Wanderparkplatz: Idar, Wäschertskaulen

GPS: N 49°44'15.6" E 07°17'22.8" Wäschertskaulen **Max. WOMOs:** 3

Beschreibung: Ursprünglich gab es hier außerhalb des Ortes ein Spießbratenhaus, welches jedoch seit einigen Jahren geschlossen ist. Bisher hat sich der davor befindliche Parkplatz jedoch weiterhin zum Parken angeboten, um z. B. zu einer Wanderung aufzubrechen. Falls sich die Gegebenheiten geändert haben, würden wir uns über eine entsprechende Nachricht von Ihnen freuen!
Zufahrt: Am Kreisel in Idar rechts Richtung Vollmersbach ca. 3 km auf der „Layenstraße" (geht in die „Albert-Einstein-Straße" und „Wäschertskaulen" über) und an der abknickenden Vorfahrtsstraße geradeaus Richtung Spießbratenhaus Haag/Hunde-Übungsplatz bis zum Parkplatz fahren.
Hinweis: Zur Stadtbesichtigung nicht geeignet!

(074) WOMO-Wanderparkplatz: Idar, Edelsteinminen

GPS: N 49°43'36.0" E 07°16'42.5" **Max. WOMOs:** 2

Ausstattung: Infotafel, Tische und Bänke, Müllbehälter.
Beschreibung: Der einfache, asphaltierte, teilweise schattige Parkplatz liegt außerorts mit Wander- und Radwegen vor der Nase. Obwohl es in der Nähe Häuser gibt, ist er eher als einsam zu bezeichnen.
Zufahrt: Von der B422 den Hinweisen „Edelsteinminen" folgen und durch ein US-Kasernengelände bis zum Besucherparkplatz an den Minen fahren.
Hinweis: Zur Stadtbesichtigung nicht geeignet!

(075) WOMO-Stellplatz: Idar, Historische Weiherschleife

GPS: N 49°43'49.6" E 07°17'07.1"; Tiefenbacher Straße **Max. WOMOs:** 3
Beschreibung: Vom einfachen, asphaltierten Parkplatz nahe der Bebauung ist die Weiherschleife nur wenige Gehminuten entfernt. Eine Busverbindung nach Idar-Oberstein, ist vorhanden und in der **Gaststätte Zur Weiherschleife** wird ein super guter Spießbraten serviert.
Zufahrt: Von der B422 den Hinweisen „Historische Weiherschleife" folgen.
Hinweis: Zur Stadtbesichtigung nur bedingt geeignet!

Idar-Oberstein

Über dem Ortsteil Oberstein thronen **Schloss Oberstein**, das um 1320 erbaut und Mitte des 19. Jahrhunderts bei einem Brand zerstört wurde sowie die **Burgruine Bosselstein**, errichtet 1196 und ab 1600 verfallen. Unterhalb der ehemaligen Residenzen der Grafen von Daun-Oberstein liegt die **Felsenkirche** eng an und in den Kirchfelsen geschmiegt. Das Wahrzeichen der Stadt erreicht man vom Obersteiner Marktplatz über 230 Treppenstufen bergauf, sodass eine Kletterpartie den Kirchenbesuchern nicht erspart bleibt!

Der Blick von der Aussichtsplattform über die Stadt, die Nahe und die Wälder des Hunsrücks sowie die Geschichte der Felsenkirche belohnen jedoch die Mühen. Eine unglückliche Liebesgeschichte und der Brudermord sollen der Sage nach Wyrich von Oberstein zum eigenhändigen Bau der Kapelle gegen Ende des 15. Jahrhunderts veranlasst haben. Ob die Quelle, die im Seitenschiff aus dem Fels fließt, erst nach Beendigung des Baus entsprang oder ob sie bereits für die Entstehung der Felsnische, in der die Kirche fast 60 Meter über dem Erdboden errichtet wurde, verantwortlich ist, mag jeder für sich entscheiden. Nachdem wir den in den Felsen geschlagenen Tunnel durchschritten haben, erwarten uns im Inneren des Gotteshauses ein mittelalterlicher Flügelaltar und weitere Kunstwerke. Die Fragmente der spätgotischen Glasfenster sprechen für ihre ehemals prächtige Ausstrahlung. Der sühnewillige Wyrich ließ seinerzeit zwei Fensterbilder anfertigen: eines für die Felsenkirche und ein weiteres für seinen Sohn, den damaligen Erzbischof von Köln. Dieser ließ das Fenster schnurstracks im Dom der Rheinmetropole einsetzen, wo es bis heute erhalten geblieben sein soll. Außerdem beherbergt die Kirche eine wertvolle Orgel, die in das vorhandene Orgelgehäuse von 1756 der Gebrüder Joh. Nikolaus und Joh. Philipp Stumm eingebaut wurde *(Mitte März - Okt. 10 - 18 Uhr, bis Mitte Nov. 11 - 16 Uhr, Eintritt. Aufgrund dringend erforderlicher Sicherungsmaßnahmen am Felsen ist die Kirche im Jahr 2020 geschlossen. Bitte informieren Sie sich vor ihrem Besuch, ab wann die Felsenkirche wieder zugänglich ist. www.felsenkirche-oberstein.de).*

In Idar-Oberstein führt kein Weg an glänzenden und kostbaren Edelsteinen und Schmuckstücken vorbei. Überall sind die Edelsteinschleifereien und Schmuckläden präsent. Wir halten trotzdem unser Portemonnaie geschlossen und treten tapfer in die faszinierende Welt der Edelsteine ein. Bereits im 14. Jahrhundert wird von Achatvorkommen im Saar-Nahegebiet berichtet.

Schloss Oberstein, Burgruine Bosselstein und Felsenkirche

Außerdem fand man Jaspis, Bergkristalle, Rauchquarze und Amethyste in den **Edelsteinminen Steinkaulenberg**, die heute als einzige Edelsteinmine Europas zur Besichtigung freigegeben ist. Nachdem wir den Weg vom Parkplatz über den **geologischen Lehrpfad** mit seinen großen und uralten Gesteinsbrocken zurückgelegt haben, stoßen wir auf das **Edelsteincamp**. Bevor die Schürfstollen angelegt wurden, suchte man die Edelsteine über Tage. Die mit den damaligen Werkzeugen nicht zu bearbeitenden Mineralien wurden achtlos weggeworfen und ermöglichen heutigen Edelsteinsuchern mit Pickel und Hacken auf Schatzsuche zu gehen. Ein Stück weiter ist auf den ehemaligen Abraumhalden ein **Edelsteinschürffeld** entstanden, auf dem fast jeder einem Schürferfolg entgegensehen kann – werden die Felder doch täglich aufs Neue mit Mineralien und Edelsteinen „bestückt". Wenn man kleinen Edelsteinsuchern nichts von dieser sehr pragmatischen Art der Geschäftemacherei erzählt, gibt es bestimmt ein riesiges Gejauchze, wenn die glitzernden Fundstücke in kleine, schmutzige Hände kullern.
Mal wieder mit Schutzhelmen ausgerüstet, dringen wir wenig später in das 400 m lange Stollensystem der **Edelsteinmine** vor. An einzelnen Stationen wird uns die Entstehung und Weiterverarbeitung der Edelsteine, sowie die Geschichte der Edelsteingräber locker und verständlich erzählt. Die Faustregel bei der Edelsteingewinnung lautete: 1 Mann – 1 Jahr – 1 Meter. Kein Wunder, dass der Abbau im Steinkaulenberg erst nach 500 Jahren eingestellt wurde. Um uns herum glitzert und funkelt es und selten haben wir klareres Wasser als im unterirdischen See gesehen (Foto oben). Am Ende unseres Rundgangs erwartet uns eine kleine Ausstellung historischer Werkzeuge *(15. März- 15. Nov. 9 - 17 Uhr, letzte Führung 16 Uhr, Eintritt, behindertengerecht ausgebaut, mutige Hunde an der Leine gestattet. www.edelsteinminen-idar-oberstein.de)*.
Der nächste Schritt auf dem Weg der Edelsteine ist die Weiterverarbeitung und wir wenden uns der **Historischen Weiherschleife** zu. Von den ehemals 183 Schleifmühlen der Region ist die Kallwiesweiherschleife die einzige bis heute erhalten gebliebene mit Wasserkraft getriebene Achatschleifmühle am Idarbach. Ihr Betrieb wurde erst 1945 eingestellt. Seit dem 15. Jahrhundert wurden die Edelsteine in den Schleifmühlen verarbeitet. Wir können den Schleifern, die bäuchlings auf den „Schleifenkippstühlen" liegen, bei ihrer Arbeit zuschauen und uns ein

Bild von den Verarbeitungsmethoden der vorigen Jahrhunderte (Foto oben) machen. Wer es moderner mag, wird bei einer Multimedia-Show in die Geheimnisse der Edelsteine eingeweiht und kleinen sowie großen Edelsteinsuchern steht ein Schürffeld zur Verfügung *(15. März - 15. Nov. 10 - 17 Uhr, letzte Führung 16 Uhr, Eintritt, Hundes an der Leine gestattet. www.edelsteinminen-idar-oberstein.de)*.

Die mit Maschinen betriebene Weiterverarbeitung der glänzenden Steinchen und die Produktion verschiedenster Schmuckgegenstände zwischen 1870 und 1990 können wir bei einer obligatorischen, etwa einstündigen Führung im **Industriedenkmal Jakob Bengel** weiterverfolgen [N 49°42'11.8" E 07°19'58.6"]. Das Zusammenspiel aus Fabrik, Fabrikantenvilla und Werkswohnungen ermöglicht uns den Einblick in ein typisches mittelständiges Unternehmen. Natürlich darf eine Ausstellung über diverse Bijouterieartikel nicht fehlen und wer möchte, kann sich gleich vor Ort mit einem netten Mitbringsel im Verkaufs-Shop eindecken *(Mitte März - Mitte Nov. Di - So 10 - 17 Uhr, Eintritt. www.jakob-bengel.de)*.

Unsere Sammlung von „Perlen" in der Schmuckstadt wäre unvollständig, wenn wir uns jetzt nicht den bereits fertigen Preziosen zuwenden würden. Bei Betreten des **Deutschen Edelsteinmuseums** fällt zuerst das kunstvoll renovierte Treppenhaus der Gründerzeitvilla ins Auge. Sowohl hier als auch in den drei Etagen des Hauses funkelt und glitzert es in allen erdenklichen Farben. 10.000 Exponate nahezu aller auf der Welt vorkommenden Edelsteinarten sind zu bestaunen. Unbearbeitete Steinarten, geschliffene Diamanten, Schalen und Kelche mit wundervollen Verzierungen aus Rubinen, Saphiren und Smaragden erfreuen in den Vitrinen unsere Augen. Einmal nach Lust und Laune hineingreifen und mitnehmen

Edelsteinkabinett in der Weiherschleife

Deutsches Edelsteinmuseum

dürfen! Verschiedene Sonderausstellungen runden das Bild ab *(Feb. - April 10 - 17 Uhr, Mai - Okt. 9.30 - 17.30 Uhr, Nov. - Mitte Jan. 10 - 17 Uhr, 24./25./31.12. geschlossen, Eintritt. www.edelsteinmuseum.de).*
Wer jetzt immer noch nicht genug von Edelsteinen hat, dem sei ein Besuch des **Deutschen Mineralienmuseums** am Obersteiner Marktplatz angeraten. Im angeblich schönsten Kristallsaal Deutschlands sind die größten Überseemineralien ausgestellt und das Fluoreszenzkabinett zieht die Menschen in seinen Bann. Die stadtgeschichtliche Abteilung vermittelt einen historischen Einblick in die Vergangenheit der Schmuckstadt *(März - Okt. 9 - 17.30 Uhr, Nov. - März 11 - 16.30 Uhr, Eintritt, www.museum-idar-oberstein.de).*
Zum guten Schluss gibt es auch noch die **Edelstein Erlebniswelt**, in der wir eine Entdeckungsreise in die Welt der Edelsteine und Mineralien machen können [N 49°41'56.2" E 07°19'05.7"]. Im Salzkristallgang erwarten uns Fossilien, in der Felsengrotte leuchtende Kristalle und plätschernde Wasserfälle. Wer bisher noch immer kein glitzerndes Andenken erworben hat, kann das im üppig bestückten Verkaufsraum nachholen oder die Kinder in eine weitere Schürfstelle schicken, damit sie die gefundenen Steinchen mit nach Hause nehmen können *(Mo - Fr 9 - 18 Uhr, Sa 10 Uhr - 18 Uhr, So/Feiertage 10 - 18 Uhr, Eintritt, www.goldgottlieb.de).*

Heute ist der Abbau der Edelsteine in der Region kein Thema mehr, allerdings hat sich rund um die **Deutsche Diamant- und Edelstein Börse** nicht nur ein reger Handel, sondern auch eine weltweit bekannte Verarbeitungskunst von Edelsteinen entwickelt.
Wem nach einem Tag voller Glamour der Sinn nach etwas Handfestem steht, der kann am **Fissler Shop** einen Zwischenstopp einlegen und sich mit Töpfen und Pfannen eindecken *(Mo - Fr 9 - 18 Uhr, Sa 9 - 14 Uhr, Harald-Fissler-Straße 1, www.fissler.com)* oder sich einer weiteren Besonderheit der Stadt widmen – dem Spießbraten!
In den meisten Restaurants der Stadt, aber auch in den bereits erwähnten und sehr empfehlenswerten Spießbratenhäusern

Kammerhof und Weiherschleife wird die regionale Spezialität angeboten und bei der Einkehr steigt dem Gast meist schon der Duft von Holzfeuer vermischt mit verführerischen Fleisch- und Zwiebeldüften in die Nase.

Spießbraten

Als im 18. Jahrhundert die Edelsteinfunde der Hunsrück-Nahe-Region nachließen und ein Teil der Arbeiter u. a. nach Brasilien auswanderte, nahmen sie die dortige Tradition der Fleischbereitung über offenem Feuer an und wollten bei der Rückkehr in die Heimat darauf nicht mehr verzichten. Im Laufe der Zeit entwickelte sich um Idar-Oberstein eine eigene Tradition der Spießbraten-Zubereitung und die Stadt feiert mittlerweile jährlich das **Spießbratenfest**, das als größtes Volksfest an der Nahe gilt. Die Idarer bevorzugen den Schwenkbraten, während die Obersteiner den Rollbraten vorziehen. Egal ob Schweinenacken, Roastbeef, Schweinelende oder hohe Rippe - 350 Gramm Rohgewicht pro Portion sollten es sein. Das rohe Fleisch wird in einer Marinade aus Zwiebeln, Pfeffer und Salz Stunden vor der Zubereitung eingelegt und dann auf dem Rost über Buchenfeuer gebraten. Aufgelegt wird erst, wenn das Feuer niedergebrannt ist und die Glut richtig heiß ist. Als Beilagen werden traditionell ein Rettich- oder Grüner Salat und Hunsrücker Bauernbrot oder eine Kartoffel serviert.

Rezept für die WOMO-Küche:

300 - 350 Gramm Fleisch pro Person (nach Belieben Schweinenacken oder Rind), 1 Netz Zwiebeln, 1 Hand voll (!) Salz, Pfeffer.
Zwiebeln in Ringe schneiden, mit der Hand drücken und kneten, bis der Saft austritt. Zwiebelmasse mit viel Salz sowie Pfeffer zu einem Brei vermengen und das Fleisch in einem Gefäß am besten über Nacht darin einlegen. Grill anheizen und die Fleischstücke etwa10 Minuten von jeder Seite braten. Guten Appetit!

Jetzt fehlt nur noch die Grillstelle auf einem schön gelegenen Stellplatz unweit von Idar-Oberstein, um das Rezept gleich einmal auszuprobieren. In Oberbrombach wird man nicht nur in diesem Fall fündig, denn die ruhige Lage mitten in der Natur und mit einer traumhaften Aussicht überzeugt uns jedes Mal aufs Neue.

(076) Offizieller WOMO-Stellplatz: Oberbrombach, Höhenblick

GPS: N 49°41'40.7" E 07°15'35.4", Sonnenberger Straße
Max. WOMOs: 75
Kontakt: Telefon 06787/735; www.wohnmobilstellplatz-höhenblick.de
Ausstattung: V/E, Strom, Grillplatz, Liegewiese, Holzbackofen für Brot und Pizza, Brötchenservice, WLAN.
Beschreibung: Die teilweise parzellierten, befestigten Plätze sind schat-

tenlos und haben meist eine grandiose Aussicht. Etwa 1 Kilometer entfernt gibt es Supermarkt, Bäcker und Geschäfte. Wanderer kommen genauso wie Radfahrer auf ihre Kosten und die sehr freundlichen Stellplatzbetreiber sparen nicht mit Vorschlägen. Nahe des außerorts gelegenen Ortes gibt es eine Haltstelle, von der ein Bus nach Idar-Oberstein verkehrt.
Preise: €€. Entsorgung für Durchreisende 2 €.
Zufahrt: Von Idar-Oberstein auf der B41 Richtung Saarbrücken/Birkenfeld fahren und ab Rötsweiler ca. 2 Kilometer den WOMO-Piktogrammen folgen.

Wieder zurück in Idar-Oberstein geht es auf der B422 Richtung Bernkastel-Kues weiter durch Tiefenstein. Über uns lugt der Turm der Wildenburg über die Bäume und entlang des Idarbachs gelangen wir durch Kirschweiler, das Dorf der Edelsteinschleifer, in den **Nationalpark Hunsrück-Hochwald**.
In **Katzenloch** verlassen wir wenig später die Bundesstraße und zweigen nach Kempfeld ab.

(077) WOMO-Wanderparkplatz: Katzenloch, Köhlerpfad

GPS: N49°46'21.4" E07°13'39.2"
Max. WOMOs: 2 - 3
Ausstattung: Infotafeln.
Beschreibung: Der außerorts gelegene einfache Waldparkplatz bietet sich für die nachfolgende Wanderung an und liegt beinahe schattenlos etwas abseits der Straße.
Zufahrt: Etwa 500 Meter nach dem Abzweig von der B422 nach Kempfeld links bis zum Parkplatz fahren.

WOMO-Wandertipp:
Traumschleife Köhlerpfad am Steinbach

Mittelschwere Wanderung von ca. 13,5 Kilometer Länge mit einigen An- und Abstiegen. Gut ausgeschilderter Weg mit herrlichen Ausblicken.

Vom Sträßchen am Wanderparkplatz gehen wir in den Wald und folgen dem Bachlauf, den wir auf einem Holzsteg queren. Am Waldrand geht es bis zu einem Aussichtspunkt mit Blick auf die Steinbachtalsperre. Der Pfad führt weiter durch den Wald zu einem weiteren Aussichtspunkt mit Sinnesbank und Talsperrenblick. Wir marschieren durch die offene Flur und diesmal schweift das Auge bis zur Wildenburg, der wir im Verlauf unserer Reise später noch viel näherkommen werden. Bergan sehen wir rechter Hand die Orte Kempfeld und Bruchweiler liegen und folgen dem Weg entlang des Waldrandes bis zur L162, die wir überqueren und in den Wald eintauchen. Über einen Steg wandern wir zwischen den Bäumen bis zu den Wiesen und Feldern und haben nun wieder die Steinbachtalsperre im Visier. Kurz vor Langweiler betreten wir nochmals den Wald, bis wir die ersten Häuser erreichen. Wenig später halten wir uns an der K52 rechts, um nach wenigen Metern links einzubiegen. Vorbei an einem Ehrenmal folgen wir dem Weg, der bergan nun auch auf dem Saar-Hunsrück-Steig verläuft. Wir passieren ein Klosterhotel und schwenken dahinter links in den Ort, um in der **Köhlerstube** bei Kaffee und Kuchen eine Rast einzulegen *(Kirchstraße, 11 - 18 Uhr, Mittwoch Ruhetag, bitte Winterpause beachten!)*.
Wieder auf unserem Wanderweg, schlendern wir durch die Wiesen bergab, um die K52 zu überqueren. Über eine Wiese und einen Steg gelangen wir in den Wald und der plätschernde Steinbach wird auf einer Holzbrücke überwunden. Entlang der L 162 erreichen wir Sensweiler, queren die Landstraße und erreichen schließlich die Gedenktafel der Wüstung Croppenhof. Wieder durch Felder und Wiesen gelangen wir an den Aussichtspunkt Sensweiler und haben noch einmal einen schönen Blick auf die Wildenburg, bevor wir dem „Köhlerpfad am Steinbach" bergab folgen und schließlich den Wald betreten. Auf gewundenem, schmalen Pfad durch den Wald erreichen wir das Wasserwerk der Talsperre und den Ausgangspunkt dieser sehr abwechslungsreichen und schönen Wanderung.

In **Kempfeld** zeigt uns ein Schild den Weg zur **Wildenburg** mit angeschlossener Gastronomie und zum Wildfreigehege. Wird das Freigehege besucht, kann auf dem dazugehörigen Parkplatz auf den ausgewiesenen WOMO-Stellplätzen kostenfrei übernachtet werden. Ansonsten wird um eine Spende an der Kasse des Geheges gebeten.

(078) Offizieller WOMO-Stellplatz: Kempfeld, Wildenburg

GPS: N 49°46'33.2" E 07°15'14.7"
Max. WOMOs: 3 - 5
Ausstattung: Infotafeln, Müllbehälter.
Beschreibung: Der einfache asphaltierten, teils schattenlose Parkplatz liegt außerhalb des Ortes nahe der Burg und des Wildfreigeheges und ist idealer Ausgangspunkt für Wanderungen und Radtouren.
Zufahrt: In Kempfeld den Hinweisen zur Wildenburg und den WOMO-Piktogrammen etwa 1 Kilometer folgen.

Ein Stück weiter beginnt an einem zweiten Parkplatz der **Geschichtslehrpfad**, auf dem wir Kelten, Römern und den Grafen der Wildenburg begegnen können [**079:** N 49°46'31.0" E 07°15'23.8"].
Auf 610 Meter Höhe steht die 1330 erbaute Burg. Wo ehemals der Bergfried zu finden war, erhebt sich heute der 22 Meter hohe **Aussichtsturm**, von dem man einen herrlichen Panoramablick über die Hochebenen des Hunsrücks, über das Wildfreigehege bis hin zur Steinbachtalsperre sowie über die Höhenzüge des Idarwaldkopfes und des Erbeskopfes hat. Im **Wildfreigehege** locken Rundwege oder ein Naturlehrpfad zur Beobachtung von verschiedenen Damwildarten, Rotwild, Luchsen und anderem heimischen Getier. Zusätzlich befinden sich hier das **Wildkatzenzentrum**, eine **Wolfslandschaft** sowie im Eingangsbereich die Informationsstelle **Naturpark Saar-Hunsrück** *(Mo - So 9 - 17.30 Uhr, Eintritt. www.wildfreigehege-wildenburg.de).*

In Kempfeld können wir uns im **Edelsteingarten** mit mehr als 100 Edelstein-Rohsteinen befassen. Obwohl mittlerweile etliche Steine auf den dafür vorgesehenen Pfosten fehlen, bekommen wir auf Informationstafeln ein Hintergrundwissen vermittelt, das auch die heilende Wirkung bestimmter Steine oder kleine Anekdoten nicht ausspart.

(080) WOMO-Stellplatz: Kempfeld, Edelsteingarten

GPS: N49°47'21.9"E07°14'34.9"
Max. WOMOs: 2
Ausstattung: Bänke, Müllbehälter.
Beschreibung: Der einfache, teils schattige und befestigte Parkplatz liegt im Ort. In der Nähe befinden sich Gaststätten und Bäcker.
Zufahrt: Im Ort dem 2. Hinweis „Edelsteingarten" nach rechts folgen.

Ganz in der Nähe, im drei Kilometer entfernten **Asbacherhütte**, gibt es einen familiär geführten und sehr zu empfehlenden Campingplatz, vor dem sich zusätzlich separate WOMO-Stellplätze befinden. Die reizvolle Anlage und umfangreiche Angebote laden geradezu zu einem längeren Aufenthalt ein.

(081) WOMO-Campingplatz: Mörschied-Asbacherhütte, Harfenmühle

GPS: N 49°48'15.8" E 07°16'12.5"; Harfenmühle 2/An der L160
Kontakt: Telefon 06786/1304 o. 7076, www.camping-harfenmuehle.de
Öffnungszeit: Ganzjährig.
Ausstattung: V/E, separate WOMO-Stellplätze mit Strom vor der Schranke, empfehlenswertes Restaurant, Grill- und Kinderspielplatz, Tennis- und Sportplatz, Beachvolleyball, Fußballgolf, Naturbadeteich, Edelstein- und Goldsuchen für Kinder, Sauna und Solarium, Waschmaschine, Wäschetrockner, WLAN, E-Bike Verleih und vieles mehr.
Beschreibung: Die schön angelegte und gepflegte Anlage verfügt über großzügige Parzellen, die teilweise schattig liegen. Rad- und Wanderwege (z. B. die 15,5 Kilometer lange Traumschleife Stumm-Eisenhütten-Weg) laden zum Aktivurlaub ein und die freundlichen Betreiber haben noch jede Menge andere Freizeitanregungen zur Auswahl.
Preis: Campingplatz €€-€€€, Stellplatz €€€.
Zufahrt: In Kempfeld vor der Kirche rechts der L160 Richtung Asbacherhütte/Herrstein und den Hinweisen zum Campingplatz folgen.
Hinweis: Wenn man auf dem Wohnmobilstellplatz die Nacht verbringt, muss man morgens recht früh und auch abends mit dem Berufsverkehr auf der Landstraße rechnen.

TOUR 4

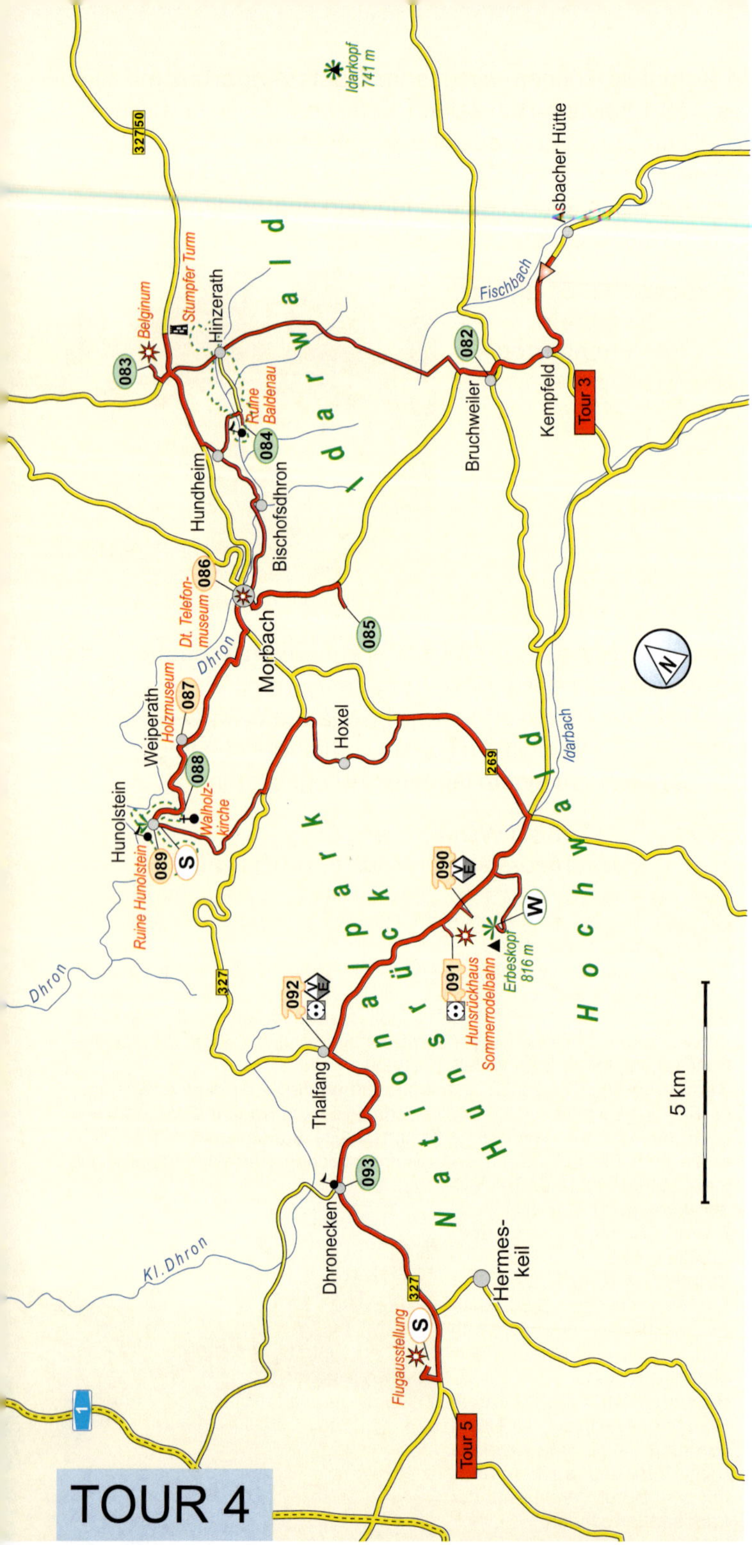
Idarkopf
741 m
327/50
Belginum
Stumpfer Turm
Hinzerath
083
Ruine Baldenau
084
Hundheim
Bischofsdhron
Asbacher Hütte
Fischbach
082
Bruchweiler
Kempfeld
Tour 3
Idarwald
086
Dt. Telefon-museum
Morbach
Dhron
085
087
Holzmuseum
Weiperath
Hoxel
269
Idarbach
088
Walholz-kirche
Hunolstein
089
Ruine Hunolstein
S
090
W
Erbeskopf
816 m
091
Hunsrückhaus
Sommerrodelbahn
092
327
Dhron
Thalfang
Nationalpark Hunsrück Hochwald
5 km
093
Dhronecken
Hermes-keil
Kl. Dhron
327
S
Flugausstellung
1
Tour 5

Tour 4 80 km

Morbach – Weiperath – Erbeskopf – Thalfang Hermeskeil

Stellplätze:	Bruchweiler, Hundheim, Weiperath, Hunolstein, Erbeskopf, Thalfang, Dhronecken.
Besichtigen:	Morbach Archäologiepark, Burgruine Baldenau, Hist. Ölmuhle, Telefonmuseum; Weiperath Holzmuseum, Walholzkirche; Hunolstein Burgruine; Erbeskopf Hunsrückhaus; Hermeskeil Flugausstellung.
Wandern:	Hundheim, Hunolstein, Erbeskopf.
Baden:	Thalfang.
Essen:	Morbach Café Heimat; Hunolstein Bauerncafé.

Uns drängt es weiter und schon bald sind wir über die L160 zurück nach Kempfeld gefahren. Die Räder bleiben auf dieser Landstraße, rollen nach **Bruchweiler** und kommen im Ort zum Stehen, damit wir den dortigen Wanderparkplatz notieren können [**082:** N 49°47'56.8" E 07°13'35.0"; Idarwaldstraße]. Bei Erreichen des **Idarwaldes** wechseln wir rechts auf die L159, überwinden durch den vorwiegend dunklen Nadelwald die Höhen und rollen mit 10 Prozent Gefälle auf Hinzerath zu. Die hübsche, schiefergedeckte Johanniskirche grüßt im Vorüberfahren und wenig später sind wir schon an der B327, die wir überqueren und gleich rechts zum schrägen Parkplatz am **Archäologiepark Belginum** abdrehen [**083:** N 49°51'20.5" E 07°09'48.7"]. Obwohl nahe der Straße gelegen, hielt sich der nächtliche Autoverkehr bei unserem Aufenthalt in Grenzen und die schöne Aussicht zum Moseltal punktet allemal.

Archäologiepark Belginum und Stumpfer Turm

Wer schon immer wissen wollte, wie die Römer aßen oder wie ihre Wasserleitungen funktionierten, ist in dem modernen Museumsgebäude genau richtig. Einblicke in den keltisch-römischen Lebensalltag werden genauso aufgezeigt, wie die Arbeitsweise der Archäologen. Wechselnde Sonderausstellungen machen einen Besuch immer wieder interessant. Im Außenbereich können wir auf einem mit Informationstafeln versehenen Rundweg das römische Militärlager aus dem 1. Jahrhundert nach Christus und das Gräberfeld durchqueren. Hierbei ist allerdings unsere Fantasie gefordert, sieht man doch von alledem eigentlich

nichts mehr! In der **Nekropole** wurden von der keltischen Bevölkerung ab 400 vor Christus die ersten Hügelgräber aufgeschüttet, während die Belegung in spätrömischer Zeit in der zweiten Hälfte des 4. Jahrhundert endete. Dem Bernkastler oder Kleinischen Hochgericht erschien dieser Rahmen wohl genau der richtige Ort, um im späten Mittelalter eine Hinrichtungsstätte einzurichten. Hier begegnen wir auch wieder dem Ausoniusweg, der, wie wir bereits wissen, die Alte Römerstraße von Bingen nach Trier markiert. Belginum war als höchstgelegener Verkehrsknotenpunkt eine der wichtigsten Straßensiedlungen an der Strecke. Jahrhunderte später wurde die Bedeutung des Höhenrückens bei Hinzerath bestätigt, als im 14. Jahrhundert der **Stumpfe Turm** auf der gegenüberliegenden Seite der heutigen Hunsrückhöhenstraße aus Hunsrückschiefer erbaut wurde. Als wir vor dem Turm stehen, wird uns die Namensgebung nur allzu deutlich. 6 Meter Durchmesser bei einer Höhe von 10 Meter lassen den ehemaligen Wach- und Meldeturm der Burg Baldenau richtig „knuffig" aussehen. 1804 geriet der Turm kurz in die Annalen der Weltgeschichte, als Napoléon dort eine Truppenparade abnahm. Allerdings schien der wenige Zeit später als Kaiser gekrönte General nicht gerade von der eher spröden Ehrerbietung der Hunsrücker Pfarrer und Ortsvorsteher der umliegenden Gemeinden begeistert gewesen zu sein. Soll er doch, alten Überlieferungen glaubend, mit seinem Ross postwendend nach Kirchberg davon galoppiert sein *(März/April - Okt./Anfang Nov. Di - So/Feiertage 10 - 17 Uhr, Eintritt, www.belginum.de).*

Wir machen es dem Kaiser nicht nach, sondern geben unseren motorisierten Pferden an der B327 in die entgegengesetzte Richtung, nämlich nach Morbach, die Sporen. Links sehen wir bald die **Burgruine Baldenau** im Dhrontal liegen und steuern bei der nächsten Ausfahrt **Hundheim** an.
Unser Ritt endet an der 1320 von Balduin von Luxemburg, Kurfürst und Erzbischof von Trier erbauten und einzigen Wasserburg im Hunsrück.

(084) WOMO-Wanderparkplatz: Hundheim, Burgruine Baldenau

GPS: N 49°50'07.0" E 07°09'56.0"
Max. WOMOs: 2
Ausstattung: Infotafeln.
Beschreibung: Der einfache, kleine, geschotterte und teils schattige Parkplatz liegt außerhalb der Ortschaft direkt gegenüber der Burgruine und bietet sich als Ausgangspunkt für die folgende Wanderung, aber auch für Radtouren an.
Zufahrt: In Hundheim den Hinweisen „Burgruine Baldenau" ca. 1,5 km folgen. Die Zufahrt ist für Fahrzeuge bis 3,5 t und für Busse gestattet.
Hinweis: Der Flugverkehr des 20 Kilometer entfernten Flughafens Hahn kann leicht störend sein

WOMO-Wandertipp: Traumschleife LandZeitTour

Leichte, abwechslungsreiche und sehr empfehlenswerte Wanderung von ca. 8 Kilometer Länge. Durchgängig mit dem weiß-lila Traumschleifensymbol markiert.

An der Längsseite der Burg gehen wir ein Stück auf dem Sträßchen, um uns hinter dem geschichtsträchtigen Gemäuer über Feuchtwiesen entlang der Quellbäche der Dhron zur Kreisstraße zu bewegen. Nachdem diese überquert ist, steigen wir über hügeliges Gelände zur Hundheimer Quellmulde hinauf. Vorbei an Infotafeln zur Schaf- und Rinderzucht gelangen wir über Feldwege an den Ortsrand von Hinzerath und queren die Landstraße, um uns anschließend links durch die Felder zu schlagen. Geradeaus erblicken wir den Stumpfen Turm, von dem bereits die Rede war, und biegen rechts zum Waldrand ab. Eine Schautafel erklärt die römische Vergangenheit, bevor es ein Stück in den Wald und vorbei an Feuchtwiesen auf der Straße „Zuckerhügel" nach Hinzerath hineingeht. Gegenüber der Kirche führt uns die Straße „Striegelsbungert" bis „Zur Krummfuhr", der wir kurz links folgen. Anschließend geleitet uns die Straße „Auf der Porth" aus dem Ort hinaus. Leicht bergauf marschieren wir durch Felder und Wiesen zum Wald und dort wieder absteigend zu einem Bach, an dem eine alte Mühle ihren Dienst tat. Nun wieder leicht bergan erreichen wir offene Wiesen und durchlaufen das Areal des EU Life Projektes Arnikawiesen. Auf breitem Weg erreichen wir das ökologisch wertvolle Biotop der Arnikaschleife mit Infotafeln zu Flora, Fauna und Kreislauf des Lebens. Über Stege geht es durch das Quellmoor des oberen Dhrontals zur Burgruine und zum Wohnmobil.

Zurück in Hundheim und führt uns die Durchgangsstraße nach Bischofsdhron und dann nach **Morbach**. Zum Wandern, Erholen und Spielen bietet sich der **Erholungswald Ortelsbruch** an.

(085) WOMO-Wanderparkplatz: Morbach, Ortelsbruch

GPS: N 49°47'55.1" E 07°08'12.7" **Max. WOMOs:** 3

Ausstattung: Tische und Bänke, Grillhütte, Spielplatz, Gastronomie, Müllbehälter.

Beschreibung: Der einfache Waldparkplatz befindet sich außerhalb des Ortes und bietet dich als Ausgangspunkt für die 7,5 Kilometer lange Traumschleifen-Wanderung **Ölmühlentour** an.

Zufahrt: Etwa 1 km hinter Bischofsdhron links Richtung Idar-Oberstein fahren und ca. 1,5 km später rechts dem Hinweis Ortelsbruch folgen. Aus Morbach kommend auf der L160 Richtung Bruchweiler fahren und ebenfalls den Hinweisen Ortelsbruch folgen.

In der **Tourist-Info** *(Mo - Fr 8 - 12/14 - 16 Uhr, Mai - Okt. auch Sa 10 - 12 Uhr, Bahnhofstraße 19, Telefon 06533/71117, www.morbach.de)* können Besucher von Morbach eine Besichtigung der rund 250 Jahre alten **Historischen Ölmühle**, in der die Produktion von kalt gepresstem Rapsöl anschaulich dargestellt wird, vereinbaren und weitere Informationen rund um den Ort erhalten.

Sehenswert ist die Ausstellung im **Deutschen Telefonmuseum** *(April - Okt. Di - Sa 14 - 17 Uhr, So/Feiertage 10.30 - 17 Uhr, Eintritt, www.deutsches-telefon-museum.eu)*. Die mit viel Enthusiasmus geführte Privatsammlung hat mit über 1.200 angeschlossenen und funktionstüchtigen Geräten der Telekommunikation für einen Eintrag als weltweit größte Ausstellung dieser Art ins Guiness-Buch der Rekorde gesorgt. Technische Fragen beantwortet der Betreiber gern bis ins kleinste Detail und bietet uns zusätzlich eine Übernachtung auf dem Museumsgelände an **[086:** N 49°48'46.5" E 07°07'08.6"; Jugendherbergstraße].

In Morbach wurde Edgar Reitz als Sohn eines Uhrmachers geboren und wir wissen bereits, dass er sich in seinem Filmepos HEIMAT mit den eigenen Wurzeln und seiner Hunsrück-Heimat beschäftigt.
Im Elternhaus des Filmemachers befindet sich das **Café Heimat**, dessen Interieur von einer Bildergalerie mit Filmszenen sowie Filmrequisiten geprägt ist. In einem Nebenraum können Teile aus den HEIMAT-Filmen interaktiv abgerufen werden *(Mo - Sa 9 - 18 Uhr, So/Feiertage 10 - 18 Uhr, Biergasse 5, www.cafe-heimat-morbach.de)*.

Wieder auf der B327 Richtung Hermeskeil biegen wir kurz hinter Morbach nach Piesport und kurz dahinter nach **Weiperath** sowie zum im Ort gelegenen **Hunsrücker Holzmuseum** ab **[087: N49°48'20.8"E07°04'15.1"]**. Eine Übernachtung in schöner Umgebung ist auf dem Museumsparkplatz ohne Probleme möglich, jedoch wird um kurze Rücksprache gebeten.
Wir sind nicht auf dem Holzweg, als wir das fein gemachte Museum betreten und uns zeigen lassen, wie die Menschen im Hunsrück mit und von dem Holz gelebt haben *(April - Okt. Di - Sa 14 - 17 Uhr, So/Feiertage 10.30 - 17 Uhr, Nov. - März Sa 14 - 17 Uhr, So/Feiertage 10.30 - 17 Uhr. Das Museumscafé ist am Wochenende und an Feiertagen geöffnet, Eintritt. www.hunsruecker-holzmuseum.de)*.
Wir ziehen der Durchgangsstraße folgend weiter, bis wir in einem einsamen und friedlichen Wiesental linker Hand auf die Walholzkirche samt einem kleinen Parkplätzchen stoßen **[088: N 49°47'55.6" E 07°03'29.3"]**.

Walholzkirche

Der Sage nach sollen sich die umliegenden Dörfer gestritten haben, in welchem Ort eine Kirche gebaut werden sollte. Jedes Dorf wollte die Kirche bei sich haben, bis sich das größere Hunolstein durchsetzte.

Das Bauholz wurde geschlagen und in Hunolstein aufgeschichtet. Nachts war ein Rauschen in der Luft zu vernehmen und am nächsten Morgen fand sich das Holz in jenem Wiesengrund, in dem wir jetzt stehen. Mühsam wurde es zurück nach Hunolstein geschafft. Noch zweimal wiederholte sich der Spuk und endlich folgte man dem göttlichen Wink, um die Kirche an der Stelle zu bauen, die sich das Holz und somit die Kirche „gewählt" hatten. Der Name „Wa(h)lholzkirche" war geboren. Der heutige Kirchenbau, erbaut um 1760, ist die dritte Kirche an dieser Stelle. Während der Sommermonate finden in der Walholzkirche einige Konzerte statt.

Wenige Kilometer später erreichen wir **Hunolstein**. An der gleichnamigen, gut beschilderten Burgruine gibt es einen kleinen Parkplatz [**089:** N 49°47'56.0" E 07°02'44.8"]. **Die Zufahrt ist allerdings sehr eng! Wohnmobile über 6,50 Meter Länge sollten unbedingt im Ort abgestellt und der Weg zur Ruine zu Fuß zurücklegt werden.**

Von der vermutlich 1190 erbauten **Hunolsteiner Burgruine** ist nicht mehr viel übrig geblieben, aber der Aufstieg über 60 Treppenstufen auf den mächtigen Quarzitfelsen, der einst die Burg trug, lohnt wegen der grandiosen Aussicht ins Tal der Dhron (Foto unten).

Über die Durchgangsstraße geht es weiter durch den Ort. Am Ortsende grüßen große Heuballen mit bunten Gesichtern und laden zum Stopp im äußerst beliebten **Bauerncafé Hunolsteiner Hof** ein [N 49°47'37.8" E 07°02'59.5"]. Nachdem sich die Kinder auf dem Spielplatz oder im Kuhstall ausgetobt haben, schmeckt nicht nur ihnen der hausgemachte Kuchen oder die leckeren Speisen aus hofeigenen Zutaten *(April - Okt. Mi - So 11 - 19 Uhr, Nov. - Dez. Mi - So bis 18 Uhr, Jan. - März Sa/So 11 - 18 Uhr, www.hunolsteiner-hof.de).*

Wer Walholzkirche und Burgruine gerne erwandern möchte, kann von hier zu einer wunderschönen, fast schon wildromantischen Wandertour aufbrechen.

WOMO-Wandertipp: Traumschleife Hunolsteiner Klammtour

Abwechslungsreiche, mittelschwere Wanderung von ca. 10,6 Kilometer mit einigen An- und Abstiegen sowie schönen Aussichten. In der Klamm ist Trittsicherheit erforderlich. Durchgängig mit dem weiß-lila Traumschleifensymbol markiert.

Vom Bauernhofcafé geht es mitten hinein in die Feld- und Wiesenlandschaft mit einem ersten Panoramablick. In Hunolstein lockt der Burgfelsen mit der bereits erwähnten prachtvollen Aussicht, bevor wir die idyllisch in einem Wiesental gelegene Walholzkirche erspähen. Nun geht es bergab zur Reinhardsmühle, die einst zur Burg gehörte, nun in Privatbesitz ist und eine bunte Außenbemalung aufweist. Hinter der Mühle schwenken wir links und wandern entlang der Dhron, die sich ihren Weg zwischen großen Felsen ihr Bett gesucht hat. Nach etwa 1,3 Kilometer, die Dhron macht einen auffälligen Linksbogen, steigen wir rechts in die Hölzbachklamm ein. Die Klamm ist der abenteuerlichste Abschnitt der Wanderung: Begleitet von rauschenden Wasserfällen gelangen wir über den Pfad weiter nach oben. An den steilsten Stellen sind Halteseile angebracht und es ist ein wenig Trittsicherheit gefragt. Beim Austritt aus der Klamm wenden wir uns links zur Herrenwiese unterhalb des Örtchens Haag. Ab jetzt begleitet uns der Kellertsbach weiter bergab. Am Ende des Wiesentals wird die Talseite gewechselt und wir erreichen wieder die Dhron mit der Schafpuhlbrücke. Hier wurde früher das Wasser aufgestaut, damit den Schafen vor der Schur das Fell gewaschen werden konnte. Von nun an geht es stetig bergauf. Erst durch ein Wäldchen und dann durch die Wiesen mit schönen Weitblicken gelangen wir zurück zum Ausgangspunkt der Rundwanderung.

Der Landstraße folgend erreichen wir die B327, an der wir Richtung Mainz abbiegen und später auf der B269 durch die Ausläufer des Idarwaldes bergauf Richtung **Erholungsgebiet Erbeskopf** fahren.

Das Wohnmobil schnurrt vor Wohlbehagen, als es auf gut ausgebauter Straße durch den **Naturpark Saar-Hunsrück** dem höchsten Berg von Rheinland-Pfalz entgegeneilen darf. Wunderschöne Ausblicke, ausgedehnte Wälder, wertvolle Biotope, seltene Tier- und Pflanzenarten sowie beste Luft machen die Erkundungen rund um den 818 Meter hohen **Erbeskopf** zu jeder Jahreszeit interessant und erholsam. Von den Parkplätzen rechts und links der Straße kann man im Winter direkt in die **Loipen** steigen.

Der Weg zum hervorragend ausgeschilderten Erholungsgebiet ist gar nicht zu verfehlen und wir schwenken an der nächsten Kreuzung Richtung Thalfang/Erholungsgebiet. Etwa1 Kilometer später zweigt links die Zufahrt zum höchsten linksrheinischen Berggipfel Deutschlands ab [N 49°43'47.4" E 07°05'25.1"].

Das **Erbeskopf-Plateau** wird von einem Holzturm gekrönt, von

dem die Sicht allerdings durch die hochgewachsenen Bäume versperrt wird. Dafür vermittelt die nahe Aussichtsplattform jedoch so etwas wie ein erhabenes Gipfelgefühl. Die **Skulptur Windklang** des Bildhauers Christoph Mancke produziert trotz des schön klingenden Namens keine Töne, aber dafür können wir uns mit ein bisschen Fantasie gut vorstellen, wie uns Rheinland-Pfalz durch die weitreichende Aussicht buchstäblich zu Füßen liegt.
Zurück an der Hauptstraße schwenken wir nach 900 Meter links in ein Sträßchen und erreichen eine einfache **Ver- und Entsorgungsstation** [**090:** N 49°44'11.0" E 07°05'05.4"]. Stellplatznot entsteht auf den Parkbuchten entlang der Straße wohl kaum. Auch wenn am Wochenende und besonders im Winter hier „der Bär steppt", wird man spätestens am Abend ein ruhiges Plätzchen finden.
Wo sonst laufende **Schlepplifte** rasante Abfahrtsläufer an den Pistenbeginn bringen und kühne Snowboarder gekonnt den Berg hinabrauschen, sorgte in den schneelosen Monaten die **Sommerrodelbahn** für Rodelgaudi bei Groß und Klein *(Im Jahr 2019 stand die Rodelbahn zum Verkauf. Die aktuelle Situation ist unter www.morbach.de zu erfahren).*Weitere Abwechslung bieten der **Waldseilgarten** (www.highlive.org), der **Bogenparcours** oder der **Abenteuerspielplatz** sowie der **Sinneserfahrungsweg**.
Nur wenige Meter von der Entsorgungsstation entfernt, und zusätzlich durch eine separate Einfahrt von der L164 aus anzufahren, befindet sich das **Hunsrückhaus**, in dessen Nähe sich ausgewiesene **WOMO-Stellplätze** mit der Möglichkeit zur WC-Nutzung und zum Teil mit Stromanschluss befinden [**091:** N 49°44'14.5" E 07°04'57.6"; Preis €, Strompauschale €, Anmeldung im Hunsrückhaus Di - So 10 - 17 Uhr, Telefon 06504/778, www.hunsrueckhaus.de].

Nationalpark Hunsrück-Hochwald

Wir befinden uns im Jahr 2015 eröffneten **Nationalpark Hunsrück-Hochwald**. Er erstreckt sich auf einer Fläche von 100 Quadratkilometer über die westlichen Höhen des Hunsrücks und ihm sind weiterhin 100 Hektar des saarländischen Hochwaldes angeschlossen. Etwa die Hälfte des gesamten Gebietes ist von Buchenwäldern bewachsen, steile Rosselhalden sowie seltene und für die Geologie des Hunsrücks typische Hangmoore prägen die Landschaft. Rund um den Erbeskopf soll ein Urwald von morgen entstehen und schon heute beherbergt das Gebiet eine einzigartige Tier- und Pflanzenwelt. Schwarzstorche, Fledermäuse und Spechte sind anzutreffen, aber auch das größte Wildkatzenvorkommen in Mitteleuropa – nicht ohne Grund wurde im Wildfreigehege Wildenburg das Wildkatzenzentrum mit Auffang- und Auswilderungsstation eingerichtet.

Erschlossen wird der Nationalpark von zahlreichen **Wander- und Radwegen** wie dem **Saar-Hunsrück-Steig** oder den **Traumschleifen**, die als Rundwege konzipiert sind. Von Nonnweiler nach Mörschied führt die **Nationalpark-Radroute** auf einer Länge von 80 km durch den Park. Zusätzlich können sich Besucher durch Ranger oder eigene **Nationalparkführer** auf Entdeckungstouren begleiten lassen. Bei diesen Naturerlebnissen wird gleichzeitig die reiche Kulturgeschichte der Region ersichtlich und man stößt zum Beispiel auf den Ringwald in Otzenhausen, den wir in der nächsten Tour besuchen werden. Der noch junge Nationalpark wächst und gedeiht und dem ersten Nationalparktor am Erbeskopf sollen weitere folgen (www.nationalpark-hunsrueck-hochwald.de).

Im **Nationalparktor/Informationszentrum Hunsrückhaus** werden dem Besucher Natur und Umwelt des Hunsrücks nähergebracht. Wechselnde Ausstellungen und eine interaktive Dauerausstellung zum Thema „Natur-Umwelt-Freizeit" vermitteln die naturräumlichen Besonderheiten der Gegend. Ob geführte Wanderung oder ein Besuch im Umweltlabor – alles in allem ein Stunden füllendes, hochinteressantes Angebot *(Mo - So 9 - 17 Uhr. www.hunsrueckhaus.de).*

Rund um den Erbeskopf führt der bestens markierte, gut sieben Kilometer lange und mittelschwere Wanderweg der **Traumschleife Gipfelrauschen**. Vom Rauschen der Bäume begleitet, gelangen Wanderer über Stege und schmale Pfade zu Hangmooren bis hinauf zum Erbeskopfgipfel.

Wir stellen erfreut fest, dass die familienfreundliche Erbeskopf-Region scheinbar weiter boomt und zudem ein Herz für uns Wohnmobil-Fahrer hat! Zusammen mit der grandiosen Aussicht von der Skulptur Windklang und den vielseitigen Freizeitaktivitäten hat sich das Gesamtpaket Erbeskopf sommers wie winters einen Platz in unseren **Top Ten** gesichert.

Vom Hunsrückhaus lassen wir uns zunächst zur Landstraße und dann auf der B327 durch den südwestlichen Teil des Hunsrücks, den **Schwarzwälder Hochwald**, nach **Thalfang** rollen.

(092) Offizieller WOMO-Stellplatz: Thalfang, Reisemobilhafen

GPS: N 49°45'02.3" E 06°59'58.8"; Talweg **Max. WOMOs:** 30

Ausstattung: V/E, Strom, Spielplatz, Beachvolleyball, Tisch und Bänke, Müllbehälter.

Beschreibung: Der einfache, geschotterte und beinahe schattenlose Parkplatz auf dem Festplatz am Ortsrand. In der Nähe befinden sich Schwimmbad, Barfußpfad, Supermarkt. und Supermarkt.

Preise: €€ zahlbar im Erholungszentrum.

Zufahrt: Von der B327 nach Thalfang abbiegen und in den Ort fahren. Am Kreisel Richtung Dhronecken halten und wenig später den WOMO-Piktogrammen links folgen. Hinter der Bahnunterführung links.

Durch das hübsche Tal des Thalfangerbaches steuern wir das kleine verwunschene Örtchen **Dhronecken** an, in dem wir kurz hinter dem Ortseingang links einen Mini-Parkplatz für kleine Wohnmobile oder Kastenwagen erspähen [**093:** N 49°43'35.2" E 06°59'00.0"; Weyer Damm. Bitte kein Campingverhalten!].

Unterhalb der **Burg Dhronecken**, von der nur noch Reste übrig geblieben sind, findet sich ein **Naturspielplatz** auf beiden Seiten eines Baches. Eine Furt mit Springsteinen, ein im Hang aufsteigender einem Forum ähnelnder Spiel- und Versammlungsort, hölzerne Stege sowie eine Hängebrücke laden zum Verweilen ein.

Unverhofft spricht uns ein Dorfbewohner an und fragt uns, ob wir wüssten, was Dhronecken mit den Nibelungen zu tun hätte. Ziemlich verständnislos zucken wir mit den Schultern. Stolz erklärt uns der alte Herr, dass die Burg im Mittelalter Troneck genannt wurde und im Reich der Burgunden gelegen hätte.

Hagen von Tronje, der den unverwundbaren Siegfried meuchelte, soll dem Namen nach von hier stammen. Als Untermauerung seiner Theorie gibt der Hobby-Historiker an, dass Hagens Gefährte Hunold vom nahe gelegenen Hunolstein stammen könne. Ob's stimmt? Für uns ist die Geschichte jedenfalls eine Erwähnung in diesem Büchlein wert!

Mit reichlich Gesprächsstoff versehen, setzen wir auf der Hunsrückhöhenstraße/B327 unseren Weg nach Hermeskeil fort und sind wenige Kilometer weiter in der modernen Welt der Flugzeuge gelandet [N 49°41'04.5" E 06°57'37.5"]. Die **Flugausstellung Hermeskeil** wartet mit 118 original erhaltenen Flugzeugen, 60 Flugmotoren und flugtechnischen Informationen aus verschiedenen Epochen der Luftfahrt auf. Wer an Bord einer stillgelegten **Concorde** sein Käffchen einnehmen möchte oder schon immer einmal eine **MIG** oder eine **Tante Ju** aus der Nähe sehen wollte, ist genau am richtigen Platz *(April - Nov. 10 - 17 Uhr, Eintritt, Hunde an der Leine gestattet. www.flugausstellung.de)*! Wir folgen der B327 weiter nach Hermeskeil, um von hier Richtung Birkenfeld einen Abstecher ins Saarland zu unternehmen. **Wer uns nicht folgen möchte, überschlägt einfach einige Seiten dieses Buches und setzt seine Reise in Hermeskeil auf Seite 122 und dann Richtung Trier fort.**

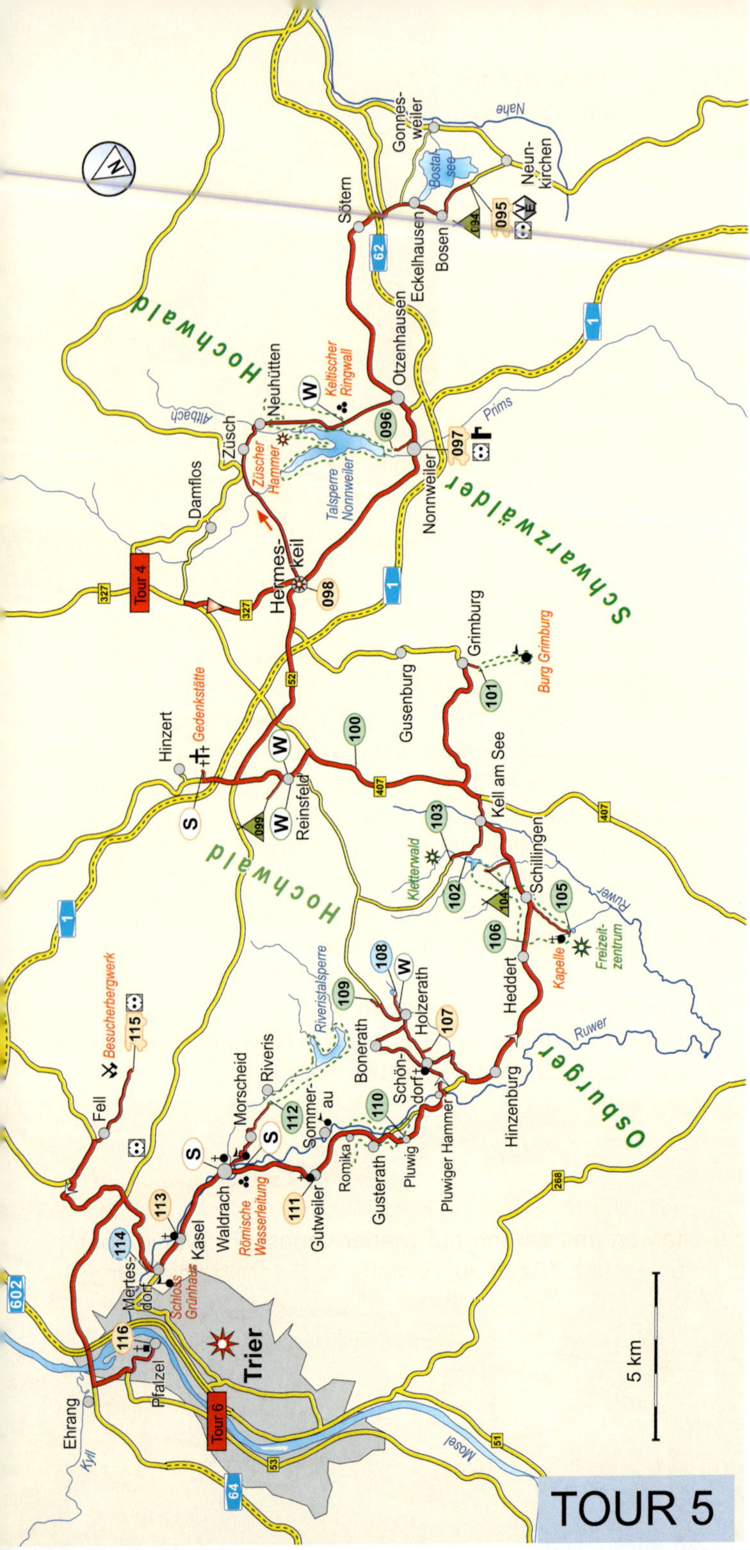
Gonnesweiler
Nahe
Bostalsee
Neunkirchen
Sötern
Eckelhausen
Bosen
094
095
62
Otzenhausen
Hochwald
Keltischer Ringwall
Neuhütten
Altbach
Züsch
Damflos
Züscher Hammer
Talsperre Nonnweiler
096
097
Nonnweiler
Prims
Schwarzwälder
Hermeskeil
098
Tour 4
327
1
Grimburg
Burg Grimburg
Gusenburg
101
100
Hinzert
Gedenkstätte
Reinsfeld
099
52
407
Kell am See
103
Kletterwald
102
104
Schillingen
105
Ruwer
106
Freizeitzentrum
Kapelle
Heddert
Hochwald
Besucherbergwerk
115
Fell
Riveristalsperre
108
109
Holzerath
107
Bonerath
Schöndorf
Hinzenburg
Osburger
Riveris
Morscheid
112
Sommerau
110
Pluwig
Pluwiger Hammer
Gusterath
Romika
Gutweiler
111
Waldrach
Römische Wasserleitung
113
Kasel
114
Mertesdorf
Schloss Grünhaus
602
116
Trier
Pfalzel
Ehrang
Kyll
Tour 6
53
64
Mosel
51
268
5 km

TOUR 5

Tour 5 180 km

Bostalsee – Nonnweiler – Hermeskeil – Reinsfeld Grimburg – Kell am See – Morscheid – Fell – Pfalzel

Stellplätze:	Bosen, Gonnesweiler, Nonnweiler, Hermeskeil, Reinsfeld, Grimburg, Kell am See, Schillingen, Heddert, Schöndorf, Holzerath, Pluwig, Gutweiler, Morscheid, Kasel, Mertesdorf, Fell, Pfalzel.
Campingplätze:	Bostalsee Campingplatz Bostalsee, Reinsfeld AZUR Campingpark, Kell am See Campingplatz am Schwimmbad.
Besichtigen:	Neuhütten Züscher Hammer; Otzenhausen Keltischer Ringwall u. Keltenpark; Hermeskeil Feuerwehrmuseum, Hochwaldmuseum, Informationszentrum; Hinzert Gedenkstätte; Grimburg Burg, Burg- und Hexenmuseum; Schöndorf Kirche; Waldrach röm. Wasserleitung; Kasel Pfarrkirche; Fell Besucherbergwerk.
Wandern:	Otzenhausen, Nonnweiler, Reinsfeld, Grimburg, Kell, Schillingen, Heddert, Pluwig, Morscheid, Fell.
Baden:	Bostalsee, Nonnweiler, Kell am See, Holzerath, Mertesdorf.
Radfahren:	Ruwer-Hochwald-Radweg, Mosel-Radweg.
Essen:	Kasel Pauliner Hof; Romika Gasthaus Reh; Mertesdorf Grünhäuser Mühle, Karlsmühle; Fell Bistro WeinStein; Pfalzel Klosterschenke.

Der Naturpark Saar-Hunsrück erstreckt sich mit 2.055 Quadratkilometer über Rheinland-Pfalz sowie das Saarland. Am nördlichen Rand des kleineren Bundeslandes erwartet uns der größte Freizeitsee Südwestdeutschlands – auch wenn dieser geografisch nicht mehr zum Hunsrück gehört, wollen wir ihn uns nicht entgehen lassen und uns später über den "Hundsbuckel" und durch das Ruwertal wieder der Mosel zuwenden.

Wir befinden uns zunächst auf der L165, auf der wir von Hermeskeil Richtung Birkenfeld kommend kurvig das Tal der Prims durchfahren und es bergauf wieder verlassen. Wenig später wenden wir uns **Züsch** zu, bestaunen die dreitürmige, im Barock-Stil erbaute katholischen Kirche und gelangen talabwärts nach **Neuhütten**.
Bereits im 17. Jahrhundert wurde hier die größte Eisenhütte des Hunsrücks errichtet und der im Ort ausgeschilderte und rekonstruierte **Züscher Hammer** gibt Einblicke in die Eisenverarbeitung früherer Zeit (*Mai - Okt. jeden 1. So im Monat 11 - 16 Uhr, das Gelände mit Wasserrad, Kohlemeiler und Infotafeln ist ganzjährig begehbar)*.

Um den von Wasserkraft angetriebenen Hammer im ruhigen Tal des Altbachs auf Metall schlagen zu hören, sollte es allerdings gut überlegt sein, ob man mit seinem Wohnmobil den direkten Weg dorthin nehmen möchte. Die Anfahrt ist eng sowie steil und das Wenden auf dem kleinen Parkplatz, von dem es nur noch wenige Hundert Meter zu Fuß zum historischen Industriedenkmal sind, kann bei weiterer Belegung durch Fahrzeuge zur schweißtreibenden Angelegenheit werden. Es erscheint uns besser, die rollende Behausung im Ort zu parken und einen Spaziergang ins Tal zu machen.

Der Durchgangsstraße folgend gelangen wir ins Saarland und trudeln auf dem Waldparkplatz am **keltischen Ringwall** ein [N 49°36'57.7" E 06°59'45.4"]. Der Wall ist auf direktem Weg nach etwa zwei Kilometer bergauf zu erreichen und wer den Ausflug zu einer ausgedehnten Wanderung erweitern möchte, setzt seinen Weg auf der unten beschriebenen Traumschleife fort.

Keltenpark Otzenhausen und Keltischer Ringwall

Die keltische Geschichte hat sich als vielschichtig sowie faszinierend erwiesen und Interessierte können ihren Wissensdurst im **Keltenpark** stillen. Am Fuß des Ringwalls ist ein authentisches keltisches Dorf rekonstruiert worden, das sich an historischen Vorbildern orientiert und vor 2.000 Jahren innerhalb der gewaltigen Festungsmauern auf dem Dollberg gestanden haben könnte. Neben diversen Veranstaltungen und Aktionstagen ist es das **Internationale Keltenfest Celtoi**, das alljährlich Mitte Juli den Besuchern den Zauber und den Mythos der Vorfahren Europas nahebringt *(April - Okt. Do - Sa 13 - 18 Uhr, So/Feiertage 10 - 18 Uhr, in den Ferien zusätzlich Mo - Mi 13 - 18 Uhr, Eintritt, Hunde an der Leine gestattet, www.keltenring-otzenhausen.de).*

Von hier ist auf ausgewiesenen Wanderwegen eine der größten sowie besterhaltenen keltischen Verteidigungsanlagen in Europa, der **Keltische Ringwall**, zu Fuß zu erreichen.

Die Bauphase der ehemaligen Befestigungsstadt wird in die Zeit der gallischen Kriege im 1. Jahrhundert nach Christus datiert. 2,5 Kilometer langen Steinwälle und die gewaltige bis zu 12 Meter hohen Mauern des Nordwalls lassen die Genialität der keltischen Mauertechnik erahnen. Die von Julius Cäsar als „murus gallicus“ bezeichnete Art von Wallanlagen aus Trockensteinmauern wird durch Querhölzer gehalten und ist ganzjährig zu besichtigen.

Wer zu den Kelten wandern möchte, kann das auf dem 4,2 Kilometer langen **Archäologischen Infoweg** und auf dem 6,5 Kilometer langen **Keltischen Skulpturenweg** um den Ringwall tun oder sich einer **Ringwallwanderung** anschließen *(Mai - Okt. jeden 1. Sa im Monat 14 Uhr, Treffpunkt Waldparkplatz Otzenhausen, Gebühr)*. Als vierte Möglichkeit bietet sich eine Traumschleifen-Wanderung an.

WOMO-Wandertipp: Traumschleife Dollbergschleife

Mittelschwere Wanderung von ca. 12 Kilometer Länge, die durchgehend mit der weiß-lila Traumschleifen-Markierung versehen ist.

Vom Waldparkplatz kommend queren wir die L147 und nehmen den Waldweg teils steil bergauf zum **keltischen Ringwall**, der anschließend über den Nordwall verlassen wird. Etwas sachter geht es weiter bergauf bis auf den Dollberg-Kamm, der den höchsten Punkt unserer Wanderung darstellt. Der Waldweg führt eine Weile geradeaus, bis wir links hinab zur **Köhlerhütte** in Neuhütten gelangen und die Möglichkeit zur Einkehr haben *(Mi/Fr/Sa ab 15 Uhr, So/Feiertage ab 10 Uhr, www.köhlerhütte-info.de)*. Entlang des Waldrandes marschieren wir oberhalb des Ortes in südwestliche Richtung, tauchen kurz in den Wald ein, überqueren die L166 und halten uns nordwärts. Entlang von Wiesen erreichen wir abwärts ein Sträßchen, dem wir links folgen und in das Altbach-Tal gelangen. Wir folgen dem Bachlauf, wechseln über einen Holzsteg die Gewässerseite und sind nach einem kurzen Waldabschnitt am bereits erwähnten **Industriedenkmal Züscher Hammer** gelandet. Dem Altbach nun wieder auf der linken Seite weiter folgend, passieren wir den Vorstau der **Talsperre Nonnweiler**, um wenig später die Talsperre zu erspähen. Wir beschreiten den südlichen Seeuferweg ca. 2 Kilometer, den wir bei Erreichen des Saar-Hunsrück-Steigs nach links verlassen und auf diesem bis zum Ausgangspunkt unserer Wanderung weitergehen. Dabei streifen wir das Naturdenkmal Kloppbruchwiesen und umrunden den sich anschließenden Kloppbruchweiher.

Wir lenken das Wohnmobil bergab nach Otzenhausen, wo wir am Ende der Straße Richtung Nohfelden nach Sötern fahren und uns anschließend dem **Bostalsee** zuwenden.

Da die nordöstliche Seeseite durch einen Freizeit-Ferienpark dominiert wird, halten wir uns mit dem Wohnmobil am Westufer des Bostalsees auf. Hier befindet sich auch die Seeverwaltung und die **Tourist-Information**, in der alles Wissenswerte zu Sehenswertem und zu den Freizeitaktivitäten in Erfahrung gebracht werden kann *(Karfreitag - 3. Okt. Mo - Fr 8 - 17 Uhr, Sa 13 - 17 Uhr, Sa/Feiertage 10 - 17 Uhr, zusätzlich Juni/Juli/Aug. Mo - Fr bis 18 Uhr, 4. Okt. - Gründonnerstag Mo - Do 8 - 16 Uhr, Fr 8 - 14.30 Uhr, Am Seehafen 1, Telefon 06852/90100, www.bostalsee.de).*

Bostalsee

Das 120 Hektar große Gewässer, das 1979 aufgestaut wurde, **bietet** für **Wassersportler** jeglicher Couleur ein wahres Eldorado. Schwimmen, Surfen, Angeln, Segeln, Tauchen ... alles ist hier möglich und entsprechend groß der Auftrieb von Menschen, Hunden, Fahr- und Motorrädern bei schönem Wetter. Während in der kälteren Jahreszeit und bei frostigen Temperaturen eine rund 2600 Quadratmeter große Natureisfläche zum Schlittschuhlaufen einlädt, können **Wanderer** und **Radfahrer** bei wärmeren Graden nach Erkundungen durch das St. Wendeler Land im riesigen Biergarten neben dem **Indoor-Spielparadies** „Bosiland" einen der 3000 Sitzplätze ergattern und in bayerischer Atmosphäre relaxen. Bei trockenem Wetter amüsieren sich hüpfende Kinder auf den zehn Sprungfeldern des „Tramposaariums" oder bevölkern die Spielplätze und die große Spielburg auf der Festwiese in der Nähe des Musikpavillons. Der See ist ganzjährig zugänglich, lediglich die beiden **Freibäder mit schönen Sandstränden** bei Bosen und Gonnesweiler mit abgetrennten Nichtschwimmer-Bereichen, sowie die Tret- und Elektrobootverleihe und das Fahrgastschiff sind nur in der Badesaison nutzbar.
Ganz im Vertrauen: Uns gefällt der See wochentags am frühen Morgen oder am Abend am besten, wenn sich außer ein paar Joggern oder Hundebesitzern kaum einer hierher verirrt! Herrlich ist der **7 Kilometer lange Rundweg** um das dann friedlich ruhende Wässerchen und die immer wieder wunderschönen Ausblicke!

Ach ja, die Stellplatzsituation ist im Übrigen klar geregelt: Wohnmobile können auf den tagsüber gebührenpflichtigen Parkplätzen P1 - P5 gegen eine zusätzliche Gebühr (€€) auch über Nacht stehen bleiben. Zusätzlich bieten sich folgende Plätze an:

(094) WOMO-Campingplatz: Bosen, Campingplatz Bostalsee

GPS: N 49°33'38.5" E 07°03'36.4"; Am Campingplatz 1
Kontakt: Telefon 06852/92333, www.bostalsee.de/camping
Öffnungszeit: Ganzjährig.

Ausstattung: Waschmaschine, Wäschetrockner, Gaststätte, Sauna, Sanitärgebäude, WLAN, u. v. m.
Beschreibung: Der außerhalb der Ortschaft gelegene Platz hat Anschluss an Rad- und Wanderwege und liegt teils unter Bäumen. Manchmal sind hier Gruppen untergebracht und es kann schon einmal etwas unruhiger werden.
Preise: €€ - €€€.
Zufahrt: Von der Uferstraße aus den Hinweisen zum CP folgen.

(095) Offizieller WOMO-Stellplatz: Bosen, Bostalsee P6

GPS: N 49°33'36.4" E 07°03'36.9"; Am Campingplatz 1 **Max. WOMOs:** 10
Ausstattung: V/E, Strom, Mülleimer u. v. m., da die Einrichtungen des Campingplatzes benutzt werden können.
Beschreibung: Die einfachen Parkplatzbuchten auf Asphalt liegen vor der Schranke des Campingplatzes am Rand eines Großparkplatzes und sind bei Vollbelegung sehr eng! Mit viel Glück ist der Platz dann klappstuhlgeeignet, aber dafür ist für ein ausgedehntes Rad- und Wanderwegenetz gesorgt.
Preise: €€.
Zufahrt: Von der Uferstraße aus den Hinweisen P6 folgen.

Nachdem wir die touristisch bestens erschlossene Seeatmosphäre ausgiebig genossen haben, fahren wir auf bekanntem Weg zurück nach Otzenhausen und von dort bis nach **Nonnweiler** weiter.

(096) WOMO-Wanderparkplatz: Nonnweiler, Talsperre

GPS: N 49°36'37.0" E 06°58'29.9" **Max. WOMOs:** 1 - 2
Ausstattung: Kiosk April - Okt. tägl. ab 10 Uhr
Beschreibung: Der einfache, asphaltierte, schräge Parkplatz liegt außerhalb des Ortes und teilweise unter Bäumen an einem umfangreichen Wander- und Radwegenetz. Zusätzlich starten hier MTB-Touren.
Zufahrt: Kurz hinter dem Ortseingang von Nonnweiler rechts den Hinweisen zur Talsperre folgen.

WOMO-Wandertipp: Planetenwanderweg

Der Weltraum, unendliche Weiten, wir schreiben das Jahr 2017, Sternzeit 12.33 Uhr: Wir sind unterwegs zu einer intergalaktischen Wanderung in Lichtgeschwindigkeit ... Ausgangspunkt ist die Staumauer der Talsperre Nonnweiler, die mit 20 Millionen Kubikmetern der größte Wasserspeicher von Rheinland-Pfalz und dem Saarland ist. Startpunkt **knapp 6 Kilometer langen Planetenwanderweges** ist das unübersehbare, gelbe Sonnenmodell.

Bostalsee

Die Idee einer Arbeitsgemeinschaft hilft uns, die Vorstellungen der Größenverhältnisse unseres Sonnensystems greifbarer zu machen. Die Sonne und die sie umkreisenden Planeten Merkur, Venus, Erde, Mars, Jupiter, Saturn, Uranus, Neptun und Pluto sind in Modellen und entsprechenden Entfernungen im Verhältnis 1:1 Milliarde dargestellt. Mit durchschnittlicher Schrittgröße bewegen wir uns mit ca. 4-facher Lichtgeschwindigkeit durch das Sonnensystem und werden mit Informationstafeln sowie Fotos der jeweiligen Planeten versorgt. Bei der Vorstellung, dass wir im gleichen Verhältnis etwa 40.000 Kilometer bis zum sonnennächsten Fixstern zurücklegen müssten, erscheint uns die **Verlängerung der Wanderung um weitere 6 Kilometer** gerade zu lächerlich. Der gesamte Rundweg von knapp 12 Kilometer führt uns um die Talsperre Nonnweiler und damit auch am bereits beschriebenen Züscher Hammer vorbei.

Nach dem Ausflug in unsere kosmische Heimat und der Umrundung der fjordähnlichen Talsperre verzeichnen wir bei der Rückkehr zur Hauptstraße und rechts hinter der Prims den offiziellen **WOMO-Stellplatz** der Stadt Nonnweiler am **Hochwaldbad** [**097**: N 49°36'26.1" E 06°58'20.4"; Trierer Straße, Wasser, Strom gegen Gebühr, max. Aufenthalt 48 Stunden].

Ganz in der Nähe befindet sich die **Tourist-Info**, in der über die zahlreichen Freizeitmöglichkeiten des Sankt Wendeler Landes informiert wird *(Mo - Mi 8.30 - 12/13.30 - 15.30 Uhr, Do 8.30 - 12/14 - 18 Uhr, Fr 8.30 - 12 Uhr, Trierer Straße 9, Telefon 06873/66076, www.nonnweiler.de).* Nahe am Hallenbad und hinter der Kurhalle startet die mittelschwere, knapp 10 Kilometer lange **Traumschleife Hubertusrunde**, die Wanderfreunde zu wildromantischen Bachtälern im Nationalpark Hunsrück-Hochwald führt und so manche Aussicht parat hält.

Wir verlassen Nonnweiler und durch den Schwarzwälder Hochwald wechseln wir vom Saarland wieder nach Rheinland-Pfalz und sind bald in **Hermeskeil**.

(098) WOMO-Stellplatz: Hermeskeil, Neuer Markt

GPS: N 49°39'19.6" E 06°56'34.0", Klosterstraße **Max. WOMOs**: 3 - 5
Ausstattung: WC.
Beschreibung: Der einfache, asphaltierte schattenlose Parkplatz liegt im Ort und nahe an Geschäften und Gaststätten
Zufahrt: Im Ort der Vorfahrtsstraße und den Hinweisen zum Parkplatz Museum folgen.

Hermeskeil

Direkt am Parkplatz befindet sich das **Rheinland-Pfälzische Feuerwehrmuseum**. Das Erlebnismuseum informiert sehr anschaulich über Nutzen sowie Gefahren des Feuers und zeigt auf, welche Ereignisse zur Gründung von Feuerwehren geführt haben. In weiteren Themenbereichen erzählen Feuerwehrleute sowie Menschen in Not ihre Geschichten und es wird eine große Sammlung von Werkzeugen und

Fahrzeugen präsentiert. In der interaktiven Mitmachausstellung können die Tätigkeiten der Feuerwehr hautnah erlebt werden – eine tolle Erfahrung nicht nur für die kleinen „Feuerwehrleute" *(Di - Fr 14 - 17 Uhr, Sa/So/Feiertage 10 - 17 Uhr, Eintritt, www.feuerwehr-erlebnis-museum.de)*. Bei einer Führung kann das benachbarte **Hochwaldmuseum** erkundet werden und das Leben, Arbeiten und Wohnen der Menschen im Hochwald lebensnah nachvollzogen werden. Wir schließen uns an Hörboxen unter anderem gern der Enkelin an, die von ihrer Großmutter im Hermeskeiler Dialekt durch die Küche, die gute Stube und in die Schlafkammer geführt wird und auf Fragen authentische Antworten aus eigenem Erleben oder vom Hörensagen ihrer Eltern und Großeltern gibt. Dörfliches Handwerk spiegelt sich z. B. in der kompletten Schusterwerkstatt oder der Nagelschmiede wider. Das Besondere an diesem Museum ist neben den historischen Exponaten weiterhin die abwechslungsreiche und kurzweilige Präsentation der einzelnen Themen. Die **Tourist-Info** informiert über Führungen und Öffnungszeiten *(April - Sept. Mo - Fr 10 - 12 Uhr/14 - 17 Uhr, Sa 10 - 12 Uhr, Okt. - Mai Mo - Do 10 - 12/14 - 16 Uhr, Fr 10 - 12 Uhr, Langer Markt 30, Telefon 06503/ 95350, www.hermeskeil.de)*.

Gleich nebenan liegt das **Informationszentrum Naturpark Saar-Hunsrück** mit dem interaktiven **Erlebnismuseum** „Mensch und Landschaft". Wir durchstreifen die Erlebnisregion des Naturparks und erfahren multimedial Interessantes über Natur, Landschaft, Tier- und Pflanzenwelt, Sehenswürdigkeiten und die Auswirkungen der Luftverschmutzung auf den „Patient Wald" an Saar, Mosel, Nahe, Ruwer und im Hunsrück *(Mo - Fr 9 - 12 Uhr Mo - Do 14 - 16 Uhr, Eintritt, www.naturpark.org)*.

Auf der B52 Richtung Trier verlassen wir Hermeskeil, erreichen nach einigen Kilometern die Abfahrt Richtung Trittenheim und folgen dem Hinweis zur **Gedenkstätte KZ Hinzert** [N 49°41'54.9" E 06°53'34.3"].

Gedenkstätte SS-Sonderlager/KZ Hinzert

Im Dokumentations- und Begegnungshaus der Gedenkstätte des Landes Rheinland-Pfalz wird an die Verbrechen erinnert, die zwischen

1939 und 1945 an den Inhaftierten begangen wurden. Ursprünglich war Hinzert als Polizeihaftlager für straffällig gewordene Westwallarbeiter errichtet worden. Ab Juli 1940 diente das Lager als „Durchgangslager" besonders für luxemburgische, belgische, französische und niederländische Häftlinge auf ihrem Leidensweg nach Buchenwald, Natzweiler oder Dachau. Im März 1945 wurde das Lager beim Heranrücken der Alliierten aufgegeben und ein Teil der Häftlinge auf den Marsch nach Buchenwald getrieben, während andere Häftlinge auf die Befreiung durch die Amerikaner warteten *(Di - Fr 9 - 13/14 - 17 Uhr, Sa/So/Feiertage 14 - 17 Uhr. Öffentliche Führungen jeden 1. und 3. Sonntag im Monat April - Okt. ab 14.30 Uhr, www.gedenkstaette-hinzert-rlp.de).*

Wir kehren zur Hauptstraße zurück und wenden uns **Reinsfeld** zu.

(099) WOMO-Campingplatz: Reinsfeld, AZUR Campingpark

GPS: N 49°41'13.0" E 06°52'09.0"; Parkstraße
Kontakt: Telefon: 06503/95123, www.camping-reinsfeld.de
Öffnungszeit: Ganzjährig.
Ausstattung: Schwimmbad (beheizt von Ende Mai - Ende August), Planschbecken, Kettcarverleih, Kinderspielplatz, Tennis, Beachvolleyball, Tischtennis, eigener See für Paddelboote, Minigolf, Waschmaschine, Wäschetrockner, Campinggas-Station, WLAN, Fahrradverleih.
Beschreibung: Die außerorts gelegene Anlage liegt in einer Wander- Radfahrgegend. Hier erwartet uns ein Campingplatz, der trotz Dauercampern einige richtig schön gelegene Stellplätze für Wohnmobile an einem See bietet und nicht nur für Familien eine gute Anlaufadresse ist.
Preise: Je nach Saison €€ - €€€.
Zufahrt: Im Ort den Hinweisen zum Campingplatz folgen.

Von Reinsfeld aus kann man leicht abwärts durch Hochwalddörfer, Wiesen und Wälder sowie das **idyllische Ruwertal** auf zwei Rädern rollen. Ausgangspunkt hierfür können zwei Parkplätze im Ort sein. Zum einen direkt an der **Tourist-Info** *(Mai - Okt. Mo/Do 9.30 - 11.30 Uhr, Di 15 - 17 Uhr, Fr 16 - 18 Uhr, Sa 10 - 12 Uhr, Herrensteg, Telefon 06503/3069, www.reinsfeld.de),* [N 49°40'34.0" E 06°52'33.0"] oder zum anderen 200 Meter weiter links an der nicht zu übersehenden Lokomotive um die Ecke am Festplatz [N 49°40'32.0" E 06°52'40.0"; Hunsrückstraße].
Viele Jahre verkehrten die Züge auf der Strecke zwischen Hermeskeil und Trier. Auf der stillgelegten Bahntrasse verläuft der etwa 50 Kilometer lange **Ruwer-Hochwald-Radweg**

und die schöne Landschaft ist nun nicht mehr aus dem Zugfenster zu betrachten, sondern kann hautnah abgeradelt werden. Vor Trier ändert sich das Bild, wenn steile Weinberge die Strecke begrenzen und Abwechslung ins Spiel bringen. Für den entspannten Rückweg empfiehlt sich der **Regio Radler-Bus** *(Rheinland-pfälzische Ferien zwischen 9 - 17 Uhr alle zwei Stunden täglich, ansonsten nur am Wochenende, Reservierung nur online unter www.regioradler.de, www.ruwer-hochwald-radweg.de)*.

Auf der Hunsrückstraße verlassen wir Reinsfeld und bewegen das Wohnmobil zur B407 Richtung Saarburg/Kell am See.

(100)
WOMO-Wanderparkplatz: Reinsfeld, Frau Holle

GPS: N 49°39'46.5" E 06°52'14.5"
An der B407 **Max. WOMOs:** 2 - 3
Ausstattung: Infotafeln, Tisch und Bänke, Müllbehälter.
Beschreibung: Der einfache, befestigte und schattenlose Parkplatz liegt außerhalb des Ortes unterhalb der Bundesstraße und ist nachts dennoch ruhig. Es sind MTB-Touren und Wanderwege ausgeschildert und in der Nähe befindet sich ein Haus.
Zufahrt: Nach dem Abbiegen auf die B407 einen guten Kilometer später links zum Wanderparkplatz abbiegen.

Von hier bietet sich der Einstieg in eine „märchenhafte" Wanderung durch die abwechslungsreiche Landschaft des Schwarzwälder Hochwaldes an. Die knapp 9,5 Kilometer lange, leichte **Traumschleifen-Rundtour Frau Holle** führt vorbei am gleichnamigen Felsenhang und zu einem Biberdamm mit

Biberburg. Vielleicht gefällt uns diese Wanderung besonders gut, da sie uns dem Namen nach an unsere erlebnisreiche nordhessische Heimat erinnert. Dort sind die Märchen der Brüder Grimm zu Hause und wer mehr darüber bei einer Reise durch Hessen erfahren möchte, dem legen wir unsere **WOMO-Bände 81 und 83** ans Herz.

Wir sind jedoch weiterhin im Hunsrück unterwegs und folgen zunächst der B407 weiter Richtung Saarburg, knicken dann aber nach **Grimburg** ab und richten uns dort nach den Hinweisen zur Burg Grimburg.

(101)
WOMO-Wanderparkplatz: Grimburg, Burg Grimburg

GPS: N 49°36'56.9" E 06°52'34.8"
Max. WOMOs: 2 - 3
Ausstattung: Bänke.
Beschreibung: Ein einfacher, befestigter und schattenloser Parkplatz, der außerorts liegt und durchaus klappstuhlgeeignet sein kann. Er gilt natürlich als Ausgangspunkt von Wanderungen.
Zufahrt: Hinter dem Ort am Scheideweg geradeaus zum Parkplatz fahren. Die Gesamtstrecke von der Bundesstraße zum Parkplatz beträgt ca. 5 Kilometer.

Bevor wir beim Schlag der Nachtigall einem ungestörten Schlaf entgegensehen, lockt der Abendspaziergang zur knapp 1,5 Kilometer entfernten Burg.

Burg Grimburg

Auf einem Bergsporn zwischen Waldrill und Mühlenbach erhebt sich die in großen Teilen wieder aufgebaute Burg auf einer Fläche von fast 300 mal 90 Metern. Wenn auch nicht die bedeutendste, so aber die weiträumigste der ehemaligen kurtrierischen Landesburgen, zu denen unter anderem weiterhin Arras, Ehrenbreitstein und Manderscheid gehörten.

Die vermutlich Ende des 12. Jahrhunderts erbaute Burg war 500 Jahre Verwaltungssitz und Gerichtsstandort, bevor sie im Zuge der französischen Reunionskriege aufgegeben wurde, verfiel und als Steinbruch für die umliegenden Ortschaften genutzt wurde. Mittlerweile wurde die Ruine gesichert und wiederaufgebaut. In der prachtvollen Kulisse kann man nicht nur super herumkraxeln und prima Verstecken spielen, sondern auch verschiedene Kulturveranstaltungen besuchen oder sich in der Burgkapelle trauen lassen.
Das **Burg- und Hexenmuseum**, das wir hier vermuteten, finden wir erst am nächsten Tag im Örtchen. Es gibt Einblicke in die schlimme Zeit der Hexenverfolgung im Trierer Land und dem Hochwaldraum. Mit einfachsten, aber effektiven Foltermethoden presste man Geständnisse aus den vermeintlichen Hexen und Hexenmeistern. Über 200 Frauen und Männer fanden anschließend im Feuer ihren Tod *(Die Burg ist freizugänglich, Museum April - Okt. Sa/So 14 - 17 Uhr, Nov. - März 14 - 17 Uhr, Eintritt, www.burg-grimburg.de und www.burg-und-hexenmuseum.de).*

Von Grimburg kurven wir durch den Wald zurück zur B407 und steuern gleich das propere Örtchen **Kell am See** an.

Nachdem wir die **Tourist-Info** (*Mo - Fr 9 - 13 Uhr/14 - 17 Uhr, Sa 10 - 12 Uhr, Rathausstraße 2, Telefon 6589/1044, www.hochwald-ferienland.de)* passiert haben, folgen wir weiter der Durchgangsstraße und der Beschilderung zum **Stausee [102: N 49°38'43.6" E 06°48'50.3"]**. Vom Wanderparkplatz unter Bäumen am 14 Hektar großen Stausee lässt sich das engere Areal auf einem gut 2 Kilometer langen Rundwanderweg erkunden oder man lässt sich gleich auf die wegen der Höhenunterschiede als anspruchsvoll geltende etwa 20 Kilometer lange **Traumschleife Hochwald Acht** ein.

Dabei werden aussichtsreiche Höhenrücken erwandert, mystische Wälder durchstreift und die Ruwerquelle sowie weitere Gewässer erkundet.

Der **Stausee** gilt als das touristische Zentrum der Region, das insbesondere für Familien mit Kindern interessant ist und eine Menge Abwechslung **vom Reiterhof über Minigolf, Tretbootfahren, MTB-Trails, Angeln** bis zum einfachen „Abhängen“ auf einer der Restaurantterrassen am Wasser bietet.

Nicht nur Kletterwillige werden der Straße folgend kurz hinter dem Stausee am **Kletter- und Erlebniswald** einen Wanderparkplatz finden [**103:** N 49°38'59.4" E 06°48'41.4"].

Klar, kann man von hier auch zum Wandern oder Radfahren aufbrechen, aber für alle, die Herausforderungen beim Klettern lieben und hoch hinauswollen, bietet sich auf verschiedenen Parcours in unterschiedlichen Höhen hierzu die Möglichkeit. Schon die Kleinen können sich wie die „Großen“ in zwei Meter Höhe gesichert von einem Baum zum anderen hangeln und haben augenscheinlich einen Mordsspaß daran *(März/April/Mai/Sept./ Okt. Mi - Fr 11 - 17 Uhr, Sa/So/Feiertage 11 -18 Uhr, Juni/Juli/ Aug. Mo - So 10 - 19 Uhr, Nov. - Feb. Sa/So 11 - 17 Uhr, Öffnungszeiten sind bei ungünstigen Witterungsverhältnissen variabel, Eintritt. www.erlebniswald-kell.de)*.

Zurück in Kell biegen wir im Ort nach Schillingen ab und streifen den rechts gelegenen **Campingplatz Freibad Hochwald** [**104**: N 49°38'03.3" E 06°47'57.8"; Telefon: 06581/81175, www.saarburg-kell.de, April - Okt./€ incl. Freibadnutzung – die Koordinaten liegen an der Straße, da das Navi sonst eventuell verkehrt führt].

Von hier kann man wunderbar in die später beschriebene Wanderung **Traumschleife Schillinger Panoramaweg** einsteigen. Kurz vor dem Ortsausgang von Schillingen verlassen wir die Hauptstraße zu einem kleinen Abstecher ins Tal des Flonterbachs.

(105) WOMO-Wanderparkplatz: Schillingen, Freizeitzentrum am See

GPS: N 49°37'44.6" E 06°45'50.7" **Max. WOMOs:** 2 - 3

Beschreibung: Der einfache, befestigte, schräge und unter Bäumen liegende Waldparkplatz liegt an verschiedenen Wander- u. Radwegen. Es gibt Nordic Walking-Strecken, einen Barfußpfad, ein Baumlabyrinth und einen

Spielplatz. Außerdem ist das Angeln mit Bundesfischereischein möglich. Da der Parkplatz außerhalb des Ortes liegt, kommt die **Gaststätte Spießbratenhalle** gerade recht *(Di - So ab 10 Uhr bzw. 11 Uhr)*.
Zufahrt: Von Osten kommend am Ortsausgang 1,6 km links bis zum Freizeitzentrum fahren.
Hinweis: Durch die beliebte Ausflugsgaststätte kann es besonders am Wochenende auf dem Parkplatz sehr eng und voll werden!

WOMO-Wandertipp: Traumschleife Schillinger Panoramaweg

Mittelschwere Wanderung von ca. 15 Kilometer mit einigen An- und Abstiegen sowie schönen Aussichten. Durchgängig mit dem weiß-lila Traumschleifensymbol markiert.

Durch das hölzerne Eingangstor betreten wir den Barfußpfad und gelangen entlang des Flonterbaches und dann rechts leicht ansteigend zur Fatima-Kapelle. Zurück am Bach folgen wir seinem Lauf bis zu seinem Ursprung und durch den dichten Wald weiter leicht bergauf in Richtung Heddert. Kurz vor dem Ort wird die Landstraße überquert und wir passieren den nachstehend genannten Wanderparkplatz. Wir folgen dem Panoramaweg entlang der Felder und Weiden Richtung Schillingen und genießen die Aussicht auf den Schwarzwälder Hochwald und wenig später auf den Osburger Hochwald. Unsere Wanderstrecke quert einen Wirtschaftsweg und nach einiger Zeit tauchen wir in den Wald ein, um dann den Stausee Kell zu erreichen. Über den Staumauerdamm marschieren wir zum Freibad mit Campingplatz und biegen unmittelbar davor rechts Richtung Schillingen ab. Hinter einer Treppe schwenken wir links und erreichen durch einen Laubtunnel die Landstraße, die wir überqueren. Entlang eines Baches passieren wir die Schillinger Mühle und wenden uns Schillingen zu. Vor den ersten Häusern queren wir links einen kleinen Steg und über einen Wiesenweg, später die Straße „Im Käswieschen“ gelangen wir auf einem Weg durch die Wiesen zum höchsten Punkt unserer Wanderung. Leicht bergab gehend nähern wir uns wieder dem Wald und könnten hier die Wanderung beenden und zum Freizeitzentrum zurückgehen. Wir folgen jedoch der Traumschleifen-Markierung weiter über die Wiesen und dann durch den Wald hinab zum Flonterbach. Dem Bachlauf folgend sind wir bald am Waldweiher und wenig später am Ausgangspunkt unseres Weges angelangt.

Wir kehren ins Dorf zurück und setzen unseren Weg nach **Heddert** fort. Kurze Zeit später wartet ein Wanderparkplatz,

von dem sich der **Saar-Hunsrück-Steig** erwandern lässt. Abwechslungsreich präsentiert sich aber auch von hier die zuvor beschriebene **Traumschleife** [**106:** N 49°38'23.0" E 06°46'14.5"; An der L143].

Das gewohnte Bild von in der Sonne liegenden Wiesen, Feldern und Streuobstwiesen begleitet uns auf der Weiterfahrt ebenso, wie die Durchfahrt durch dunklen Wald und eine 13-prozentige Gefällstrecke.

Am Ende des **Osburger Hochwalds** geht es hinter Hinzenburg rechts nach **Schöndorf**.

Schon von Weitem fällt die das ganze Örtchen prägende, 1839 im klassizistischen Stil erbaute **Kirche** sofort ins Auge und uns wird klar, warum der Dorfname den Zusatz „mit der Kirche" trägt. Direkt vor der Kirche nehmen wir die Straße rechts nach Holzerath, halten links auf einem kleinen Parkplatz, um die Kirche von innen zu beäugen und fahren anschließend weiter, um einen weiten Blick ins Ruwertal zu werfen und dabei zusätzlich einen feinen Parkplatz zu erwischen.

(107) WOMO-Stellplatz: Schöndorf, Festplatz

GPS: N 49°40'44.2" E 06°44'56.5"
Max. WOMOs: 2 - 3
Beschreibung: Der einfache, geschotterte, meist schattenlose Parkplatz liegt trotz einiger naher Häuser außerhalb des Ortes und bietet eine schöne Aussicht.
Zufahrt: 200 Meter hinter dem Ortsende rechts zum „Sportplatz/Turnhalle" fahren. Der Parkplatz liegt auf einer Terrasse rechts des Sträßchens.

Der Straße nach **Holzerath** folgend bietet sich etwa 400 Meter nach dem Ortseingang ein **Wanderparkplatz** an, um von dort gegebenenfalls zum See zu gehen [N 49°40'42.0" E 06°45'46.3"; Hardtstraße]. Unsere WOMO-Größe kritisch betrachtend, beschließen wir, von hier dem schmalen Sträßchen zu dem vom Entergraben gespeisten, idyllisch gelegenen **Holzerather See** zu folgen und werden mit einem Badeplatz belohnt.

Fernab von jeglichem Straßenlärm ist hier bei schönem Wetter viel los, wenn Familien in der an Sonn- und Feiertagen bewirtschafteten Grillhütte ihr Lager aufschlagen und es sich gut gehen lassen.

(108) WOMO-Badeplatz: Holzerath, Holzerather See

GPS: N 49°40'44.5" E 06°46'34.0" **Max. WOMOs:** 2
Ausstattung: Liegewiese, Tische und Bänke.
Beschreibung: Der einfache, befestigte Waldparkplatz liegt außerhalb des Ortes und ist nachts im Allgemeinen ruhig und einsam. Wanderwege sind vorhanden.

Zufahrt: Am vorgenannten Parkplatz hinter der Wanderkarte ca. 900 m auf engem Weg ca. 1 Kilometer bergab fahren. Am Scheideweg links. **Hinweis: Nur für WOMOs bis max. 7 m Länge und 2,30 m Breite und Fahrer, die sich nicht vor Kratzern am Lack fürchten! Die Äste hängen teils tief und es gibt wenig Ausweichmöglichkeiten!**

Bevor wir Holzerath, dessen Name darauf schließen lässt, dass der Ort als Rodungssiedlung entstanden ist, endgültig verlassen, können wir ganz in der Nähe einen Wanderparkplatzplatz vermelden.

Weiter Richtung Reinsfeld und etwa 600 Meter hinter dem Ortsausgang führt ein Weg links zu einem Hochbehälter, hinter dem wir das abgeschiedene Plätzchen finden [**109:** N 49°41'03.9" E 06°46'28.1"; An der L 146]. Direkt am **Saar-Hunsrück-Steig** mit viel Wiesenfläche und weitem Blick über den Osburger Hochwald und das Ruwertal genießen wir die Ruhe, bevor wir zurück nach Holzerath zockeln und über Bonerath nach Schöndorf zurückfahren. Von hier rollen wir mit 13 Prozent Gefälle direkt ins Örtchen Pluwigerhammer. Bis um die Jahrhundertwende wurde im Raum Pluwig nach Erz gegraben und anschließend mit dem Hammer zerkleinert, wobei sich der Name des Ortsteils als **Pluwiger Hammer** manifestierte.
Eine weitere Traumschleifen-Wanderung mit teils ordentlichen An- und Abstiegen startet der Straße Richtung Trier folgend in **Pluwig**.

(110) WOMO-Wanderparkplatz: Pluwig, Sportplatz

GPS: N 49°41'4436.5" E 06°43'06.0"; Spatelweg **Max. WOMOs:** 2 - 3
Ausstattung: Infotafel.

Beschreibung: Der einfache, asphaltierte Parkplatz liegt am Ortsrand und bietet eine schöne Aussicht. Er ist Ausgangspunkt der folgenden Wanderung, aber natürlich kann man von hier auch auf dem Rad losfahren.

Zufahrt: Im Ort der Durchgangsstraße und vor dem Ortsausgang rechts durch ein Neubaugebiet den Hinweisen zu den Sportanlagen folgen. Der Parkplatz befindet sich am Ende der Straße.

WOMO-Wandertipp: Traumschleife Romikaweg

Mittelschwere Wanderung von ca. 12 Kilometer mit einigen teilweise steilen, schwierigen An- und Abstiegen sowie Aussichten. Durchgängig mit dem weiß-lila Traumschleifensymbol markiert.

Vom Parkplatz gehen wir entlang des Sportplatzes über eine große Wiesenfläche bergab bis zur Kreisstraße, die wir überqueren und weiter abwärts ins Waschbachtal gelangen. Etwa 500 Meter später erklimmen wir einen Waldpfad bis zu einem Wirtschaftsweg, der uns bis unterhalb der Schule und des Bürgerhauses in Gusterath führt. Über die Martinstraße verlassen wir den Ort und vorbei an einer Streuobstwiese gelangen wir in den Wald sowie an eine auffällige Schräge. Sie weist auf eine ehemalige Seilbahn hin, auf der Bleierze von Hockweiler aus bis zur Erzwäsche an die Ruwer transportiert wurden. Ein Bächlein wird überquert und über einen schmalen Pfad sowie eine Treppenanlage gelangen wir an eine Hütte, an der wir eine Pause einlegen. Bergab sind wir bald am Waldbach, den wir auf einem Holzsteg überqueren und an seinem Ufer bis zur Ruwer und zur K57 marschieren. Wir überqueren die Straße, halten uns kurz rechts und wer mag, kann im **Gasthaus Reh** direkt am **Ruwer-Hochwald-Radweg** *(Do Ruhetag)* einkehren. Hinter dem Gasthaus führt der Weg einen steilen Hohlweg bergauf zu einem Aussichtspunkt und entlang einer Weide weiter bergauf bis zu einer Brunnenanlage in Lonzenburg. Wir queren die Straße und durchlaufen auf einem Pfad abwärts einen Eichenwald bis zur Raulsmühle. Die Ruwer begleitet den Weg, der bald parallel zur Straße verläuft. Die K63 wird überquert und bergauf wandern wir bis zum Karl-May-Gelände *(Alle zwei Jahre finden hier die Karl-May-Festspiele statt. Die nächsten sollen in 2021 stattfinden)* und anschließend bis zum Parkplatz zurück.

Über Gusterath gelangen wir wieder ins Ruwertal und entlang des Flusses erreichen wir zunächst Romika, dessen Name auf die ehemalige bedeutende Schuhindustrie der Gegend hinweist. In **Gutweiler** notieren wir hinter der Kirche rechts einen Parkplatz an der Sport- und Freizeitanlage [**111:** N 49°43'14.4" E 06°43'42.3"; Am Sportplatz].

Auf der gegenüberliegenden Seite der Ruwer liegt Sommerau mit der gleichnamigen Burgruine und an seinen Hängen können wir die ersten Weinberge erkennen.

Trotz der südlich-sonnigen Rebhänge der umliegenden Dörfer und der auf mineralhaltigem Hunsrückschiefer geernteten Topqualitäten mit internationalem Ruf liegt der **Ruwerwein** zu Unrecht im Schatten der übermächtigeren, bekannteren und besser vermarkteten Moselweine. Die knapp 50 Kilometer lange **Ruwer**, die am 708 Meter hohen Rösterkopf in der Nähe von Kell am See entspringt, muss mehr als 500 Meter Höhenunterschied bewältigen, bis sie bei Trier in die Mosel mündet. Damit das idyllische und urwüchsige Flusstal auch in Zukunft seinen Charakter behält, wurde bereits 1993 ein spezielles Gewässerrandstreifenprogramm entwickelt, das die biologische Durchgängigkeit der Ruwer zum Ziel hat. So wurden beispielsweise zehn Wehranlagen ab- beziehungsweise umgebaut oder mit der Umwandlung von Nadel- in Laubwälder begonnen. Auch wenn wir das Ruwertal nicht als spektakulär in der Tradition von Rhein und Mosel mit Burgen und geografisch reizvollen Flussläufen bezeichnen können, sind es die kleinen Dinge, die den Aufenthalt so angenehm machen: Glasklares Wasser, friedvolle Flussauen, malerische Höhen, Ausblicke und abwechslungsreiche Wanderungen.

Von Gutweiler aus peilen wir **Waldrach** an. Kurz vor dem Ort lohnt sich der Stopp auf einem Parkplatz, um sich den Nachbau eines Teils der **Römischen Wasserleitung** anzusehen, die wahrscheinlich schon im 2. Jahrhundert vor Christus erbaut wurde [N49°44'23.9"E06°4'36.5"]. Der 13,4 Kilometer lange, meist unterirdisch verlaufende Kanalbau folgte mit geringem, aber gleichmäßigem Gefälle den Konturen der westlichen Ruwertal-

seite. Wo tiefere Nebentäler einmündeten, wurde der Kanal auf Brückenkonstruktionen weitergeführt und versorgte so das römische Trier mit Trinkwasser.

In Waldrach orientieren wir uns am Kreisel nach **Morscheid** und durch die Weinberge schnauft das Wohnmobil bergauf. Vorbei am Landschaftsbild prägenden und in Privatbesitz befindlichen Weingut **Schloss Marienlay** erreichen wir den auf einem Höhenrücken zwischen den Bachtälern von Ruwer und Riveris liegenden Ort. Wenig später entscheiden wir, dass unser großes Anliegen darin besteht, von dem folgenden Parkplatz eine schöne Wanderung zu starten und deshalb das „Nur für Anlieger"-Schild genau auf uns zutrifft.

(112) WOMO-Wanderparkplatz: Morscheid, Schweinspielhütte

GPS: N 49°43'25.5"E 06°45'34.5" Hauptstraße **Max. WOMOs:** 2

Ausstattung: Schutzhütte.
Beschreibung: Der einfache, geschotterte Parkplatz liegt außerhalb des Ortes und bietet eine Aussicht auf die Felder. Er ist Ausgangspunkt der folgenden Wanderung, aber natürlich kann man von hier auch auf dem Rad losfahren.
Zufahrt: Im Ort rechts dem Hinweis Sportplatz/Traumschleife folgen, am 1. Parkplatz vorbei und den 2. Parkplatz links anvisieren.

Der Blick schweift mal wieder weit übers Land und hinter uns, unterhalb des Waldes, liegt die mit fünf Millionen Kubikmeter Wasser gefüllte **Riveristalsperre**. Nicht nur die alten Römer in Trier schätzten das Wasser der Region – auch heute weiß man um die Qualität des Trinkwasserreservoirs, das die große Stadt versorgt.

WOMO-Wandertipp:
Traumschleife Morscheider Grenzpfad

Mittelschwere, abwechslungsreiche Wanderung von ca. 16,5 Kilometer Länge mit einigen An- und Abstiegen sowie herrlichen Aussichten. Durchgängig mit dem weiß-lila Traumschleifensymbol markiert.

Vom Wanderparkplatz ist es bis zum Einstieg in die Traumschleife, die sich zum Teil am Saar-Hunsrück-Steig orientiert, nicht weit. 3,5 Kilometer halten wir uns auf dem Premium-Fernwanderweg und erreichen bereits nach wenigen Hundert Metern den Quarzitfelsen „Langenstein" (Foto rechts). Er ist durch Querspalten in mehrere Teile geteilt, die aber noch ein Ganzes bilden. Vor Jahrhunderten schlug während eines Gewitters ein Blitz in den Felsen. Ein Teil löste sich vom Block und stürzte den Hang hinab, wo er heute noch liegt. Quer durch den Felsen kletternd, erreichen wir einen Waldweg und gelangen über diesen und einen weiteren Pfad zu einem Forstweg, der uns bergab zur Riveristalsperre leitet. Vom Aussichtspunkt haben wir eine gute Sicht

auf die Talsperre und den Hochwald, bevor es auf dem Talsperrenrundweg weitergeht. Nach ca. 500 m erklimmen wir durch den Wald den Berg und biegen kurz vor Erreichen der Hochfläche rechts ab. Bald ist eine Schutzhütte im Morscheider Hochwald erreicht und nach der Überquerung der Straße von Morscheid nach Bonerath sind wir schnell in ein Wäldchen gelangt, wo es scharf links geht. Ein Pfad bringt uns an einen Rastplatz mit schöner Aussicht und anschließend über Wiesen und ein weiteres Wäldchen. Ginster säumt den Weg, bis wir bergab auf offenem Feld auf eine Stromleitung treffen. Dem Wiesenweg folgend marschieren wir bis zum Waldrand und biegen ins Tal ab. Auf einem befestigten Forstweg erreichen wir einen Pfad, der auf einer alten Grenzlinie liegt und über einen Damm durch den schönen Laubwald bis zu den Weinbergen führt. Der Blick schweift über Sommerau und seine mittelalterliche Burgruine. Schön ist es hier und nur schwer trennen wir uns. Wir traben bis zur Straße weiter, queren diese und erreichen durch den Wald an einer Scheune das freie Feld. Der Weg, später ein kleiner Pfad geleiten uns zum „Kirchenloch", einer ehemaligen Erzgrube. Kurvig gelangen wir talwärts zu einem Bach, über den wir den Ruwer-Hochwald-Radweg erreichen und diesem gut 50 Meter folgen, um ihn rechts vorbei an Weiden wieder zu verlassen. Über uns liegt Schloss Marienlay und bald überqueren wir die K65 und folgen einem Felsenpfad vorbei an Schieferbrüchen erneut bis zum Saar-Hunsrück-Steig. Bergauf treffen wir wieder auf die Kreisstraße und wandern auf der anderen Straßenseite durch einen Wald. Ein weiterer Steinbruch wird passiert, bevor wir über eine steile Treppenanlage bergauf steigen. Oberhalb von Riveris bringt uns ein Waldweg zu einer Zuwegung, die uns an unseren Ausgangspunkt zurückbringt.

Wir kehren zurück nach Morscheid und von dort aus abwärts zum Kreisel in Waldrach, an dem eine Sammlung von Keltern verschiedener Epochen zu sehen ist. Wir durchfahren den Ort, queren zweimal die Ruwer und erreichen hinter einer Rechtskurve rechts einen Parkplatz [N 49°44'57.7" E 06°44'32.6"; Im Kegelbungert].

Von hier sind nämlich nicht nur die umliegenden **empfehlenswerten Weinstuben**, sondern auch die **St. Laurentiuskirche** mit einem bemerkenswerten Seitenaltar, der aus drei Bruchstücken eines ehemaligen Grabmals zusammengesetzt wurde, gut zu Fuß zu erreichen.

Schnell ist der Weg der Durchgangsstraße weiter folgend nach Kasel zurückgelegt. Umrahmt von Weinbergen laufen wir den Gemeindeparkplatz an, von dem man gut in den Ort gehen kann [**113:** N 49°45'44.7" E 06°43'38.6"; Hauptstraße]. Ganz in der Nähe befindet sich die **Tourist-Info**, die nützliche Tipps und Ratschläge über die Ruwer- und Hochwald-Region zu bieten hat *(Mo - Fr 9 - 12.30/14 - 17 Uhr, Juli - Okt. zusätzlich Sa 10 - 12 Uhr, Bahnhofstraße 37a, Telefon 0651/1701818, www.ruwer.de)*.

Die Einkehr im **Landgasthaus Pauliner Hof**, einem ehemaligen Hof des Trierer Stifts St. Paulin, lohnt sich, denn die traditionellen Gerichte mit frischen Zutaten aus der Region, begleitet von einem eleganten Riesling oder einem feinfruchtigen Spätburgunder aus dem angrenzenden Dominikaner-Weingut, munden hervorragend *(Mi/Do 17 - 21 Uhr, Fr bis 22 Uhr, Sa 15 - 22 Uhr, So/Feiertage 12 - 21 Uhr, www.restaurant-paulinerhof.de)*.

Kasel

Kasel wird erstmals im Jahr 973 als „Casella“ (vom römischen „casale“ = Gehöft) erwähnt. Der Kaseler „Hitzlay“ ist die steilste Weinlage des Ruwertals und Wanderungen durch die Weinberge oder die abwechslungsreichen Wälder bieten sich an. Inmitten des Ortsbildes, auf halber Höhe und als Wahrzeichen weit sichtbar, liegt die **Pfarrkirche St. Nikolaus**. Unbedingt sehenswert ist der wertvolle Tabernakelaltar aus dem 18. Jahrhundert, der mit einem einfachen Rokoko-Dekor versehen ist und von der Statue des Heiligen Nikolaus gekrönt wird. An den Seiten stehen die Holzplastiken des Heiligen Simon und des Judas Thaddäus. Den Aposteln sind die Heiligenattribute Säge und Keule beigegeben, die Schriftunkundigen verdeutlichen sollten, um welche Heiligendarstellungen es sich handelte. Der blutigen Überlieferung nach sollen beide den Märtyrertod gestorben sein: Simon wurde mit einer Säge zerschnitten und Judas Thaddäus fand den Tod durch einen Keulenschlag. In der katholischen Kirche ist der Tabernakel die Bezeichnung für den Aufbewahrungsort der Hostien, die den Leib Christi darstellen. Spätestens in der Barockzeit sollte sich der Tabernakel fast immer im Hauptaltar befinden. Erst in Kirchen, die nach dem Zweiten Vatikanischen Konzil in den sechziger Jahren des vorigen Jahrhunderts gebaut wurden, befindet sich der Tabernakel meist in einer eigenen Seitenkapelle oder im Altarraum auf einer Stele. Auffallend sind bei unserem Ortsrundgang die Kloster- und Stiftshöfe. Im Wein liegt nicht nur Wahrheit, sondern auch Reichtum. Das wussten die Trierer Klöster und Stifte schon im frühen Mittelalter und sicherten sich die begehrten Weinlagen rund um Kasel. Noch heute erinnern die **Kaseler Höfe** an die ehemaligen Besitzverhältnisse.

Begeben wir uns nun nach **Mertesdorf**, dem **ältesten Weinort an der Ruwer**. Bevor wir rechts die Ruwerbrücke überqueren, fällt uns linker Hand das in Privatbesitz befindliche **Schloss Grünhaus** mit seinem charakteristischen Treppengiebel auf, das romantisch an einer kleinen Anhöhe steht. Sowohl im gegenüberliegenden **Wirtshaus Grünhäuser Mühle** *(Mo, Do - Sa ab 16 Uhr, So ab 11.30 Uhr, Hauptstraße 4, Telefon 0651/52434, www.gruenhaeuser-muehle.de)* als auch im etwa 500 m entfernten **Restaurant Karlsmühle** *(Mo - Fr 17.30 - 22 Uhr, Sa/So/Feiertage 12 - 22 Uhr, Im Mühlengrund 2, Telefon 0651/5123 www.karlsmuehle.de)* kann man ruhigen Gewissens einkehren und von den guten Ruwerweinen kosten.

(114) WOMO-Badeplatz: Mertesdorf, Freibad

GPS: N 49°46'20.7" E 06°43'15.2"; Hauptstraße **Max. WOMOs:** 2 - 3
Ausstattung: Müllbehälter.
Beschreibung: Der einfache, Wiesenparkplatz liegt am Ortsrand. In der Nähe befindet sich eine Gaststätte.
Zufahrt: Über die Ruwerbrücke in den Ort fahren und gleich links den Hinweisen zum großräumigen Parkplatz am Schwimmbad folgen.

In Mertesdorf folgen wir der Durchgangsstraße aufwärts und später den Hinweisen zur B52. Das Wohnmobil schnauft die Anhöhe hinauf, unterquert die Bundesstraße, um sich Richtung Fell zu wenden.

Die Ruwer haben wir verlassen und in der Ferne können wir das Moseltal sowie die Eifelhöhen sehen. Allerdings nur kurz, denn mit kurvigen 12 Prozent Gefälle rauschen wir ins Tal, bevor wir am Ende der Straße nach **Fell** einbiegen und der Beschilderung Besucherbergwerk Fell folgen.

(115) Offizieller WOMO-Stellplatz: Fell, Auf den Schiefergruben

GPS: N 49°45'18.1" E 06°47'48.5" **Max. WOMOs:** 20
Ausstattung: Strom gegen Gebühr, Brötchenservice, Müllbehälter.
Beschreibung: Der einfache, befestigte und betonierte, teilweise sowohl schattige als auch unebene Parkplatz liegt mitten im Wald und außerhalb des Ortes. Ein perfektes Gebiet zum Radfahren und Wandern (z. B. die 12,5 Kilometer lange **Traumschleife Schiefer-Wacken-Weg**). Der Ort mit Geschäften, Winzern und Gaststätten ist ca. 2 Kilometer entfernt.
Preise: €.
Zufahrt: Im Ort den Hinweisen zum Bergwerk und dem WOMO-Piktogramm folgen.

Besucherbergwerk Fell

Nachdem wir den Berg hoch gestiefelt sind, suchen wir zunächst das **Informationszentrum** auf. Natürlich informiert die Ausstellung über den Bergbau, aber auch über die hier beheimateten Fledermäuse und das eigentliche wirtschaftliche Standbein Fells - nämlich den Weinbau. Bei der anschließenden Führung durch das Bergwerk erfahren wir, dass dieses aus zwei übereinanderliegenden typischen Dachschiefergruben besteht. Der obere Stollen „Hoffnung" ist seit 1850 urkundlich belegt, der untere Stollen „Barbara" seit 1908 und beide Bergwerke sind durch einen 100 Meter langen Treppenschacht miteinander verbunden. Der dadurch entstehende Druckunterschied und die Zugluft stören die Fledermäuse, die in großer Zahl besonders in den Wintermonaten die Stollen bewohnen, in ihrem Winterschlaf empfindlich. Um dem entgegenzuwirken, wurde eine sog. Wettertür angebracht, die die Wetterbewegung (Luftzug) in den Stollen und Strecken praktisch ausschließt und im Winter auf ein Minimum reduziert.

Während der sachkundigen Führung wird die Technik des Schieferbaus und die Weiterverarbeitung zu Dachschieferplatten sehr dezidiert und interessant erläutert. Unsere Besichtigungstour führt u. a. am Pulverloch, dem kleinen verschließbaren Sprengstoffmagazin vorbei und das zweimännige Bohren, bei dem ein Bohrloch für die Sprengung mit Bohrstange und Schlägel vorbereitet wird, wird uns erklärt. Wie gut, dass wir unsere Schutzhelme tragen! Die Wege durch die langen Schieferstollen, in denen früher die Loren rollten, sind niedrig und nicht selten schrammen wir an den tief hängenden Decken entlang. Über die 164 Stufen eines 100 Meter langen Treppenschachtes gelangen von einem Bergwerk ins andere. Im Gegensatz zu den Bergleuten, die in den Wintermonaten kaum Tageslicht sahen, geht für uns 70 Meter unter Tage in einer riesigen Abbaukammer bei Beethovens 7. Symphonie die „Sonne" auf ... Nach gut einer Stunde Führung hat uns am Mundloch des Stollens Barbara die richtige Sonne wieder.

Der zwischen 5 und 7,5 Kilometer lange **Grubenwanderweg**, der ganzjährig frei zugänglich ist, schlängelt sich an 10 historischen Schiefergruben vorbei. Imposante, terrassenförmige Halden, alte Förderwagen, Stollenmundlöcher, die vom ehemaligen Bergbau Zeugnis ablegen und vorbei an Bildnissen der Heiligen Barbara, die von den Bergleuten als Nothelferin und Schutzpatronin verehrt wurde, führt der Weg in der längeren Version auch durch Fell und die Weinberge. Die Mundlöcher (Eingänge) der Stollen sind vergittert und lassen so den Ein- und Ausflug der schützenswerten Fledermäuse zu.

Wem es nach einer längeren Wanderung dürstet, dem empfehlen wir die mittelschwere, ca. 12,5 Kilometer lange **Traumschleife Schiefer-Wackenweg**, die vom Bergwerk durch abwechslungsreiche Wälder, Wiesen und Felder sowie Bachtäler zum Naturdenkmal Herler Wacken, einem quarzitischen Felsenzug führt.

Nach der Wanderung oder dem Bergwerksbesuch kann im **Bistro WeinStein** eine kleine Stärkung zu sich genommen werden oder man verkostet die Weine der Feller Winzer *(April - Okt. Di - So/Feiertage 10 - 18 Uhr, letzte Führung 16.50 Uhr, Eintritt, mutige Hunde an der Leine gestattet. www.besucherbergwerk-fell.de)*.

Nach den Tiefen des Berges und der Einsamkeit des Waldes, ist uns jetzt nach Wasser zumute und wir treten den Weg an die Mosel an.
Erstmal heißt es durch Fell zurückzufahren, sich Richtung Mertesdorf zu orientieren und dann auf der B52 Richtung Trier Tempo zu machen.
Rasch haben wir die Mosel, die im Gegensatz zur Ruwer wie ein breiter Strom wirkt, überquert und nehmen die Ausfahrt Schweich/Trier-Ehrang, um dann links auf die B53 nach **Trier-Pfalzel** zu wechseln. Dem Hinweis Pfalzel/Gewerbegebiet 1 links, bei nächster Gelegenheit wieder rechts folgend gelangen wir in den Ort und richten uns nun konsequent nach der Beschilderung zu den Sportanlagen und dem Busparkplatz [**116:** N 49°46'54.9" E 06°41'50.5"; Hans-Adamy-Straße]. Hier oder an der Zufahrtsstraße stehen wir zwar weniger schön als direkt am Moselufer, aber der dortige Parkplatz ist nur noch tagsüber von 7 - 19 Uhr zu nutzen.
Das genügt aber, um vom Schiffsanleger an der Bastei über den Wasserweg oder mit dem ÖPNV nach Trier und zurück zu gelangen bzw. mit dem Fahrrad über den Mosel-Radweg in die Stadt zu fahren. Oder man schippert bei einer Rundfahrt einfach ein wenig über die Mosel (www.moselrundfahrten.de).
Nach einem Spaziergang durch den kleinen Ort, in dem im Jahr 700 ein Kloster für adelige Damen gegründet wurde, das wegen Zuchtlosigkeit (Was immer das sein möge?) 300 Jahre später in ein Stift für Kanoniker (Die Herren waren wohl züchtiger!?) umgewandelt wurde, kehren wir in der **Klosterschenke** am Moselufer bei einem leckeren Essen auf der Terrasse oder in der ehemaligen Klosterkapelle immer wieder gerne ein *(April - Mitte Okt. Mi - Mo 15 - 22.30 Uhr, Sa/So 12 - 22.30 Uhr, Winterhalbjahr Di Ruhetag, Klosterstraße 10, Telefon 0651/968440, www.hotel-klosterschenke.de).*

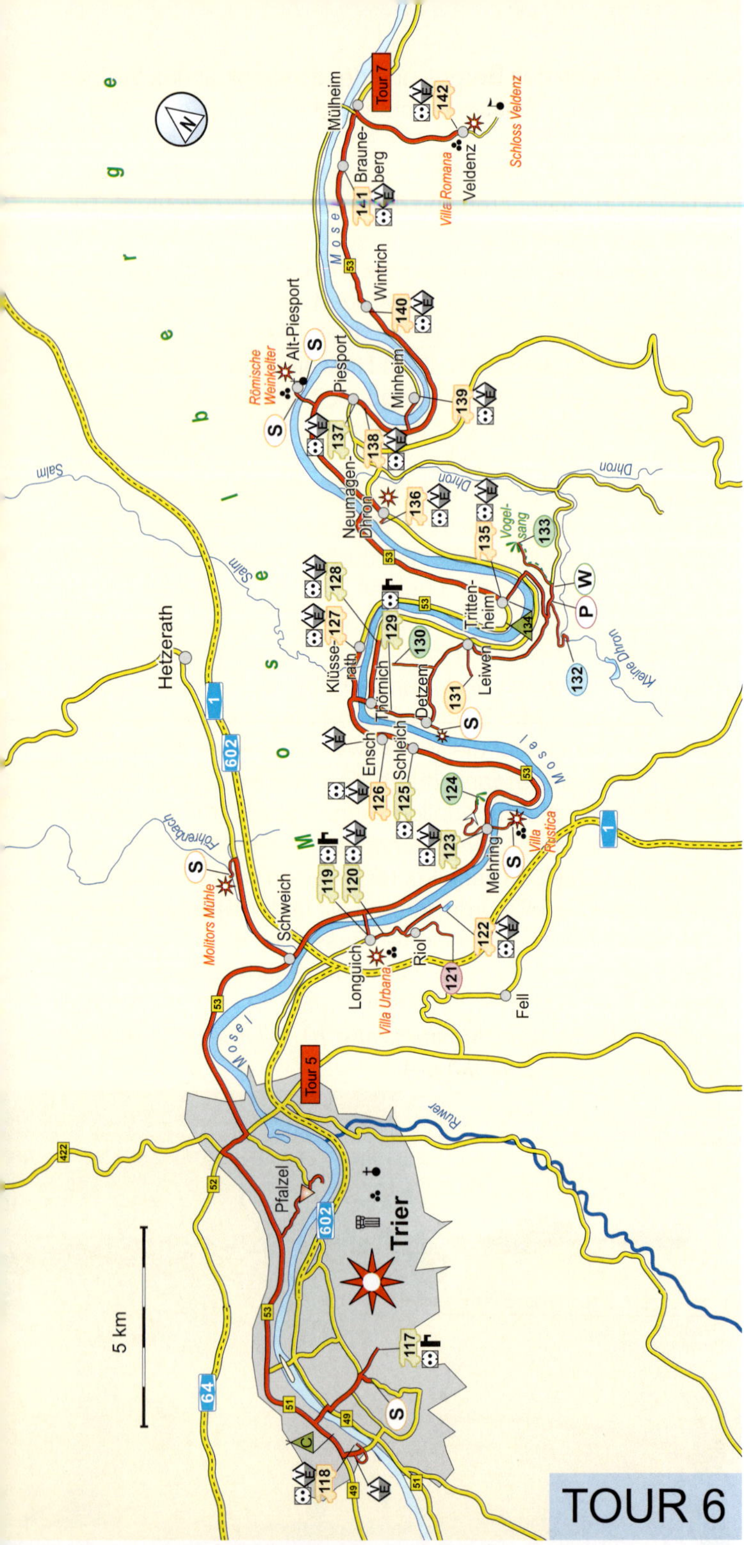

Moselberge
Trier
Pfalzel
Tour 5
Tour 7
Mosel
Ruwer
Schweich
Molitors Mühle
Föhrenbach
Hetzerath
Salm
Longuich
Villa Urbana
Riol
Fell
Mehring
Villa Rustica
Ensch
Schleich
Thörnich
Klüsse-rath
Detzem
Leiwen
Tritten-heim
Kleine Dhron
Vogel-sang
Dhron
Neumagen-Dhron
Piesport
Alt-Piesport
Römische Weinkelter
Minheim
Wintrich
Braune-berg
Mülheim
Veldenz
Villa Romana
Schloss Veldenz
5 km

TOUR 6

Tour 6 120 km

Trier – Schweich – Longuich – Leiwen – Trittenheim Neumagen-Dhron – Piesport – Veldenz

Stellplätze:	Trier, Longuich, Riol, Mehring, Pölich, Schleich, Ensch, Thörnich, Köwerich, Detzem, Leiwen, Trittenheim, Neumagen-Dhron, Piesport, Minheim, Wintrich, Brauneberg, Veldenz.
Campingplätze:	Trittenheim Campingplatz Im Grünen.
Besichtigen:	Trier Porta Nigra u. a. Römische Bauten, diverse Museen, Stadtbild; Schweich Museumsmühle; Longuich und Mehring Römische Villen; Leiwen Wein- und Heimatmuseum; Neumagen-Dhron Heimatmuseum, Römerschiff; Piesport Röm. Kelter; Veldenz Römische Villa.
Wandern:	Longuich, Riol, Mehring, Veldenz.
Radfahren:	Mosel Radweg.
Essen:	Trier Restaurant Bagatelle, Weinwirtschaft Friedrich-Wilhelm; Leiwen Restaurant Zummethof; Trittenheim Wein- & Tafelhaus; Neumagen-Dhron Zum Anker, Restaurant Lekker; Veldenz Gasthof Zur Grafschaft, Rittersturz; div. Straußwirtschaften mit Winzerküchen an den Stellplätzen.

In den nächsten drei Touren bereisen wir das Moselland und damit eine ausgesprochen abwechslungsreiche Landschaft, die uralte Kultur mit einer mal lieblichen, mal spektakulären Natur verbindet. Weinberge, Wälder, großartige Moselschleifen und romantische Weindörfer machen die Region zu einem wundervollen Urlaubsziel, das kulinarisch sowie per pedes oder radelnd auf vielfältige Weise begeistert.

Moseltal bei Mehring

Der ÖPNV verkehrt natürlich aus vielen Orten entlang der Mosel nach **Trier**, doch wir gehen heute vom Sportplatz in Pfalzel zur nächsten Querstraße und besteigen den wochentags halbstündlich verkehrenden Bus des Trierer Verkehrsverbundes, der uns mitten in die, nach eigenen Angaben, älteste Stadt Deutschlands bringt (Pfalzel Haltestelle Ringstraße, diese und andere Verbindungen finden sich unter www.vrt-info.de). Den Anspruch darauf begründet Trier, das als Augusta Treverorum „Stadt des Augustus im Land der Treverer" 16 v. Chr. gegründet wurde, damit, dass es im Gegensatz zu Worms, Kempten, Köln oder Augsburg die längste Geschichte als bereits von den Römern rechtlich anerkannte Stadt hat. Ein bereits vorher existierendes Heerlager scheint bei diesem Streit nicht zu zählen.

Uns ist das alles ziemlich egal, erreichen wir doch nach einer rund 30 Minuten dauernden Fahrt an der Haltestelle Porta Nigra eine Stadt, der ihr hohes Alter nicht anzumerken ist. In der Universitätsstadt herrscht eine pulsierende Lebendigkeit und die Mischung aus antiken Altertümern und modernem Städtebau ist geglückt. Wir sind froh, unser Wohnmobil diesmal außerhalb stehen zu haben, denn die Trierer Altstadt ist vom Autoverkehr weitgehend freigehalten. Die zahlreichen Parkhäuser sind für unsere Spezies naturgemäß nicht geeignet und die übrigen Parkmöglichkeiten für größere Fahrzeuge begrenzt beziehungsweise Pkw vorbehalten. Am ehesten besteht noch eine Chance auf einen innenstadtnahen, gebührenpflichtigen Parkplatz in der Nähe des Verteilerkreisels an den Kaiserthermen Richtung Dt. Richterakademie/Marienhof [N 49°44'46.8" E 6°38'38.7"; Spitzmühle]. Alternativ ist der Reisemobilpark zu erwähnen, auf dessen Parkplatz man tagsüber für einen geringen Obolus parken und dann mit Bus oder Fahrrad in die Stadt fahren kann.

(117) WOMO-Winzerstellplatz: Trier, Weingut Georg Fritz von Nell

GPS: N 49°44'18.4" E 6°39'34.8" Im Tiergarten 12 **Max. WOMOs:** 15
Kontakt: Telefon 0651/32397, www.vonnell.de
Ausstattung: Wasser, Strom, Gebühr €€, Brötchenservice, **empfehlenswerte Weinstube** *(Mi - Sa ab 18 Uhr)*, Weinprobe und Kellerbesichtigung.
Beschreibung: Der schöne und parzellierte Platz zwischen Weinreben ist schattenlos auf befestigter Wiese gelegen und liegt außerhalb des etwa 900 Meter entfernten Ortes. Von dort verkehrt alle 10 Minuten ein Bus ins Trierer Zentrum. Alternativ gibt es einen ca. 2 Kilometer langen Fuß- bzw. Radweg ins Zentrum. Bei Vollbelegung kann es schon mal etwas enger werden, aber hinter dem gurgelnden Bach und

vor den steil aufragenden Weinbergen kann man sich auch dann wohlfühlen.
Preise: €€€, zahlbar in der Weinstube bzw. bei Ankunft.
Zufahrt: Von der B49 kommend zum Verteilerkreisverkehr an den Kaiserthermen fahren. Dort Richtung Olewig und vorbei am Amphitheater fahren und in die 1. Straße rechts abbiegen. Den WOMO-Piktogrammen ca. 900 m bis zum Weingut folgen.

(118) Offizieller WOMO-Stellplatz: Trier, Reisemobilpark Treveris

GPS: N 49°44'23.8" E 06°37'28.7"; Luxemburger Str. 81 **Max. WOMOs:** 70
Kontakt: Telefon 0651/86921, www.camping-treviris.de
Ausstattung: V/E, Strom, Sanitärgebäude. Eine freizugängliche V/E-Station befindet sich zusätzlich hinter dem McDonalds-Restaurant nahe der Zufahrt zum Stellplatz.
Beschreibung: Der einfache asphaltierte, teils schattige Parkplatz liegt an der Mosel am Ortsrand. Zur Innenstadt führt ein ca. 2 Kilometer langer Radweg oder ein etwa 30 Minuten dauernder Fußweg, die Busverbindung (Linie 3) ins Zentrum ist ebenfalls zu erwähnen.
Preise: 10 - 18 Uhr 0,20 €/Stunde, 18 - 10 Uhr €€.
Zufahrt: Von der Innenstadt kommend auf der B49/B51 moselaufwärts fahren und den WOMO-Piktogrammen folgen.
Hinweis: Wer etwas mehr Grün bevorzugt und es komfortabler mag, der checkt beim dazugehörigen und nur wenige Meter flussabwärts liegenden beim Campingpark Treveris ein (ganzjährig, Kontakt siehe oben).

Trier

Unser Weg führt, wie so oft auf unserer Reise, zuerst in die direkt an der Porta Nigra befindliche **Tourist-Info** *(Jan./Feb. Mo - Sa 10 - 17 Uhr, Mitte April - Dez. Mo - Sa 9 - 18 Uhr, So 10 - 17 Uhr, 24/31.12. 10 - 13 Uhr 25./26./31.12/1.1. geschlossen, An der Porta Nigra, Telefon 0651/978080, www.trier-info.de).*

Außer uns wollen weitere 3 Millionen Touristen Jahr für Jahr mit Informationen versorgt werden und das Unterhaltungsspektrum ist schier unerschöpflich. Neben unterschiedlichsten Themenrundgängen werden verschieden lange **öffentliche Stadtführungen** angeboten *(u. a. Jan. - März Mo - Fr 13.30 Uhr, Mai - Okt. tägl. 12 Uhr sowie Mo - Fr außer feiertags 17 Uhr, Nov./Dez. Mo - Fr außer feiertags 13.30 Uhr, Gebühr, Treffpunkt Tourist-Info).* Ganz toll sind aber auch die **Themenführungen**, wenn ein „Zenturio" das Geheimnis der Porta Nigra lüftet.

Neben den Römerbauten, dem Dom und der Liebfrauenkirche, die dem **Unesco-Weltkulturerbe** angehören, sind es die heimeligen Gassen, die kleinen und großen Plätze, die malerischen Häuser und stillen

Porta Nigra

Winkel, die die Moselstadt so anziehend machen. Urige Kneipen, edle Boutiquen, erstklassige Restaurants und ein großes Kulturangebot verleihen der Stadt einen Charme, dem sich der Besucher kaum entziehen kann. Für einen längeren Aufenthalt bietet sich unter Umständen der Erwerb der **TrierCard** an. An drei aufeinanderfolgenden Tagen gilt freie Fahrt auf den städtischen Linienbussen, es gibt Ermäßigungen bei Stadtrundfahrten, Eintritten und vielem anderen mehr. Weiterhin ist die **Antikencard Trier** zu nennen, die in verschiedenen Versionen Eintritt in zwei bis vier der Römerbauten bietet und immer den Eintritt in das Rheinische Landesmuseum sowie weitere Ermäßigungen rund um das antike Trier enthält.

Mit einem Stadtplan bewaffnet begeben wir uns auf einen von unseren eigenen Vorlieben und ohne Anspruch auf Vollständigkeit geprägten Stadtrundgang, lassen uns durch die Straßen treiben und versinken fast nebenbei in der großen historischen Vergangenheit.

Als Erstes empfängt uns eines der weltweit größten erhaltenen römischen Stadttore. Was auf unseren alten Latein-Schulbüchern so klein wirkte, steht nun mit fast 30 Meter Höhe und 36 Meter Breite gigantisch vor uns. Die **Porta Nigra** entstand Mitte des 2. Jahrhunderts aus hellen Sandsteinquadern und gehörte als Porta Martis, dem Marstor, zur römischen Stadtbefestigung. Erst 1041 wird der uns heute geläufige Name „Schwarzes Tor" erwähnt, als der Sandstein, der durch Eisenspangen zusammengehalten wird, im Laufe der Zeit durch Verwitterung und Umwelteinflüsse eine dunkle Farbe angenommen hatte. Zu dieser Zeit hatte das Stadttor bereits eine Umnutzung erfahren. Der Pilgerführer und griechische Mönch Simeon hatte sich als Eremit im Osttor einschließen lassen und lebte dort in extremer Askese. Nach seinem Tod wurde er heiliggesprochen und Bischof Poppo baute das ehemalige Stadttor zur doppelgeschossigen Stiftskirche, der Simeonskirche um. Später schloss sich ein Stiftsgebäude an. 1794 plünderten und demontierten französische Revolutionstruppen die Doppelkirche. Erst Napoleon gebot dem Treiben ein Ende und ließ, die imperiale Größe des Bauwerks vor Augen, alle nachantiken Umbauten bis auf die kunsthistorisch wertvolle romanische Apsis abtragen. Im so erhaltenen Wahrzeichen der Stadt ersteigen wir die Treppen und staunen erneut über die Größe des fast 2000 Jahre alten Bauwerks, von dessen Turm wir auf die vor zahlreichen Cafés sitzenden Menschen und die Stadt herabblicken *(April - Sept. 9 - 18 Uhr, Okt./März 9 - 17 Uhr, Nov. - Feb. 9 - 16 Uhr, Eintritt. Letzter Einlass 30 Min. vor Schließung)*.

Gleich nebenan befindet sich das **Stadtmuseum Simeonsstift**, das im ehemaligen Stiftsgebäude untergebracht ist und lohnenswert über die Stadt- und Regionalgeschichte Auskunft gibt. Wie nah Politik und Glaube in dieser Stadt nebeneinanderliegen, zeigt sich in der Porträtgalerie, wo neben Kirchenfürsten auch Karl Marx zu finden ist, über den wir später noch mehr erfahren werden *(Di - So 10 - 17 Uhr, Eintritt)*.

Hauptmarkt

Durch die Fußgängerzone schlendern wir durch ein Spektrum der Baukunst vom Mittelalter über Renaissance, Barock, Klassizismus bis hin zur Moderne. Unübersehbar ist das **Dreikönigenhaus** von 1230, das als eines der ältesten Steinhäuser Deutschlands gilt. Mangels einer fertigen Stadtbefestigung musste sich das Haus selbst verteidigen und war ursprünglich nur über eine Holztreppe zu betreten, die über das rechte, untere Fenster eingezogen werden konnte.
Schräg gegenüber wurden ab dem Jahr 1200 Wollballen und Weine gelagert und unter einem großen Kaufhaus statten wir dem **Historischen Gewölbekeller** mit Gastronomie einen Besuch ab. Nach einem Blick auf die Gurtbögen, Pfeiler und ein Kreuzgewölbe aus romanischer und frühgotischer Bauzeit, traben wir wenig später auf dem **Hauptmarkt** ein *(**Markttage:** Mo - Sa April - Sept. 7 - 19 Uhr Jan. - März/Okt. - Dez. 8 - 19 Uhr).* Unzählige Gäste aus aller Herren Länder, Trierer, reizvolle Bürgerhäuser, reich verzierte Fachwerkhäuser, vielfältige Gerüche und ein buntes Marktgeschehen – wir befinden uns mitten im Herzen von Trier.
Im Hintergrund beherrscht die **Stadtpfarrkirche St. Gangolf** *(7 - 18 Uhr)* den Platz und rechts fällt die spätgotische **Steipe** unter einem steilen Walmdach ins Auge. Die Steipen (Stützen) tragen Spitzbogenarkaden, wo einst das Marktgericht tagte und heute ein Café zum Verweilen einlädt. Im angrenzenden **Roten Haus**, dessen Inschrift die Sage wiedergibt, dass Trier 1300 Jahre älter sei als Rom, da ein trojanischer Fürstensohn die Stadt gegründet haben soll (Aha! Sollte Trier also tatsächlich die älteste Stadt Deutschlands sein?), befindet sich der Eingang zum **Spielzeugmuseum**, das auf zwei Etagen Spielzeugträume aus vergangener Zeit zeigt *(Di - So 11 - 17 Uhr, Eintritt).*
Den Marktplatz überquerend und der Sternstraße folgend stehen wir unvermittelt auf dem mit herrschaftlichen Barockbauten umgebenen **Domfreihof** und vor der ältesten Bischofskirche Deutschlands. Der **Dom St. Peter** lässt sich bauhistorisch bis in das 4. Jahrhundert zurückverfolgen, als die Heilige Helena, die Mutter Kaiser Konstantins, dem Trierer Bischof Agritius ihren Palast schenkte, der dann zum Dom umgebaut wurde. Neben der Domschatzkammer, in der eine der bedeutendsten Sammlungen kirchlicher Schatzkunst und Reliquien präsentiert wird, ist der Heilige Rock die kostbarste, allerdings auch aus konservatorischen Gründen verschlossene Reliquie des Trierer Doms. Der Überlieferung nach brachte Helena das ungeteilte Gewand Christi in die Stadt. Erstmals erwähnt wird der Heilige Rock im 11. Jahrhundert. Sicher belegt ist die Geschichte der Reliquie erst ab dem 12. Jahrhundert, als sie am 1. Mai 1196 vom Westchor in den neuen Altarraum des Ostchors gebracht wurde. Ob es sich tatsächlich um den letzten

Kurfürstliches Palais mit Basilika

Leibrock Jesu, das Gewand, um das die Soldaten nach der Kreuzigung gewürfelt haben, handelt, ist nach heutigem Dafürhalten nicht entscheidend. Viel wichtiger sei der symbolische Gehalt, da die nahtlose Tunika für die Einheit der Kirche steht *(Dom: Nov. - März 6.30 - 17.30 Uhr, April - Okt. 6.30 - 18 Uhr, Führungen gegen Gebühr möglich. Domschatzkammer: Jan. - März/Nov. montags geschlossen, 1. - 17. März/28. Okt. 12.30 - 16 Uhr Di - Sa 11 - 16 Uhr, So/kirchl. Feiertag 12.30 - 16 Uhr, April - Okt./Ende Nov - Dez. Mo - Sa 10 - 17 Uhr, So/ kirchl. Feiertage 12.30 - 17 Uhr, Eintritt. www.dominformation.de).*

Zurück zum Hauptmarkt, halb rechts der Fleischstraße folgend und über eine Kreuzung in die Brückenstraße gelangend stehen wir vor dem **Karl-Marx-Haus**, dem Geburtshaus des revolutionären Querdenkers. Das barocke Wohnhaus mit der im französischen Stil angelegten Gartenanlage scheint auf den ersten Blick so gar nicht zum Kritiker der bürgerlichen Gesellschaft zu passen. Gespannt wenden wir uns der Person von Karl Marx, seinem Leben, seinem Werk, seinen Genossen und Gegnern zu *(April - Okt. 10 - 18 Uhr, Nov. - März Mo 14 - 17 Uhr/ Di - So 11 - 17 Uhr, geschlossen 1.1./24. - 26./31.12., Rosenmontag, Eintritt).*

Nachdem wir viel über den Sozialisten und die internationale Arbeiterbewegung erfahren haben, begeben wir uns zum **Zurlaubener Ufer**, von welchem die Fahrgastschiffe zu Ausflügen auf der Mosel ablegen *(Fahrplan unter www.moselrundfahrten.de oder Telefon 0651/26666).*

Das Zurlaubener Ufer war bereits im 7. Jahrhundert bewohnt und zehn Jahrhunderte später befand sich dort ein kleines Fischerdorf. Der Name stammt von den dortigen Gartenhäusern oder überdachten Laubengängen und noch heute gibt es überdachte Terrassen, die den Charme Zurlaubens ausmachen.

In den alten, pittoresken Fischerhäuser, die meist aus dem 18. Jahrhundert stammen, kann man in urigen, **gemütlichen Kneipen oder Restaurants** einkehren und hat dabei die Qual der Wahl. Uns sagte beispielsweise das 2-Gang-Mittagsmenü (Mi - Fr) im **Restaurant Bagatelle** zu. Sollte man am Abend ein hochpreisiges, aber exquisites Mahl auf einem der begehrten Plätze auf der Moselterrasse genießen wollen, dann ist eine vorherige Reservierung unbedingt angeraten *(12 - 14/18 - 22 Uhr, So Abend/Mo Ruhetag, Zurlaubener Ufer 78, Telefon 0651/9956990, bagatelle-trier.eu).* Es ist aber auch schön, einfach nur auf der großen Panoramatreppe am Ufer zu sitzen und die Seele mit Blick auf die Mosel baumeln zu lassen.

Mittlerweile haben wir in der Innenstadt den **Palastgarten** mit dem dahinter befindlichen **Kurfürstlichen Palais**, einem Rokokojuwel und heutigem Verwaltungssitz, erreicht. Auf einer Bank sitzend rufen wir uns hinter exakt beschnittenen, hohen Hecken, mit Blick auf gepflegte Rasenflächen und inmitten von fröhlichen Trierern, die „ihrem" Palast-

Amphitheater

garten erfreulicher Weise Leben einhauchen, die römische Stadtgeschichte kurz vor Augen und wandeln anschließend auf den Spuren der Römer.

Ein römisches Heerlager, in einer weiten fruchtbaren Ebene des sonst so engen Moseltals gelegen, umrahmt von den sanften Reben-Hängen des Hunsrücks und überragt von den steil aufragenden roten Felsen der Eifelberge empfahl sich den Römern bei der Erweiterung ihres Weltreichs und sie gründeten eine Stadt, die sich innerhalb weniger Jahrzehnte zu einer wohlhabenden Metropole entwickelte. Die Blütezeit der aufstrebenden Stadt sorgte für das Brot der Bevölkerung und das im 2. Jahrhundert erbaute **Amphitheater** mit blutigen Gladiatorenkämpfen und Tierhetzen für die sprichwörtlich gewordenen Spiele. Die mittlerweile von Rasen überwucherten Ränge boten bis zu 30.000 Schaulustigen Platz und die zum Teil begehbaren Katakomben lassen nach fast zwei Jahrtausenden immer noch eine Gänsehaut entstehen.

Aus dieser Zeit stammen auch die etwas abseits gelegenen **Barbarathermen**, in denen die Römer ihren Badefreuden nachgehen konnten. Und was für Freuden das waren - schließlich relaxte man auf einer Fläche von 4,2 Hektar und in einer der prachtvollsten Thermen des römischen Imperiums! Heute ist davon nur noch etwa ein Viertel in Form von Fundamenten, Kellergängen und Überresten des Fußbodenheizungssystems zu sehen. Nach dem Einfall der Franken, die den Limes durchbrachen und Trier in Schutt und Asche legten, rappelten sich die Römer jedoch wieder auf, teilten ihr Reich und machten Trier zur Hauptstadt des Weströmischen Reichs, das Gallien, Spanien und Britannien umfasste. Eine Glanzzeit begann, Amphitheater und Barbarathermen wurden wiederaufgebaut und weitere Prachtbauten kamen hinzu.

Hierzu zählte auch der Kaiserpalast mit einem prunkvollen Thronsaal, der heutigen **Konstantin-Basilika**. Der kolossale Bau, der durch Kaiser Konstantin Anfang des 4. Jahrhundert errichtet wurde, beeindruckt durch seine Schlichtheit und seinen monumentalen Charakter; optische Tricks bei der Fenstergröße verstärken diese Wahrnehmung noch. Über die Jahrhunderte zu Repräsentationszwecken genutzt, wurde die heutige Bezeichnung Basilika erst Mitte des 19. Jahrhundert eingeführt, als das Gebäude der evangelischen Kirche als Gotteshaus übertragen wurde.

Ganz in der Nähe unterbrechen wir unsere Sightseeing-Tour in der **Weinwirtschaft Friedrich-Wilhelm** und genießen inmitten der Großstadt die Beschaulichkeit des Terrassenhofes sowie die Weine der Bischöflichen Weingüter zu regionalen Speisen *(Mo - Sa 12 - 14.30/17.30 - 22 Uhr, So 12 - 21 Uhr, Vinothek und Tapasbar Di - Sa 12 - 14.30/17.30 - 22 Uhr, Weberbach 75/Ecke Jesuitenstraße, Telefon 0651/9947480, www.weinwirtschaft-fw.de).*

Kurfürstliches Palais mit Basilika

Igeler Säule in Igel

Aber zurück ins Römische Reich, in dem Kaiser Konstantin wohl eine repräsentative Demonstration von Reichtum und Macht im Sinn hatte, als er den Bau der **Kaiserthermen** in Angriff nahm. Plötzlich lag des Kaisers Augenmerk aber auf Konstantinopel und die Fertigstellung der Thermen stockte. Der Rohbau verfiel und nie ging jemand dort baden. Die Überreste des Caldariums (Warmbadesaal), der Bediengänge und der Fußbodenheizung lassen jedoch noch heute die architektonische Meisterleistung erahnen. Die Trierer Bürger verdanken übrigens Kaiser Konstantin und seiner Mutter Helena auch die Begünstigung und Gestattung der Ausübung der christlichen Religion, die in diesen Jahren zunahm. Bedingt durch die vermehrten und gefährlichen Einfälle der Germanen zum Beginn des Jahres 400 sahen sich die römischen Kaiser gezwungen, ins südfranzösische Arles umzusiedeln und es hatte mit der römischen Herrlichkeit endgültig ein Ende *(Amphitheater/Kaiserthermen/Barbarathermen: April - Sept. 9 - 18 Uhr, Okt./März 9 - 17 Uhr, Nov. - Feb. 9 - 16 Uhr, letzter Einlass 30 Minuten vor Schließung, Eintritt, Hunde an der Leine gestattet. Ermäßigte Kombikarte beim Besuch verschiedener Römerbauten und des Rheinischen Landesmuseums. Konstantin-Basilika: April - Okt. Mo - Sa 10 - 18 Uhr, So/Feiertage 13 - 15 Uhr, Nov./ Dez./Jan. - März Di - Sa 10 - 12/14 - 16 Uhr, So/Feiertage 13 - 15 Uhr).* Die Geschichte der Römer und vor allen Dingen die Überbleibsel ihrer Zeit in Trier fasziniert uns bei jedem unserer Besuche in Trier aufs Neue. Manchmal benötigt es gar nicht viel Fantasie und wir können uns die Unheil bringende Begegnung von Mensch und Tier im Amphitheater vorstellen, meinen den Duft von wertvollen Badeessenzen in den Thermen einatmen zu können oder die Nägel von Soldatensandalen auf dem Sandstein zu hören. Es ist also kein Wunder, dass wir die römischen Baudenkmäler in unsere **Top Ten** aufnehmen.

Neben vielen unterschiedlichen Veranstaltungen können sich Trier-Besucher zum Beispiel Mitte Juni beim Römerfest in den Kaiserthermen auf eine Zeitreise in die römische Geschichte „beamen" lassen, wenn sich Gladiatoren sowie Legionäre im Militärlager ein Stelldichein geben und beim bunten Markttreiben Handwerker ihre Arbeiten vorstellen oder Kulinarisches aus der Römerzeit seinen Duft verströmt.

Zum Abschluss steht noch ein Besuch im **Rheinischen Landesmuseum** auf dem Programm. Hier wird umfassend über die römische Epoche der ersten vier Jahrhunderte nach Christus informiert. Die Replik der **Igeler Säule**, die im Original etwa 10 km moselaufwärts beim Örtchen Igel zu bestaunen ist, steht unübersehbar im Innenhof des Museums. Das etwa 23 Meter hohe Grabmal einer treverischen Tuchhändlerfamilie, die sich offenbar sehr der römischen Kultur hingezogen fühlte, entstand Mitte des 3. Jahrhunderts und zählt zu den Pfeilergrabmälern. Der Ausdruck der religiösen Bilder und die Motive aus der Tuchhändlerszene sind gut zu erkennen und beeindruckend. Weitere Grabdenkmäler, wie beispielsweise das römische Weinschiff aus Neumagen, Münzsammlungen, herrliche Mosaike und weitere Funde aus der Umgegend lassen Einblicke in das Privatleben und den Arbeitsalltag der Menschen vor 2000 Jahren zu *(Di - So 10 - 17 Uhr, letzter Einlass 30 Minuten vor Schließung, Eintritt. Ermäßigte Kombikarte beim Besuch verschiedener Römerbauten und des Rheinischen Landesmuseums).*

Obwohl es noch viel mehr in der ansprechenden und immer wieder einen Besuch lohnenden Moselstadt zu sehen gäbe, verlassen wir Trier linksseitig des Flusses auf der B53 Richtung Pfalzel und Bernkastel-Kues.

Bald haben wir **Schweich** mit seinem **fünfeckigen alten Fährturm** erreicht, der seit dem 18. Jahrhundert am Moselufer steht und den Fluss bewacht. Am Kreisel halten wir uns Richtung Hetzerath und schwenken hinter der Autobahnbrücke links zur **Museumsmühle Molitorsmühle** am Föhrenbach [N 49°50'11.6" E 6°45'46.4"]. Die Enkel des Müllers Molitor stellen hier eine vollständig erhaltene Mühlentechnik aus dem 19. und den Anfängen des 20. Jahrhundert vor. Wenn sich die Wassermühle knarzend und klappernd in Bewegung setzt, fehlen nur noch Buschs Max und Moritz, um das Müllerklischee perfekt in Szene zu setzen *(Ostern - Okt. Sa/So/Feiertage 14 Uhr - 18 Uhr, Eintritt, www.molitorsmuehle.de).* Auf Nachfrage gibt's bei Müllers auch einen Stellplatz!

WOMO-Stellplätze an der Mosel und der Mosel Radweg

Wie auch hier in Schweich werden uns entlang der Mosel in regelmäßigen Abständen auf beiden Seiten des Flusses gut ausgeschilderte kleine und große Wohnmobilstellplätze in Hülle und Fülle begegnen. Wir benennen nicht jeden Einzelnen und beschränken uns auf eine Auswahl, die eher zufällig ist oder unseren ganz persönlichen Ansprüchen entgegenkommt. Dies bedeutet jedoch nicht, dass die ungenannten in ihrer Qualität oder Lage nicht empfehlenswert wären! Lassen Sie uns an Ihren Erfahrungen teilhaben und informieren Sie uns bitte, wenn es Ihnen auf einem Stellplatz besonders gut gefallen oder aber auch missfallen hat. Sie können das gerne unter der vorne im Buch genannten E-Mail-Adresse tun oder eine Notiz auf der Homepage sowie im Forum des WOMO-Verlags unter www.forum.womoverlag.de hinterlassen.

Eine gute Möglichkeit zum Kennenlernen der Stellplätze, aber vor allen Dingen zum Erleben der herrlichen sowie abwechslungsreichen Landschaft und der vielen Weinorte bietet der **Mosel Radweg**. Er führt gut beschildert meist auf ebenen, asphaltierten Wegen rechts und links am Moselufer entlang, teilweise sind sogar beide Seiten befahrbar. Wer nicht mit dem eigenen Velo unterwegs ist, findet in zahlreichen Orten entlang unserer Strecke Verleih- und Servicestationen für Tourenräder, E-Bikes und Pedelecs. Die besten Ansprechpartner vor Ort sind die jeweiligen Tourist-Informationen *(www.mosel-radweg-etappen.com).*

Auf der gegenüberliegenden Seite der Mosel in **Kirsch** und **Longuich** kehren wir immer wieder gern im **Weinkulturgut Longen-Schlöder** ein oder besuchen das **Weingut Feiten**.

(119) WOMO-Winzerstellplatz:
Kirsch, WeinKulturgut Longen-Schlöder

GPS: N 49°48'35.4" E 6°45'47.4"; Kirchenweg 9 **Max. WOMOs:** 10
Kontakt: Telefon 06502/8345, www.longen-schloeder.de
Ausstattung: Wasser, Strom, Duschen, Müllentsorgung jeweils gegen Gebühr, Weinverkostung und -verkauf, **Vinothek mit guter Winzerküche**.
Beschreibung: Der am Ortsrand gelegene Stellplatz ist geschottert und

liegt meist schattenlos zwischen Obstbäumen und Weinbergen etwa 150 Meter von der Mosel entfernt. Der Fluss ist vom Stellplatz nicht zu sehen. In der Nähe befinden sich weitere Gaststätten sowie Straußwirtschaften und Wanderungen oder Radtouren entlang der Mosel oder in den Weinbergen bieten sich an. **Preise:** €€.
Zufahrt: Am Kreisel in Schweich geradeaus über die Moselbrücke, dann im Ort links den Hinweisen zum Weingut folgen (Foto links).

(120) WOMO-Winzerstellplatz: Longuich, Weingut Feiten

GPS: N 49°48'14.2" E 6°46'42.9"; Rioler Weg 2 **Max. WOMOs:** 40
Kontakt: Telefon 065028444, www.weingut-feiten.de
Ausstattung: V/E, Strom, Sanitärgebäude, barrierefreie Duschen und WC, Spielplatz, Speil- und Liegewiese, Weinverkostung und -verkauf, **Straußwirtschaft mit guter Winzerküche**.
Beschreibung: Der am Ortsrand gelegene Stellplatz ist befestigt und liegt meist schattenlos an der Mosel mit Blick (zumindest in der ersten Reihe) auf den Fluss. In der Nähe befinden sich weitere Gaststätten sowie Straußwirtschaften und Wanderungen oder Radtouren entlang der Mosel oder in den Weinbergen bieten sich an.
Preise: €€.
Zufahrt: Am Kreisel in Schweich geradeaus über die Moselbrücke, dann links durch Kirsch nach Longuich immer geradeaus bis zum Stellplatz fahren bzw. dem WOMO-Piktogramm folgen.

Longuich und die Villa Urbana

Oberhalb von Longuich befindet sich in den Weinberge eine römische Landvilla, die Ende des 2. Jahrhundert mit einer Ausdehnung von 110 x 28 Meter Sitz einer reichen Familie gewesen sein muss. Rekonstruiert wurde der Badetrakt, der bei den Römern ein wesentlicher Ort des gesellschaftlichen und politischen Lebens war. Während der Badeprozedur konnten in ungezwungener Umgebung viele wichtige Dinge besprochen werden *(frei zugänglich, Führungen Mai - Okt. So 10.30 Uhr)*. Die **Tourist-Info** erteilt Auskünfte über die Römische Weinstraße und vieles andere mehr *(April - Anfang Nov. Mo - Sa 10 - 12 Uhr, Fr zusätzlich 16 - 18 Uhr, Maximinstraße 18, Telefon 06502/1716, www.longuich.de oder www.roemische-weinstrasse.de)*.

WOMO-Wandertipp: Longuicher Sauerbrunnen

Direkt hinter der Villa Urbana steigen wir über einen Pfad mit leichten An- und Abstiegen in den gut 10 Kilometer langen, schönen Rundwan-

derweg **Moselsteig Seitensprung Longuicher Sauerbrunnen** ein. Die bestens markierte Strecke bietet herrliche Aussichten und führt durch die Weinberge sowie die umgebende Kulturlandschaft wieder an den Ortsrand. Von dort gelangen wir vorbei an regionaltypischen Winzerhäusern zur alten Burg, die vermutlich aus den Steinen der Villa Urbana gebaut wurde, im 14. Jahrhundert Rittersitz war und mittlerweile einer Gaststätte Unterkunft gewährt.

Auf dieser Seite der Mosel lohnt sich der Abstecher nach **Riol**. Im ehemaligen Rigodulum tobte, wenn man dem Kriegsberichterstatter Tacitus Glauben schenken darf, 70 nach Christus ein furchtbares Gemetzel. Die aufständischen Kelten wurden von den römischen Besatzern vernichtend geschlagen und die Schlacht markierte den Beginn der gallorömischen Zeit an der Mosel. Von alldem ist im kleinen beschaulichen Ort nichts mehr zu bemerken und wir notieren lediglich ein lauschiges Plätzchen, von dem man den Einstieg in einen 5 Kilometer langen **Weinerlebnispfad** direkt vor der Nase hat. Der **Rioler Klettersteig**, der sich mit 1,4 Kilometer Länge anschließt, bietet vom Aussichtspunkt Kumer Knüppchen einen herrlichen Blick über Mehring und die Rioler Talweite.

(121) WOMO-Picknickplatz: Riol, Sportplatz

GPS: N 49°47'22.0" E 6°47'13.5" **Max. WOMOs:** 1
Ausstattung: Tische und Bänke, Müllbehälter.
Beschreibung: Der einfache Parkplatz auf Wiese am Rand der Weinberge liegt unter Obstbäumen und ist leicht schräg. Von hier bietet sich der Einstieg in den oben genannten Klettersteig an.
Zufahrt: Von der Landstraße rechts über die Bahnhofstraße in den Ort fahren. Am Ende der Straße an einem Brunnen rechts und gleich wieder links den Hinweisen zu den Sportanlagen durch die Weinberge bis zum Sportplatz folgen. Hinter den Tennisplätzen rechts.
Hinweis: Auch wenn hier durchaus ein, zwei WOMOs mehr parken können, im Hinblick auf die exponierte Lage **bitte nur 1 WOMO!**

Riol hat aber auch einen sehr viel größeren und offiziellen **WOMO-Stellplatz** zu bieten, der parallel zur Mosel über die L145 gut zu erreichen ist und am **Camping- und Freizeitpark Triolago** mit Badesee liegt [**122:** N 49°47'37.6" E 6°48'22.8"; Moselstraße 13/Am Campingplatz, Telefon 06502/7119 oder 6421, www.campingpark.triolago.de. V/E, Strom, Preis pauschal €€€, Nutzung des Sanitärbereiches gegen Gebühr].

Der Weg führt wieder zurück nach Longuich, dort rechts über die Brücke zur B53 und auf der **Römischen Weinstraße** weiter nach **Mehring**.

Für den längeren Aufenthalt bieten sich bereits am Ortseingang nahe der Straße der Stellplätze **Del Mosel** am Moselufer an [**123:** N 49°47'39.7" E 6°49'02.4"; Moselweinstraße 2, moselbeachweincafrestaurant.chayns.net, Telefon 06502/9969972, V/E, Strom, Duschen, Preis €€].

Im kleinen Weinort sind in der **Tourist-Info** Informationen zur Freizeitgestaltung in und um Mehring zu erhalten *(April - Okt. Mo - Do 9 - 11.30 Uhr, Fr zusätzlich 16 - 18 Uhr, Sa 9 - 11 Uhr, Bachstraße 47, Telefon 06502/1413, www.mehring-mosel.de)*.

Wir wechseln nun wieder rechts auf die Hunsrückseite der Mosel und fahren gut beschildert durch ein Wohngebiet zur römischen Villa Rustica [N 49°47'38.5" E 6°50'06.0"; In der Kirchheck].

Villa Rustica in Mehring

Das freigelegte und teilweise wieder aufgebaute Herrenhaus eines römischen Gutshofs wurde im 2. Jahrhundert errichtet und im 3. und 4. Jahrhundert auf eine Fläche von 48 x 29 Meter erweitert. Mit 34 Räumen gehörte die Villa zu den größten im Trierer Land. Mehrfarbige

Fußbodenmosaike und eine schwarze Marmorwand zeugen von der prächtigen Ausstattung der Räume *(die Villa ist frei zugänglich, Führungen April - Okt. So 11.30 Uhr, Gebühr)*.

Nach den Römern haben auch die Skandinavier in Mehring ihre Spuren hinterlassen! Auf eine Idee aus dem hohen Norden geht die **Finnenbahn** zurück, die hoch über dem Ort mit herrlicher Aussicht ins Moseltal liegt. Auf 1,1 Kilometer kann man über Holzhackschnitzel im Dauerlauf oder locker spazierend seine Fitness trainieren. Für eine längere Wanderung bietet sich die knapp 20 Kilometer lange und wegen der An- und Abstiege als schwer einzustufende **Extratour Zitronenkrämerkreuz** an.

(124) WOMO-Wanderparkplatz: Mehring, Finnenbahn

GPS: N 49°48'01.8" E 6°50'21.6" **Max. WOMOs:** 1 - 2

Ausstattung: Infotafel, Tisch u. Bänke, Müllbehälter.

Beschreibung: Der einfache, befestigte, meist schattenlose Parkplatz ist ein guter Einstiegspunkt für die erwähnte Wanderung, es gibt aber auch andere Wanderwege und verschiedene Lehrpfade. Er liegt außerorts,

oberhalb der Weinberge und hat eine grandiose Aussicht auf die Mosel.
Zufahrt: Von der Villa Rustica kommend über die Moselbrücke an der nächsten Kreuzung versetzt geradeaus und an einem kleinen Platz halb rechts den Holzschildern „Finnenbahn" in Serpentinen im Weinberg hoch folgen.
Hinweis: Die teils enge Zufahrt ohne Ausweichstellen ist nur für kleine WOMOs oder Kastenwagen geeignet! Besonders an Wochenenden oder während der Weinlese ist mit entgegenkommenden Verkehr zu rechnen!

Flussabwärts sind wir bald in **Schleich** und finden, dem WOMO-Piktogramm von der Durchgangsstraße aus folgend, eine Stellplatzmöglichkeit für Individualisten beim **Weinbaubetrieb Otto** ohne jegliche WOMO-Infrastruktur, aber dafür direkt an der Mosel [**125:** N 49°48'47.8" E 6°50'32.5"; Am Moselufer, Preis €, mit Strom €€].
Im Weinort **Ensch** nehmen wir an der Zufahrt zum offiziellen **WOMO-Stellplatz** „An den zwei Pappeln" die Koordinaten auf [**126:** N 49°49'28.1" E 6°50'06.7"; Am Moselufer, Telefon 06507/3684,www.anden2pappeln.de, V/E, Strom, Brötchenservice, April - Okt., Preis €€] und notieren wenig später eine gut zugängliche **V/E-Station** vor der Friedhofsmauer [N 49°49'44.4" E 6°50'02.0"; An der B53].
Im weiteren Verlauf der Straße wird das Weindorf **Klüsserath** mit seinem großen und gut frequentierten offiziellen **WOMO-Stellplatz** direkt neben dem **Campingplatz** am Wasser erreicht [**127:** N 49°50'37.0" E 6°51'29.0"; Im Moselvorland, Telefon 06507/4667, www.campingplatz-kluesserath.de, V/E, Strom, WLAN, April - Anfang Nov., Preis €€].

Wir wechseln jedoch bereits vor dem Ort die Moselseite Richtung Leiwen und laufen zunächst am Ortsanfang von **Köwerich** den ruhig gelegenen WOMO-Stellplatz am **Weingut Klären** an [**128:** N 49°50'29.4" E 6°51'46.6"; Beethovenstraße 40, Telefon 06507/3787, www.wohnmobilstellplatz-mosel.de, V/E, Strom, Duschen/WC, Brötchenservice, Preis €€].
Köwerich ist übrigens auch in den Annalen der Familie von Ludwig van Beethoven zu finden, da die Vorfahren dessen Mutter Maria Magdalena Keverich aus dem kleinen Moselörtchen stammten.
Halten wir uns hingegen hinter der Moselbrücke rechts Richtung Detzem, sind wir gleich in **Thörnich** und notieren am Ortsausgang beim **Winzer Schmitt** einen netten Stellplatz für Zelte und Reisemobile [**129:** N 49°49'50.3" E 6°50'24.2";

Hauptstraße 34, Telefon 06507/3206, www.schmitthof.de, Wasser, Strom, Duschen, Preis €€].

Wir denken gerade darüber nach, ob es die gut mundenden Flaschen des „53er Thörnicher Ritsch" waren, die in den 1950er Jahren die Geschicke von Konrad Adenauer lenkten, als er mit Nikita Chruschtschow über die Freilassung der letzten Kriegsgefangenen in Moskau erfolgreich verhandelte, als wir auch schon in **Detzem** am zehnten Meilenstein, ad decimum lapidum, der römischen Fernstraße von Trier nach Bingen einfahren. Eine Nachbildung des Leugensteins, ähnlich dem im Hunsrückort Kirchberg, steht umgeben von ansehnlichen Höfen, Bürgerhäusern und Weingütern in der Ortsmitte, während es am Ortsende rechts zur **Schleuse Detzem** geht [N 49°49'08.3" E 6°50'44.6"; Am Moselufer].

Die Mosel und ihre Staustufen

Die Mosel, die 735 Meter über dem Meeresspiegel in den Vogesen entspringt, nach 302 Kilometer französischen Boden verlässt, um 36 Kilometer gemeinsames Hoheitsgebiet des Großherzogtums Luxemburg und der Bundesrepublik Deutschland zu sein, muss weitere 206 Kilometer auf deutschem Staatsgebiet durchfließen, bevor sie in Koblenz in einer Höhe von 60 Meter über dem Meeresspiegel in den Rhein münden kann. Damit der zweitlängste Nebenfluss des Rheins schiffbar gemacht werden konnte, um beispielsweise die lothringischen Industriegebiete an den Rhein anzubinden, wurde nicht nur die Fahrrinne vertieft und verbreitert, sondern der Ausbau des Schleusensystems zum Ausgleich des Höhenunterschieds von der Quelle bis zur Mündung vorangetrieben. Zusätzlich wird das vorhandene Gefälle des Flusses an den zehn deutschen Staustufen in Wasserkraftwerken zur Energiegewinnung genutzt. Für die Leistung der einzelnen Kraftwerke ist zum einen die Wassermenge, zum anderen aber auch die Fallhöhe an den einzelnen Staustufen maßgebend. Die schnell durchfließenden Wassermassen setzen die Turbinen in Bewegung und durch diese Drehbewegung wird in den Generatoren Strom erzeugt. Im Durchschnitt können auf diese Art 265.000 Haushalte pro Jahr mit umweltfreundlichem Strom versorgt werden. Immer wieder interessant ist es, das Heben und Senken der Fahrgast- und Frachtschiffe zu beobachten. In bis zu 172 Meter langen und 12 Meter breiten Schleusenkammern liegen die Schiffe wehrlos, nachdem sich die mächtigen Tore hinter ihnen geschlossen haben. Erst nach Erreichen des entsprechenden Wasserstandes und Öffnung der Schleusentore geht die große Fahrt weiter.

Zurück an der Hauptstraße halten wir uns Richtung Leiwen.

(130) WOMO-Wanderparkplatz: Detzem/Köwerich, Sportplatz

GPS: N 49°50'07.0" E 6°51'30.4" **Max. WOMOs:** 2 - 3
Beschreibung: Inmitten großflächiger Weingärten und von der Mosel in einer großen Schleife umschlungen, liegt der ruhige einfache, schattenlose Wiesenplatz am Sportplatz und an der Kelter außerhalb der Ortschaft. Hier gibt es Wander- und Radwege
Zufahrt: Von Detzem nach Leiwen der K86 ca. 2,5 km folgen. Vor einem Ferienpark im spitzen Winkel (am Schild bis 7,5 t und vor einem Bildstock) links und dann ca. 1 km bis zur Kelteranlage bzw. dem Sportplatz fahren.
Hinweis: Nur zu nutzen, wenn kein Kelter- oder Sportbetrieb ist!

Im Weindorf **Leiwen** vermittelt die **Tourist-Info** unter anderem kostenfreie Wanderungen durch die Weinberge oder einen gebührenpflichtigen **Rundgang** durch den historischen Ortskern, der mit dem Besuch des **Wein- und Heimatmuseums** abgerundet werden kann *(April - Okt. Mo - Sa 9 - 12 Uhr, Fr zusätzlich 16 - 18 Uhr, Römerstraße 1, Telefon 06507/3100, www.leiwen.de).*

(131) WOMO-Stellplatz: Leiwen, Freizeitanlage Bachtal

GPS: N 49°49'08.8" E 6°52'02.8"
Mühlenstraße **Max. WOMOs:** 2
Ausstattung: Bänke, Spielgeräte.
Beschreibung: Einfacher befestigte Parkplatz liegt außerorts und bietet Teilschatten, Wander- und Radwege.
Zufahrt: Hinter der Freizeitanlage in einer Linkskurve vor Leiwen rechts auf der Vorfahrtsstraße in den Ort und am Kreisel 2. Ausfahrt rechts Richtung „Grillhütte" fahren. Am Scheideweg rechts an den Tennisplätzen vorbei. Der Parkplatz liegt vor dem Spielplatz und der Grillhütte.

Wir lassen uns durch den Ort hinab zur Mosel sowie zur L48 rollen und halten uns Richtung Trittenheim/Neumagen-Dhron. Als Nächstes lockt das beheizte, auf einer Moselterrasse mit fantastischem Panorama-Blick gelegene und gut ausgeschilderte **Panorama-Freibad** [**132:** N 49°48'35.4" E 6°53'23.5"]. Etwas unterhalb des Bades eröffnet sich von einem Picknickplatz ein wunderbarer Moselblick [N 49°48'40.9" E 6°53'25.8"; Panoramaweg]. Wenig später folgen wir den Hinweisen zum Ausflugslokal **Restaurant Zummethof** *(Kaffee und Kuchen sowie eine gute Küche zu zivilem Preis, Mi Ruhetag. www.hotel-zummethof.de)* und steuern wenig später einen Parkplatz an [N 49°48'50.5" E 6°54'26.5"].

Von hier bietet sich ein grandioser Blick auf die Moselschleife bei Trittenheim, die einen besonderen Reiz auf den Betrachter ausübt. Auf der gegenüberliegenden Straßenseite geht es zum etwa ein Kilometer entfernten **Aussichtspunkt Vogelsang**, von dem die rege, das ganze Jahr andauernde Betriebsamkeit der Winzer zu beobachten ist und die fantastische Aussicht genossen werden sollte.

(133) WOMO-Wanderparkplatz: Leiwen, Vogelsang

GPS: N 49°49'20.7" E 6°54'38.9" **Max. WOMOs:** 1 - 2
Ausstattung: Bänke, Müllbehälter.
Beschreibung: Den einfachen, schattenlosen, auf befestigter Wiese angelegten Parkplatz nennen wir unter Vorbehalt, denn während er in der ersten Auflage dieses Buches zu nutzen war, konnten wir ihn zwischendurch wegen einer Durchfahrtsbeschränkung nicht anfahren. Momentan sind wiederum keine Verbotsschilder zu sehen. Der Platz liegt außerorts an Wanderwegen und bietet eine fantastische Aussicht.
Zufahrt: Schräg gegenüber vom vorgenannten Parkplatz ca. 1 Kilometer dem Hinweis Vogelsang auf sehr schmalem Sträßchen am Rand der Weinberge folgen.
Hinweis: Die teils enge Zufahrt mit wenigen Ausweichstellen ist nur für kleine WOMOs oder Kastenwagen geeignet! Besonders an Wochenenden oder während der Weinlese ist mit entgegenkommenden Verkehr zu rechnen!

Die L148 führt bergab direkt ins schmucke **Trittenheim**. Über die Brücke mit dem einzig erhaltenen **Fährturmpärchen** an der Mosel zwischen Perl und Koblenz gelangen wir in den als fränkische Siedlung gegründeten Ort mit seinen Winzerhäusern, die ein Spiegelbild historischer Baukultur darstellen.

(134) WOMO-Campingplatz-Tipp: Trittenheim, Campingplatz Im Grünen

GPS: N 49°49'16.0" E 6°54'12.0"; Olkstraße 12
Telefon: 06507/2148, www.camping-trittenheim.de
Öffnungszeit: Mitte April - Mitte Okt., Rezeption 9 - 12 Uhr/ab 15 Uhr.
Ausstattung: V/E, Strom.
Beschreibung: Der am Ortsrand gelegene Platz bietet Stellplätze auf einer Wiese unter Bäumen direkt an der Mosel. Natürlich starten von hier Wanderungen und Radtouren und im Ort gibt es Gaststätten und Straußwirtschaften.
Preise: €.

Zufahrt: Hinter der Moselbrücke links den Hinweisen zum Campingplatz folgen.

(135) Offizieller WOMO-Stellplatz: Trittenheim, Im Moselvorland

GPS: N 49°49'27.5" E 6°54'10.7"; Moselpromenade **Max. WOMOs:** 30

Öffnungszeit: April - Oktober.

Ausstattung: V/E, Strom, Gaststätten in der Nähe/Ortsrand. Direkt an der Mosel und den Weingärten gelegen.

Beschreibung: Die Stellplätze liegen auf einem einfachen asphaltierten Parkplatz und auf Wiese am Moselufer. Die Plätze sind zum Teil schattig und auch hier beginnen Wanderungen und Radtouren und im Ort gibt es Gaststätten und Straußwirtschaften.

Preise: €€.

Zufahrt: An der Moselbrücke den WOMO-Piktogrammen folgen.

Der am Brückenkopf sitzende sowie lesende Humanist und Abt Johannes, der uns schon im Hunsrücker Sponheim begegnete, stammt aus Trittenheim und hat sich nach seinem Geburtsort den Namen **Trithemius** gegeben. Weitere Informationen über den Ort und die Umgegend sind in der **Tourist-Info** erhältlich *(April - 24.12. Mo - Sa 9 - 12 Uhr/14.30 - 16.30, Mi/Sa Nachmittag geschlossen, ansonsten Mo - Sa 9 - 12 Uhr, Moselweinstraße 55, Telefon 06507/2227, www.trittenheim.de)*. Mit Blick auf die **Weinlage Trittenheimer Apotheke** genießen wir auf der Terrasse des in der Nähe des Campingplatzes gelegenen **Wein & Tafelhauses** eine frische, ganz feine Regionalküche, die unsere Reisekasse allerdings sehr heftig strapaziert. Kein Wunder, ziert dieses Haus doch seit Jahren ein Michelin-Stern *(Mi - Sa 18.30 - 21 Uhr, So 12 - 13.30 Uhr, Telefon 06507/702803, www.wein-tafelhaus.de)*.

Moselschleife bei Trittenheim

Nach unserem Aufenthalt in Trittenheim erreichen wir auf der B53 nun flott **Neumagen-Dhron.**

(136) Offizieller WOMO-Stellplatz: Neumagen-Dhron, Marina Mittelmosel

GPS: N 49°51'05.5" E 6°53'33.2"; Moselstraße **Max. WOMOs:** 40

Kontakt: Telefon 06507/701670, www.marina-mittelmosel.de
Öffnungszeit: März - Oktober.
Ausstattung: V/E, Strom, Sanitärgebäude, WLAN, Fahrradverleih, Gasflaschentausch.
Beschreibung: Der schattenlose befestigte Stellplatz liegt am Orts- und Moselufer und es gibt in unmittelbarer Nähe als auch im Ort Gaststätten sowie Straußwirtschaften. Wander- und Radwege inbegriffen.
Preise: €€€.
Zufahrt: Im Ort rechts den Hinweisen zum **Campingplatz** bzw. den WOMO-Piktogrammen folgen.

Neumagen-Dhron und das Weinschiff

„Und endlich erblickte ich im vorderen Grenzlande der Belger, NOVIOMAGUM, das berühmte Lagerkastell des göttlichen Constantinus. Reiner ist hier in den Gefilden die Luft ..."

So schreibt **Decimus Magnus Ausonius** in seinem Gedicht „Mosella", als er von den Hunsrückhöhen das Kastell des Kaisers Konstantin erblickte. Die Befestigungsanlagen standen teilweise noch bis ins 19. Jahrhundert und heute können wir uns die auf den ersten Blick kaum mehr wahrzunehmenden Überreste bei einem archäologischen Rundgang anschauen. Dem Fund verschiedener Grabdenkmäler aus dem 2. Jahrhundert verdankt Neumagen-Dhron seinen Ruf als ältestem Weindorf Deutschlands.

Das **Neumagener Weinschiff** war einst das Grabmal eines Weinhändlers, dessen Replik neben der Peterskapelle zu finden ist – das Original sahen wir bereits im Rheinischen Landesmuseum in Trier. Das Fundstück zeigt sechs Ruderer, 22 Ruder und zwei Steuermänner in einem mit Weinfässern beladenen Schiff. Vielleicht kommt ja ein besonderes Römerfeeling auf, wenn man sich mit dem nachgebauten Holz-Weinschiff auf der Mosel rauf und runter schippern lässt. Auch wenn das Schiff vorwiegend für Gruppen gechartert wird, können Einzelreisende das **Römerschiff** erleben und sich zuvor durch eine Filmvorführung auf die zweistündige antike Schifffahrt einstimmen lassen

Römerschiff - Nachbau

(April - Okt. Sa 15.30 Uhr, So 10 Uhr, Weinprobe an Bord und Zusatzfahrten wie beispielsweise mittwochs eine Kelterfahrt nach Piesport sowie gelegentliche Mitnahme bei Charterfahrten möglich, Gebühr. Aufgrund der großen Nachfrage ist eine Voranmeldung bei der Tourist-Info unbedingt angeraten!).

Neumagener Weinschiff - Replik

Weitere Informationen hierzu und über viele weitere Freizeitvergnügen erteilt die **Tourist-Info** *(Mo - Fr 9 - 12.30 Uhr/14 - 16.30 Uhr, Mi Nachmittag geschlossen, Sa 9 - 12 Uhr, 27.12. - März Mo - Sa 9 - 12 Uhr, Römerstraße 137, Telefon 06507/6555, www.neumagen-dhron.de)*. Hier werden auch **öffentliche Ortsführungen** angeboten *(Mai - Okt. Fr 17.15 Uhr/Sa 10,15 Uhr)*. Beim Bummel durch den reizenden Ort schauen wir uns die sorgenvoll dreinblickenden römischen Pächter an, die auf der Nachbildung des Pachtreliefs am Rathaus ihrer Steuerpflicht gegenüber den römischen Beamten nachkommen müssen. Weitere Zeugnisse gallo-römischer Besiedlung sind wie in einer antiken Fundgrube über das ganze Örtchen verstreut. Noch mehr über die Römer findet sich im **Heimatmuseum**, das weiterhin über die Ortsgeschichte und natürlich über den Weinbau informiert. Besonders im Ortsteil Dhron prägt der Naturschiefer als klassischer Baustoff der Mosel das Erscheinungsbild vieler Winzer- und Bürgerhäuser. Viele Straußwirtschaften und gemütliche Lokale laden ein, den Wein, der hier schon lange angebaut wird, auch zu genießen. Gute Adressen hierfür sind z. B. das Restaurant im Hotel **Zum Anker** am Moselufer *(Moselstraße 14, Telefon 06507/6397, www.hotelzumanker.de)* oder das im Preis höher angesiedelte **Restaurant Lekker**, das in einem historischen Gebäude residiert und ebenfalls den Blick auf die Mosel zulässt *(Di/Mi Ruhetag, April - Sept. Mo 18 - 21 Uhr, Do - So zusätzlich 12 - 14 Uhr, Okt. - März Mo/Do - So 18 - 21 Uhr, So zusätzlich 12 - 14 Uhr, mittags nur mit Reservierung, Grafenweg 1, Telefon 06507/939771, www.hotel-lekker.com)*.

Kaum sind wir wieder auf der B53, als uns auch schon der Kreisel vor **Piesport** empfängt, an dem wir uns Richtung Römische Weinkelter halten. Nachdem wir die Moselbrücke überquert haben, finden wir rechts die bildhübsche **Pfarrkirche St. Michael**, die sich im Rokokostil mit herrlichen Gewölbemalereien präsentiert [N 49°53'10.3" E 6°55'03.2"; Am Gestade].

Römisches Kelterfest

Anfang Oktober begeht Piesport alljährlich sein **Kelterfest**. Nachdem eine Gruppe von Männern und Frauen in weißen Togen unter der Begleitung farbenfroher Legionäre durch den Ort gezogen ist, wird unter der Aufsicht des „Imperators", assistiert vom „Weingott Succellus" und der amtierenden Weinkönigin, dem Fußvolk spritzig dokumentiert, wie die römische Kelterung einst funktionierte. Unter dem Applaus der begeisterten Zuschauer platzen die prallen Trauben unter den nackten Füßen, wenn der Männerreigen sich eingehakt mehr oder weniger würdevoll im Kreis dreht. Die im 4. Jahrhundert erbaute Anlage römischer Baukunst mit einer Abmessung von 44 x 20 Meter ist die größte nachgewiesene Kelterstation nördlich der Alpen. 1987 wurden Traubenkerne aus der

Römerzeit gefunden, die bewiesen, dass an der Mosel bereits zu dieser Zeit Weinanbau betrieben wurde. Die als Fundament erhaltenen zehn Räume und sieben Becken wurden mit Schieferbruchstein rekonstruiert. Ebenso die mächtige, voll funktionsfähige Holzkonstruktion, mit der die Maische gepresst wird. Die Togaträger treten fleißig in die Trauben, die Kelter wird in Betrieb gesetzt und durch eine Rinne läuft die Brühe eimerweise einige Meter tiefer in ein Auffangbecken. In der „Via Vinorum" am Ausoniusufer können anschließend moseltypische Köstlichkeiten oder römische Spezialitäten neben dem gekelterten Wein aus dem Vorjahr probiert werden.
Ein Mordsspektakel, das Jahr für Jahr viele Besucher anzieht!

Kommt man nicht gerade zum Kelterfest nach Piesport, dann findet sich nach der Überquerung der Moselbrücke links unterhalb der **Römischen Kelteranlage**, die ohne Festivität geschlossen bzw. nur bei einer Führung zu besichtigen ist, eine weitere Parkmöglichkeit an der Moselpromenade [N 49°53'09.0" E 6°54'49.0"; Ausoniusufer].
Im Hauptort an der rechten Seite der Mosel befinden sich die **Tourist-Info** *(Mai - Okt. Mo - Fr 8.30 - 12/14 - 17 Uhr, Sa 10 - 12 Uhr, Nov. - April Mo - Fr 8.30 - 12 Uhr, Heinrich-Schmitt-Platz 1, Telefon 06507/2028, www.piesport.de).*

Piesport

(137) WOMO- Winzerstellplatz: Piesport, Weingut Schäfer-Dienhart

GPS: N 49°52'24.5" E 6°55'31.0" Loreleyblick 20 **Max. WOMOs:** 6
Kontakt: Telefon 06507/5182, www.schaefer-dienhart.de
Öffnungszeit: März - November.
Ausstattung: V/E, Strom, Dusche/WC, Brötchenservice.
Beschreibung: Der von uns gern angefahrene familiär geführter Winzerbetrieb liegt am Ortsrand und der befestigte Stellplatz ist von Weinbergen oberhalb der Bundesstraße umgeben.
Preise: €€.
Zufahrt: Von der B53 aus dem Ort kommend am Ortsende die letzte Straße rechts, dann zweite Straße links abbiegen. Das Weingut liegt am Ende der Straße rechts.

Weiter Richtung Bernkastel-Kues ist dann zusätzlich der offiziellen **WOMO-Stellplatz** der Gemeinde am Fluss zu nennen [**138:** N 49°52'14.3" E 6° 55'30.7"; Moselstraße, V/E, Strom, Preis €€]. Wird die folgende Moselbrücke überquert, dann kann der große offizielle **WOMO-Stellplatz** im Weinort **Minheim** angefahren werden. Die einzelnen Plätze sind relativ groß bemessen, jedoch ist die Nähe zu den Straßen hinsichtlich der Lautstärke nicht zu unterschätzen. Punkten kann der Platz mit einem uneingeschränkten Blick aus der ersten Reihe auf die Mosel und dem direkten Anschluss an den Mosel-Radweg [**139:** N 49°51'57.8" E 6°56'30.2"; Am Moselufer, www.minheim.de, V/E, Strom, WLAN, Müllentsorgung, Kinderspielplatz, Bootsanleger, Preis €€].
Im 960 erstmals erwähnten Vindriacum, dem heutigen **Wintrich**, gefällt uns außer den romantischen Gassen und Winkeln des Ortes ein weiterer ausgeschilderter offizieller **WOMO-Stellplatz**, der mit einer Schranke gesichert und etwas fern von der Straße, doch nah am Wasser zu finden ist [**140:** N 49°53'01.7" E 6°56'54.2"; Moselstraße, Telefon 06534/8628, www.moselstellplatz-wintrich.de, V/E, Strom, Dusche, WLAN, Preis €€].

Minheim

Bald gelangen wir in den idyllischen Winzerort **Brauneberg** mit dem nächsten offiziellen **WOMO-Stellplatz**, der oberhalb des Flusses direkt am Radweg sowie an den Weinbergen liegt [**141:** N 49°54'21.1" E 6°58'35.0"; Telefon 06534/933333, www.brauneberg.de, V/E, Strom, Supermarkt in unmittelbarer Nähe, Preis €€].

Wie in fast allen Orten entlang der Mosel gibt es auch hier alljährlich gut besuchte Feste mit den obligatorischen Moselweinproben. Einmalig ist hier jedoch die malerische Kulisse unter 300 Jahre alten Nussbäumen, die sich in einer Allee 1,6 Kilometer an der Mosel entlangziehen. Unter den in früheren Zeiten als Rammschutz bei Eisgang angepflanzten Bäumen kann man auch ohne Festivität einfach nur mal so die Seele baumeln lassen und träumend in die ans Ufer plätschernden Wellen der Mosel schauen. Über die ausgeschilderten **Kultur-, Wald- und Rebsortenpfade** informiert die **Tourist-Info**. Wer nicht mit dem eigenen **Fahrrad** unterwegs ist, kann sich hier vom MTB, über Kinderräder bis zum E-Bike einen zweirädeigen Untersatz ausleihen *(Saison: Mo - Fr 9 - 12/14.30 - 18 Uhr, Do Nachmittag geschlossen, Sa 9 - 12 Uhr, sonst Mo - Mi 9 - 12.30 Uhr, Fr 10 - 17 Uhr, Moselweinstraße 101, Telefon 06534/933333, www.brauneberg.de).*

Kurz hinter Brauneberg fahren wir durch Mülheim nach **Veldenz** und notieren gleich am Ortseingang den offiziellen, nachts ruhigen **WOMO-Stellplatz** auf Wiese [**142:** N 49°53'32.3" E 07°01'10.8"; Hauptstraße, Telefon 06534/1203, www.veldenz-mosel.de V/E, Strom, Tische und Bänke, Grillstelle, Preis €€]. Wer die teils sehr enge Ortsdurchfahrt scheut, sollte sich auf jeden Fall zu Fuß auf den Weg in das nette Örtchen begeben

Brauneberg

oder eine der am Stellplatz beginnenden Wanderungen in die geschichtsträchtige Umgebung starten.
Im Tal des Veldenzer Baches legte man bei Sanierungsarbeiten im Haus des Gastes 1990 den Badetrakt einer reich ausgestatteten römischen Villa frei. Die **Villa Romana** kann auf keltisch-römischen Ursprung zurückblicken und ist zu besichtigen *(Mai - Okt. Mi/Fr 15.30 - 17.30 Uhr, Sa 9.30 - 11.30 Uhr/15.30 - 17.30 Uhr, So/Feiertage 10 - 12 Uhr/Tourist-Info Mo/Mi/Fr 9.30 - 11.30 Uhr, Mai - Okt. Mo - Fr 9 - 11.30 Uhr, Hauptstraße 25, Telefon 06534/1203, www.veldenz-mosel.de)*.
Ganz in der Nähe startet auch die etwa 14 Kilometer lange Rundwanderung **Moselsteig Seitensprung Graf-Georg-Johannes-Weg**. Mit einigen doch recht ordentlichen Anstiegen bestückt, ist der Weg als mittelschwer einzustufen. Namensgebend ist der berühmteste Sohn der Veldenzer Grafen, der 1563 eine Tochter des schwedischen Königs heiratete. **Schloss Veldenz** ist leider nicht mehr zu besichtigen, doch von der Wanderstrecke ist eine der größten Moselburgen aus dem 12. Jahrhundert von vielen Aussichtspunkten aus zu bewundern.
Da Wanderungen und Spaziergänge bekanntlich hungrig machen, bieten sich der **Gasthof zur Grafschaft** in der Ortsmitte *(Do/Fr ab 17 Uhr, Sa/So ab 12 Uhr, Hauptstraße 27, Telefon 06534/9497447, www.gasthof-zur-grafschaft-veldenz.de)* oder das idyllisch am Ortsrand Richtung Schloss gelegene, im oberen Preissegment befindliche, aber sehr empfehlenswerte **Restaurant Rittersturz** zur Einkehr an *(Di - Fr ab 15 Uhr/Sa/So/Feiertage ab 12 Uhr, Veldenzer Hammer, abends unbedingt reservieren Telefon 06534/18292, www.rendezvousmitgenuss.de)*.

Veldenz

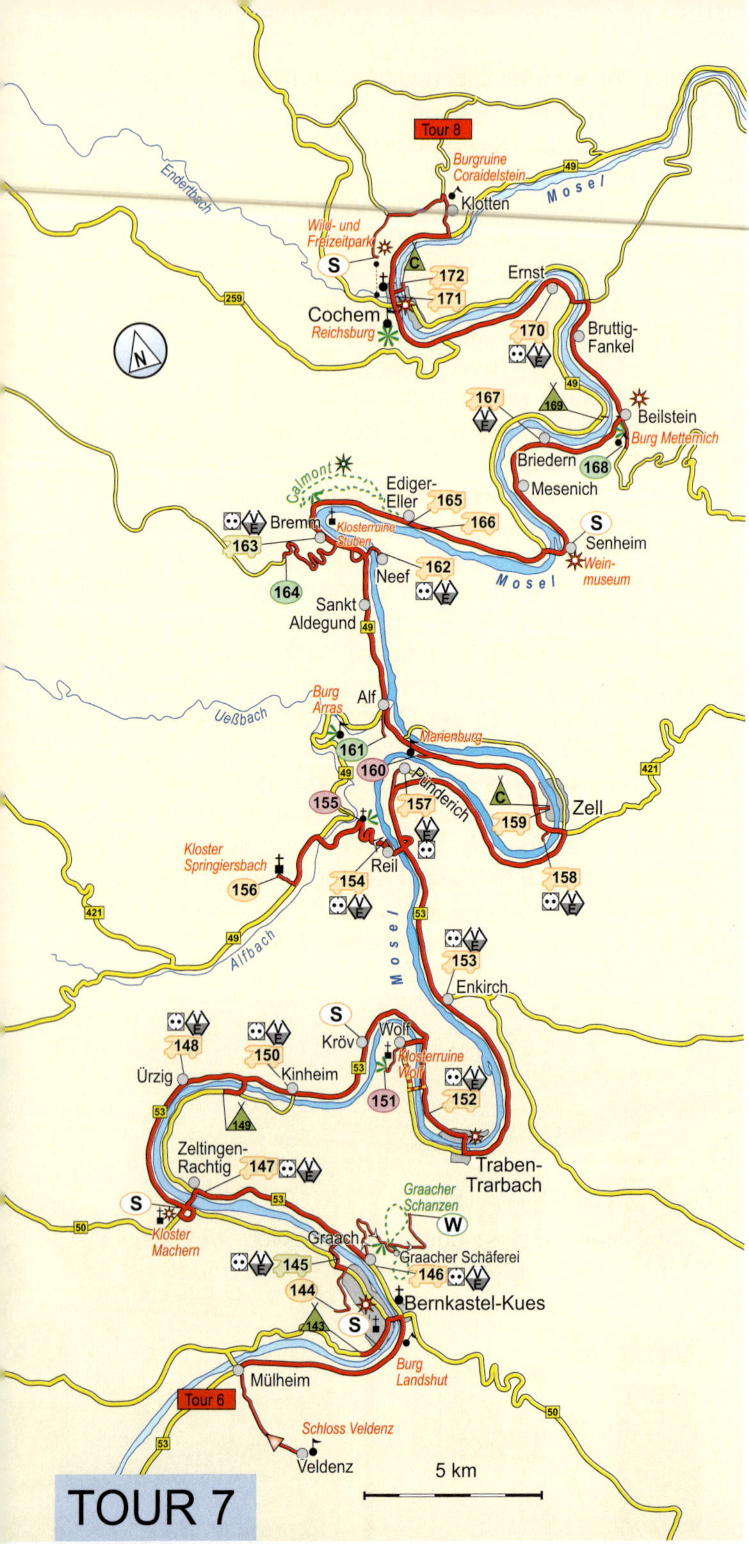

Tour 8
Burgruine Coraidelstein
Klotten
Mosel
Enderbach
Wild- und Freizeitpark
S
C
172
171
Cochem
Reichsburg
259
Ernst
Bruttig-Fankel
170
49
167
169
Beilstein
Burg Metternich
Briedern
168
Mesenich
Calmont
Ediger-Eller
165
166
Bremm
Klosterruine Stuben
163
164
S
Senheim
Wein-museum
Neef
162
Mosel
Sankt Aldegund
49
Alf
Burg Arras
Ueßbach
Marienburg
161
160
Pünderich
49
155
157
C
Zell
421
159
Kloster Springiersbach
156
Reil
154
158
421
49
Alfbach
53
Mosel
153
Enkirch
S
Kröv
Wolf
148
150
Ürzig
Kinheim
53
Klosterruine Wolf
151
152
53
149
Zeltingen-Rachtig
147
Traben-Trarbach
S
Kloster Machern
50
53
Graacher Schanzen
W
Graach
Graacher Schäferei
145
146
144
Bernkastel-Kues
143
S
Burg Landshut
Mülheim
Tour 6
Schloss Veldenz
50
53
Veldenz
5 km
TOUR 7

Tour 7 — 180 km

Bernkastel-Kues – Zeltingen-Rachtig – Traben-Trarbach – Bremm – Beilstein – Cochem – Klotten

Stellplätze:	Bernkastel-Kues, Graach, Zeltingen-Rachtig, Wolf, Traben-Trarbach, Enkirch, Reil, Springiersbach, Pünderich, Zell, Alf, Neef, Bremm, Ediger-Eller, Briedern, Beilstein, Ernst, Cochem.
Campingplätze:	Bernkastel-Kues Camping am Moselsteig, Campingplatz Erden, Ellenz-Poltersdorf Campingplatz Happy Holiday.
Besichtigen:	Bernkastel-Kues, Stadtbild, Heimatmuseum, Cusanus-Geburtshaus, Sankt-Nikolaus-Hospital, Moselweinmuseum; Zeltingen-Rachtig Puppen- u. Ikonenmuseum; Traben-Trarbach Stadtbild, Mittelmosel-Museum, Buddha Museum, Haus der Ikonen; Springiersbach Barockkirche; Alf Burgmuseum; Senheim Weinmuseum; Beilstein Stadtbild; Ernst Moselland Museum; Cochem Altstadt, Reichsburg, Edelsteinmuseum, Bunker-Museum, Hist. Senfmühle; Klotten Wild- und Freizeitpark.
Wandern:	Bernkastel, Graach, Enkirch, Neef, Ediger-Eller.
Radfahren:	Mosel Radweg.
Essen:	Bernkastel Rotisserie Royale; Zeltingen-Rachtig Brauhaus Kloster Machern; Traben-Trarbach Alte Stadtmühle, Alte Zunftscheune, Restaurant Belle Epoche; Enkirch Churtrierischer Weinhof Beilstein Café Klapperburg, Cochem Restaurant im Hotel Lohspeicher.

Die B53 bringt uns direkt nach **Bernkastel-Kues,** das von der bereits seit dem 17. Jahrhundert als Ruine bestehenden **Burg Landshut** bewacht wird. Unbestritten gehört das **Zentrum der Mittelmosel** zu den beliebtesten Orten an unserer Strecke. Die traumhaft schöne Altstadt im rechts der Mosel gelegenen Ortsteil Bernkastel mit seiner großen Anzahl an Fachwerkbauten und farbenfroh verputzten Häusern sowie der mit Gründerzeitvillen bestückte Ortsteil Kues auf der anderen Flussseite ziehen jedes Jahr aufs Neue viele Touristen an. Der berühmte Sohn der Stadt, Nikolaus von Kues, trägt zusätzlich zur Bekanntheit des Städtchens bei und wir wollen beide heute kennenlernen.
Der große Parkplatz links der B53 ist für WOMOs gesperrt und wir rollen, nachdem wir die Mosel überquert haben links auf den ausgewiesenen WOMO-Parkplatz P2 [N 49°54'40.7" E 07°04'02.8"; Saarallee/Nikolausufer, V/E, Gebühr, Zentrum ca. 500 - 800 Meter]. Die Stadtväter untersagen hier das Übernachten und erlauben lediglich das gebührenpflichtige Parken

während der Zeit von 10 bis 18 Uhr für maximal 6 Stunden. Für den längeren Aufenthalt eignen sich der Campingplatz sowie der terrassierte und schöne Stellplatz am Weingut neben einem Campingplatz im Stadtteil Wehlen.

(143) WOMO-Campingplatz: Bernkastel-Kues, Camping am Moselsteig

GPS: N 49°54'36.5" E 07°03'11.0"; Am Hafen 2
Telefon: 06531/8200, www.knauscamp.de/bernkastel-kues
Öffnungszeit: Ganzjährig.
Ausstattung: Separate WOMO-Stellplätze vor der Schranke, Badestrand, Kanufahren, Angeln, Spielplatz, Grillplatz, Shop, Waschmaschine, Wäschetrockner, Gasflaschentausch, Fahrradverleih, behindertengerechte Einrichtungen.
Beschreibung: Die auf befestigter Wiese angelegte Anlage, liegt teilweise unter Bäumen und die Plätze sind relativ groß bemessen und liegt am Ortsrand auf einer Halbinsel in der Mosel. Rad- und Wanderwege sind wie überall an der Mosel vorhanden und ins Zentrum sind es 1,5 - 2 km.
Preise: €€€.
Zufahrt: Von der B53 über die Moselbrücke nach Kues bzw. Richtung Lieser fahren und den Hinweisen zum Campingplatz folgen.

(144) WOMO-Stellplatz: Bernkastel-Kues, Mosellandhalle

GPS: N 49°55'05.4" E 07°03'24.0"; Am Kurpark **Max. WOMOs:** 3
Ausstattung: Müllbehälter.
Beschreibung: Der einfache, gepflasterte Großparkplatz liegt außerhalb des Ortes an der Veranstaltungshalle und am Kurpark.
Zufahrt: Von der B53 über die Moselbrücke nach Kues fahren und am Kreisel den Hinweisen Mosellandhalle folgen. Beim 3. Kreisel am Ortsausgang links Richtung Kueser Plateau/Reha-Kliniken fahren. Nach etwa zwei Kilometern ist der Parkplatz erreicht.

(145) Offizieller WOMO-Stellplatz: Bernkastel-Kues, Weingut Studert-Prüm

GPS: N 49°56'19.1" E 07°02'57.0" Hauptstraße 150
Max. WOMOs: 40
Kontakt: Telefon 06531/2487, www.studert-pruem.de, Anmeldung Uferallee 22 ca. 300 m entfernt.
Öffnungszeit: April - Oktober.
Ausstattung: V/E, Strom.
Beschreibung: Die schattenlosen Parzellen des schönen, terrassierten Platzes liegen direkt an der Mosel, sind befestigt und groß bemessen.

Der Platz liegt am Ortsrand und Bäcker, Geschäfte sowie Gaststätten und Straußwirtschaften in der Nähe. Rad- und Wanderwege sind ebenfalls vorhanden und eine Bushaltestelle ist in der Nähe.
Preise: €€€.
Zufahrt: Von der B53 über die Moselbrücke nach Kues fahren und am Kreisel den Hinweisen nach Wehlen folgen. Die Stellplatzzufahrt befindet sich hinter der des Campingplatzes.

Bernkastel-Kues

Die **Tourist-Info** finden wir an der Hauptstraße am Moselufer der Doppelstadt *(Mitte April - Okt. Mo - Fr 9 - 17 Uhr, Sa 10 - 16 Uhr, So10 - 13 Uhr, 5. Nov. - Ostern Mo - Fr 9.30 - 16 Uhr, Weihnachten, 31.12/1.1. geschlossen, Gestade 6, Telefon 06531/500190, www.bernkastel.de)*. Neben vielen Themenrundgängen werden hier auch öffentliche **Altstadtführungen** angeboten *(Sa 14.30 Uhr, Sept./Okt. zusätzlich Do 14.30, Treffpunkt Karlsbader Platz hinter der Tourist-Info, Gebühr)*.

Wir lassen uns einen Stadtplan aushändigen und gehen auf unsere eigene Erkundungsreise, die am Marktplatz beginnt. Dort erwartet uns ein prächtiges, mittelalterliches Ensemble, das seines Gleichen sucht. Neben dem **Renaissance-Rathaus** von 1608 in Massivbauweise fällt ein Bürgerhaus von 1660 mit geschnitzten Eckständen auf, in dem eine Apotheke untergebracht ist. Sollte man in der Weinstube, die das reich und schön verzierte **Heinzsche Haus** beherbergt, mal zu tief ins Glas geschaut haben, bringt's vielleicht ein Besuch in **Stöcks Apotheke** wieder ins Lot. Auf einem 2 Meter breiten Unterbau balanciert seit 1416 das zerbrechlich wirkende **Spitzhäuschen**. Durch die „Alte Römerstraße" gelangen wir am **Bärenbrunnen** vorbei zum **Graacher Tor**, das ehemals zur Stadtbefestigung gehörte und nun dem **Heimatmuseum** Unterschlupf gewährt *(Ostern -Okt./Weihnachtsmarkt Do 19 -21 Uhr, Fr - So 15 - 17 Uhr, Eintritt)*. Gehen wir von hier über den „Hinteren Graben" und die „Burgstraße", erreichen wir nach knapp einem Kilometer den bekannten **Weinberg Bernkasteler Doctor**.

Die Legende besagt, dass der Trierer Erzbischof Boermund im 14. Jahrhundert den Rebensaft besagter Lage von einem Winzer gegen eine schwere Erkrankung erhielt. „Gebt mir noch mehr von dieser guten Arznei! Wie wohl sie mir durch die Adern rinnt!" sprach der Kirchenmann und soll kurze Zeit später sein Krankenlager verlassen haben. Seitdem darf jene Weinlage, in der der heilende Trunk gewachsen ist, den „Doktorentitel" tragen.

In der Burgstraße statten wir der **Historischen Bonbonmacherei Bonbon Willi** einen Besuch ab und können die Weine auf ganz andere Art auf der Zunge zergehen lassen. Die Weinbonbons, aber auch andere Geschmacksrichtungen sind eine Wucht! Mit etwas Glück kann man die Herstellung auf den historischen Bonbonwalzen miterleben *(Mo - So 11 - 17.30 Uhr, Gruppenführungen möglich, Burgstraße 8, www.bonbon-willi.de)*.

Marktplatz mit Sankt-Michaels-Brunnen

Spitzhäuschen

Ein Stückchen weiter befindet sich in einem alten Fachwerkhaus die **Rotisserie Royale**, in der in gemütlicher Atmosphäre gute Speisen zu zivilen Preisen auf den Teller kommen *(12 - 14/17 - 21 Uhr, Mi Ruhetag, Telefon 06531/6572, Burgstraße 19, www.rotisserie-royale.de).*
Bevor wir über die Brücke zurück nach Kues marschieren, fällt das mit acht Türmchen versehene Glockenturmdach der an Kunstschätzen reichen **Pfarrkirche St. Michael** ins Auge.
In Kues kommen wir gar nicht an Nikolaus von Kues (1401 - 1464) vorbei. Im **Cusanus-Geburtshaus** erhalten wir Informationen über den großen Humanisten in der Epoche des Übergangs zwischen Spätmittelalter und Früher Neuzeit *(Mitte April - Okt. Di - Sa 11 - 17 Uhr, So/Feiertage 10 -14 Uhr, Nov. - Mitte April Di - Sa 13 - 17 Uhr, So/Feiertage 10 - 14 Uhr, letzter Einlass 30 Min. vor Schließung, Eintritt).* Nikolaus, als Sohn des begüterten „Krebse-Hennes" unter dem Familiennamen Kriftz (Krebs) in Kues geboren, nannte sich ab 1430 selbst Nikolaus von Trier oder Nikolaus von Cusa (latinisiert: Cusanus). Als Philosoph, Mathematiker, Theologe und später als Kardinal, päpstlicher Legat und Fürstbischof von Brixen spielte er besonders in der Auseinandersetzung mit der Kirchenreform eine bedeutende Rolle. Seiner Heimat und seiner Familie stets verbunden machte er den Krebs zu seinem Wappentier. Er entwarf ein für die damalige Zeit ziemlich modernes, geradezu revolutionäres Weltbild: Propagierte er doch den Frieden zwischen allen Gläubigen. Nach Cusanus Auffassung hatten alle Menschen einen Gott, der lediglich verschiedene Namen hat und Einheit in der Vielzahl demonstriert. Für ihn war zwar die christliche Religion die einzig wahre Religion, die es aber lediglich durch friedliche Gespräche mit Andersgläubigen durchzusetzen galt. Bereits vor Kopernikus vertrat er als Astronom die seinerzeit unglaubliche Meinung, dass sich die Erde im unendlichen Universum

Sankt-Nikolaus-Hospital

dreht. Für dieses Gedankengut machte Galilei knappe 200 Jahre später Bekanntschaft mit der Inquisition.
Nikolaus war aber nicht nur ein großer Denker - als gläubiger Christ war er zur Caritas aufgerufen und durch ein glückliches, kaufmännisches Händchen besaß er genug Einkommen, um 1458 das **Sankt-Nikolaus-Hospital** gründen zu können *(Führungen April - Okt. Di 10.30 Uhr/Fr 15 Uhr, Eintritt)*. Hier wurde 33 greisen (über 50! Jahre alten) Männern aus allen Ständen eine Heimstatt geboten. Die spätgotische Stiftsanlage nach klösterlichem Vorbild wurde durch die Jahrhunderte nie zerstört und bietet in ununterbrochener Tradition bis heute alten Menschen (mittlerweile auch Frauen) Unterkunft und Fürsorge. Bei einer Führung durch die Stiftsanlage gelangen wir in die **Bibliothek** des Gelehrten mit kostbaren und kunstvollen Handschriften aus dem 9. bis 15. Jahrhundert und können uns daran gar nicht sattsehen. Beim Globulus Cusanus, dem Globusspiel, ist der Mensch in seiner Unvollkommenheit als eingedellte Kugel dargestellt und bei dem Versuch, die deformierte Kugel vom äußeren Rand in den Mittelpunkt des Spieltisches zu befördern, demonstriert uns Cusanus auf ganz simple Art und Weise knapp 550 Jahre nach seinem Tod, dass es keinen direkten Weg zum Ziel gibt. Die weitere Schlussfolgerung besteht darin, dass der Mensch jederzeit sein Leben korrigieren kann, indem er die Kugel erneut aufsetzt und selbst für seinen Werdegang verantwortlich ist. Die **Kapelle** der Stiftsanlage betrachtete Cusanus als Mittelpunkt seines Hospitals *(So - Fr 9 - 18 Uhr, Sa 9 -15 Uhr)*. In der Mitte des Chorraums ist unter einer Messingplatte, auf der er im Bischofsornat zu sehen ist, sein Herz zur letzten Ruhe gebettet.

Wappen am Cusanus-Geburtshaus

Zum Grundbesitz des Nikolaus von Kues und der heutigen Stiftung gehören auch Weinberge, deren Riesling-Weine in der **Vinothek des Moselweinmuseums** zu verkosten sind. Im Museum wird in einer multimedialen Erlebniswelt so ziemlich alles über die älteste Weinregion Deutschlands und andere europäische Weinanbaugebiete präsentiert *(Feb./März Mo - Sa 11 - 17 Uhr, 16. Apr. - Okt. 10 - 18 Uhr, Nov. - 15.April 14 - 17 Uhr, Besichtigung inkl. Weinprobe, Eintritt, www.moselweinmuseum.de)*.

WOMO-Wandertipps:
Seitensprung und Streuobstwiesen

Wer sich **Bernkastel-Kues** von oben anschauen und gleichzeitig eine Runde in der grünen Natur drehen möchte, dem empfehlen wir den **Moselsteig Seitensprung Bernkasteler Bärensteig**. Die wegen der An- und Abstiege als mittelschwer einzustufende 6,5 Kilometer sowie gut markierte Rundstrecke beginnt unweit des Marktplatzes an der Kallenfelsstraße und führt meist über naturbelassene Pfade entlang von Bächen zu mehreren schönen Aussichtsplätzen.
Im Ortsteil **Wehlen** ist es der **Rundweg Wehlener ObstArt**, der auf etwa 4 Kilometer in die alte Kulturlandschaft führt. Der als leicht einzustufende Weg beginnt in der Brückenstraße nahe der Moselbrücke, ist gut markiert und führt in die Weinlage Wehlen sowie durch Streuobstwiesen. Anstatt von Informationstafeln wird der Genusswanderer von Skulpturen und Objekten aus Glas, Stein und Metall begleitet.

Graach mit Stellplatz an der Mosel

Auf der B53/B50 verlassen wir Bernkastel-Kues und sind bald in **Graach** mit seinem offiziellen **WOMO-Stellplatz** Sun Park direkt an der Mosel, aber auch an der Bundesstraße gelegen [**146:** N 49°55'59.8" E 07°03'45.3"; Gestade 16a, V/E, Strom, Duschen, WC, Gasflaschentausch, Preis €€€, März - Okt., Telefon 06531/9719988, www.sunpark-mosel.de].

Im Ort laden Winzer, Weinstuben und Gasthäuser zwischen hübschen Häusern zur Einkehr ein und wer den Weg in den 300 Meter hoch gelegenen Ortsteil **Graacher Schäferei** nicht scheut, wird mit einem atemberaubenden Panoramablick ins Moseltal belohnt. **Doch Achtung: Die Fahrt sollte nur mit kleineren WOMOs angetreten werden, da die Ortsdurchfahrten teils sehr eng sind!**

Wer jedoch einmal oben ist, folgt im Örtchen den Hinweisen zu den Wanderparkplätzen über teils enge Serpentinen auf einer schmalen Straße weiter bergan vorbei am Mini-Wanderparkplatz „An der Traver Ruh". Im weiteren Verlauf des Sträßchens gelangen wir auf das Plateau und mit etwas Glück, kann das WOMO nahe der „Eisernen Weinkarte" abgestellt werden [N 49°55'51.0" E 07°05'19.8"]

WOMO-Wandertipp: Graacher Schanzen

Mittelschwere Wanderung durch Wald und Wiesen sowie entlang der Weinberge mit tollen Aussichten. Markiert mit einem roten Herz.

Der ca. 5,5 Kilometer langer Rundweg führt zu den Resten der ehemaligen Verteidigungsanlage aus den 90er Jahren des 18. Jahrhundert.

Die Franzosen waren unter dem Vorwand, die Errungenschaften ihrer Revolution ins linksrheinische Gebiet zu tragen, auf dem Vormarsch. Koalierende preußische und österreichische Armeen verschanzten sich daraufhin zur Abwehr im Mittelmoselraum. Die Graacher Schanzen waren das Kernstück der weitreichenden Anlage, lag sie doch auf der höchsten und schmalsten Stelle des Plateaus über der Moselschleife zwischen Bernkastel und Trarbach. Die Arbeiten an den Schanzen begannen unter Zwangsverpflichtung der Männer der umliegenden Dörfer im Mai 1794 und endeten bereits im folgenden September, da die Preußisch-Österreichischen ihre militärische Unterlegenheit spürten und abrückten. Ende 1795 schien sich das Blatt erneut zu wenden und die mittlerweile hier ansässige französische Besatzungsmacht machte sich an die Fortführung des Schanzenbaus. Lange mussten die wiederum aus den umliegenden Dörfern herbeigerufenen Winzer und Bauern nicht schuften, denn am 1. Januar 1796 wurde ein Waffenstillstand zwischen den Kämpfenden geschlossen. Die Arbeiten auf der Graacher Höhe wurden eingestellt. Diese Art von militärischen Bauwerken macht uns besonders viel Freude – ist doch aus den Laufwerken, den Geschützstellungen und Vorwerken niemals ein einziger Schuss abgefeuert worden!

Auf der B50/53 geht es rechts weiter Richtung Traben-Trarbach. Bald ist in **Zeltingen-Rachtig** die Uferallee mit ihren hübschen Häusern erreicht und schon gibt es wieder einen offiziellen **WOMO-Stellplatz** in Straßennähe zu vermelden **[147:** N 49°57'17.0" E 07°00'34.5"; Uferallee, V/E, Strom, März - Nov., Preis €€].

Von hier ist das mit Fachwerkhäusern und herrschaftlichen Bauten des 18. bis 20. Jahrhundert gespickte Ortsinnere schnell zu Fuß erkundet und auch die **Tourist-Info** ist nicht weit *(April - Okt. Mo - Fr 9 - 12/14 - 17 Uhr, Mai - Okt. Sa 9 - 12 Uhr, Nov. - März Mo/Di/Do/Fr 9 - 12 Uhr, Uferallee 13, Telefon 06532/2404, www.zeltingen-rachtig.de).*

Nicht nur hier, sondern auch in einigen anderen Moselorten begegnen wir lebensgroßen Pappkameraden, die von einer ortsansässigen Künstlerin aus Draht und Pappmaché gefertigt und mit einer wetterfesten, elastischen Masse überzogen werden. So pausiert ein Wanderer auf einer Bank an der Uferallee und der blau gewandete Moselaner sinniert auf seiner Terrasse wohl gerade über den 1,7 Kilometer langen, hinter Zeltingen-Rachtig das Tal in 158 Meter Höhe überspannenden Hochmoselübergang. Die Fernstraßenverbindung schließt eine Lücke zwischen dem Rhein-Main-Gebiet und den belgischen Ballungsräumen. Wir überqueren die Mosel auf einem dagegen geradezu popeligen Brückchen, um auf der anderen Flussseite dem **Kloster Machern** einen Besuch abzustatten [N 49°57'21.3" E 07°00'00.0"].

Kloster Machern mit Puppen- und Ikonenmuseum

Bereits 1084 gibt es erste Hinweise auf ein klösterliches Leben, das aber erst 1238 als Frauenkloster der Zisterzienser zur wahren Blüte erwacht. Im ständigen Auf und Ab der Zeiten verblasst der Glanz des

Klosters im 16. Jahrhundert und wird im 17./18. Jahrhundert durch die Äbtissin Maria von Metternich u. a. durch den Neubau von Barockbauten wieder aufpoliert. Ab Ende des 18./Anfang des 19. Jahrhundert verfiel das Kloster jedoch endgültig. Erst 1969, unter der Regie eines Weingutbesitzers, kam wieder Leben in die alten Mauern und nach aufwendigen Renovierungsmaßnahmen wurde das Kloster ab 2000 in neu erstrahltem Glanz der heutigen Nutzung übergeben. Hinter großen Glasvitrinen blicken uns im **Puppenmuseum** große Kulleraugen entgegen und in den Puppenstuben gibt's nicht nur Kaufmannsläden, sondern auch eine Apotheke oder Handwerksstuben en miniature zu bewundern. Vorwiegend Puppen aus den Jahren zwischen 1850 und 1925 bilden den Schwerpunkt der Sammlung. Was könnten die wunderschönen Charakter- und Einzelpuppen aus den Kinderzimmern der vorigen Jahrhunderte alles ausplaudern, wenn sich ihre stummen Münder für einen kleinen Moment öffnen würden ... Nach den Puppenmuttis kommen auch kleine und große Jungs voll auf ihre Kosten, wenn sie in der Blechspielzeug-Abteilung beim Anblick von Eisenbahnen, Motorrädern mit aufwendiger Mechanik oder Feuerwehrautos aus den letzten zwei Jahrhunderten glänzende Augen bekommen und in ihrer Fantasie die Automotoren brummen lassen.

In den nächsten Räumen stehen wir im **Ikonenmuseum** vor besonders schönen Exemplaren. Ikonen sind Kultbilder der orthodoxen Kirche. Sie schließen die ganze Theologie und Spiritualität der Ostkirche ein. „Sprich mit den Ikonen - es wird sich lohnen!" - dieser Satz vermittelt das tiefe Verständnis zwischen orthodoxem Glauben und der Ikone. Nach dem ostkirchlichen Verständnis handelt es sich um Porträts, die das innere Wesen des Abgebildeten so getreu wiedergeben, dass etwas von der Kraft auf den Betrachter übergehen soll. In der Sammlung finden sich u. a. Reise- und Prozessionsikonen und Sakralgegenstände aus Russland, den Balkanländern und Äthiopien *(Nach Ostern - Okt. 10 -18 Uhr, Mo/Fr 11 - 17 Uhr, Nov./Dez. Mo geschlossen, ansonsten veränderte Öffnungszeiten, Eintritt, www.klostermachern.de).*

Insgesamt ein sehr lohnender Ausflug, den wir im angrenzenden **Brauhaus** bei rustikalem Essen und Bier aus der Klosterbrauerei gemütlich sitzend im großen Thekenraum „verdauen".

Als nächstes durchfahren wir **Ürzig** mit einem offiziellen **WOMO-Stellplatz** direkt am Wasser [**148:** N 49°58'43.3" E 07°00'27.2"; Moselufer, Telefon 06532/2620, www.uerzigmosel.de, V/E, Strom, April - Okt., Preis €€], registrieren auf der anderen Uferseite den familienfreundlichen und netten **Campingplatz Erden**, der für Wohnmobile eine große Wiesenfläche am Fluss bietet [**149:** N 49°58'47.3" E 07°01'13.2"; Am Moselufer, Telefon 06532/4060, camping-erden.de, April - Okt., Preis €€] und vermerken den ebenfalls an der Mosel gelegenen großen offiziellen **WOMO-Stellplatz** in **Kinheim** [**150:** N 49°58'20.3" E 07°03'26.01"; Moselweinstraße, Telefon 06532/3444, www.kinheim.de, V/E, Strom, WLAN, April - Okt. Preis €€].

Wir könnten über jeden der bereits durchfahrenen und der noch kommenden Moselgemeinden mit ihren hübschen Ortsbildern, ihren mannigfaltigen **Wein- und Heimatfesten** Unzähliges berichten (weitere Infos unter www.mosel-weinfeste.de). Geschichten über Kapellen, Kreuzwege, Sonnenuhren und Moselaner gibt es so viele wie Moselkies. Bedauerlicherweise fehlt in diesem Büchlein der Platz und wir müssen uns auf wenige Anekdoten beschränken. Kennern und Liebhabern der Moselweine brauchen wir sowieso nichts über „ihre" Weine und Winzer zu erzählen und über die Namensgebung der einzelnen Weine schon gar nicht.

Da wir uns auf der B53 gerade **Kröv** nähern, möchten wir uns exemplarisch für alle Moselweine ein wenig über die Entstehung eines vom Namen her bekannten Moselweines auslassen und legen dafür eine Pause an der Weinbrunnenhalle ein, [N 49°58'46.6" E 07°05'23.9"; Moselweinstraße].

Hier befinden sich auch der **Schiffsanleger** und die **Tourist-Info** *(Mai - Okt. Mo - Fr 8 - 17 Uhr, Sa 9.30 - 11.30 Uhr, Nov. - April Mo - Fr 8 - 16 Uhr, Moselweinstraße 35, Telefon 06541/9486, www.kroev.de)*.

Moselweine und Straußwirtschaften

An der Mosel und an ihren Nebenflüssen Saar und Ruwer werden die Weinreben auf über 8.880 ha Rebfläche angebaut. Die Weinberge mit schätzungsweise 60 Millionen dicht bepflanzten Rebstöcken auf Schieferböden prägen das Landschaftsbild der ältesten Weinregion Deutschlands maßgeblich und bringen manche edlen Tröpfchen in die Flasche. Etwa 40 Prozent der Anbauflächen befinden sich an den steilen Hängen der Flusstäler, sodass wir das Gebiet als größtes Steillagenweinbaugebiet der Welt

betrachten können. Als Steillage werden hierbei Weinberge mit einer Hangneigung von mehr als 30 Prozent bezeichnet, wobei zu erwähnen ist, dass der später beschriebene Bremmer Calmont gar eine Hangneigung mit bis zu 68 Grad Hangneigung aufweist und damit weltweit als steilster Weinberg gilt. Kennzeichnend für das Anbaugebiet sind mineralisch-fruchtige Weißweine mit verhältnismäßig wenig Alkoholgehalt, die jedoch einen vollen Geschmack erzeugen.

Die mineralisch-trockenen Böden bringen vorwiegend Rieslingweine (rund 60%) hervor, aber auch die alte Rebsorte Elbling (6%), der fruchtig-trockener Müller-Thurgau, der auch als Rivaner bezeichnet wird (ca. 12 %) und die elegant-kräftigen Weißburgunder (3,6%) harmonieren zu leichten oder kräftigen Gerichten der Moselküche. Aus roten Spätburgunder- und Dornfeldertrauben (4,4% bzw. 3,6%) werden komplexe Rotweine als auch fruchtige Rosé oder Blanc de Noir-Weine gekeltert und die feinen Sekte sowie edelsüße Weine begleiten jede Menüfolge aufs Beste. Daneben überzeugen auf 9,2% der Rebflächen weitere Rebsorten.

Das Weinanbaugebiet unterteilt sich in fünf Bereiche, welche wiederum in Lagen gegliedert sind und so klangvolle Namen wie Weinhex, Schwarze Katz, Graacher Himmelreich, Ürziger Würzgarten oder Brauneberger Juffer tragen. Um die Namensgebung der uralten Lagenbezeichnung der Kröver Weine rankt sich die folgende Geschichte:

Vor langer Zeit mussten die Kröver Winzer den Klostergütern, die einen großen Teil der Weinberge besaßen, einen Beitrag ihrer Lese überlassen. Später wurde diese Abgabe zum Teil durch Fronarbeit abgelöst. Die Klöster entlohnten die Arbeit durch Kost und Logis sowie einen freien Tag pro Jahr, an dem die Arbeiter in den klösterlichen Wingerten Trauben lesen konnten. Um besonders hohe Erträge zu erzielen, beeilten sich die Leute natürlich und das gefiel einem der Klostervorsteher überhaupt nicht. Im folgenden Jahr gab er den Arbeitern vor der Lese frisch geschlachtetes und in kaltes Wasser getauchtes Schweinefleisch zu essen. Die „nach hinten gerichtete“ Wirkung blieb bei den Traubenlesern nicht aus! Einer nach dem anderen verließ immer wieder den Weinberg und schmälerte durch den Zeitverlust seine Ernte. Lediglich ein Einziger hielt durch – der Schlauberger hatte rechtzeitig die List des Abtes erkannt, zog sich die Hose aus, schnitt die Trauben weiter ab und kümmerte sich nicht um das „hinterwärtige Ergebnis“. Als der Abt das sah, soll er ausgerufen haben: „Über diesen Nacktarsch bin ich nicht Herr geworden!“ Der Name für den Kröver Wein war geboren!

Natürlich kann der Wein mit dem außergewöhnlichen Namen im Weinstand an der Moselweinstraße verkostet werden, wir tun dies jedoch im Garten des **Kröver Dreigiebelhauses** (Foto links oben). Dieses Wahrzeichen Krövs stammt aus dem Jahr 1658 und wird heute als Straußwirtschaft *(Ostern - Nov.)* genutzt.

Die Tradition der in allen Weinanbaugebieten Deutschlands anzutreffenden **Strauß- oder Besenwirtschaften** geht angeblich auf einen Erlass von 812 durch Karl den Großen zurück, der den Ausschank des Rebensaftes in den königlichen Weinbaudomänen erlaubte und durch einen Strauß kennzeichnen ließ. Es wird auch behauptet, dass der Brauch, vier Monate im Jahr den Wein direkt beim Winzer anzubieten, noch viel älter sei. Mittlerweile ist das Betreiben einer Straußwirtschaft klar geregelt. Eine Gaststättenkonzession ist nicht erforderlich, wenn der Winzer den Zeitraum des Ausschanks in eigenen Räumlichkeiten mit maximal 40 Sitzplätzen im Voraus beim Gewerbeamt anmeldet. Richtig gemütlich wird's oft erst, wenn die angegebene Zahl überschritten wird und sich die Gäste bei kalten und einfachen Speisen auf den Bänken drängeln oder ein Gläschen im Stehen getrunken wird. Auch dürfen Kaffee und Kuchen angeboten werden, während Bier und andere alkoholische Getränke außer Wein verboten sind. Gegen selbst gebrannte Spirituosen ist jedoch nichts einzuwenden. Entscheidend ist weiterhin, dass mindestens ein alkoholfreies Getränk angeboten werden muss. Wer also einen Strauß oder einen Besen mit bunten Bändern im Eingangsbereich der Häuser hängen oder stehen sieht, sollte es nicht versäumen, die abwechslungsreichen Angebote der Winzer zu probieren.

Bereits vor Kröv sahen wir die Klosterruine Wolf rechts über der Mosel liegen und machen uns über die B53 auf den Weg nach **Wolf**. Der Traben-Trarbacher Ortsteil bietet tagsüber einen schönen Wiesenparkplatz direkt am Flussufer unterhalb der Brücke, von dem sich ein Spaziergang in das vom Durchgangsverkehr verschonte Ortszentrum oder zum im 15. Jahrhundert durch die Augustiner genutzten ehemaligen Kloster anbietet. Die Kugelherren, im Volksmund wegen ihrer Kapuzen (cucullus) so genannt, genossen vermutlich, genau wie wir am Abend, die Abgeschiedenheit ihres Klosters und von dort den Blick ins Moselland.

(151) WOMO-Picknickplatz: Wolf, Klosterruine

GPS: N 49°58'19.3" E 07°05'20.4" **Max. WOMOs**: 1 - 2
Ausstattung: Tisch und Bänke, Müllbehälter. /außerorts, einsam.
Beschreibung: Der einfache außerorts, am Waldrand gelegene Parkplatz ist Ausgangspunkt zu Spaziergängen und zur "Burgerstürmung".
Zufahrt: Für kurze WOMOs bis 3,5 t Gesamtgewicht: Nach Überqueren der 1. Moselbrücke rechts in den Ort abbiegen. Erste Möglichkeit links der Klosterbergstraße ca. 1,4 km bis zum Waldrand und dort rechts dem Hinweis „Ruine“ weitere 500 m folgen. Die asphaltierte Straße wird durch einen rumpeligen Schotterweg abgelöst und führt links und dann etwa 100 m nochmals links zu einem kleinen Wiesenparkplatz. **WOMOs über 3,5 t Gesamtgewicht:** Der B53 weiter folgen, auf der 2. Moselbrücke den Fluss überqueren und rechts in den Ort fahren. Dort an der dritten Möglichkeit links der Klosterbergstraße und der o. g. Zufahrt folgen.

Am nächsten Morgen sind wir zügig in **Traben-Trarbach**, wo wir mit viel Mühe das Wohnmobil in der Nähe der Moselbrücke am Straßenrand abstellen – der Parkplatz scheint nur noch für PKW nutzbar. Da man sich in der Doppelstadt durchaus länger aufhalten kann, sind wir allerdings auf dem WOMO-Stellplatz sowieso besser aufgehoben.

(152) Offizieller WOMO-Stellplatz: Traben-Trarbach

GPS: N 49°57'24.1" E 07°06'12.6"; Rißbacherstraße **Max. WOMOs**: 40
Kontakt: 06541/3111, www.moselstellplatz.de
Öffnungszeit: März - Dezember.
Ausstattung: V/E mit Schranke gesichert, Strom, WLAN, Dusche, WC.
Beschreibung: Der parzellierte Platz am Ortsrand ist meist schattenlos und liegt am Ortsrand. In den Ort mit Geschäften und Gaststätten ist etwa 800 Meter entfernt und es gibt Rad- und Wanderwege. Einige Stellplätze liegen direkt an der Mosel auf Wiese.

Preise: €€€.
Zufahrt: Von der B53 nach Rißbach abbiegen und den WOMO- Piktogrammen hinter einer Tankstelle rechts folgen.

Traben-Trarbach

Im rechts der Mosel gelegenen **Trarbach** schlendern wir durch stille Gassen und die lebendige Brückenstraße mit dem **barocken Amtmannshaus**. Rund um den **Alten Stadtturm** mit Glockenspiel befinden sich das **Mittelmosel-Museum** mit einer Sammlung zur Stadtgeschichte von Traben-Trarbach sowie zur bürgerlichen Wohnkultur des 18./19. Jahrhundert, das **Haus der Ikonen** und das **Buddha Museum** *(Mittelmosel-Museum Ostern - Okt. Di - So 10 - 17 Uhr, Haus der Ikonen Palmsonntag - Okt. zusätzlich Nebensaison Sa/So/Feiertage 10 - 17 Uhr, Buddha-Museum Di - So 10 - 18 Uhr, jeweils Eintritt).*

Durch das trutzige **Brückentor** mit einem tanzenden Winzerpaar unter dem Schieferdach und über die Brücke gelangen wir zurück nach **Traben**.

Um die Jahrhundertwende galt Traben-Trarbach nach Bordeaux als größte Weinhandelsstadt in Europa und der gewonnene Reichtum kurbelte die Bautätigkeit im großbürgerlichen Stil in der Stadt an. Die Stunde des von 1863 bis 1929 lebenden Stadtplaners und Designers Bruno Möhring schlug, als er den Architektenwettbewerb zum Brückenbau gewann. Möhring darf zu den bedeutendsten Architekten des Jugendstils in Deutschland gezählt werden. Seine originellen und eigenständigen Schöpfungen finden wir neben knapp einem Dutzend anderer **Jugendstilbauten** in Traben-Trarbach am Jugendstilhotel Bellevue. Schaut man sich den Eckturm an, möchte man meinen, vor einer riesigen, schlanken Sektflasche zu stehen.

Die große Nachfrage nach Riesling-Weinen bedurfte jedoch auch der Vergrößerung der Weinkeller und so wurde in der zweiten Hälfte des 19. Jahrhundert die Moselgemeinde wie keine andere mit teilweise mehrstöckigen und über 100 Meter langen Gewölben unterkellert. Es ist schon etwas Besonderes, die **Unterwelt** am Moselufer zu betreten, z.B. die Bundesstraße und verschiedene Gebäude im Halbdunkeln zu unterqueren und in einem Garten oder einem Winzerhof wieder ans Tageslicht zu gelangen. Die spannende Geschichte des historischen Weinanbaus und der alten Kellertechnik kann bei einer Führung erkundet werden *(Ostern - Juli Fr 18 Uhr, Aug. - Okt.Fr 17/18 Uhr, Sa 11 Uhr, Nov. - Ostern 2. u. letzter Fr im Monat 18 Uhr, Gebühr. Wegen der großen Nachfrage unbedingt im Vorfeld bei der Tourist-Info eine Führung vorbuchen!).* Ein unvergessliches Highlight soll der stimmungsvolle **Mosel-Wein-Nachts-Markt** in der Traben-Trarbacher Unterwelt sein.

Im Alten Bahnhof, einem Stadthaus der Belle Époque in Traben, ist die **Tourist-Info** untergebracht, die auf die zahlreichen Angebote der Stadt hinweist und Lust auf weitere Entdeckungstouren rund um Traben-Trarbach macht *(Nov. - März Mo - Fr 10 -15 Uhr, Mi geschlossen, April/Mai Mo - Fr: 10 -16 Uhr/Sa 11 -15 Uhr, Sept. - Okt. Mo - Fr 10 - 18 Uhr/Sa 11 -15 Uhr, Am Bahnhof 5, Telefon 06541/83980, www.traben-trarbach.de).*

Das gastronomische Angebot ist groß und wir sind von den gutbürgerlichen Küchen in der **Alten Stadtmühle Trarbach** *(ab 12 Uhr, Weihertorplatz 1, Telefon 06541/8188877www.stadt-mühle.de)* sowie der **Alten Zunftscheune Traben** *(Di - So ab 17 Uhr, Sa/So zusätzlich 11.30 - 15 Uhr, Neue Rathausstraße 15, Telefon 06541/9737, www.zunftscheune.de)* in historischem Ambiente angetan gewesen. Wenn es etwas Besonderes sein soll, dann empfiehlt sich das **Restaurant Belle Époque** im Hotel Bellevue mit einer exquisiten Küche und ausgefallenen Weinen *(12 - 14/18 - 21 Uhr, Telefon 06541/7030, www.bellevue-hotel.de, Hunde im Restaurant nicht gestattet).*

Ruine Grevenburg

Auf dem Weg nach Cochem erreichen wir bald Enkirch, das mit einem hübschen Ortskern aufwarten kann. Die romantisch verwinkelten Ecken sind vom ausgeschilderten, etwa 3 Kilometer langen **Gässchen Rundweg** gut zu entdecken und ein erklärender Flyer ist in der **Tourist-Info** erhältlich (*März - Okt. Mo - Fr 9 - 12/14 - 17 Uhr, außer Mi Nachmittag, Juli - Okt./ Ostern/Pfingsten zusätzlich 9 - 12 Uhr, Himmelfahrt/Fronleichnam auch Mi Nachmittag, Sa 9 - 12 Uhr, Nov. - Feb. Mo/Di/ Do/Fr 9 - 12 Uhr, Fr Nachmittag 14 - 17 Uhr, Brunnenplatz 2, Telefon 06541/9265, www.enkirch.de).*

(153) Offizieller WOMO-Stellplatz: Enkirch

GPS: N 49°59'01.2" E 07°07'16.2" **Max. WOMOs:** 200
Öffnungszeit: Ostern - Anfang November.
Ausstattung: V/E, Strom, Dusche, WC, vollautomatische Kassettenreinigung, barrierefrei, Brötchenservice, Waschmaschine, Wäschetrockner, WLAN.

Beschreibung: Der direkt an der Mosel gelegene große Wiesenplatz bietet keine Parzellierung und liegt teilweise unter Bäumen. Das Ortszentrum mit Geschäften und Gaststätten (empfehlenswert **Churtrierischer Weinhof** ab 17 Uhr, Di Ruhetag) ist etwa 300

Meter entfernt und auch hier gibt es Rad- und Wanderwege und einen Fähranleger (auf der gegenüberliegenden Uferseite Bahnanschluss nach Traben-Trarbach oder Bullay).
Preise: €€, tagsüber kann das Wohnmobil kostenfrei geparkt werden.
Zufahrt: Von der B53 Richtung den WOMO-Piktogrammen folgen.

Auf der B53 fahren wir weiter nach **Reil**. Der dortige offizielle **WOMO-Stellplatz** am Ortsrand hat uns überzeugt, da er zentrumsnah, jedoch weit genug von der Bundesstraße entfernt liegt und Ruhe am Fluss verspricht [**154:** N50°01'29.9"E07°06'55.0"; Moselstraße, Telefon 06542/21036 www.reil-mosel.de, V/E, Strom, WC, Ostern - Anfang Nov., Preis €€].

Nach Überqueren der Liebfrauenbrücke folgen wir der Durchgangsstraße durch den Ort den Berg hinauf zum teils schrägen Picknickplatz am **Reiler Hals**.

Die Anhöhe schmiegt sich tatsächlich wie ein Flaschenhals zwischen dem Alfbach und der sich durchs Tal windenden Mosel und beschert uns eine schöne Aussicht [**155:** N 50°01'58.9" E 07°06'31.7"].

Wir lassen die Dreifaltigkeitskapelle und einen Bildstock hinter uns und rollen weiter Richtung Wittlich. Nach kurzer Fahrt durch das Alftal wenden wir uns **Springiersbach** zu und erreichen wenig später das **Kloster Springiersbach** [**156:** N 50°01'29.3" E 07°04'10.4"].

Die Barockkirche, die nach einem Großbrand 1940 neu errichtet wurde, birgt im Inneren prächtige in Farben und For-

Altes Fährhaus und Rathaus in Pünderich

men des Rokokos gestaltete Deckenfresken und ein kunstvoll geschnitztes Chorgestühl aus dem 18. Jahrhundert. Im Konvent leben heute die Karmeliten, die sich vor allen Dingen der Seelsorge an der Klosterkirche widmen. Der Orden der Karmeliten hat im Unterschied zu den meisten anderen Ordensgemeinschaften keinen Ordensgründer und nahm seinen Anfang auf dem Berg Karmel bei Haifa im Heiligen Land.

Nach diesem Abstecher in die Abgeschiedenheit hat uns die B53 alsbald wieder und wir schlagen die Räder des Wohnmobils weiterhin Richtung Cochem ein.

Ein Abstecher von der Bundesstraße nach **Pünderich** lohnt sich insofern, da der dortige offizielle **WOMO-Stellplatz** nett und ruhig zwischen Feldern sowie Weinbergen nahe an der Mosel zu finden ist [**157:** N 50°02'36.5" E 07°07'31.8"; Moselallee, Telefon 06542/900021, www.puenderich.de, V/E, Strom, Preis €€].

Langweilig wird es hier bestimmt nicht, denn der direkt am Stellplatz verlaufende **Mosel Radweg** lädt zum Erkunden der Umgebung ein und/oder man lässt die Fachwerkidylle des historischen Weinortes auf sich wirken. Auf der anderen Seite der Mosel sehen wir auf dem vom Fluss auf zwei Seiten umschlungenen Petersberg den **Aussichtsturm Prinzenkopf** sowie die **Marienburg** liegen. Setzt man mit der Fähre über, sind beide Ziele durch die Weinberge bergauf zu erwandern. Nach jeder Aktivität lockt die Moselterrasse der **Gaststätte Zur alten Brennerei** am Fähranleger *(Ostern - Okt. 12 - 19 Uhr, www.zur-alten-brennerei.eu)*.

Bevor wir die Marienburg mit dem Wohnmobil erreichen, gelangen wir zunächst nach **Zell**.

Der Ort bietet den Charme einer lebensfrohen Kleinstadt und einer der offiziellen **WOMO-Stellplätze** liegt am **Erlebnisbad Zeller Land** [**158:** N 50°00'59.6" E 07°10'34.8"; Am Freizeitzentrum, V/E, Strom, Preis €€, Schwimmbad Mo geschlossen, eventuell Geräuschbelästigung durch nahe Straße].

Der zweite **Stellplatz** befindet sich im **Ortsteil Kaimt** und ist, durch eine Fußgängerbrücke verbunden, näher am Zentrum und ruhig neben dem **Campingplatz** gelegen [**159:** N 50°01'48.0" E 07°10'39.0"; Marientaler Au, Telefon 06542/9619446, www.campingpark-zell.de, V/E und weitere Einrichtungen auf dem Campingplatz gegen Gebühr zu nutzen, Preis €€].

Die Zufahrten zu beiden Stellplätzen sind von der Bundesstraße aus mit WOMO-Piktogrammen gekennzeichnet. Wie fast überall im Moseltal kommen auch in Zell die Besucher radelnd, wandernd oder paddelnd zwischen den Rebhängen auf ihre Kosten und die **Tourist-Info** des Zeller Landes hilft bei der umfangreichen Urlaubsplanung *(April - Juli 9 - 17 Uhr, ab Mai zusätzlich Sa 10 - 13 Uhr, Aug. - Okt. Mo - Fr 9 - 18 Uhr, Sa 10 - 15 Uhr, Nov. - März Mo - Do 9 - 12.30/13.30 - 16.30 Uhr, Fr 9 - 13 Uhr, Balduinstraße 44, Telefon 06542/96220, www.zellerland.de).*

Nun hangeln wir uns von der B53 hinauf zur **Marienburg**, die ehemals Augustinerkloster später zur Befestigungsanlage umgewandelt wurde und heute als Jugendbildungsstätte dient. Kurz hinter dem Abzweig zur Burg verzeichnen wir linker Hand einen kleinen Picknickplatz und können ein Stückchen weiter wieder einmal einen herrlichen Blick aus der Vogelperspektive auf die unter uns mäandernde Mosel werfen [**160:** N 50°02'26.2" E 07°08'41.7"].

Eine weitere bewohnte und bewirtschaftete Burg findet sich oberhalb von **Alf**. Unmittelbar vor dem Alfbach und dem Kreisel des Wein- und Urlaubsortes biegen wir links ab Richtung „Kriegsgräberstätte" und „Parkplatz Waldfrieden".

Auf einem steilen, teilweise sehr engen Sträßchen durch ein Wohngebiet erreichen wir nach 800 Meter einen Wanderparkplatz [**161:** N 50°02'58.9" E 07°07'30.3"; Auf Tannerd. **Nur etwas für kleine WOMOs!**].

Von hier gelangt man nach etwa 500 Meter die **Pündericher Aussicht** auf dem Prinzenkopf zu Fuß oder man schlägt den etwa 2,5 Kilometer langen Wanderweg zur 1000-jährigen **Burg**

Arras ein. Das **Burgmuseum** gewährt nicht nur Einblicke in die Geschichte der Mittelmosel, sondern beherbergt auch eine Gedenkstätte für den ehemaligen Bundespräsidenten Dr. Heinrich Lübke *(Mo - Fr 10 - 18 Uhr, Sa - So 9 - 18 Uhr, Eintritt)*. Bevor es zum Wohnmobil zurückgeht, lädt das Burgrestaurant mit seiner Terrasse und einem grandiosen Blick ins Alftal zum Verweilen ein.
Zurück in Alf kreiseln wir links und fahren auf der B49 durch St. Aldegund samt eines WOMO-Stellplatzes zwischen Fluss und Bundesstraße.
Über die danach folgende Brücke wird in **Neef** der dortige, diesmal an der Bahnlinie liegende einfache, auf einer großen Wiesenfläche gelegene offizielle **WOMO-Stellplatz** erreicht [**162:** N 50°05'44.2" E 07°08'13.2"; Moseluferstraße, V/E, Strom, April - Nov., Gebühr €€].
Beim Anblick des auf der anderen Seite der Mosel liegenden **Bremmer Calmont** wird uns schon ein wenig flau im Magen. Steile Schieferfelsen, kleine Trockenmauern und die mit Reben bewachsenen Terrassenflächen fallen sofort ins Auge. Mit 290 Meter und bis zu 68 Grad Hangneigung ist der Calmont **Europas steilste Weinberglage**.
Um es vorwegzunehmen: Die nachstehende Wanderung wird zwar ganz schön anstrengend werden, aber die Schönheit der Landschaft, der Blick von oben auf die Mosel und die Ruine von Kloster Stuben, werden uns für die Mühen entschädigen.
Am Ortseingang von **Bremm** notieren wir die Zufahrt zum im Ort gelegenen **Weingut Oster-Franzen**, an dem ein offizieller **WOMO-Stellplatz** angeboten wird [**163:** N 50°05'44.3" E 07°07'27.0"; Calmontstraße 96, Telefon 02675/9119918, www.oster-franzen.de, V/E, Strom, Duschen/WC über eine Wendeltreppe zu erreichen, Waschmaschine/Trockner, WLAN, Vinothek/Weinprobe, März - Okt., Preis €€€ zzgl. Nebenkosten].
Oberhalb des Ortes im Herzen der Calmont-Region findet sich ein abseits gelegener Parkplatz.

(164) WOMO-Wanderparkplatz: Bremm, Grillhütte

GPS: N 50°05'50.5" E 07°06'27.1"; An der L106 **Max. WOMOs:** 2
Ausstattung: Müllbehälter.
Beschreibung: Der einfache Waldparkplatz liegt etwas abseits der Straße auf einer Lichtung mit Grillhütte, Trimmpfad und Spielplatz außerhalb des Ortes.
Zufahrt: Von der B49 am Ortseingang von Bremm nach Lutzerath abzweigen und ca. 3,8 Kilometer in teils engen Serpentinen bergauf halten. In einer scharfen Rechtskurve links abfahren. Der Hinweis zum Grillplatz ist etwas schlecht zu sehen.

Doch nun weiter auf der B49 an **Bremm** vorbei und auf in den Doppelort **Ediger-Eller**, in dem moselländische Gastlichkeit in zahlreichen Gasthäusern und Winzerbetrieben großgeschrieben wird und zwei offizielle **WOMO-Stellplätze** am Wasser zu nennen sind.

Der ideale Ausgangsort für die „Bezwingung" des Calmont bietet sich in **Eller** [**165:** N 50°05'57.2", E 07°08'38.3"; An der B49, Preis €, tagsüber kostenfrei, schräg. www.ediger-eller.de]. Ein weiterer Pluspunkt ist die am Stellplatz gelegene **Kanustation**, an der Kajaks und Kanadier für den Paddelspaß entliehen werden können *(in der Ferienzeit und an Wochenenden ab 10.30 Uhr, Gebühr. www.mosel-kanutours.de)*. Wie hier ist auch in **Ediger** der Stellplatz von der Bundesstraße aus mit WOMO-Piktogrammen beschildert [**166:** N 50°05'34.8" E 07°09'35.7"; An der B49, Preis €, www.ediger-eller.de].
Nun aber wollen wir endlich zur Eroberung des Klettersteigs blasen und schnüren am Stellplatz in Eller unsere Wanderstiefel. Die Tour ist **nur für geübte Wanderer geeignet**, die außerdem trittfest und schwindelfrei sein sollten. Von einem Gang bei Nässe oder großer Hitze ist unbedingt abzuraten! Ach ja, unsere vierbeinigen Begleiterinnen mussten wir leider im Wohnmobil zurücklassen, da sie, wie die meisten ihrer Artgenossen, keine eisernen steilen Leitern überwinden können.

WOMO-Wandertipp: Calmont Klettersteig

Schwere Wanderung von ca. 7 Kilometer, für die man sich wenigstens 3,5 Stunden Zeit nehmen sollte. Aufgrund des Überwindens der Höhenunterschiede durch Leitern ist die Strecke nicht für Hunde geeignet. Vom WOMO aus starten wir Richtung Bahnhof Ediger-Eller und unterqueren die Eisenbahnbrücke. Rechter Hand ist der Einstieg zum Calmont und der Weg zur Schutzhütte Galgenlay ausgeschildert. An

der Hütte beginnt der eigentliche Klettersteig am „caidius mons" – dem „heißen Berg". Der schmale Pfad zwischen dicht stehenden Weinstöcken verlangt uns einiges ab: Steile Kletterpassagen über Felsen und Leitern, sowie mit Drahtseilen gesicherte Abschnitte sind zu überwinden und die „Bremmer Todesangst" macht auf diesem Teilstück ihrem Namen alle Ehre. Unsere ganze Konzentration ist auf den Steig gerichtet. In einem ständigen Auf und Ab geht es weiter Richtung Bremm. Bevor wir den Ort erreichen, wenden wir uns am Steig 7 nach rechts und steigen steil auf Richtung **Gipfelkreuz**. An einer weiteren Schutzhütte machen wir Rast und schauen erschöpft, aber auch zufrieden über die unter uns liegende Moselschleife. Die Mosel im Rücken wenden wir uns ein Stück rechts bis zum mit M markierten Moselhöhenweg, dem wir rechts Richtung Ediger-Eller folgen. Unser Weg streift das rekonstruierte **Höhenheiligtum**, eine römische Tempelanlage aus dem 2. - 4. Jahrhundert nach Christus. Kurz darauf weist ein Schild zum Vier-Seen-Blick. Durch den Buchenwald marschieren wir entspannten Schrittes bis zu einem Wegekreuz. Dort führt die goldene Mitte nach einem kurzen Abstieg zur Hütte Galgenlay. Von hier geht es auf bekanntem Pfad zurück zum WOMO.

Klingt einfach? Ist es aber nicht!!! Abgekämpft, wie wir von unserer Klettersteig-Wanderung sind, können wir uns jetzt noch besser die harte Arbeit und die Mühen vorstellen, die die traditionelle Handarbeit der Winzer im Steillagenweinbau erfordert und genießen am Abend in einer der zahlreichen Gaststätten den Riesling vom Bremmer Calmont mit besonderem Respekt!
Unser Wohnmobil schnurrt entlang der B49 bis zur nächsten Brücke, um von dort Richtung Beilstein nach **Senheim** abzubiegen.
Vom nicht zu verfehlenden Parkplatz ist es nicht weit zum **Weinmuseum** [N 50°05'09.6" E 07°12'36.4"; Am Gestade]. 10.000 Sammlerobjekte von Winzer-, Küfer- und Weinbehandlungsgeräten sind zu sehen und zum Abschluss des Rundgangs kann der Besucher auf der Terrasse noch ein Gläschen Wein probieren *(Ostern - Okt. Mo - Sa 9 - 17 Uhr, Eintritt, www.schlagkamp-wein.de)*.
Wir befinden uns nun rechtsseitig der Mosel und vorbei an Weinbergen erreichen wir Mesenich und wenig später **Briedern**, wo es direkt am Wasser einen offiziellen **WOMO-Stellplatz** gibt. Ab und zu steuern wir ihn wegen seiner Lage etwas abseits der Bundesstraße immer mal wieder gern an [**167:** N 50°06'43.5" E 07°12'29.0"; Moselstraße, V/E, Gebühr €€].

In **Beilstein** unterbrechen wir unsere Reise ein weiteres Mal und stellen fest, dass die Parksituation im sehenswerten Ort für Reisemobile katastrophal ist. Der ausgeschilderte Busparkplatz scheint die einzig adäquate Lösung zu sein – von hier erfordert es aber einen rund 10-minütigen Fußmarsch zur Burg Metternich beziehungsweise hinab in den Ort [**168:** N 50°06'20.2" E 07°14'22.5"; Alte Wehrstraße]. Zusätzlich sei deshalb der **Campingplatz Happy Holiday** am gegenüberliegenden Moselufer in **Ellenz-Poltersdorf** genannt. Von hier setzt man einfach mit der Fähre ins schöne Beilstein über [**169:** N 50°06'35.9" E 07°14'08.0"; Moselweinstraße, Telefon 02673/1272 o. 900000, www.camping-happy-holiday.de, Mitte März - Okt., Gebühr €€].

Stellplatz in Briedern

Beilstein, Burg Metternich und der Moselschiefer

Beilstein ist ein Gesamtkunstwerk! Der malerische Marktplatz mit dem alten **Zehnthaus**, auf Hochglanz polierte Fachwerkhäuschen mit freundlich blühenden Geranien vor den Fenstern, enge Gässchen, verwunschene Winkel und Treppen. Ein ehemaliges **Karmeliterkloster** mit einer barocken Klosterkirche, von dem der Blick auf den ruhig dahinziehenden Fluss und die Weinberge ein Genuss ist (www.beilstein.de).

Außer uns finden das auch unzählige andere Touristen, was dem Charme des Örtchens aber ganz und gar nicht abträglich ist. Ab November fällt das „Dornröschen“ der Mosel dann in einen tiefen Schlaf, um erst im Frühjahr durch neue Romantik suchende „Pflastertreter“ wieder wach geküsst zu werden. Über alldem thront die erstmals 1268 erwähnte **Burg Metternich**, die von den Braunshornern, den Winneburgern und später den Metternichs bewohnt wurde. Den 30-jährigen Krieg überstand sie weitgehend unbeschadet, während 1689 ihr letztes Stündlein schlug.

Die Truppen Ludwig XIV. zerstörten die Burg und der damalige Metternich musste nach Koblenz umziehen. Sein Nachfahre, kein geringerer als Klemens Wenzel Fürst von Metternich, der große Staatsmann und führende Kopf beim Wiener Kongress verlor die Burg endgültig nach der Besetzung des Rheinlandes 1794 an die Franzosen. Heute befindet sich in der **Burg** ein **Restaurant**, von dessen Terrasse wir auf die in der Sonne glänzenden Schieferdächer Beilsteins schauen können *(9 - 18 Uhr, letzter Einlass 17.30 Uhr, Eintritt)*.

Überall an der Mosel finden wir den prägnanten blau schimmernden Dachbelag, der als **Moselschiefer** bekannt ist. Wer jetzt denkt, dass der Schiefer, wie die Vorsilbe „Mosel" vermuten lässt, auch hier abgebaut wird, irrt gewaltig. Der Moselschiefer wurde und wird im Hunsrück und der Eifel gewonnen und nachweislich ab 1830 lediglich über die Mosel zu seinen Empfängern transportiert. Dort sprach man davon, dass der Schiefer „von der Mosel" käme und die Bezeichnung Moselschiefer ging in den allgemeinen Sprachgebrauch über.

Nach unserem Beilstein-Rundgang stellen wir fest, dass wir „so unglaublich viele" Kalorien verbraucht haben, um uns unbedingt der leckeren Tortenauswahl im **Café-Bistro Klapperburg** zuwenden zu müssen! Nebenbei wandern die Augen von einer der über 500 ausgestellten Kaffeemühlen, die älteste stammt aus dem Jahr 1724, zur anderen und wir fühlen uns in der heimeligen Atmosphäre richtig wohl *(April - Okt. 10 - 18.30 Uhr, www.klapperburg.de)*.

Mit von süßen Versuchungen gefüllten Bäuchen könnten auch wir jetzt am Moselufer weiterrollen, überlassen das jedoch lieber unserem Wohnmobil und grüßen wenige Kilometer später das ehemalige Rathaus von 1619 mit seinem runden Treppenturm in Bruttig-Fankel, bevor wir die Moselseite Richtung Koblenz wechseln und nach **Ernst** gelangen.

Nahe der Weinberge an der ehemaligen Winzergenossenschaft verzeichnen wir einen offiziellen **WOMO-Stellplatz** [**170:** N 50°08'33.2" E 07°13'55.3"; Weingartenstraße, Telefon 02671/7561, www.weintreff-ernst.de, V/E, Strom, Weinprobe, Preis €€]. In nächster Nähe präsentiert das **Moselland Museum** mit Bistro auf vier Etagen Exponate aus dem Dorfleben der 1950er und 1960er Jahre zu den Themen Winzerhaus, Schmiede, Traubenkelter und Schule sowie 20 historische Traktoren. Ein empfehlenswertes Nostalgie-Erlebnis *(Ostern - Okt. 10 - 17 Uhr, ansonsten Sa/So 11 - 16 Uhr, Traktorverleih, Eintritt, www.moselland-museum.de)*!

Jetzt ist es nur noch ein Katzensprung bis nach **Cochem**. Die Stellplatzsituation der einen Besuch lohnenden Stadt ist eher als dürftig zu bezeichnen. Aber was soll's! Schließlich gibt es in der Umgegend genügend nette Stellplätze, von denen man per Rad oder ÖPNV nach Cochem gelangen kann.

Wer die Nähe zur Bundesstraße nicht scheut, kann mit dem Wohnmobil aber auch die ausgewiesene Parkmöglichkeit an der Nordbrücke/Moselpromenade anfahren [**171:** N 50°09'12.6" E 07°10'06.3"; Moselstraße, Gebühr 1€/Stunde, ca. 500 Meter ins Zentrum]. Alternativ ist ein Schotterparkplatz am gegenüberliegenden Moselufer zu nennen [**172:** N 50°09'38.3" E 07°10'47.1"; Stadionstraße, Gebühr 0,50 €/Stunde, ca. 2 Kilometer ins Zentrum]. Er befindet sich vor dem **Campingplatz Mosel Camping**, dessen **V/E-Station gegen Gebühr** genutzt werden kann.
Oder man fährt tagsüber in Verbindung mit dem Besuch des Wild- und Freizeitparks zum dortigen Parkplatz nach Klotten hinauf, absolviert einen etwa einen Kilometer langen Spaziergang und schwebt bequem mit der **Sesselbahn** hinab in die Moselstadt *(Mitte/Ende März - Juni/Juli 10 - 18/18.30 Uhr, Juli/Aug. 9.30 - 19 Uhr, Sept. 10 - 18.30 Uhr, Okt. 10 - 16 Uhr, zeitweise länger, bis Mitte Nov. 11 - 16 Uhr, bitte genaue Öffnungszeiten nachfragen, Gebühr, Hunde bis 30 cm Schulterhöhe gestattet, Talstation Endertstraße/Bergstation Pinnerkreuz, www.cochemer-sesselbahn.de)*.
Um sich einen ersten Eindruck von Cochem und der Umgebung zu verschaffen, ist der Besuch der **Tourist-Info Ferienland Cochem** zu empfehlen (*Nov. - März Mo - Fr 9 - 13/14 - 17 Uhr, April 9 - 17 Uhr, Mai - Mitte Juli Mo - Fr 9 - 17 Uhr, Sa 9 - 15 Uhr, So 10 - 15 Uhr, Aug. - Okt. Mo - Do/Sa 9 - 17 Uhr, Fr 9 - 18 Uhr, So 10 - 15 Uhr, Endertplatz 1, Telefon 02671/60040, www. cochem.de oder www.ferienland-cochem.de)*. Neben diversen Themenführungen und geführten Wanderungen werden **öffentliche Stadtführungen** angeboten *(Ostern - Okt. Mo/Sa, Gebühr)* und es werden gebührenpflichtige Audio-Guides für eine **elektronische Stadtführung** entliehen. Hierbei wird der Besucher mittels GPS und Orientierungsplan in zwei Stunden oder über den ganzen Tag zu allen wichtigen Sehenswürdigkeiten geführt. Eine schöne und unterhaltsame Angelegenheit, bei der wir unser Tempo selbst bestimmen können und je nach

persönlichen Interessen hier und da etwas länger verweilen können (Gebühr). Wer mehr auf Rundfahrten steht, wird den **Mosel-Wein-Express** besteigen. Das Touristenbähnchen klappert zahlreiche historische Bauwerke in der Altstadt ab und ist nach etwa 25 Minuten zurück am Startpunkt an der alten Moselbrücke *(Hauptsaison 10 - 17 Uhr, Gebühr).*

Cochem

Am Busbahnhof Endertplatz steigen wir in den **Reichsburg-Shuttle** *(Mai - Okt., Gebühr)*, der uns nach kurzer Fahrt durch die engen Sträßchen Cochems zur im Jahr 1000 erbauten und auf einem 100 Meter hohen Bergkegel oberhalb der Mosel liegenden **Reichsburg** befördert.

Würdevoll und stolz überragt der Burgfried die mit Türmchen, Zinnen und Wehrmauern bestückte schlossartige Festung. Die Burganlage wurde erstmals 1051 urkundlich erwähnt, als sie an einen Pfalzgrafen übertragen wurde. 100 Jahre später brachte der Stauferkönig Konrad III. sie unter seine Gewalt, setzte einen Burgmann zur Verwaltung ein und die Burg wurde damit zur Reichsburg. Nachdem verschiedene Könige und kurtrierische Bischöfe das Sagen auf der Burg hatten, kam 1689, während des Pfälzischen Erbfolgekrieges, der französische Sonnenkönig in Gestalt seiner Truppen kämpferisch vorbeigaloppiert und die Reichsburg wurde erst beschossen, dann okkupiert und schlussendlich zerstört. Nach dem Wiener Kongress wurden die Preußen Herren der Burgruine. 1868 suchte der Berliner Kaufmann Louis Ravené (1823-1879) eine Sommerresidenz und die Reichsburg wechselte für 300 Goldmark den Besitzer. Ravené ließ die Burg im neugotischen und bis heute erhalten Stil wiedererrichten. 1942 verkaufte die Familie Ravené die edlen Gemäuer an das Deutsche Reich. Nach dem 2. Weltkrieg ging die Reichsburg in den Besitz des Landes Rheinland-Pfalz über und gehört seit 1978 der Stadt Cochem. Bei einer **40-minütigen Führung** präsentieren sich sieben Räume mit prunkvollen Holzmöbeln, wertvollen Kaminen, Ritterrüstungen, riesigen Trinkhörnern und wunderschön gestalteten Decken. Vor dem Eingangsbereich der Burg werfen wir neben dem Löwen, der mit heruntergeklapptem Visier eher an den Frosch Kermit erinnert, einen Blick auf die träge dahinfließende Mosel und schlendern durch Gässchen und Treppen hinab in die Stadt *(Burgführungen: Mitte März - Okt. 9 - 17 Uhr, Eintritt. Burgschänke: 10 - 18 Uhr. In den Wintermonaten finden fast täglich Führungen bei teilweise eingeschränkten Öffnungszeiten statt. www.burg-cochem.de).*

In der Cochemer **Altstadt** wimmelt es zwischen Straßencafés, Weinstuben und Souvenirläden von Menschen aller Nationen und wir erreichen den quirligen **Marktplatz** mit prächtigen Fachwerkbauten, u. a. dem 1739 erbauten barocken Rathaus. In der Nähe befinden sich die katholische **Pfarrkirche St. Martin** und das **ehemalige Kapuzinerkloster** sowie das **Enderttor**, eines der drei noch gut erhaltenen Stadttore mit Torwächterwohnung. In der Nähe des Marktplatzes befindet sich das **Edelsteinmuseum**, in dem der Besucher in die faszinierende Welt der Edelsteine, Mineralien und Fossilien eintauchen kann *(April - Okt. Mo - Sa 10 - 18 Uhr, So 11 - 17 Uhr, März/Nov./Dez. Mo - Sa 10 - 17 Uhr, Eintritt. www.edelstein-museum.de).*

Bei den unzähligen gastronomischen Angeboten kann man schnell den Überblick verlieren. Eine feste, wenn auch preislich gehobene Größe ist jedoch das **Restaurant im historischen Hotel Lohspeicher** nahe des Marktplatzes *(Di 18 Uhr, Do - Sa ab 17 Uhr, Obergasse 1, Telefon 02671/3976, www.lohspeicher.de, Tischreservierung empfohlen!).*

Auf der anderen Seite der alten Moselbrücke verbarg sich jahrzehntelang eines der bestgehüteten Geheimnisse der alten Bundesrepublik, der **Bundesbank Bunker Cochem**. Während des Kalten Krieges zu Beginn der 1960er Jahre, zwischen den Moselhängen und in einem beschaulichen Wohngebiet getarnt, entstand ein unterirdischer Schutzbunker, in welchem eine geheime Notfallwährung gelagert wurde. 15 Milliarden DM sollten im Krisenfall die aktuelle Deutsche Mark binnen weniger Tage ersetzen und die Stabilität der deutschen Währung sicherstellen. Gleichzeitig mussten sich die Bediensteten darauf einstellen, wie sie 14 Tage vollkommen unabhängig von der Außenwelt arbeiten und leben konnten. Auch wenn die Bevölkerung wusste, das es den Bunker gab, erfuhr sie doch erst 1988, was es mit diesem tatsächlich auf sich hatte. Ein beeindruckender Besuch tief unter der Erde, der ein Stück unbekannter deutscher Zeitgeschichte offenbart *(stündliche Führungen Mai - Okt. 11 - 15 Uhr, im Winter veränderte Öffnungszeiten, Eintritt. Warme Kleidung empfohlen, Hunde nicht gestattet. Da keine Parkplätze vorhanden sind, empfiehlt sich die Anreise mit dem Bunker-Shuttle Mai - Okt 10.40/12.40/14.40 Uhr ab Endertplatz, Gebühr, www.bundesbank-bunker.de).*

Während der Bunker unter Häusern versteckt liegt, fällt das alte Gebäude der **Historischen Senfmühle** schnell ins Auge. Das Mahlwerk hat seinen Ursprung im 18. Jahrhundert und zählt zu den ältesten Senfmühlen Europas. Bei einer halbstündigen Führung wird uns zwar nicht das Geheimnis der Rezeptur offenbart, aber wir erhalten Einblick in das Mahlverfahren, bei dem 525 kg schwere Mühlsteine die Senfkörner zermahlen (*10 - 18 Uhr, 25./26.12/1.1. geschlossen, Führungen täglich 11/14/15/16 Uhr, Eintritt. www.senfmuehle.net).*

Oberhalb von Cochem und im weiteren Verlauf der B49 gut ausgeschildert über einige Kurven und vorbei an der Burg Coraidelstein ist der **Wild- und Freizeitpark** in **Klotten** erreichbar [N 50°09'40.8" E 07°09'57.4"]. Alternativ fährt die bereits erwähnte Seilbahn von der Talstation in der Stadt hinauf auf das Plateau.

Im Park gibt sich eine abwechslungsreiche Tierwelt ihr Stelldichein und Fahr- und Spaßattraktionen laden zu schwindelerregenden Höhenflügen ein. Kleine und große „Funatiker" kommen auf ihre Kosten und die Achterbahn „Heiße Fahrt" bringt die Fahrgäste nochmals weitere 20 Meter in luftige Höhen *(9.30 - 18 Uhr, in den Sommerferien teilweise verlängerte Öffnungszeiten, Nov. - März geschlossen, Eintritt. www.freizeitpark-klotten.de).*

Marktplatz

Tour 8 220 km

Pommern – Treis-Karden – Emmelshausen Gondershausen – Windhausen – Alken – Münstermaifeld – Kobern-Gondorf – Koblenz

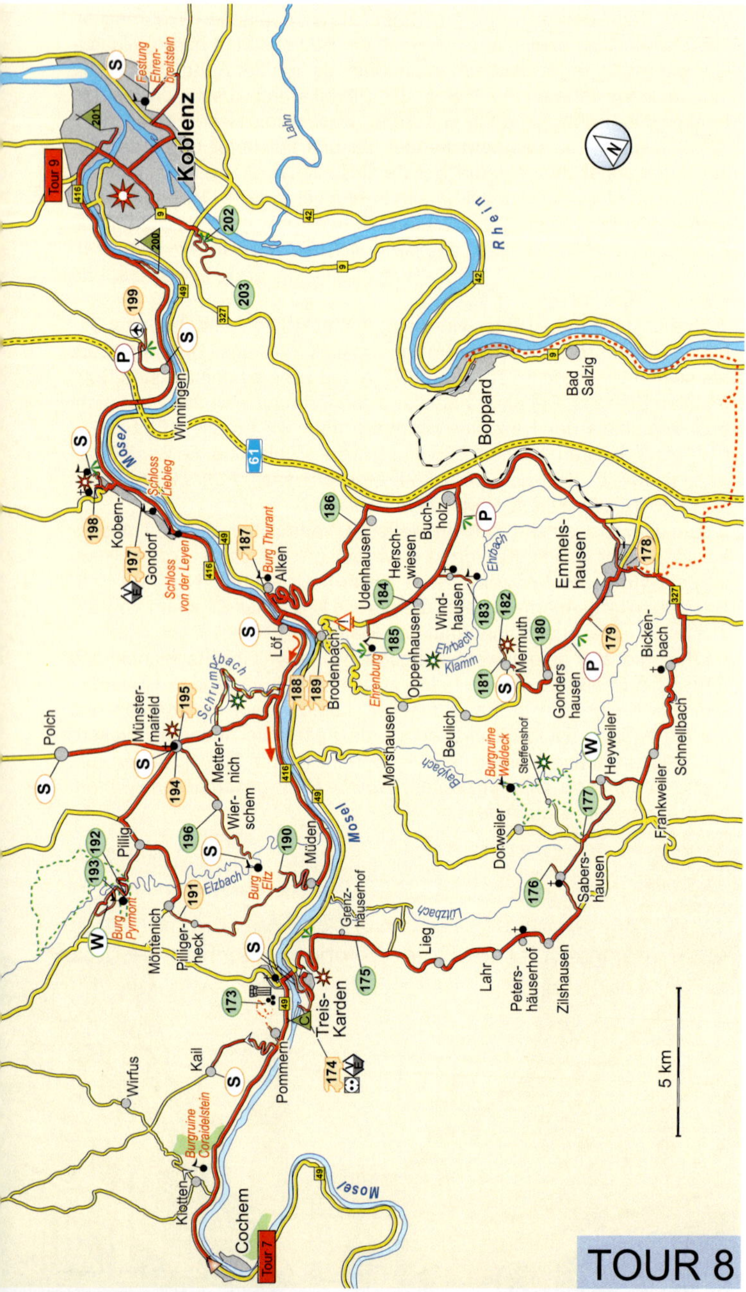

Stellplätze:	Pommern, Lieg, Sabershausen, Heyweiler, Emmelshausen, Gondershausen, Mermuth, Windhausen, Ehrenburg, Udenhausen, Müden, Möntenich, Roes, Wierschem, Kobern-Gondorf, Winningen, Koblenz.
Campingplätze:	Treis-Karden Mosel-Islands, Güls Gülser Moselbogen, Koblenz Campingplatz Rhein-Mosel.
Besichtigen:	Kail Brennerei Vallendar; Pommern Martberg; Emmelshausen Agrar-Museum; Mermuth Intarsien museum; Brodenbach Ehrenburg; Alken Burg Thurant; Roes Burg Pyrmont; Wierschem Burg Eltz; Münstermaifeld Stiftskirche, Heimatmuseum, Archäologische Museum; Kobern-Gondorf Matthiaskapelle, Weinmuseum; Koblenz Stadtbild, diverse Museen, Festung Ehrenbreitstein und. Kirchen.
Wandern:	Cochem/Pommern, Sabershausen, Heyweiler, Gondershausen, Mermuth, Windhausen, Oppenhausen, Roes, Wierschem.
Radfahren:	Emmelshausen Schinderhannes-Radweg,Mosel Radweg.
Baden:	Münstermaifeld.
Essen:	Emmelshausen Restaurant Feinheit; Gondershausen Schmausemühle; Roes Pyrmonter Mühle; Münstermaifeld Restaurant Vulcana; Kobern-Gondorf Alte Mühle; Koblenz Gerhards, Pegelhaus, Weinhaus Hubertus.

Wen es nach sehr guten Brennerei-Erzeugnissen dürstet, folgt uns über Klotten Richtung Wirfuss nach **Kail** und besucht die dortige **Brennerei Vallendar** [N 50°11'02.4" E 07°14'36.0"; Hauptstraße]. Zum einen können wir die alkoholischen Vorräte in unserem Reisemobil auffüllen und zum anderen könnten wir ein Brennerei-Seminar besuchen. In der gläsernen Destillerie kreiert Hubertus Vallendar in der selbst entwickelten Brennanlage Brände, Geiste und Liköre, die zu den besten im Lande gehören. Neben den Klassikern wie Williams-Christ- oder Mirabellenbrand reizen auch ausgefallene Destillate wie Spargelgeist oder Bananenbrand. Besonders liegt dem Brennmeister der regionaltypische „Rote Weinbergpfirsich“ am Herzen *(Mo - Fr 8 - 12 Uhr/13 - 17 Uhr, Sa 9 - 14 Uhr, www.vallendar.de)*. Gut eingedeckt mit Likör und Edelbrand des Mosel-Pfirsichs setzen wir unseren Weg mit 11 Prozent Gefälle und auf engen Serpentinen zur B49 ins Tal fort und treffen dort auf jene, die aus Richtung Cochem/Klotten auf direktem Weg über die Bundestraße zu uns stoßen.

In Pommern wollen wir einen Ausflug in die gallo-römische Vergangenheit unternehmen und empfehlen Eignern von Wohnmobilen über 6,50 Meter Länge, diesen von Cochem aus als **Wanderung** zu starten. Der Zug RB82 fährt vom

Bahnhof regelmäßig nach Pommern, wo man sich in der Ortsmitte dem mit einem Tempel gut markiertem **Lenus-Mars-Weg** anvertraut und nach rund drei Kilometer Fußmarsch bergauf den Martberg erreicht (weitere Infos zum Wanderweg unter www.pommern-mosel.de).

Wir sind unterdessen von der B49 nach **Pommern** abgebogen und folgen durch die verwinkelten Gässchen vorsichtig den Hinweisen zum Martberg.

(173) WOMO-Wanderparkplatz: Pommern, Martberg

GPS: N 50°10'39.1" E 07°16'48.4"
Max. WOMOs: 2
Ausstattung: Bank, Müllbehälter.
Beschreibung: Der einfache Parkplatz liegt außerorts und gilt als Ausgangspunkt zur etwa 900 Meter entfernten Tempelanlage. Er befindet sich außerorts, ist leicht schräg und es gibt weitere Wanderwege.
Zufahrt: Im Ort der Beschilderung Martberg folgen und am Ende des Ortes etwa 2 Kilometer auf einem kurvigen, teilweise unebenen Schotterweg mit wenigen Ausweichmöglichkeiten bergauf bis kleinen Parkplatz fahren.
Hinweis: Parkplatz nur für Besucher des Martbergs und für WOMOs bis max. 6,50 Meter Länge!

Martberg

Der Berg zwischen Pommern und Karden liegt etwa 180 Meter über der Mosel und bot etwa 200 nach Christus einer befestigten, großstadtähnlichen Siedlung Platz, in deren Zentrum eine gallo-römische Tempelanlage entstand. Einer der Tempel war dem römischen Gott Mars geweiht und gibt dem Berg bis heute seinen Namen: mons martis – Martberg. Archäologische Ausgrabungen liefern Einblicke in die Besiedlungsstruktur des Martbergs und nach jahrelangen Ausgrabungen wurden Teile der Tempelanlage rekonstruiert. Auf Schautafeln wird die wechselvolle Geschichte des Mosellandes in einem Verschmelzungsprozess von Kelten und Römern deutlich. Die farbenprächtigen Innenmalereien des Haupttempels, die geschichtsträchtige Umgebung und der weitreichende Blick über die Landschaft machen den Ausflug auf die Höhe zu einem Erlebnis *(Mai - Okt. Fr - So/Feiertage 11 - 17 Uhr, Eintritt. www.martberg.de)*.

Nach diesem Ausflug in die Vergangenheit wenden wir uns bei Erreichen der B49 nach **Treis-Karden**, das zügig erreicht ist. Mitten auf einer Insel in der Mosel liegt der empfehlenswerte **Campingplatz Mosel-Islands** einschließlich eines WOMO-Stellplatzes vor dem Gelände [**174:** N 50°10'15.1" E 07°17'33.8"; Am Laach, Telefon 02672/2613, www.mosel-islands.de. Campingplatz: Preis €€, Stellplatz: V/E, Strom, Nutzung der Sanitäreinrichtungen gegen Gebühr, Preis €€€]. Wir überqueren die Mosel, orientieren uns an den Hinweisen zum Campingplatz und parken unser Wohnmobil auf einem der Parkplätze an der Moselallee [N 50°10'31.5" E 07°18'00.0" oder N 50°10'21.9" E 07°17'55.6"]. Von hier gehen wir zurück auf die gegenüberliegende Flussseite in den Ortsteil **Karden**.

Stiftsbezirk und Stiftskirche St. Castor

Wir bewegen uns auf den Spuren des Mosel-Missionars der christlichen Kirche, dem Heiligen Castor. Karden wurde um 350 nach Christus von dem südfranzösischen Priester als erste christliche Gemeinde an der Mosel gegründet und die unübersehbare **Stiftskirche** mit ihren mächtigen Türmen beherrscht noch heute das Ortsbild. Nicht nur die romanischen, gotischen und barocken Stilelemente sind kunsthistorisch beeindruckend, auch ein spätgotischer Altarschrein aus heimischem Ton von 1420 und eine dreimanualige (drei-etagige Tastatur) **Orgel von Johann Michael Stumm** aus dem Jahr 1728 machen die heutige Pfarrkirche zu einem der bedeutendsten Sakralbauten an der Mosel.

Im historischen Stiftsbezirk sind viele ehemalige Stiftsherrenhäuser erhalten und das **Stiftsmuseum**, das an den Kreuzgang der Kirche anschließt, präsentiert neben sakraler Kunst weiterhin archäologische Funde des Martbergs *(Ostern/Mai - Okt. Fr - So/feiertags 15 - 17.30 Uhr, Eintritt)*. Führungen können über die **Tourist-Info** gebucht werden (*Mai - Okt. Mo - Fr 9 - 12/14 - 17 Uhr, Sa 9 - 12 Uhr, Nov. - April Mo - Do 9 - 12/14 - 16 Uhr, Fr 9 - 13 Uhr, St. Castor-Straße 87, Telefon 02672/9157700, www.tourismus.treis-karden.de)*.

Zurück am WOMO halten wir uns erst Richtung Treis und dann auf der L108 Richtung Kastellaun.

Kaum hat unser Gefährt den Berg erklommen, als wir auch schon von der von Menschen und allerlei Fahrzeugen wimmelnden Moselregion in die stillen und beschaulichen Gebiete des Hunsrücks vordringen. Wälder, Felder, weite Blicke sowie adrette Ortschaften prägen nun wieder das Bild und wir ge-

nießen zunächst ein ruhiges Plätzchen abseits des Mosel-Rummels.

Etwa 4,5 Kilometer hinter Treis-Karden führt uns, rund 950 Meter hinter dem Grenzhäuser Hof, vor Beginn des Waldes, ein kleiner Schotterweg zu einem Wanderparkplatz neben einer Grillhütte [**175:** N 50°10'06.7" E 07°19'51.7"].

Durch Lieg und Lahr geht es weiter nach Petershäuserhof, einem kleinen Weiler mit der sofort ins Auge fallenden Pfarrkirche. Einen guten Kilometer hinter Zilshausen halten wir und links und steuern **Sabershausen** an, das zwei Parkplatzmöglichkeiten bietet.

(176) WOMO-Wanderparkplatz: Sabershausen, Grillhütte

GPS: N 50°07'36.5" E 07°24'58.8"
Max. WOMOs: 2
Beschreibung: Der einfache, geschotterte und halbschattige Parkplatz liegt außerorts an der Grillhütte sowie einer Wiese und bietet eine schöne Aussicht. Von hier kann man zu Wanderungen oder Radtouren aufbrechen.
Zufahrt: Im Ort vor der Feuerwehr links, 2. Möglichkeit rechts, am Friedhof vorbei, durch ein kleines Wäldchen und danach gleich links. Der Stellplatz ist ca. 650 Meter hinter der Feuerwehr.
Hinweis: Nur für Fahrzeuge bis 3,5 Tonnen!

(177) WOMO-Wanderparkplatz: Sabershausen, Parkplatz Wechsel

GPS: N 50°07'17,6" E 07°26'05.1"
Max. WOMOs: 1 - 2
Ausstattung: Infotafel, Bänke.
Beschreibung: Der einfache Waldparkplatz liegt außerorts nahe der Straße und bietet sich als Ausgangspunkt für Wanderungen an.
Zufahrt: Etwa 1,3 Kilometer hinter Sabershausen vor Beginn des Waldes wird eine Kreuzung erreicht. Direkt gegenüber liegt der Wanderparkplatz im Wald.

Am nächsten Morgen brechen wir vom Parkplatz Wechsel zu einer Wanderung durch einen Teil des 23 Kilometer langen Baybachtals auf.

WOMO-Wandertipp: Baybachklamm

Mittelschwere Wanderung von ungefähr 12 Kilometer Länge mit einigen Anstiegen.
Wir schlagen den 1,5 Kilometer langen Weg nach Steffenshof (H, 8) ein. Auf breitem Forstweg geht es durch hohen Misch- und Nadelwald mal leicht abwärts und dann wieder aufwärts. Wir lassen den Pfad mit der Markierung 6 rechts liegen und marschieren geradeaus in die kleine Ansiedlung. An der Dorfstraße wenden wir uns links (8), passieren eine kleine Kapelle und eine Gaststätte. Geradeaus führt der Weg nach Dorweiler und es bieten sich immer wieder schöne Ausblicke in Wald und Flur, die bei klarer Sicht bis in die Eifel reichen. Über die Höhen und durch ein bewaldetes Tälchen gehen wir bis kurz vor den Ort und halten uns scharf rechts auf dem Waldecker Weg (8). Mit schöner Sicht gehen wir auf das Baybachtal zu. Wir kommen an einem Parkplatz vorbei und wandern anschließend bergab in den Wald bis zu einem Parkplatz mit Schranke. Dahinter finden wir eine Freifläche mit den Seminarhäusern der Burg Waldeck, den Ehrenhain der deutschen Jugendbewegung und die **Oberburg Waldeck**, die eine stilvolle Umgebung für den Sitz des Bundes der Nerother Wandervögel bietet. Etwas versteckt liegt der Hinweis Baybachtal (8) an einem Strommast nahe der oben erwähnten Schranke, dem wir steil durch den Wald nach unten folgen. An einem in Schiefer gehauenen Übersichtsplan halten wir uns links und durch den klippenreichen Steilhang erreichen wir die Ruine der **Niederburg Waldeck**. Wir kraxeln zwischen den malerischen Mauerresten herum, verlassen die Burgruine wieder durch den Torbogen und halten uns nach etwa 50 m links weiter ins Tal des Baybachs. Entgegen seinem Lauf geht es auf abenteuerlichem Pfad über Wurzeln, mal am Niveau des Baches, mal am höheren Hang entlang. Halteseile helfen über schwierige Passagen hinweg. Selten vorkommende Wasseramseln und sogar ein Eisvogel begleiten unseren Weg an einem zufließenden Bach und an einer hölzernen Brücke vorbei. Stollenzugänge des alten Schieferbergbaus sperren ihre Mundlöcher weit auf und der breite Weg kommt zum einmündenden Buchbachtal. Kurz danach überqueren wir den Baybach, gehen an der 25 m hohen **Felswand Rabenley** vorbei und erreichen das **Ausflugslokal Schmausemühle** *(Nov. - Jan. Mo/Di Ruhetag, März - Mai Di Ruhetag, Telefon 06745/270 www.schmausemuehle.de)*. Nach einer kurzen Rast treten wir den Rückweg vorbei an der Rabenley an und schwenken wenige Meter nach der Überquerung des Baybachs nach rechts (6) 15 bis 25 Minuten aufwärts. Dort wieder rechts, bis wir auf den uns schon bekannten Weg (H, 8) treffen, der uns links zurück zum Parkplatz Wechsel zurückbringt.

Etwa 100 Meter hinter dem Parkplatz Wechsel zweigt die Straße ins beschauliche Dörfchen **Heyweiler** ab. Der dortige Wanderparkplatz ist mit dem Hinweis „Campen für Zelte und Wohnmobile verboten" versehen worden. Er bietet sich aber nach wie vor als Ausgangspunkt für eine weitere Wanderung mit veränderter Wegführung ins Baybachtal an. Im Ort hält man sich an der Kirche links und folgt den Hinweisen zum Wanderparkplatz [N 50°07'56.9" E 07°27'08.2"].

WOMO-Wandertipp: Traumschleife Baybachklamm

Mittelschwere bis schwere Wanderung von 11,5 Kilometer Länge mit teils heftigen An- und Abstiegen, die durchgehend mit der weiß-lila Traumschleifen-Markierung versehen ist.

Die spektakuläre Höhen- und Klammwanderung führt auf gut beschilderten, teils engen Pfaden in die tief ins Hunsrücker Schiefergestein eingeschnittene felsige Klamm. Mehrere Aussichtspunkte auf Felsrippen belohnen die Aufstiege und auch bei diesem Weg verspricht das **Ausflugslokal Schmausemühle** *(Nov. - Jan. Mo/Di Ruhetag, März - Mai Di Ruhetag)* eine erholsame Rast.

Durch die typische Hunsrück-Landschaft mit ihren vielen Berg- und Talfahrten durch kleine Wäldchen, vorbei an saftigen Wiesen mit grasenden Kühen und Pferden sowie den im Vierjahreszeitenkostüm daherkommenden Feldern, durchqueren wir Frankweiler und Schnellbach, bis uns in Bickenbach die markante Mariengrotte an der **Hl. Stephanus Kirche** anhalten lässt. Es ist immer wieder erstaunlich, welche Pracht sich in den Kirchen der kleinen Hunsrückdörfer entfaltet, die in diesem Fall mal wieder durch eine **Stumm-Orgel** von 1869 vervollkommnet wird. Im Jahr 1147 gibt es erste schriftliche Nachweise über Bickenbach und nur wenige Jahre später besuchte der Kirchenlehrer und Prediger Bernhard von Clairvaux (1090-1153) Bickenbach. Er hatte im Dom von Speyer eine Kreuzzugspredigt gehalten und übernachtete im damals nur wenige Seelen zählenden Örtchen. Der Legende nach soll Bernhard mehrere Wunderheilungen an dieser Stelle vollbracht haben. Die Taxa generalis, das Besitzverzeichnis des Erzstifts Trier, zählt um 1330 Bickenbach als Pfarrei im alten Landkapitel Boppard auf. Die Pfarrkirche, die 1657 noch wunderbar in Schuss gewesen sein muss, wird gute 100 Jahre später als baufällig bezeichnet und 1771/72 als Saalbau neu errichtet. Erst 1855 wurde der erhaltene Turm durch einen neuen ersetzt.

Hoch von der Turmspitze schaut uns der in der Sonne funkelnde Wetterhahn hinterher, als wir weiter zur B327 trudeln und von dort **Emmelshausen** anfahren.

(178) WOMO-Stellplatz: Emmelshausen, ZaP

GPS: N 50°09'16.0" E 07°33'21.7" **Max. WOMOs:** 2 - 3
Ausstattung: Bänke, Kinderspielplatz.

Beschreibung: Der im Ort liegende einfache, geschotterte Parkplatz ist meist schattenlos und liegt in der Nähe von Geschäfte und Restaurants. In der nahen Tourist-Info können Fahrräder ausgeliehen werden und der der Schinderhannes-Radweg und andere ausgeschilderte Wege laden zu ausgedehnten Touren ein.

Zufahrt: Von der B327 kommend links die 1. Ausfahrt nach Emmelshausen nehmen und ca. 50 Meter hinter dem Ortseingangsschild rechts den geschotterten Parkplatz ansteuern.

Hinweis: Bei Veranstaltungen kann der Parkplatz unter Umständen dichter belegt sein und es kann etwas unruhiger werden.

Ganz in der Nähe dokumentiert das **Agrar-Museum** anhand zahlreicher Arbeitsgeräte die Entwicklung der landwirtschaftlichen Arbeitsmethoden von der Vergangenheit bis in die Gegenwart *(Mai - Anfang Okt. So/Feiertage 14 - 17 Uhr, Rhein-Mosel-Straße 9 - 11, Eintritt).*

Im ZaP, dem Zentrum am Park, ist neben einem Tagungs- und Veranstaltungszentrum auch die **Tourist-Info** untergebracht *(Mo - Fr 8.30 - 12.30 Uhr/13.30 - 18 Uhr, Sa 9 - 12 Uhr, www.rhein-mosel-dreieck.de).* Wir stöbern in zahlreichen Prospekten, lassen uns beraten und leihen uns Fahrräder für unsere Radtour aus.

WOMO-Radwandertipp: Loreley-Radtour

Einfache, abwechslungsreiche Ganztagestour von etwa 46 Kilometer

auf Radwegen, ruhigen Kreisstraßen und der Bundesstraße an den Rhein und mit der Hunsrückbahn 15 Kilometer nach Emmelshausen zurück.
Gut versorgt mit einer Fahrradkarte starten wir vom ZaP in Emmelshausen südöstlich auf dem teils leicht ansteigenden **Schinderhannes-Radweg**. Vorbei an Lamscheid und Leiningen umrunden wir Pfalzfeld und wechseln auf den **Rhein-Hunsrück-Radweg** (E4). Nach einer kurzen Steigung erreichen wir Nenzhäuser Hof und von nun an geht es bergab. Vorbei am historischen Aldegundis-Marktplatz durchqueren wir den Oberweseler Hochwald, an dessen Ende uns ein herrlicher Blick von den Rheinhöhen über die Rheinebene erwartet. Schnell erreichen wir Damscheid und das idyllische Niederbachtal. Entlang des rauschenden Bachs brausen wir nach **Oberwesel** und rollen unter dem Mühlenturm mitten hinein ins vom Mittelalter geprägte Stadtbild. Der Weg zum Rheinufer ist gar nicht zu verfehlen und wir radeln zwischen dem breiten Strom und der stark frequentierten B9 flussabwärts. Wenig später erhebt sich am gegenüberliegenden Rheinufer der 125 Meter hohe Schieferfelsen der **Loreley**. Durch große Container- und Personenschiffe begleitet, gestaltet sich die Fahrt nach **St. Goar** kurzweilig. Das touristenerprobte Städtchen wird von der **Burgruine Rheinfels** überragt, die zu den großartigsten Burgruinen am Rhein zählt. Die restlichen 14 Kilometer nach **Boppard** ziehen sich an der wenig abwechslungsreichen Strecke allerdings mühsam dahin. An der Bopparder Rheinpromenade laben wir uns anschließend mit Speis und Trank, genießen die belebte Straßenszenerie und lächeln milde die Radfahrer an, die bereits in Oberwesel oder St. Goar ihren sportlichen Ehrgeiz verloren und mit den täglich vor- und nachmittags verkehrenden Schiffen der KD-Linie (www.kd-rhein-main.de) die Radtour nach Boppard verkürzt haben ... wenn wir allerdings unsere leicht schmerzenden Hinterteile einbeziehen, hätten wir vielleicht lieber auch den Weg über den Rhein wählen sollen ... Nach der wohlverdienten Pause schnappen wir unsere Räder und strampeln zum wenig entfernten Bahnhof. Von dort nimmt uns die täglich mehrmals verkehrende **Hunsrückbahn** (www.hunsrueckbahn.info/eingang.htm) die rund 400 Höhenmeter nach Emmelshausen bequem ab und wir ruckeln durch die östlichen Hunsrückausläufer dem Ende unserer Radtour entgegen. Vom Bahnhof in Emmelshausen sind es nur noch wenige Hundert Meter zum ZaP, wo wir unsere Leihräder abgeben und auf einen abwechslungsreichen Tag zurückblicken. Wer noch genügend Kondition hat, der kann in einem alten Geräteschuppen am Bahnhof noch das **Hunsrückbahn-Museum** besuchen *(Mai - Anfang Okt. So/Feiertage 9.30 - 12.30 Uhr, Eintritt).*

Am zentralen Kreisel in Emmelshausen wenden wir uns Richtung Gondershausen und möchten das **Restaurant Feinheit** nicht unerwähnt lassen, in dem klassisch Regionales als auch unerwartet Erlesenes ein bezahlbarer Genuss sind. Komplettiert durch ausgesuchte Weine und einen freundlichen Service heißt es hier: Daumen hoch *(Di - Fr 12 -14.30/18 - 22 Uhr, Sa 18 - 22 Uhr, So 12 - 14 Uhr, Rhein-Mosel-Straße 50, Telefon 06747/ 9500085, www.feinheit-emmelshausen.de).*
Wenig später durchfahren wir **Liesenfeld** und können rund 200 Meter hinter dem Ortsausgang auf einen einfachen geschotterten Parkplatz am Friedhof verweisen [**179:** N 50°09'23.7" E 07°31'51.0"; An der L206]. Knapp zwei Kilo-

meter später wartet links ein **Picknickplatz** mit schöner Aussicht auf Besucher [N 50°09'32.1" E 07°30'25.6"].
In **Gondershausen** legen wir einen Stopp ein, um die Umgebung einmal mehr bei einer Wanderung kennenzulernen.

(180) WOMO-Wanderparkplatz: Gondershausen, Guntershalle

GPS: N 50°09'40.2" E 07°29'16.8"
Max. WOMOs: 2 - 3
Ausstattung: Infotafel, Tisch und Bänke.
Beschreibung: Einfacher, geschotterter, schattenloser Parkplatz am Ortsrand. Im Ort gibt es Gaststätten sowie einen Bäcker und der Parkplatz ist der ideale Ausgnagspunkt für die folgende Wanderung.
Zufahrt: Im Ort rechts den Hinweisen zum Wanderparkplatz folgen.

WOMO-Wandertipp: Traumschleife Rabenlay

Mittelschwere Wanderung von ca. 16 Kilometer Länge mit etlichen Fernsichten sowie teils heftigen An- und Abstiegen, die durchgehend mit dem weiß-lila Traumschleifen-Symbol versehen ist.
Über einen kurzen Zuweg erreichen wir das Eingangsportal der Traumschleife und informieren uns an den ersten Tafeln über die vier Elemente Feuer, Wasser, Erde und Luft. Wir gehen entgegen dem Uhrzeigersinn auf einem schmalen Pfad durch den Wald und haben wenig später eine weite Aussicht über die Hunsrückhöhen bis zur Hohen Acht und die Nürburg in der Eifel. Entlang von Streuobstweisen und Wäldern erreichen wir das Biotop am Sonnenhof und erfahren einiges zu den unübersehbaren Windrädern. Durch den Wald geht es nun hinab ins Baybachtal und wir lassen uns von den hohen Felsen des „Hunsrück-Canyons“ beeindrucken. An einer alten Mühlenruine vorbei marschieren wir nun bergauf zur Rabenlay. Der Felsen ist namensgebend für diese Wanderung und nach dem Aufstieg genießen wir den tollen Ausblick besonders. Durch den Wald, später über Feld- und Wiesenwege wandern wir zu einem kleinen Wäldchen, in dem sich die einstige Erzgrube Petrus versteckt. Vorbei an Weideflächen geht es zunächst bergab und dann hinauf zum Ginsterberg. Bald ist der „Besenbennerkreisel“ erreicht, der auf die alte Tradition des Reiserbesen-Bindens in Gondershausen hinweist und schon geht es erst bergauf bis zum Aussichtspunkt Steinkaul und dann hinab zu einem Waldsee. Nach einer Rast wappnen wir uns für die letzten Kilometer und durch die Felder steigen wir allmählich zu einem Wald hinauf. Dort lohnt sich der Besuch in der kleinen Schönstattkapelle, bevor es über einen schmalen Pfad zum Ausgangspunkt der Wanderung geht.

Nach einer ruhigen Nacht an der Guntershalle fahren wir weiter nach **Mermuth** und folgen den Hinweisschildern zum Intarsienmuseum [N 50°10'13.7" E 07°29'07.8"; Tannenweg].

Intarsienmuseum Mermuth

Hinter einem unscheinbaren Häuschen eröffnet sich uns die Welt des Schreiners Echtermann und seiner Kollegin Schmeißer. In mühevoller Handarbeit entstanden ausdrucksstarke Holzeinlegearbeiten, die aus heimischen Hölzern, wie z. B. Eiche, Ahorn, Rüster und Nussbaum oder überseeischen Hölzern angefertigt wurden. Vom kleinen Döschen bis zum hölzernen Wandteppich ist alles naturbelassen, nichts ist gefärbt oder gebeizt. Vor den teils Hintergrund beleuchteten Exponaten können wir unserer Fantasie freien Lauf lassen, als wir in den von der Natur erzeugten Maserungen Hamster, Schildkröten oder Menschengesichter meinen erkennen zu können. Unglaublich rasch vergeht die Zeit und wir fühlen uns gar nicht wie bei einem Museumsrundgang. Die Atmosphäre erinnert eher an den Besuch bei guten, alten Bekannten, die uns begeisternd und mitreißend mit ihrem Hobby bekannt macht *(10 - 18 Uhr, Eintritt. www.intarsien.de)*.

Zwei Ecken weiter finden wir eine kleine Parkmöglichkeit, sodass sich der Besuch des ruhigen Ortes auch deswegen lohnt.

(181) WOMO-Wanderparkplatz: Mermuth

GPS: N50°10'20.3" E07°29'13.6"
Max. WOMOs: 1 - 2
Ausstattung: Bank.
Beschreibung: Einfacher geschotterter Parkplatz am Ortsrand mit Anschluss an Wander- und Radwege.
Zufahrt: Vor der Kirche im Ort rechts der Straße Richtung Ehrbachklamm bis zum kleinen Schotterparkplatz folgen. Er liegt etwa 100 m hinter den letzten Häusern.

Wir folgen dem Sträßchen durch die Felder ca. 1,5 Kilometer weiter und parken das Wohnmobil auf einem Wanderparkplatz [**182:** N 50°11'02.0" E 07°29'46.0"]. Von hier sind wir vor Jahren zur zwei Kilometer entfernten **Ehrbachklamm** steil bergab gewandert. Das Ehrbachtal gilt als eines der schönsten Bachtäler Deutschlands. Wilde Felslandschaften, kleine Wasserfälle und Strudellöcher sorgen für eindrucksvolle Wanderungen, die durch viele Einkehrmöglichkeiten in den stillgelegten und jetzt teils bewirtschafteten Mühlen unterbrochen werden können. Mittlerweile hat man die herrliche Naturlandschaft als wahres Touristenmagnet erkannt und „vermarktet" sie beispielsweise in Form der Traumschleifen-Wanderungen sehr gekonnt. Wir werden uns also die Ehrbachklamm zu gegebener Zeit auf einer dieser „Markenwanderungen" erneut vornehmen (vgl. Wanderung S. 202).

Unser nächster Wegpunkt ist jedoch erst einmal die Ehrenburg, die wir schon kurz an unserer Strecke von Gondershausen nach Mermuth sehen konnten. Der einfachste Weg würde zurück zur L206 und dann über Beulich und Morshausen nach Brodenbach an der Mosel führen, um dann den Berg hoch zur Burg zu kommen. **Davon sei jedoch jedem WOMO-Fahrer dringend abgeraten!** Selbst Kastenwagen können auf der steilen Serpentinenstrecke Probleme bekommen und so treten wir den Rückweg über Gondershausen an.

Am Kreisel in Emmelshausen halten wir uns Richtung Koblenz/Ehrenburg, um in Buchholz die B327 Richtung Oppenhausen/Ehrenburg zu verlassen.

Etwa 250 Meter hinter Buchholz kann man von einem **Picknickplatz** [N 50°12'22.0" E 07°31'32.4"] im Schatten der Bäume den Blick weit über den Vorderhunsrück schweifen lassen, bevor es zwei Kilometer später nach **Windhausen**/Schloss Schöneck abgeht. Vorbei an der kleinen **Wallfahrtskapelle** zu Ehren der Schwarzen Madonna folgen wir der Durchfahrtsstraße durch das Örtchen hinaus bis zum Waldrand.

(183) WOMO-Wanderparkplatz: Windhausen

GPS: N 50°11'49.8" E 07°30'17.0" **Max. WOMOs:** 1 - 2

Ausstattung: Infotafel, Tisch und Bänke, Müllbehälter.

Beschreibung: Der einfache geschotterte Parkplatz außerhalb des Ortes bietet sich für diverse Wanderungen (z. B. 8,5 und 14,8 Kilometer lange **Traumschleifen Schöneckschleife/Ehrbachklamm**) oder Radtouren an.

Zufahrt: Der Schönecker Straße aus dem Ort heraus ca. 250 Meter folgen, dann rechts zum ausgewiesenen Parkplatz fahren.

Das nahe gelegene **Schloss Schöneck** liegt auf einem Felsen oberhalb des Ehrbachtals und wurde um 1200 als Reichsburg gebaut. Nach einer wechselvollen Geschichte, als die Burg unter anderem als Schutz- und Trutzburg während der Eltzer Fehde (siehe Burg Eltz) diente und später als Lehen an Kurtrier kam, wurde sie wegen ihrer barocken Ausbauten Mitte des 17. Jahrhundert als Schloss bezeichnet. Seit 1805 ist die

Anlage in Privatbesitz und kann jeweils am zweiten Sonntag im September (Tag des offenen Denkmals) besichtigt werden. Zurück an unserer Hauptroute halten wir uns links und düsen nach **Oppenhausen**, um von hier in die oben bereits erwähnte **Ehrbachklamm** einzusteigen.

(184) WOMO-Wanderparkplatz: Oppenhausen

GPS: N 50°11'56.7" E 07°29'05.7"
Max. WOMOs: 2 - 3
Ausstattung: Infotafeln, Wanderwege, Tisch und Bänke.
Beschreibung: Einfacher geschotterter Parkplatz mit wenig Schatten am Ortsrand, der sich als idealer Ausgangspunkt für die folgende Wanderung empfiehlt.
Zufahrt: Im Ort den kleinen Hinweisen zum Parkplatz folgen und Richtung Hübingen links zum Parkplatz abbiegen.

WOMO-Wandertipp: Traumschleife Ehrbachklamm

Mittelschwere Wanderung von ca. 8,5 Kilometer mit nicht zu unterschätzenden An- und Abstiegen durch den Wald und an Hangkanten entlang. Durchgehend mit dem weiß-lila Traumschleifen-Symbol markiert.
Gegen den Uhrzeigersinn wandern wir zunächst über die weiten Ackerflächen auf dem Hunsrück-Plateau. Später tauchen wir durch den Buchenwald hinab in das Tal des Ehrbachs und folgen diesem entgegen seines Laufs. Der Bach hat sich tief zwischen Felsen im Grund eingegraben und das Plätschern und Rauschen der kleinen Wasserfälle begleitet unseren Weg. Später steigen wir durch den Wald wieder bergan, queren das Eltesbächelchen und durchstreifen weiter die Buchenbestände. Zum Ende führt der Weg entlang der Felder leicht aufwärts zurück zum Parkplatz.
Eine herrliche Wanderung in einer fantastischen Natur, die eine abwechslungsreiche Kombination aus Wald, Felsen und Wasser auf teils anspruchsvollen Wegen bietet.

Zurück an der Landstraße setzen wir unsere Fahrt zum Wanderparkplatz an der Ehrenburg fort [**185:** N 50°12'40.7" E 07°27'48.7"].

Ehrenburg

Die Ehrenburg wurde um 1125 auf einem Felssporn über dem Ehrbachtal als Verteidigungsanlage erbaut. Später übernahm sie die Sicherung des Moselübergangs zwischen Brodenbach und Hatzenport. Auch in der Eltzer Fehde spielte sie eine Rolle, als sich die Besitzer der Burgen Waldeck, Schöneck, Eltz und Ehrenburg zusammenschlossen und gegen den Trierer Erzbischof Balduin für ihre Unabhängigkeit erfolglos kämpften. Auch der letzte Ehrenberger hatte 1397 noch nicht genug vom Kampf, als er gegen die Bürger von Koblenz zog und dort mehr als 200 Häuser zerstörte. Im Gegenzug wurde die Burg belagert und mit einer Kanone bedroht, was zur damaligen Zeit eine Seltenheit darstellte. Bis zum Dreißigjährigen Krieg wechselten die Lehnsherren ständig. 1688 ereilte sie das Schicksal vieler Burgen: Sie wurde im Laufe des Pfälzischen Erbfolgekriegs von den Soldaten des französischen Sonnenkönigs geschleift. Seit 1992 ist die Ehrenburg in Privatbesitz, wird wiederaufgebaut und erhalten. Vom höher gelegenen Parkplatz müssen wir etwa 500 Meter talwärts laufen, um vor der mächtigen Burg zu stehen, in der heute ein Hotel untergebracht ist. Dem Bergfried ist ein massiver Bastionsturm, der sog. Rampenturm, vorgelagert, der Ende des 15. Jahrhundert errichtet wurde und zu den frühesten seiner Art in Deutschland zählt.

An Sonn- und Feiertagen erwacht die Burg zum Leben, wenn die „Ritter der Ehrenburg" historisches Handwerk, Gaumenfreuden nach alten Rezepturen und alte Kampfkunst vorstellen. Bei vielen Mitmachprogrammen können sich Kinder und Erwachsene in die spannende Zeit des Mittelalters versetzen lassen *(Frühlingsanfang - Allerheiligen Mi - Sa 10 - 18 Uhr, So/Feiertage 11 - 18 Uhr, Eintritt. www.ehrenburg.de).*

Wie mühsam die Einnahme der Burg hoch über dem Ehrbachtal gewesen sein muss, können wir uns gut vorstellen, denn mit unserem Wohnmobil dürfen wir noch nicht einmal die Abfahrt zur Mosel wagen.

Ehrenburg

Große Schilder und Gefahrenzeichen untersagen die Fahrt ins Tal für Kraftfahrzeuge über 6 Meter Länge und 2,50 Meter Höhe!

So treten wir den „geordneten Rückzug“ über Buchholz an. Am Kreisel drehen wir Richtung Koblenz und wenig später Richtung Brodenbach nach Alken ab. Bevor wir das Moseltal erreichen, gönnen wir uns noch einmal einen ruhigen Parkplatz bei Udenhausen.

(186) WOMO-Wanderparkplatz: Udenhausen, Sportplatz

GPS: N 50°14'03.6" E 07°29'30.4" **Max. WOMOs:** 2

Beschreibung: Der einfache, geschotterte Parkplatz außerhalb des Ortes bietet Anschluss an Wanderwege. Der erste Parkplatz liegt gleich links unter Bäumen, ein zweiter wenige Meter weiter oberhalb der Tennisplätze mit freiem Blick ins Tal.

Zufahrt: Nach dem Abzweigen von der B327 Richtung Alken ca. 1,5 km fahren, dann rechts und die nächste Möglichkeit links abbiegen.

Hinweis: Bei Sportbetrieb ist der zweite Parkplatz nicht nutzbar!

Wir haben die Mosel nach enger, jedoch gut befahrbarer Serpentinenabfahrt noch nicht erreicht, als wir die Zufahrt zur Burg Thurant erspähen und rechts mutig den Berg in Angriff nehmen. Glücklicherweise ohne Gegenverkehr gelangen wir in luftiger Höhe auf einen kleinen Parkplatz, der unser Reisemobil aufnimmt.

Noch einmal würden wir diese Fahrt nicht wagen und der ausgewiesene offizielle **Mini-WOMO-Stellplatz** in **Alken** am Ortsausgang Richtung Koblenz wäre unsere Wahl [**187:** N 50°15'03.5" E 07°26'44.6"; An der B49. Nur für Wohnmobile bis 6 Meter Länge!].

Von dort ist der Aufstieg zur Burg zwar beschwerlich, aber die Ausblicke, die man vom Fußweg auf die Mosel hat, entschädigen für die Mühe. Vom Stellplatz sind es flussaufwärts etwa 300 Meter in den Ort zur Brandgasse, an deren Ende der Weg aufwärts zur Burg führt.

Burg Thurant

Das weithin sichtbare Wahrzeichen Alkens ist teils auf römischen Grundmauern errichtet und eine der ältesten Burgen des Mosellandes. Als Pfalzgraf Heinrich aus dem Adelsgeschlecht der Welfen vom Kreuzzug heimkehrte, erbaute er 1197 die Burg zum Gedenken an die ver-

gebliche Belagerung der Syrerfeste „Thuron“. Mitten im kurtrierischen Gebiet gab es schnell Anlass zu Streitigkeiten mit den beiden Erzbischöfen von Trier und Köln. Nach erfolgreicher Belagerung und Eroberung wurde die Burg mit einer Trennmauer in zwei Hälften mit je einem Bergfried geteilt. Im 19. Jahrhundert zerfiel das Bollwerk und wurde erst ab Beginn des 20. Jahrhunderts wiederaufgebaut. Seitdem ist sie in Privatbesitz und kann besichtigt werden. Am Verwalterhäuschen erhalten wir Informationen für einen Rundgang und stiefeln über Treppen und Gänge durch die weitläufige Anlage, erfreuen uns am Steingarten und den schönen Rosenbeeten. Über eine schmale Wendeltreppe gelangt man zur Trennmauer, die den Trierer Teil der Burg vom Kölner Teil trennt und über den Wehrgang weiter zu den zwei Wachtürmen. Raffiniert ist die Holzvorrichtung, die den in seiner Rüstung steckenden Ritter auf sein Pferd hieven sollte. Der arme Blechbüchsenkamerad muss ganz schön unbeweglich gewesen sein! Nachdem wir dem Weinkeller, der Burgkapelle und dem Wappenzimmer noch die Referenz erwiesen haben, schlecken wir fast unbehelligt von den übrigen Besuchern in einem versteckten Winkel ein Eis, bevor wir der Burg den Rücken kehren *(März - Apr. 10 - 17 Uhr, Mai - Mitte Nov. 10 - 18 Uhr, Eintritt. www.thurant.de).*

Von Alken düsen wir ein kurzes Stück die B49 flussaufwärts Richtung Cochem und notieren im nahe gelegenen **Brodenbach** der guten Ordnung halber zwei weitere offizielle **WOMO-Stellplätze** mit insgesamt sechs Parkmöglichkeiten im Ort [**188:** N 50°13'29.3" E 07°26'35.6"; Salzwiese] und [**189:** N 50°13'29.0" E 07°26'20.1"; Moseluferstraße].
Wir überqueren jedoch die Brücke bereits vorher nach Löf und erreichen wenig später Hatzenport mit seinem Wahrzeichen, dem 1863 erbauten **Fährturm**. Urkundlich wurde der Fährbetrieb erstmals Mitte des 16. Jahrhundert erwähnt. 1957 erwarb die Gemeinde die letzte Fähre, die mit einem Ladegewicht von 24 Tonnen die größte an der Mosel war. 1972 verklang der Ruf „Hol über“ nach dem Fährmann, nachdem der Brückenbau zwischen Löf und Alken vollendet war.

An dieser Stelle möchten wir allen Fahrern von Wohnmobilen über 7 Meter Länge empfehlen, von Hatzenport direkt nach Münstermaifeld/Burg Eltz zu fahren und nach Bedarf über Naunheim, Pillig/Burg Pyrmont, Möntenich Und Pilligerheck bis nach Müdenerberg und zurück „das Feld von hinten aufzurollen“. Die kommende Ortsdurchfahrt durch Müden und die folgenden Serpentinen sind recht eng und wir möchten, dass Sie ohne ärgerliche Vorkommnisse diese Reise mit uns zu Ende bringen!

Wir fahren indessen über Moselkern nach **Müden**. Jetzt ist es mit dem gemächlichen Rollen über die Moseluferstraße vorbei, denn wir wenden uns am Ortsende rechts nach Müden/Burg Eltz. Mit Blick auf die unter uns fließende Mosel schrauben wir uns etwa 2,5 Kilometer auf einer von Weinbergen gesäumten schmalen Straße bergan.

(190)
WOMO-Wanderparkplatz: Müdenerberg

GPS: N 50°11'54.7" E 07°20'20.3"
Max. WOMOs: 2 - 3
Ausstattung: Müllbehälter.
Beschreibung: Der einfache, geschotterte, teils schräge Parkplatz liegt außerorts zwischen dem Waldrand und den Feldern. Es gibt Wanderwege, einer davon führt zur Burg Eltz, dauert rund 60 Minuten und ist zum Teil beschwerlich zu gehen. Die maximale Parkdauer beträgt 24 Stunden.
Preise: €.
Zufahrt: Bei Erreichen des freien Feldes, kurz vor Müdenerberg rechts dem Hinweis Burg Eltz zu einem Wanderparkplatz folgen.

Zurück an der Landstraße folgen wir dieser nach Möntenich, fahren durch Müdenerberg und passieren den Weiler Pilligerheck. Etwa ein Kilometer rollen wir über das **Maifeld**, das bereits von Römern als fruchtbare Kornkammer genutzt wurde, und steuern am Ende einer rechts gelegenen Wiese, vor einer Baumgruppe ein kleines Plätzchen neben der ruhigen Straße an [**191:** N 50°12'55.7" E 07°18'12.1"; An der K32].
Etwa 600 Meter später sind wir in Möntenich und folgen vorübergehend der Beschilderung Burg Eltz bis nach Pillig, das 1212 als „Pilliacum“ erstmals urkundlich erwähnt wurde. In der Dorfmitte lassen wir uns in der Nähe der Feuerwehr von den Hinweisen Burg Pyrmont/**Roes** leiten. Auf direktem Weg führt die Straße zur vor uns aufragenden Burg, deren Fahne uns von Weitem bereits willkommen heißt und nach kurzer Talfahrt haben wir das Elzbachtal erreicht.

(192) WOMO-Wanderparkplatz: Roes, Pyrmonter Mühle

GPS: N 50°14'12.6" E 07°17'25.3" **Max. WOMOs:** 2
Ausstattung: Infotafel.
Beschreibung: Der einfache geschotterte Parkplatz ist liegt außerorts in der Nähe der **Gaststätte Pyrmonter Mühle** *(Do - So 12 - 20/21 Uhr, www.pyrmonter-muehle.de)* und bietet sich als Ausgangsort für die folgende Wanderung an.
Zufahrt: Hinter der Brücke über den Elzbach links zum ausgeschilderten Wanderparkplatz.

Von hier starten wir zu einer Wanderung wie aus dem Bilderbuch: Steile Felsen, ein rauschender Wasserfall, eine Burg und herrliche Aussichten.

WOMO-Wandertipp: Traumpfad Pyrmonter Felsensteig

Mittelschwere, abwechslungsreiche Wanderung von gut 11 Kilometer Länge mit einigen An- und Abstiegen. Durchgängig mit dem Traumpfad-Logo markiert.
Wir folgen kurz der Kreisstraße über den Elzbach und schwenken über die Straße rechts in den Wald. Der Weg schlängelt sich durch ein Wäldchen etwas bergauf und folgt dem Wander-Logo bis aufs freie Feld. Die nahe Kreisstraße wird nochmals überquert und bald haben wir

eine Kreuzigungsgruppe erreicht. Dahinter halten wir uns rechts und wandern von prächtigen Ginsterbüschen und Hecken begleitet bergan. Immer wieder haben wir nun schöne Blicke auf die Burg Pyrmont, bis wir durch eine weitere Waldpassage den Rand der freien Flur erreichen und uns durch die weitläufigen Felder schlängeln. Weithin sichtbar ist das hohe Kreuz am Sammetzkopf auszumachen, doch zunächst gelangen wir ansteigend an ein steinernes Wegkreuz und biegen am nächsten Wiesenweg rechts ab, um vor einem Wäldchen links abzudrehen. Ein asphaltierter Weg wird gequert und geradeaus laufen wir durch die Felder weiter bis zum nächsten Waldrand und dort links. Bald ist das hoch aufragende Holzkreuz erreicht und der fantastische Rundumblick belohnt den Aufstieg. Ein Feldweg führt zum nahen Naturschutzgebiet am Juckelberg, in dem knorrige Bäume und Ginsterbüsche den schmalen Pfad begleiten. An der Schutzhütte bietet sich eine Rast an, bevor es mal auf, mal ab mit immer wieder schönen Aussichten ins Tal des Elzbaches geht. Wir wandern durch einen Erlenwald und folgen dem Pfad durch die Aue. Ein Naturidyll, das wir allen Wanderlustigen ans Herz legen möchten! Wir wenden uns wieder bergauf und erklimmen die eindrucksvollen Schieferfelsen der Teufelskammer, um anschließend wieder ins Tal zu marschieren und die Elz auf zwei Stegen zu überqueren. Sehr abwechslungsreich setzen wir die Wanderung mal nah am Fluss, mal mit kurzen Abstiegen fort, um die Kreisstraße zu queren und die Burg Pyrmont zu erreichen. Anschließend macht der Pyrmonter Felsenpfad seinem Namen alle Ehre und wir gelangen in das „Reich der Felsen“ mit efeuumrankten Höhlen und steilen Klippen. An einer Weggabelung halten wir uns links und wenig später gelangen wir an den Wahlbach. Der Bach wird gequert und nach kurzer Zeit sehen wir links die trutzige Burg auf der anderen Talseite liegen. An einer Wegkreuzung biegen wir scharf links ab und treffen auf einen breiten Wanderweg, der uns zum Restaurant Pyrmonter Mühle bringt. Hier lohnt sich ein Abstecher, um dem nahen Wasserfall einen Besuch abzustatten. Je nach Wasserstand plätschert er milde oder rauscht donnernd ins Tal. Rasch ist wieder die Mühle und kurz darauf der Ausgangspunkt unserer Wanderung erreicht.

Nach dieser grandiosen Wanderung klettern wir etwas erschöpft ins Wohnmobil und streifen auf dem Weg zur Burg einen weiteren links gelegenen und leicht schrägen Wanderparkplatz [**193:** N 50°14'17.1" E 07°17'14.8"]. Auch von hier kann die Traumpfad-Wanderung begonnen werden.

Burg Pymont und Pyrmonter Mühle

Bald schon ist die Zufahrt zur Burg erreicht und über Kopfsteinpflaster holpert das Wohnmobil den steilen Berg hinauf, um auf dem schrägen Besucherparkplatz seinen Platz zu finden [N 50°14'14.7"E 07°17'09.6"].

Burg Pyrmont

Über dem Tal des Elzbaches erhebt sich auf einem Schieferfelsen die von Kuno I. von Schönberg im 12. Jahrhundert erbaute und 1225 erstmals urkundlich erwähnte Feste. Kunos Nachfahren, die den Namen Pirmont oder Pyrmont annahmen, erweiterten die Gebäude ständig. Nach einem kurzen Zwischenspiel der Familie von Eltz kam zu Beginn des 18. Jahrhundert Waldbott von Bassenheim in den Alleinbesitz und baute die Burg zu einer schlossartigen, repräsentativen Anlage um. Nach Eroberung durch französische Revolutionstruppen wurde das Bauwerk als Steinbruch genutzt und verfiel zusehends. Seit Anfang des 20. Jahrhundert ist die Burg in Privatbesitz. Zahlreiche Räume sind mittlerweile wiederhergestellt und können zum Teil besichtigt werden. Der 24 Meter hohe Bergfried bietet einen schönen Blick hinab in das Elz-Tal *(Mai - Anfang Okt. So/Feiertage Burgbesichtigung ohne Führung 11 - 16 Uhr, Eintritt. Evtl. ändern sich die Öffnungszeiten bei Veranstaltungen kurzfristig. www.burg-pyrmont.de).*

Wir verlassen das Burggelände, fahren auf bekanntem Weg zurück nach Pillig und peilen von dort **Münstermaifeld** an. Auf einem Hügel inmitten des **Maifeldes** sehen wir bereits das Städtchen mit der **Stiftskirche St. Martin und St. Severus**, die mit ihren mächtigen Wehrtürmen einer Feste gleicht. In der Stadt halten wir uns Richtung Hatzenport/Burg Eltz und rollen durch den historischen Ortskern. An einer Kreuzung biegen wir zu den Sportstätten ab und finden ungefähr 300 Meter später rechter Hand einen Parkplatz für die Stadtbesichtigung [N 50°14'42.8" E 07°21'33.6"; Pilligertorstraße]. Außerhalb der Freibadsaison *(Mitte Mai - Mitte Sept.)* kann der nebenliegende Parkplatz am Erlebnisbad-Maifeld auch zur Übernachtung genutzt werden [**194:** N 50°14'42.3" E 07°21'30.3"; Pilligertorstraße]. Ein weiterer offizieller **WOMO-Stellplatz** ist im Ort ausgeschildert, für zwei Reisemobile ausgelegt und bei Veranstaltungen schon mal durch Pkw belegt [**195:** N 50°14'44.4" E 07°22'04.2"; An den Gärten].

Münstermaifeld

In der Ortsmitte überragen die Türme der **Stiftskirche St. Martin und St. Severus** alle umliegenden Gebäude. Die erste Kirche an dieser Stelle wurde 573 erbaut, in der später eine Priestergemeinschaft wirkte und sich nach 700 in ein Kollegiatsstift von Augustiner-Chorherren entwickelte. Dem Stift stand u.a. im 15. Jahrhundert der uns schon aus Bernkastel-Kues bekannte Cusanus vor. Im 11. Jahrhundert wird eine neue Kirche im romanischen Stil erbaut, von der bis heute nur noch die mächtige und wehrhaft wirkende Westfassade erhalten blieb. Die Dreiturmanlage mit ihrem rechteckigen Mittelturm und den zwei flankierenden runden Treppentürmen prägt das Bild der ehemaligen Münsterkirche. In den folgenden Jahrhunderten wird die Kirche im Stil der jeweiligen Epoche erweitert und somit entstand eine vielgestaltige Mischung der verschiedenen Architekturstile. Das Stift entwickelte sich im Mittelalter zum kulturellen und geistlichen Mittelpunkt des Maifeldes und erlangte traurige Berühmtheit im 16. Jahrhundert während der Zeit der Hexenprozesse. Zu dieser Zeit schlug der im 15. Jahrhundert erschienene Hexenhammer der Dominikanermönche Institores und Sprengers zu und kostete unzähligen Frauen, Männern und sogar Kindern das Leben. Im Inneren vermischen sich spätromanische und gotische Bauelemente. Ein Blickfang sind neben dem geschnitzten Goldalter im gotischen Stil aus dem Jahr 1518 auch die freigelegten Wandmalereien. Unübersehbar ist der 8,5 Meter hohe Christopherus mit dem Jesuskind an der Nordwand des Querschiffes. Eine weitere Kostbarkeit stellt die **Barockorgel des Johann Michael Stumm** dar. Das Erstlingswerk des Meisters aus dem Jahr 1722 befindet sich zwar nicht mehr im Originalzustand, bietet aber nach wie vor einen Augen- und Ohrenschmaus.

Stiftskirche St. Martin und St. Severus

Rund um die Kirche gruppieren sich im Stadtkern die klassizistischen Herrenhäuser und die Probstei, in der das **Heimatmuseum** untergebracht ist. Mit viel Liebe zum Detail wurden u.a. ein Kolonialwaren- und ein Bäckerladen sowie eine Schusterwerkstatt und eine Schulklasse aus der Zeit zwischen 1900 bis etwa 1950/1960 nachgebildet *(April - Okt. Mi - So 14 - 17 Uhr, Eintritt)*.

Außerdem befindet sich hier das **Archäologische Museum**, das unter dem Motto „Reichtum, Macht, Seelenheil" tief in die Geschichte des Maifelds eintaucht. Im Mittelpunkt steht ein fränkisches Gräberfeld auf dem Vorplatz der Stiftskirche. Die Ausstellung ist multimedial aufbereitet und ermöglicht interessante Einblicke in Grabung, Bergung und Restaurierung der Gräber sowie in das Leben und die Handelsbeziehungen der Franken *(April - Okt. Mi/Do/Sa/So/Feiertage 10 - 13/14 - 16.30 Uhr, Nov. - März Mi/Fr 10 - 14 Uhr, Do 12 - 16 Uhr, Eintritt)*.

Ebenfalls in der ehemaligen Probstei ist die **Tourist-Info** beheimatet *(Nov. - März Mi/Fr 10- 14 Uhr, Do 12- 16 Uhr, April - Okt. Mi, Do, Fr 10 - 13 Uhr, Sa/So/Feiertage 14 - 16.30 Uhr, Münsterplatz 6, Telefon 02605/9615026,* *www.muenstermaifeld.de)*. Hier startet eine **öffentliche Stadtführung** *(April - Okt. So/Feiertage 15 Uhr, Gebühr)* und in der Nähe gibt es leckere Pizza oder Steaks im **Restaurant Vulcana** mit Lieferservice *(Mo - Sa 12 - 14.30/17.30 - 23 Uhr, So 12 - 23 Uhr; Münsterplatz 3, Telefon 02605/84138, www.pizzeria-vulcana)*.

Wer eine kompetente Werkstatt für das Wohnmobil benötigt, schnell seine Gasflasche tauschen oder einfach mal in einem womo-spezifischen Shop stöbern möchte, der kann all das und noch viel mehr im neun Kilometer entfernten **Polch** bei **Niesmann Caravaning** finden [N 50°18'22.1" E 07°18'23.1"; Kehrstraße 51, Mo - Fr 9 - 18.30 Uhr, Sa 9 - 14 Uhr, Telefon 02654/94090, www.niesmann.de].

Von Münstermaifeld machen wir uns auf den Weg nach **Wierschem** und notieren Richtung Keldung rechts hinter dem Dorfgemeinschaftshaus an den Feldern einen tagsüber gebührenpflichtigen Wanderparkplatz **[196:** N 50°13'32.5 E 07°20'47.5"; Burstraße].

Von hier lässt es sich hervorragend ausgeschildert in die mittelschwere, 13 Kilometer lange **Traumpfad-Wanderung Eltzer Burgpanorama** einsteigen, die herrliche Aussichten auf den Hochflächen des Moselplateaus und stille Auenlandschaften entlang des Eltzbaches rund um eine der bekanntesten Burgen Deutschlands verspricht. Wir rollen stattdessen aus dem Ort rechts dem Hinweis Burg Eltz folgend zu einem gebührenpflichtigen Parkplatz [N 50°12'46.4" E 07°20'21.3"]. Von hier ist die Burg bergab zu Fuß oder bequem mit einem kostenpflichtigen Shuttle-Bus zu erreichen.

Burg Eltz

Nach etwa 20 Minuten Fußweg erreichen wir die nicht auf einem Berg thronende, sondern tief im Elzbachtal gelegene Burg. Die Wurzeln des trotzdem imposanten Gebäudes finden sich bereits im 9. und 10. Jahrhundert. Ab 1157 lebte Rudolf von Eltz in der damals noch kleinen Burganlage, deren Grundriss sich an die geologischen Gegebenheiten anpasste. Mitte des 13. Jahrhundert kam es zu einer Stammesteilung und damit auch zu einer Teilung der Burg. Die Brüder Elias, Theoderich und Wilhelm lebten in einer Wohngemeinschaft, führten getrennte Haushalte, waren aber für die Wehrhaftigkeit gemeinsam verantwortlich. Diese sog. Ganerbengemeinschaft war im Mittelalter durchaus üblich. Die Brüder und ihre Nachfahren zeigten in der Gestaltung ihrer jeweiligen Häuser ihre unterschiedlichen Charaktere und schufen diese einzigartige Burganlage.

Wir stehen noch heute vor einer unbezwingbaren Burg, die mit ihren Türmen, Erkern und Dächern im durchaus positiven Sinn das Klischee „der" Ritterburg bedient. Die als befestigte Wohnanlage konzipierte Burg mit ihren acht, nie eroberten und zerstörten Wohntürmen wurde zeitweise von bis zu 200 Personen bewohnt. Selbst der kriegserfahrene Trierer Erzbischof Balduin, der darauf aus war, sein Territorium zu erweitern, biss sich während der Eltzer Fehde (1331-1333) an der „Eltz" fast die Zähne aus. Nach jahrelanger Belagerung schlossen die Kontrahenten schließlich 1336 den Eltzer Frieden. Der geschickten Diplomatie und Politik der Familie ist es über Jahrhunderte gelungen, die Burganlage in ihrer Gänze zu erhalten. Das symbolträchtige Bauwerk, in dem sich Stilrichtungen von der Romantik bis zum Barock zu einem harmonischen Bild vereinigen, dürfte den „Älteren" unter uns noch vom 500-DM-Schein in Erinnerung sein. Nachdem wir durch den Innenhof der Burg, die sich heute in der 33. Generation in Familienbesitz befindet, geschlendert sind, können wir bei einer Führung die verschiedenen Burgteile besichtigen.
Beeindruckend ist die Waffensammlung mit Lanzen, Speeren, Schwertern, Äxten und Bögen aus aller Herren Länder. Wertvolle Möbel, Gobelins und Gemälde begleiten unseren Weg und zeigen einen Querschnitt durch mehrere Jahrhunderte Kulturgeschichte. Neben prächtigen Ritterrüstungen, die im Kampf wegen ihrer Schwere nie getragen wurden, fallen im Rittersaal, in dem sowohl repräsentiert als auch verhandelt wurde, Narrengesichter und eine Rose ins Auge. Im Mittelalter symbolisierten der Narr die Redefreiheit und die Rose die Verschwiegenheit. In der Schatzkammer im Kellergewölbe sind Exponate aus dem 12. - 19. Jahrhundert zu bestaunen. Die Burganlage ist immer gut besucht und wir empfehlen für einen ruhigen Besuch, nach Möglichkeit besonders die Zeit zwischen 11 - 16 Uhr zu meiden *(Ende März - Okt. 9.30 - 17.30 Uhr, Burgführungen alle 10 - 15 Minuten, Dauer ca. 40 Min., Eintritt. Hunde sind in den Innenräumen der Burg nicht gestattet. www.burg-eltz.de).*
Bereits die Lage im Tal macht die stattliche Burg zu etwas Besonderem, ihre Geschichte tut ihr Übriges und von der Brücke bis zu den Türmchen und Zinnen ist sie einfach ein Augenschmaus – alles in allem triftige Gründe für unsere **Top Ten.**

Nach der Besichtigung der historischen Gemäuer gönnen wir uns einen Kaffee und ein Stück Kuchen in der **Burggaststätte**, bevor wir für den Rückweg den hinter der Brücke links beginnenden **Wanderweg** (etwa 800 Meter) durch den Wald bergauf zum Wohnmobil nehmen.

Über Wierschem gelangen wir wieder schnell nach Münstermaifeld und halten uns an der nun schon bekannten Kreuzung Richtung Hatzenport.

WOMOS bis 3,5 Tonnen Gesamtgewicht und niedriger als 3,40 Meter Höhe können das schmale Sträßchen durch das **Schrumpfbachtal** nehmen. Vor Jahrhunderten galt das Tal als Verbindungsweg zwischen dem Maifeld und der Mosel. Entlang des Schrumpfbachs führt das schmale Sträßchen an 15 zum Teil hübsch restaurierten und in Privatbesitz befindlichen Mühlen vorbei. Die Oberstemühle wurde bereits 1424 urkundlich erwähnt und gewann die notwendige Energie zum Betreiben der Mahlwerke aus der Wasserkraft des Schrumpfbachs. In Hatzenport treffen wir wieder auf die Mosel, der wir Richtung Koblenz flussabwärts folgen.

In **Löf** bietet die **Firma Dahmann** im Gewerbegebiet auf ihrem Betriebsgelände nur für Kunden und nur auf Nachfrage einen WOMO-Stellplatz und die Möglichkeit zum Erwerb sowie zum Einbau des ökologisch empfehlenswerten **SOG-Toiletten-Entlüftungssystems** [N 50°13'55.6" E 07°26'13.2"; In der Mark, V/E, Strom].

Auf der B416 geht es nun weiter über Lehmen nach **Kobern-Gondorf**, dessen offizieller **WOMO-Stellplatz** zwischen der Mosel und der Bundesstraße sowie der Bahnlinie zumindest erwähnt werden sollte und über die Abfahrt Kobern-Gondorf zu erreichen ist [**197:** N 50°18'22.6" E 07°27'38.6"; Am Kalkofen, V/E, Preis €].

Schlösser, Burgen und Matthiaskapelle in Kobern-Gondorf

Vor uns liegt das **Schloss von der Leyen**. Der Stammsitz der Herren von der Leyen wurde im 12. Jahrhundert gegründet und ist die, wenn auch nicht auf den ersten Blick ersichtlich, einzige Wasserburg an der Mosel. Die großflächige Anlage liegt seit 1876 nicht an der Eisenbahnlinie, sondern wird von dieser durchquert – und damit nicht genug: Seit 1971 braust auf der B416 auch noch der Autoverkehr durch den Torbogen der Oberburg!

Gleich dahinter liegt linker Hand das neugotische **Schloss Liebieg** und auf einem 150 Meter hohen Berggrat über der Mosel und dem Ort die um 1200 erbaute **Niederburg Kobern** mit ihrem trapezförmigen, 20 Meter hohen Bergfried. Gut zu erkennen sind die restaurierten Kreuzwegstationen, die den Weg zur 50 Meter höher gelegenen Oberburg markieren.

An die **Oberburg** schließt sich die spätromanische **Matthiaskapelle**, die als architektonisches Juwel bezeichnet werden kann, an. Nach 1222 als Reliquienkapelle zur Aufbewahrung des Hauptes des Apostels

Matthias errichtet, flossen unübersehbar maurische und orientalische Elemente in den Baustil ein. Vorbild hierfür waren die Eindrücke, die Heinrich I. von Kobern bei der Rückkehr von einem Kreuzzug in der Templerkirche im portugiesischen Tomar bekam. Auch der Jerusalemer Felsendom stand Pate beim Bau des sechseckigen Kleinods, das Matthias' Haupt für 150 Jahre Obhut gewährte, bevor es u. a. in die Koblenzer Festung Ehrenbreitstein und den Trierer Dom überführt wurde und seit 1927 in der Abtei St. Matthias in Trier seine Ruhe fand (**Weinmuseum** *im Schloss von der Leyen: Ostern - Okt. Sa 11 - 14 Uhr/ So 14 - 16 Uhr, Eintritt. Matthiaskapelle: Ostern - Allerheiligen So/Feiertage 11 -17 Uhr, Führungen möglich, Eintritt. Ober- und Niederburg sind ganzjährig kostenfrei zu besichtigen).* **Geführte historische Dorfrundgänge im Doppelort und Wanderungen** vermittelt die **Tourist-Info** *(Mo . Do 13.30 . 17.30 Uhr, Fr bis 17 Uhr, Lennigstraße 12 - 14, Telefon 02607/1055, www.koberngondorf.de).*

Im Wohnmobil rollen wir durch die „von der Leyensche"-Oberburg, verlassen wenig später die B416 nach Kobern-Gondorf und durchfahren den Ort Richtung Ochtendung. Kurz vor dem Ortsende folgen wir dem Hinweis Alte Mühle/Matthiaskapelle. In der Saison und am Wochenende ist hier ordentlich etwas los und man sollte sich vorher gut überlegen, ob man sich und seinem großen Reisemobil diesen Abstecher antun sollte! Auf der engen Straße erreichen wir nach 200 Meter das **Restaurant Alte Mühle**. Es ist äußerst schwierig, einen Parkplatz zu finden und so fahren wir weiter und landen 700 Meter später gegenüber dem Anglerclub auf einem schrägen Parkplätzchen [**198:** N 50°18'58.5" E 07°26'54.8"; Mühlental]. Hier gibt es nichts, aber die Einkehr in der historischen Mühle aus dem 11. Jahrhundert lässt uns mit dieser Übernachtungsstelle nicht länger hadern. In der alten Burgmühle kehrten früher die Wallfahrer auf ihrem Weg zur Matthiaskapelle ein. Wir genießen in dem alten Gewölbe oder auf der lauschigen Terrasse die saisonfrische, nicht ganz preiswerte Küche und die hauseigenen Weine *(Mo - Fr ab 17 Uhr, Sa/So ab 12 Uhr, Winterzeit veränderte Öffnungszeiten, Tischreservierung angeraten! Telefon 02607/6474, www.alte-muehle-hoereth.de).*

Stiftskirche St. Martin und St. Severus

Zu Fuß pilgern wir entlang der steilen Terrassen-Weinberge und durch den Wald zurück zum Wohnmobil und kommen an der Zufahrt zur Matthiaskapelle jedes Mal ins Grübeln, ob wir nicht doch ein zu großes Gefährt unser Eigen nennen. Mit einem kurzen Kastenwagen könnte man 500 Meter hinter der Mühle die steile sowie mit zwei ekligen Serpentinen bestückte Zufahrt zur Kapelle meistern und hoch über Kobern-Gondorf einen Parkplatz ansteuern [N 50°18'49.6" E 07°27'17.6"].
So bleibt uns nur der schweißtreibende Weg zu Fuß, der aber mit einer grandiosen Aussicht über das Moseltal und mit der weiter oben bereits beschriebenen ehemaligen Pilgerstätte sowie den Koberner Burgen belohnt wird.
Zurück an der B416 düsen wir weiter Richtung Koblenz. Allmählich öffnet sich das Moseltal und hoch über uns sausen Fahrzeuge über die rund 135 Meter hohe und 935 Meter lange Autobahnbrücke.
Kurz darauf drehen wir in den größten Weinbau treibenden Ort an der Untermosel nach **Winningen** ab und folgen den Hinweisen zum Flugplatz durch den Ort.
Kurz hinter dem Flugfeld befindet sich in einer Linkskurve eine kleine Parkbucht vor einem hoch gelegenen **Picknickplatz**, der einen der letzten Blicke über die Weinberge im Moseltal bietet [N 50°19'17.4" E 07°31'18.8"; Flugplatzweg].
Rund 500 Meter weiter notieren wir einen Parkplatz im Bereich des Towers [**199:** N 50°19'23.7" E 07°31'39.5"; Flugplatzweg].
Wir rollen wieder bergab in den Ort und parken das Wohnmobil auf einem Parkstreifen in Bahnhofsnähe [N 50°18'57.5" E 07°31'22.6"; Röntgenstraße].
Von hier schlendern wir durch das Weindorf, das 865 nach Christus erstmals urkundlich erwähnt wurde. Um den Brunnen mit der **Winninger Hex** (Foto rechts), die an die Hexenverfolgung im 17. Jahrhundert erinnert, wird alljährlich Ende August/Anfang September zehn Tage lang das **älteste Weinfest Deutschlands**

gefeiert. Besonders schön ist der Bummel zwischen hübschen Bürgerhäusern und Gutshöfen, von deren Fassaden auf Drähten wachsende Weinreben natürlich wirkende Torbögen bilden. Verschiedenste Freizeitmöglichkeiten werden in der **Tourist-Info** im Rathaus offeriert *(Mo - Fr 8 - 12/13 - 17 Uhr, August-Horch-Straße 3, Telefon 02606/342, www.winningen.de)*.

Zurück an der Moseluferstraße fädeln wir uns in den Verkehr nach Koblenz ein und notieren in **Güls** den ganzjährig geöffneten **Campingplatz Gülser Moselbogen** [**200:** N 50°19'55.0" E 07°33'10.8"; Am Gülser Moselbogen, Telefon 0261/44474, www.moselbogen.de, Preis €€€].

Von hier führt ein Radweg direkt an der Mosel ins etwa 7 Kilometer entfernte **Koblenz** oder der ÖPNV kann für den Stadtbesuch genutzt werden. Wir möchten jedoch mit dem Wohnmobil näher ans Stadtgeschehen und lassen es auf der B416 direkt hinein in die Stadt an Rhein und Mosel schnurren.

Aussicht vom Picknickplatz Winningen

Für das zentrumsnahe Übernachten bietet sich lediglich der Campingplatz oder der zweckdienliche, offizielle WOMO-Stellplatz an, während die übrigen genannten Parkplätze etwas abseits liegen. Wir bevorzugen den Campingplatz bzw. die davor ausgewiesenen WOMO-Stellplätze, die bei Vollbelegung allerdings eng ausfallen.
Im Süden von Koblenz finden wir im Stadtwald zudem zwei im Grünen gelegene Parkmöglichkeiten. An einem der beiden Plätze erinnert ein Gedenkstein an die **Rittersturz-Konferenz**, bei der 1948 eine der grundsätzlichen Entscheidungen für den Zusammenschluss der drei westlichen Besatzungszonen zur Bundesrepublik Deutschland und damit für die einstweilige Trennung von der damaligen Sowjetzone getroffen wurde.

(201) WOMO-Campingplatztipp: Koblenz, Campingplatz Rhein-Mosel“

GPS: N 50°21'58.3" E 07°36'12.9"; Schartwiesenweg 6
Kontakt: Telefon 0261/82719, www.knauscamp.de
Öffnungszeit: Ganzjährig.
Ausstattung: V/E, Strom, separate Wohnmobilstellplätze vor dem Campingplatz, Sanitäranlagen, Gasflaschentausch, Gastronomie, Spielplatz.
Beschreibung: Der gepflegte Campingplatz auf Wiesengelände liegt teilweise unter Bäumen und direkt an Mosel und Rhein gegenüber der Festung Ehrenbreitstein und des Deutschen Ecks. Dorthin und zur Altstadt verkehrt eine kleine Personenfähre *(9 - 20 Uhr)*.
Preise: Campingplatz €€-€€€, Wohnmobilstellplatz €€€.
Zufahrt: Immer auf der B416 bleiben und von dort den Hinweisen zum Campingplatz folgen.

(202) WOMO-Wanderparkplatz: Koblenz, Rittersturz

GPS: N 50°19'39.9" E 07°34'55.1" **Max. WOMOs:** 1 - 2
Beschreibung: Der einfache Parkplatz am sehr beliebten Aussichtspunkt befindet sich außerorts im Wald mit Anschluss an Wanderwege.
Zufahrt: In Koblenz auf der B9 Richtung Boppard fahren, direkt hinter der Autobahnbrücke rechts in den Wald abbiegen und ca. 1,2 km später an der Kreuzung im Wald links den Hinweisen zum Parkplatz Rittersturz folgen.
Hinweis: Eventuell gibt es Geräusche von der Bahnstrecke und abends ist hier manchmal ein Treffpunkt von Jugendlichen.

(203) WOMO-Wanderparkplatz: Koblenz, Gesundheitspfad

GPS: N 50°19'15.3" E 07°34'36.4" **Max. WOMOs:** 2 - 3
Ausstattung: Infotafel, Bank, Müllbehälter.
Beschreibung: Der einfache, im Wald und außerorts liegende Parkplatz bietet viele Wanderwege und ist nachts sehr einsam.
Zufahrt: Wie zum vorherigen Parkplatz, jedoch an der Kreuzung im Wald halb links ca. 800 Meter zum nächsten Parkplatz fahren.

Das reine Parken in der Innenstadt gestaltet sich schwierig, jedoch wird laut Auskunft der **Tourist-Info** im **Forum Confluentes** das Parken von Wohnmobile auf den mit einem Pkw-Symbol gekennzeichneten Parkplätzen geduldet *(10 - 18 Uhr, 24./31.12./Altweiberkarneval 10 - 13 Uhr, Zentralplatz 1, Telefon 0261/19433 www.koblenz-touristik.de)*.
An der Tourist-Info starten **öffentliche Führungen** durch die

Altstadt *(April - Okt. Tägl. 10.30 Uhr, Sa zusätzlich 15 Uhr, Anfang Jan. - Mitte/Ende März sowie an einzelnen Tagen im Nov. Sa 10.30 Uhr, Gebühr)* und es können eine Vielzahl interessanter Themenführungen gebucht werden. Hier erhalten Besucher für rund 10 €/Person auch die **KoblenzCard**, die jeweils für 24 Stunden das kostenlose Busfahren im Stadtgebiet sowie eine Altstadtführung zum halben Preis ermöglicht und Vergünstigungen bei Museumsbesuchen, Schiff- und Seilbahnfahrten und vieles mehr bietet.

Koblenz

Unweit vom Campingplatz bringt uns die Personenfähre täglich von 9 - 20 Uhr auf die gegenüberliegende Moselseite. Nach links gehend begrüßt uns das 1897 errichtete monumentale **Reiterstandbild Kaiser Wilhelm I.**, das auf einer Landzunge im Mündungsbereich der Mosel in den Rhein steht. Die Landzunge erhielt im Koblenzer Volksmund den Namen Honsschwanz (Hundsschwanz), da sie geografisch den letzten Ausläufer des Hunsrücks bildet. In früherer Zeit wurde dieser Platz als „Deutscher Ordt" und später als **Deutsches Eck** bezeichnet. Kurz vor Ende des 2. Weltkriegs wurde das 37 Meter hohe Reiterstandbild zerstört und später gänzlich demontiert. Ab 1953 diente der mehr als 20 Meter hohe Sockel als Mahnmal der deutschen Einheit und am 3. Oktober 1990 kamen zu den Wappen der alten Bundesländer im Rahmen der Wiedervereinigung Deutschlands die Wappen der neuen Bundesländer hinzu. Eine Nachbildung von Ross und Reiter wurde 1993 angefertigt und wieder auf den Sockel gehoben. Um uns herum herrscht ein babylonisches Sprachengewirr und das elektronische Klicken der Digitalkameras signalisiert, dass die Touristen aus aller Welt noch schnell ein Erinnerungsfoto am „German Corner" machen. - anlässlich der BUGA 2011 wurde hier eine **Kabinenseilbahn** errichtet, mit der man direkt bis zur Festung Ehrenbreitstein hinaufgleiten kann und die sich großer Beliebtheit erfreut *(Mitte März - Okt. 9.30 - 19 Uhr, Nov. - Dez. Sa/So/ Feiertage 9.30 - 17 Uhr, Gebühr)*. Die Seilbahn mit dem spektakulären Blick über den Fluss und die Stadt sowie ins Rheintal kostete dem Oberen Mittelrheintal fast den Titel als **Unesco-Welterbe**. Nach längerem Hin und Her zeigte sich das Welterbe-Komitee schließlich einsichtig und gestattet den Betrieb des ökologischen Verkehrsträgers bis

Vier Türme

ins Jahr 2026 ohne Aberkennung des Titels.

Unweit der Rheinpromenade liegt das **Deutschherrenhaus**, in dem sich im 13. Jahrhundert die Ritter des Deutschen Ordens niederließen und heute das **Ludwig Museum** mit zeitgenössischer, vorwiegend französischer Kunst untergebracht ist *(Di - Sa 10.30 - 17 Uhr, So/Feiertage 11 - 18 Uhr, Karfreitag/ 24./31.12./01.01. geschlossen, Eintritt, www.ludwig-museum.org).*

Im Innenhof des Gebäudeensembles ist die Einkehr im **Restaurant Gerhards** eine kulinarische Empfehlung, die wir auf der herrlichen Terrasse besonders schätzen *(Di Fr ab 18 Uhr, Sa/So 12 14.30 Uhr, ab 18 Uhr, Telefon 0261/91499133, www.gerhards-genussgesellschaft.de).*

Durch den hübschen Blumenhof gelangt man zur ältesten erhaltenen Kirche in Koblenz. Die **Basilika St. Kastor** wurde 836 geweiht und galt als Treffpunkt und Schlichtungsort der Kaiser und Könige.

Etwa 500 Meter rheinaufwärts, auf Höhe des **ehemaligen Regierungsgebäudes**, kurz vor dem **Pegelhaus** (**Restaurant mit Rheinblick**, *Fr - So ab 11.30 Uhr, Mo/Mi/Do ab 17 Uhr, Di geschlossen, www.voap.restaurant-pegelhaus.de*) und dem **Rheinkran** aus dem 17. Jahrhundert setzen wir mit der ganzjährig verkehrenden Personenfähre auf dem Rhein in den Ortsteil Ehrenbreitstein über.

Auf der rechten Rheinseite lassen wir uns vom Hinweis „Festung" leiten und stehen wenig später vor dem barocken **Dikasterialgebäude**, einem früheren kurfürstlichen Verwaltungsgebäude und dem **Rhein-Museum**, das sich mit dem Leben am Rhein beschäftigt *(Di - So 10 - 17 Uhr,*

Eintritt. www.rhein-museum.de).
Der Weg führt durch ein Stollenlabyrinth, das während des 2. Weltkrieges als Felsenbunker diente, zum **Schrägaufzug**, der uns nach kurzer Fahrt zum Schlossplatz an der **Festung Ehrenbreitstein** (Foto unten) bringt (*Aufzug: 6 - 01.00 Uhr, Festung: April - Okt. 10 - 18 Uhr/18 - Mitternacht freier Zutritt Gelände u. Gastronomie, Nov. - März 10 - 17 Uhr/17 - Mitternacht freier Zutritt Gelände u. Gastronomie, Eintritt. www.diefestungehrenbreitstein).* Natürlich kann man der Festung auch mit dem Wohnmobil auf die Pelle rücken und orientiert sich dann an den in der ganzen Stadt befindlichen entsprechenden Hinweisschildern [N 50°22'04.7" E 07°37'03.4"; Greiffenklaustraße].
Eine um das Jahr 1000 erbaute Burg wurde im Laufe der Jahrhunderte von den Trierer Kurfürsten erweitert und verstärkt. Die gewaltige und großflächige Anlage diente stets als Zufluchtsort der Bevölkerung. Nach der Besetzung von Koblenz durch französische Revolutionstruppen wurde die Festung 1799 nach über einjähriger Belagerung durch Aushungern zur Übergabe gezwungen und die Bauten kurz darauf gesprengt. Zwischen 1817 und 1832 wurde das Bollwerk in seiner heutigen Gestalt durch die Preußen neu errichtet und bis 1918 militärisch genutzt. Nach dem 2. Weltkrieg sollten Teile der Anlage in den 60er Jahren des vergangenen Jahrhunderts für die Lagerung kleinerer Mengen Atommülls dienen. Dies scheiterte jedoch an den Protesten der Bevölkerung, stattdessen wurden umfangreiche Magazinbestände des Bundesfilmarchivs bis 1998 eingelagert. „Die Ehrenbreitstein" gilt mit ihren verwinkelten Gängen und Tunneln, sowie überdimensionalen Gräben als eine der beeindruckendsten und größten Festungen des 19. Jahrhundert. Seit 2002 ist sie Teil des **Unesco-Weltkulturerbes Oberes Mittelrheintal** und in den Räumlichkeiten befinden sich unter anderem eine Jugendherberge sowie das **Landesmuseum Koblenz** *(Mitte März/Anfang April - Okt. 10 - 18 Uhr, Nov. - Mitte März/Anfang April 10 - 17 Uhr, Eintritt. www.landesmuseum-koblenz.de).*
Wer nach dem Festungsbesuch noch ein wenig entspannen möchte, leiht sich bei entsprechendem Wetter einfach Liegen und Sonnenschirm auf dem **Festungsplateau** und genießt die luftige Höhe. Der BUGA 2011 ist auch eine **Aussichtsplattform** zu verdanken, von der der Blick über Koblenz und bei klarer Sicht bis hin zu den Ausläufern von Hunsrück und Eifel reicht.

Schängelbrunnen

Zurück auf der linken Rheinseite gelangen wir in die **Altstadt**. Am **Josef-Görres-Platz** erwartet uns die **Historiensäule**: Beginnend mit der römischen Kastellsiedlung „Confluentes“ (lateinisch: die Zusammenfließenden) wächst die Säule empor bis zur Gegenwart und zeigt in 10 Bildern die wechselvolle 2000-jährige Stadtgeschichte. Der Fußgängerzone folgend erreichen wir den **Jesuitenplatz** und hinter einem Torbogen stehen wir vor dem **Schängelbrunnen**.

Vorsicht, der Schängel ist ein echter Lausbub, der in kurzen Abständen allzu aufdringliche Besucher mit einer Wasserfontäne bespuckt! Nachdem die französischen Besatzer abgezogen waren, gab es „plötzlich“ viele kleine Jungen, die nach ihren teils heimgekehrten französischen Vätern auf den Namen Jean getauft und im Koblenzer Dialekt Schang beziehungsweise Schängel genannt wurden. Mittlerweile gelten allerdings alle „echten Kowelenzer“ als „Schängel“.

Über die Gymnasialstraße erreichen wir das in kühner Architektur errichtete **Forum Confluentes**. Neben der **Tourist-Info** befinden sich hier u.a. das **Mittelrhein-Museum** *(Di - So 10 - 18 Uhr, 24./25./31.12/1.1. geschlossen, Eintritt. www.mittelrhein-museum.de) und das* **Romanticum** *(10 - 18 Uhr, 24./31.12 10 - 13 Uhr, 25./12./1.1./Rosenmontag/Allerheiligen/Totensonntag geschlossen, Eintritt. www.romanticum.de).*

Klinisch rein wirkt der Eingangsbereich, doch in der unbedingt einen Besuch lohnenden interaktiven Erlebnisausstellung des Romaticums befinden wir uns schnell als „Passagiere eines Dampfschiffs“ auf einer Zeitreise ins romantische Mittelrheintal. Die elektronischen Eintrittskarten ermöglichen das Speichern von Hinweisen zu Rad- und Wandertouren, regionalen Rezepten oder anderen interessanten Informationen, die am eigenen Rechner ausgelesen werden können. Eine toll gemachte Ausstellung!

Im Anschluss daran betreten wir den **Schlosspark**, der sich bis zu den Rheinanlagen zieht und in dem das 1777 - 1786 errichtete **Kurfürstliche Schloss** im Stil des französischen Klassizismus zu sehen ist.

Voller neuer Eindrücke schlendern wir zurück zum Jesuitenplatz, um über den Entenpfuhl Richtung **Plan**, der früher als Markt- und Hinrichtungsplatz genutzt wurde und heute mit seinen Straßencafés zum Verweilen einlädt, zu gelangen. Im Hintergrund ragen die Türme der fünfachsigen Pfeilerbasilika **Liebfrauenkirche** empor, während im Vordergrund die barocken Häuser und der **Clemens-Wenzelslaus-Brunnen**, der an den Bau der ersten Wasserleitung der Stadt erinnert, dominieren.

Am Ende des Plans faszinieren Häuser, die wegen ihrer prachtvollen Fassaden und den kunstvollen Erkertürmchen aus dem 17. Jahrhundert **Vier Türme** genannt werden. Auf dem **Münzplatz** befinden sich das ehemalige **Münzmeisterhaus** aus dem 18. Jahrhundert und das **Haus Metternich**, in dem Klemens Wenzel Fürst von Metternich geboren wurde.

Wir wenden uns jetzt Richtung Mosel. Am **Florinsmarkt** blicken wir auf die gleichnamige Kirche aus dem 11. Jahrhundert und um die Ecke stehen wir vor der Fassade des ehemaligen **Kauf- und Danzhauses** aus der Mitte des 15. Jahrhunderts.

Im historischen **Weinhaus Hubertu**s lassen wir dann den „Kowelenz"-Besuch bei regionalen Speisen und Getränken im 1689 erbauten Fachwerkhaus ausklingen *(Mo/Mi/Do 15.30 - 23 Uhr, Fr - So 12 - 23 Uhr, Telefon 0261/31177, www.weinhaus-hubertus.de).*

Unsere Beschreibung von Koblenz stellt natürlich nur einen begrenzten Ausschnitt dieser lebendigen Stadt dar, die noch mehr an Sehenswertem, an verträumten Altstadtplätzen und vielfältigen Museen zu bieten hat.

Festung Ehrenbreitstein und Deutsches Eck

TOUR 9

Koblenz
Tour 8
Andernach
Rhein
Mosel
Nettebach
Bassenheim
Marienkapelle
Ochtendung
Reginarisbrunnen
Fraukirch
Mendig
Laacher See
Kloster Maria Laach
Nickenich
Römerwarte
Mayen
Niederzissen
Wehr
Ober-zissen
Hain
Burg Olbrück
Engeln
Kempenich
Weibern
Hausten
Volkes-feld
Rieden
Waldsee Rieden
Schloss Bürresheim
Nitzbach
Kletterpark
Monreal
Elzbach
Hirten
Weiler
Luxem
Virneburg
Baar
Boos
Tour 10
Döttingen
747m Hohe Acht
Nürburg-ring
Welche-rath
Nürburg
Adenau
5 km
204
205
206
207
208
209
210
211
212
213
214
215
216
217
218
219
220
221
222
223
224
225
226
227
228
229
S
W
9
48
49
61
256
257
258
262
410
412
416

Tour 9 210 km

Mendig – Maria Laach – Hain – Mayen Monreal – Nürburg – Boos

Stellplätze:	Bassenheim, Mendig, Nickenich, Wassenach, Wehr, Hain, Volkesfeld, Rieden, Mayen, Monreal, Virneburg, Nürburg, Boos.
Campingplätze:	Wassenach Camping Laacher See, Nürburg Camping am Nürburgring.
Besichtigen:	Bassenheim Pfarrkirche St. Martin mit Bassenheimer Reiter, Martinus Museum; Ochtendung Marienkapelle; Mendig Fraukirch, Lava-Dome und Felsenkeller, Kloster Maria Laach; Nickenich Baggerado; Hain Burg Olbrück; Mayen Schloss Bürresheim, Terra Vulcania, Genovevaburg mit Eifelmuseum u. Dt. Schieferberg werk, Römerwarte, Kletterwald; Monreal Stadtbild; Nürburg Nürburgring, ring°werk.
Wandern:	Karmelenberg, Nickenich, Wehr, Maria Laach, Volkesfeld, Rieden, Monreal, Virneburg, Boos.
Baden:	Mendig, Rieden.
Essen:	Mendig Vulkan Brauhaus, Burg Olbrück Kastellaney, Mayen Restaurant Hammesmühle, Monreal Restaurant Stellwerk.

In dieser und den vier folgenden Touren werden wir uns in der idyllischen Eifellandschaft in die Welt von schlafenden Vulkanen und kleiner brodelnder Geysire begeben. Natürlich dürfen auch hier die alten Römer nicht fehlen, die im Zusammenspiel mit viel urwüchsiger Natur, Burgen und Kirchen sowie entzückenden Orten die vom Vulkanismus geprägte Eifel so reizvoll gestalten.

Wir verlassen den Campingplatz in Koblenz, halten uns am Ende der Straße links und an der nächsten Kreuzung Richtung B9/Alle Richtungen. Die B416 führt uns anschließend Richtung Nürburgring/Trier, bis diese rechts abknickt und wir geradeaus dem Hinweis Mayen folgen. Kurz hinter der Kreuzung notieren wir die Firma **Camping & Freizeit Höhn** mit einem Zubehörshop und der Möglichkeit zum Gasflaschentausch [N 50°22'10.6" E 07°33'23.3"; Rübenacher Straße 75].
Bald erreichen wir **Bassenheim**, parken das Wohnmobil vor der Karmelenberg-Halle und schlendern den kurzen Fußweg bis zur Dorfmitte [**204:** N 50°21'30.1" E 07°27'44.0"; Koblenzer Straße].

(205) WOMO-Wanderparkplatz: Bassenheim, Grillhütte
GPS: N 50°21'10.7" E 07°27'12.3"; Karmelenbergweg **Max. WOMOs:** 2

Beschreibung: Der einfache, asphaltierte Parkplatz unter Bäumen befindet sich an einer Grillhütte außerhalb des Ortes. Von hier kann der später beschriebene Karmelenberg erwandert werden. Dazu folgt man dem Karmelenbergweg etwa drei Kilometer durch den Wald und durch eine Baumallee.

Zufahrt: In der Ortsmitte (schräg gegenüber der Zufahrt zum Friedhof) links den Hinweisen Therapiezentrum und der Straße halb links bis zum Ende folgen. Dann der Beschilderung zur Grillhütte nachfahren. Der Parkplatz ist rund 1 Kilometer von der Durchfahrtsstraße entfernt.

Zwischen den hübschen Fachwerkhäusern in Bassenheim liegt das **Martinus Museum** *(jeden 2. So 15 - 16 Uhr, www.martinusmuseum.de)*, das die Ortsgeschichte dokumentiert und die neuromanische **Pfarrkirche Sankt Martin** mit einem der größten Kunstschätze der Eifel.

Bassenheimer Reiter

Das rund ein Quadratmeter große Sandstein-Relief des heiligen Martin ist eine der berühmtesten Martins-Darstellungen der Kunstgeschichte. Ursprünglich wurde sie für den Mainzer Dom geschaffen, kam aber 1683 nach Bassenheim. Angefertigt wurde das Kunstwerk von einem namentlich nicht bekannten Künstler, der wegen seiner Arbeiten am Naumburger Dom als „Naumburger Meister" bezeichnet wird. Das Martinus Museum widmet sich u a. besonders diesem Kunstwerk und bietet zahlreiche Hintergrundinformationen.

Nach Verlassen der Kirche überqueren wir den Vorplatz mit den in Stein verewigten Vertretern des mittelalterlichen Adelsgeschlechts derer von Walpot. Bevor wir zum Wohnmobil zurückkehren, werfen wir noch einen Blick auf die jetzt in Privatbesitz befindliche ehemalige Rentei, in der früher die Einnahmen der Landesherren verwaltet wurden.

Wir fahren die Hauptdurchfahrtsstraße ein wenig zurück, biegen Richtung Wolken und am Ende der Straße Richtung Polch ab. Wenige Kilometer später richten wir uns nach dem Hinweis Vulkanpark und starten hinter der Autobahnbrücke vom rechts gelegenen Parkplatz zur Marienkapelle auf dem Karmelenberg [N 50°20'32.0" E 07°25'12.6"].

WOMO-Wandertipp: Karmelenberg und Marienkapelle

Spaziergang von etwa 2 Kilometer mit moderaten An- und Abstiegen. Aufgrund der guten Markierungen kann der Weg beliebig lang zu einer

Wanderung ausgedehnt werden oder es wird der leichte **Keltenrundwanderweg** von etwa 10,5 Kilometer Länge eingeschlagen.
Vom Parkplatz gehen wir bis zum Waldrand, an dem wir uns rechts halten und nach etwa 300 Meter links leicht bergauf in den Wald eintauchen. Wir befinden uns auf einem Kreuzweg, auch die „Sieben Fußfälle" genannt, der zu den ältesten Formen des Kreuzwegs gehört. Im Gegensatz zu den Gläubigen, die bei ihren Bittgängen an jeder der sieben Stationen betend auf ihre Knie fielen, erreichen wir eine der ältesten Barockkirchen der Eifel aufrecht und ohne größere Anstrengungen. Die **Marienkapelle** auf dem Karmelenberg wurde im Jahr 1662 im Auftrag des Reichsfreiherrn Johann Lothar Waldbott von Bassenheim und seiner Gemahlin erbaut. Nachdem die Gräfin vier Kinder früh verloren hatte und erst das fünfte Kind gesund und munter war, beschloss das Paar aus Dankbarkeit die Kapelle errichten zu lassen, die bald zu einer beliebten Wallfahrtsstätte wurde. Bis heute blieb der Original-Hochaltar mit der Madonnenfigur in dem kleinen Gotteshaus erhalten.

Wir folgen dem Waldweg und umrunden den Karmelenberg, dessen Name sich auf den Berg Karmel im Nordwesten Israels bezieht. Der 373 Meter hohe Vulkankegel bildet den Abschluss des Osteifeler Vulkanfeldes und gehört zu einer Vulkangruppe, die vor 300.000 bis 350.000 Jahren ausgebrochen ist. Bald erreichen wir einen ehemaligen Steinbruch in dem das Innere des Vulkans gut sichtbar aufgeschlossen ist. Noch ein Stückchen durch den Wald bis zu seinem Rand und schon sind wir wieder am Wohnmobil.

Vor uns liegen die sanften Hügel und Felder der vom Vulkanismus geprägten Landschaft und die **Pellenz**, eine Senke zwischen Mayen und Andernach am Rhein, in der über 300.000 Jahre alte Siedlungsreste keltischen und römischen Ursprungs gefunden wurden.
Bald ist Ochtendung erreicht, wo wir am Ende der Straße links und einige Kilometer hinter dem Ort rechts Richtung Mendig schwenken.
Mit Blick auf das freie Feld steuern wir die von Bäumen umgebene und auf dem Gelände eines Gutshofes gelegene Wallfahrtskirche Fraukirch an [N 50°21'09.5" E 07°18'49.9"].

Wallfahrtskirche Fraukirch und Genoveva-Sage

Durch eine winzige Tür betreten wir das Innere der Kirche mit den Grabstätten des Pfalzgrafen Siegfried und seiner Gattin Genoveva, die um 750 gelebt haben sollen. Der im 17. Jahrhundert errichtete und durch seine kräftigen Farben dominierende Altar erzählt in mehreren Bildern die Genoveva-Sage. Die schwangere Genoveva, deren Ehemann Siegfried sich im Krieg befand, verschmähte den liebestollen Statthalter Golo und wurde von diesem aus gekränkter Eitelkeit unter dem Vorwand des

Ehebruchs zum Tode verurteilt. Sie wurde jedoch freigelassen und lebte mit ihrem Sohn, den Genoveva mithilfe der Milch einer Hirschkuh versorgen konnte, sechs Jahre in einer Höhle. Siegfried, der an ihre Unschuld glaubte und sie nach der Rückkehr aus dem Krieg und nach langer Suche endlich wiederfand, errichtete aus Dankbarkeit für die Rettung seiner Frau die Wallfahrtskirche. Den hinterhältigen Golo ließ Siegfried für seine Bösartigkeit vierteilen. An der Hinrichtungsstätte befand sich ein Bildstock aus Basalt, der im Laufe der Jahrhunderte den Namen Golokreuz erhielt. Das Original steht im hinteren Bereich der Fraukirch und erinnert an die Freveltat.

Wieder auf der Landstraße führt unser Weg durch Reginarisbrunnen mit der Produktionsstätte eines der ältesten Mineralwasserbrunnen Deutschlands und wenig später überqueren wir die B256, um uns in **Mendig** Richtung Maria Laach zu halten. Die **Deutsche Vulkanstraße** führt uns direkt zur Welt der Vulkane im Lava-Dome und von hier lassen wir uns zum offiziellen **WOMO-Stellplatz** auf dem Parkplatz 2 leiten [**206:** N 50°22'35.3" E 07°17'02.5"; Brauerstraße, V/E, Strom, max. Aufenthalt 24 Stunden, etwa 200 Meter Fußweg zum Lava-Dome]. Der Durchgangsstraße folgend liegt wenig später das **Vulkanbad** in einer der rechten Seitenstraßen, die allerdings nur für Fahrzeuge bis 3,5 Tonnen Gesamtgewicht befahrbar ist [**207:** N 50°22'57.9" E 07°16'43.9"; Laachgraben].

Vulkanismus in der Eifel und Vulkanmuseum Lava-Dome

Vor dem **Lava-Dome** begrüßen uns kleine knubbelige Damen aus Basalt und wenig später tauchen wir in die Welt der Vulkane ein. Auf nachgebildeten Basaltsteinen sitzend verfolgen wir in der Multimediashow einen virtuellen Vulkanausbruch: Es donnert, blitzt, Wind weht uns um die Nase und der auf die Leinwand projizierte Lavastrom fließt scheinbar bis an unsere Fußspitzen. Vor rund 570.000 Jahren begannen die Vulkanausbrüche mit der Hebung des Rheinischen Schiefergebirges und der Absenkung des Neuwieder Beckens. Die Ausbrüche prägten die Eifellandschaft mit ihren etwa 50 heute zumeist verlandeten Maaren, 10 Maarseen sowie Tuff- und Bimswänden. 350 schlafende Vulkane könnten jederzeit wieder ausbrechen. Bei der größten Eruption vor rund 13.000 Jahren, die heftiger als die Ausbrüche des Mounts St. Helen und des Vesuvs zusammen war, entstand der Laacher See.
In der ersten Etage haben an den interaktiven Mitmachstationen nicht nur Kinder beim Spielen und Experimentieren Spaß.
Danach klettern wir eingekleidet mit Helm und Regenschutz 150 Stufen hinab in die Unterwelt des **Lavakellers**. Die Temperatur nimmt stetig

ab und liegt in 30 Meter Tiefe im Schnitt bei 6 - 9 Grad. Im Laufe der Jahre entstanden durch den Abbau von Mühlsteinen aus der Basaltlava riesige Hallen, deren meterhohe Deckengebirge durch sechseckige Basaltsäulen gestützt werden. Bis Mitte des 19. Jahrhunderts erstreckte sich das weitverzweigte Kellersystem auf einer Fläche von rund drei Quadratkilometer, die der Größe von 380 Fußballfeldern entspricht. Nach Einstellung des Abbaus der Basaltlava lagerten Mitte des 19. Jahrhunderts zahlreiche Brauereien wegen der idealen Temperaturen ihre Biervorräte in den Kellern. Nach der Erfindung von Kühlschränken wurde diese Nutzung eingestellt und die Hallen zum Teil zugeschüttet oder als Müllkippe verwendet. Während des Zweiten Weltkrieges fand die Mendiger Bevölkerung in den Kellern Schutz vor Luftangriffen, während heute bis zu 50.000 Fledermäuse in friedlicher Umgebung hier Quartier finden.
Das Außengelände, die **Museumslay**, dokumentiert die schwere Arbeit der Layer (Steinhauer) unter und über Tage. Nachdem die in der Tiefe rund gehauenen Mühlsteine aus Basaltlava an die Oberfläche gebracht worden waren, wurden sie über Tage weiterverarbeitet. Wer die großen Mühlsteine auf dem Gelände und vor dem Vulkankeller sieht, kann sicher die körperlich anstrengende Arbeit der Steinhauer ermessen *(Di - So 10 - 17.30 Uhr, Ferien RLP/NRW/Feiertage auch Mo geöffnet, Eintritt, www.lava-dome.de).*

Hungrig und durstig genehmigen wir uns im nahe gelegenen **Vulkan Brauhaus** bei deftigen Speisen ein Vulkanbräu, das aus 1000-Liter-Tanks gezapft wird *(ab 11 Uhr geöffnet)*. Zusätzlich können wir beim Abstieg in den historischen Basaltfelsenkeller 30 Meter unter der Erdoberfläche die **tiefsten Lager- und Gärkeller der Welt** entdecken oder uns bei einer **Brauereiführung** die Herstellung naturbelassener Biere zeigen lassen *(Führungen Sa/So/Feiertage 16 bzw. 15 Uhr, Gebühr, www.vulkan-brauerei.de).*
Von Mendig aus starten wir zur Umrundung des Laacher Sees entgegen dem Uhrzeigersinn und landen zunächst in **Nickenich**. Im **Baggerado** dreht sich alles um Baumaschinen und im In- und Outdoor-Bereich kann man baggern was das Zeug hält. Kleine und große „Einzelbagger" können hier ordentlich etwas bewegen und nicht nur nach dem Familienausflug bietet sich der Parkplatz zum Übernachten an *(Sa/So/Feiertage 10 - 18 Uhr nach telefonischer Vereinbarung unter Telefon 02632/9583949, Gebühr, www.baggerado.de).*

(208) Offizieller WOMO-Stellplatz: Nickenich, Baggerado
GPS: N 50°24'25.5" E 07°19'54.0"; Auf dem Teich 1 **Max. WOMOs:** 6
Ausstattung: V/E, Strom, Müllbehälter.

Beschreibung: Einfacher, teils schattiger, gepflasterter Parkplatz am Rand des in etwa 10 Gehminuten entfernten Ortes. Täglich ab 8 Uhr kann im Treffpunkt Bistro ein Frühstück geordert werden.
Preise: €, zahlbar im Treffpunkt Bistro.
Zufahrt: In Mendig den Hinweisen nach Nickenich folgen und an der ersten Möglichkeit links in den Ort fahren.

Wir folgen der Durchgangsstraße bis zu einem Wanderparkplatz am Ortsausgang [N 50°24'49.0" E 07°18'51.7"; Lacher Straße]. Von hier bietet sich der Einstieg in eine Traumpfad-Wanderung an, die herrliche Aussichten in die oben erwähnte Pellenz verspricht und zum Laacher See führt.

WOMO-Wandertipp: Traumpfad Pellenzer Seepfad

Wegen der Länge und der erforderlichen Trittsicherheit bei steilen An- und Abstiegen als schwer einzustufende Rundwanderung von etwa 16 Kilometer Länge. Durchgängig mit dem weiß-orangefarbenen Traumpfad-Symbol gekennzeichnet.
Die Wanderung beginnt am **Nickenicher Tumulus**, einem römischen Grabmal, und wir umrunden zunächst ein idyllisches Tal, bevor es nach einem kurzen Anstieg bis zu einer eindrucksvollen Aschewand geht. Die „Schwarze Wand“ ist 13.000 Jahre alt und eine Hinterlassenschaft des ehemaligen Vulkans im Laacher See. Von hier haben wir einen weiten Blick auf Nickenich und erreichen anschließend nach einem kurzen Anstieg die Hermann-Hütte mit einer grandiosen Aussicht. Leicht abwärts kommen wir an den Rand des Tagebaus am Eppelsberg und marschieren später durch einen Mischwald bis zu einem Rastplatz am **Krufter Waldsee**. Bald steigt der Waldweg leicht an, um kurz vor dem Felsvorsprung Teufelskanzel fast alpin und steil nach oben zu führen (eine einfachere Alternativroute ist vorhanden). Ein großartiger Fernblick Richtung Kruft und ins Neuwieder Becken belohnt uns für die Kraxelpartie und der bequeme Höhenweg zur folgenden Schutzhütte lässt die Mühen ganz vergessen. Durch einen Buchenwald führen Serpentinen mit weiteren Ausblicken bergab und über die Felder mit Blicken zum Kloster Maria Laach geht es dann zum Laacher See. Wer noch nicht am See war, sollte sich einen Abstecher zum Seeufer erlauben, um die später beschriebenen Mofetten genauer zu betrachten. Bald schon steigt der Pfad rechts steil bergan, führt danach über Forstwege bis zur L 116, die überquert wird, bis zu einem **Keltischen Baumkreis**, an dem man sich erstmal erholen kann. Auf der folgenden Strecke eröffnen sich herrliche Aussichten ins Brohltal bis zum Siebengebirge und über die Pellenz. Entlang des Waldrandes schlagen wir einen Bogen um den Sportplatz zurück zum Tumulus.

Wir folgen der Straße weiter Richtung Maria Laach und notieren kurz vor Erreichen der L113 auf der linken Straßenseite einen Wanderparkplatz [**209:** N50°25'30.4" E 07°16'52.1"; An der L116/Nähe L113].
An der folgenden Kreuzung und etwa 500 Meter vom vorgenannten Parkplatz entfernt liegt das zu Wassenach gehörende **Gasthaus Waldfrieden**, in dem sich die Einkehr nach einer Wanderung lohnt – oder man legt einfach nur mal so einen Stopp ein. Wir finden auf der Terrasse oder im Gastraum immer einen unserer Lieblingsplätze und die Flammkuchen oder die Eifeler Fischspezialitäten sind eine Wucht (Telefon 02636/80960, www.vulkan-waldfrieden.de).
Im weiteren Verlauf der Straße treffen wir auf einen offiziellen **WOMO-Stellplatz** [**210:** N 50°25'13.4" E 07°15'41.1"], der direkt an der Zufahrt zum **Campingplatz Laacher See** liegt [**211:** N 50°25'14.7" E 07°15'45.1"; Am Laacher See, Telefon 02636/2485, www.camping-laacher-see.de, April - Sept./Okt., Gebühr € - €€€].
An dieser Stelle entfernen wir uns kurzfristig vom Laacher See für einen Abstecher und halten uns nach Wehr, um dort Richtung Niederzissen/Oberzissen abzuknicken. Der Wanderparkplatz am Ortausgang von **Wehr** ist der ideale Ausgangspunkt für einen Rundweg in die Welt der Vulkane [**212:** N50°25'30.3" E 07°12'40.2"; An der L82].
Der **Wehrer Kesselweg** führt über Wiesenwege und Waldpfade zu den geologischen Besonderheiten des Wehrer Kessels. Dabei wird ein erloschener Vulkankegel mit einer **Panoramaaussicht** bestiegen, wir erfahren Wissenswertes zur industriellen Gewinnung von Kohlensäure und über die Geräusche der nahen Autobahn dürfte die Fontäne eines künstlichen Geysirs hinwegtrösten *(April - Okt. 11 und 16 Uhr, Nov - März 11 Uhr)*. Der bestens beschilderte 4,5 Kilometer lange **familienfreundliche Rundweg** kann durch das Naturschutzgebiet Dachsbusch mit einer eiszeitlichen Gleitfalte auf 8,5 Kilometer Länge erweitert werden.
In Oberzissen biegen wir nach **Hain** ab und nachdem wir uns durch enge Gassen geschlängelt haben, sehen wir von Weitem den Bergfried der Burg Olbrück.

(213) WOMO-Wanderparkplatz: Hain, P3

GPS: N 50°27'02.1" E 07°10'53.1" Ringstraße **Max. WOMOs:** 2
Ausstattung: Müllbehälter.
Beschreibung: Einfacher, geschotterter Parkplatz ohne Schatten am Ortsrand. Hier gibt es Wander- und Radwege und eine schöne Aussicht. Der Fußweg zur Burg beträgt etwa 1,3 Kilometer.
Zufahrt: Vor dem Ortseingang dem Hinweis P3 folgen.
Hinweis: Der Parkplatz ist für Wohnmobile über 3,5 Tonnen zu empfehlen!

(214) WOMO-Wanderparkplatz: Hain, P1

GPS: N 50°27'00.1" E 07°10'14.1" Hermann-Höfer-Allee
Max. WOMOs: 2 **Ausstattung:** Bank, Müllbehälter.
Beschreibung: Der einfache, geschotterte, schattenlose Parkplatz liegt außerorts unterhalb der Burg und ist nachts einsam. Der Parkplatz ist Ausgangspunkt für Wanderungen und Radtouren.
Zufahrt: Im Ort über enge, steile Sträßchen immer bergauf den Hinweisen zur Burg folgen.

Burg Olbrück

Die um 1110 erbaute Burg, deren Ruine auf einem rund 460 Meter hohen Phonolithkegel aus vulkanischem Gestein thront, erlebte eine wechselvolle Geschichte und wurde von den jeweiligen Besitzern stetig umgebaut und erweitert. Nachdem sie 1689 von französischen Soldaten zerstört und im folgenden Jahr bereits wiederaufgebaut wurde, ließ sich der Zahn der Zeit auf Dauer nicht aufhalten und die Burg verfiel mehr und mehr. Erst 1980 wurde sie unter Denkmalschutz gestellt, anhand burgenkundlichem Grundgesetz restauriert und ist seit 2001 für die Öffentlichkeit zugänglich. An audiovisuellen Stationen erhalten wir auf kurzweilige Art zahlreiche Informationen über das Leben und Treiben im Mittelalter. Nach der Eroberung des 34 Meter hohen Bergfrieds eröffnet sich bei schönem Wetter ein weiter Blick bis hin zum Rheintal und sorgt genau wie die Einkehr in der **Burgschänke Kastellaney** für einen schönen Abschluss des Burgbesuchs *(April - Okt. Di - So 11 -18 Uhr, Burgführungen jeden 1. So im Monat 14 Uhr, Eintritt. www.olbrueck.de)*.

Auf gleichem Weg geht es zurück nach **Oberzissen**, wo wir den offiziellen **WOMO-Stellplatz** an der Brohltalhalle nachreichen möchten [**215:** N 50°27'13.3" E 07°15'17.3"]. Hier, aber auch in **Niederzissen** wollen wir den **Vulkan-Express** nicht unerwähnt lassen, der 1901 als Brohltalbahn zwischen Brohl und Kempenich seinen Betrieb aufnahm und heute als Nostalgiezug vorwiegend Touristen befördert. Auf rund 18 Kilometer Länge können die Reisenden im Schneckentempo das vulkanisch geprägte Brohltal an sich vorbeiziehen lassen und von den verschiedenen Bahnhöfen zu Wanderungen aufbrechen *(Telefon 02636/80303 oder www.vulkan-express.de)*. Die **Tourist-Info** in Niederzissen hält für diesen Zweck etliche Vorschläge bereit *(Mai - Okt. Mo - Do 8.30 - 12.30/13 - 17 Uhr, Fr 8.30 - 13 Uhr, Nov. - April Mo - Do 9 - 12.30/13 - 15.30 Uhr, Fr 9 - 13 Uhr, Kapellenstraße 12, Telefon 02636/19433, www.vulkanpark.com)*.

Schon bald sind wir wieder am Laacher See gelandet und wenden uns **Maria Laach** mit der imposanten sechstürmigen Klosterkirche zu [N 50°24'15.3" E 07°15'17.3"].
Direkt am gebührenpflichtigen Besucherparkplatz steht die **Tourist-Info** für alle Belange rund um Maria Laach und die Ferienregion Laacher See zur Verfügung *(März - Okt. Mo - Sa 10 - 12.30/13 - 17 Uhr, So/Feiertage 10 - 17 Uhr, Nov. - Dez. Sa/So 10 - 12.30/13 - 16 Uhr, Telefon 02636/19433, www.vulkanregion-laacher-see.de).*

Abteikirche und Kloster Maria Laach

1093 gründete Pfalzgraf Heinrich I., dessen Grabmal im Inneren der Abtei zu finden ist, das Benediktinerkloster. Gut 700 Jahre später wurde im Rahmen der Säkularisation, in der kirchliche Besitztümer in weltliche Hände übergingen, die Abtei, die 1855 durch einen Brand zum Teil zerstört wurde, aufgehoben. Die Wiederbesiedlung durch Benediktinermönche erfolgte 1892. Die Klosterkirche, aus sieben verschiedenen Lavasteinsorten der Region erbaut, ist eines der am besten erhaltenen romanischen Bauwerke Deutschlands. Das Dach ist mit dem für die Region typischen Moselschiefer gedeckt und der Bau steht in der Tradition der großen rheinischen Kaiserdome in Speyer, Mainz und Worms. Vorbei an einem gut erhaltenen Löwenbrunnen gelangt man in den aus dem 13. Jahrhundert stammenden Kreuzgang. Das schlicht gehaltene Innere der gewölbten Pfeilerbasilika betreten wir durch einen prachtvollen Eingang, das sogenannte Paradies und werden sofort in den Bann des Kirchengebäudes gezogen – wir fühlen eine große Ruhe und Geborgenheit! Ein besonderes Erlebnis stellt der Einzug der Mönche zu den Gebeten dar, wenn sie im Chorgestühl vor dem aus dem 13. Jahrhundert stammenden Ziborienaltar, der von einem steinernen, auf Säulen ruhenden Baldachin überdacht wird, Platz nehmen. Im Klosterforum geben ein Film und eine kleine Ausstellung Auskunft über das Kloster *(April - Okt. Di - Sa 10 - 17 Uhr, So/Mo/Feiertage 13 - 17 Uhr, Nov. - März Mo - Sa 10 - 12 Uhr, So/Feiertage 13 - 17 Uhr, Weihnachten veränderte Öffnungszeiten, die Kirche ist das ganze Jahr über täglich geöffnet, Führungen möglich, Eintritt frei – um eine Spende wird gebeten. www.maria-laach.de).*

Zu Fuß umrunden wir auf dem ausgeschilderten 8 Kilometer langen **Uferrundweg** den **Laacher See**. Auf Informationstafeln werden die geologischen Besonderheiten des Sees erläutert und in Ufernähe blubbert und brodelt es an einigen Stellen im

Wasser. Dies und der Geruch nach faulen Eiern erklären sich durch das aus den Tiefen des erkalteten Magmas aufsteigende Gas, das in der Regel kein reines Kohlendioxid ist. Es kann Anteile von Methan, Helium, Schwefelwasserstoff sowie weiteren Edelgasen enthalten und die Austrittspunkte der Gase, die **Mofetten**, werden als Begleiterscheinung des Vulkanismus angesehen. Am Beginn des Uferrandweges befindet sich der **Bootsverleih** des Klosterbetriebs, von dem der See auch mit Tret- oder Ruderbooten erkundet werden kann *(April - Sept. 9 - 18 Uhr, Gebühr)*.

Wer nun immer noch nicht genug vom Vulkanismus in der Region hat, der kann mit dem Wohnmobil zusätzlich die farbig markierten **Vulkanparkrouten** bereisen und das Thema in aller Ausführlichkeit behandeln *(www.vulkanpark.com)*.

Von Maria Laach aus fahren wir zunächst Richtung Bell und dann Richtung Niederzissen/Wehr, um wenig später auf die B412 Richtung Nürburgring/Kempenich zu schwenken. An der Ausfahrt Weibern/Hausten verlassen wir die Bundesstraße und gelangen nach **Weibern**.

Die meisten Häuser des Ortes sind aus feinkörnigem Tuff, einem Stein aus verfestigter vulkanischer Asche, erbaut, der aus den Vulkanen des Riedener Beckens stammt. Bereits die Kelten und Römer nutzten das Gestein und fertigten daraus Futtertröge sowie Türeinfassungen. Spätere Baumeister setzen den Weiberner Tuff beim Bau von sakralen Gebäuden oder Repräsentationsbauten ein.

Etwa 500 Meter hinter dem Ortsbeginn können wir links einen Wanderparkplatz notieren und daran angrenzend im **Weiberner Schaufenster** mehr über das Gestein und seine Verwendungsmöglichkeiten erfahren [**216:** N 50°24'37.7" E 07°9'11.9"; Bahnhofstraße/L114]. Darüber hinaus zeigt das **Tuffsteinmuseum** im „Steinmetzbahnhof" im Ort eine Sammlung Eifeler Gesteine *(nach Voranmeldung geöffnet und am besten zu Fuß vom Parkplatz erreichbar, Telefon 02636/19433, www.vulkanregion-laacher-see.de)*.

In Weibern richten wir uns nach dem Hinweis Mayen und rund vier Kilometer hinter Hausten lädt ein Wanderparkplatz zum Einstieg in den mittelschweren etwa 9,5 Kilometer langen **Traumpfad Heidehimmel Volkesfeld** ein [**217:** N 50°23'01.5" E 07°08'46.4"].

Tuffsteinbruch

Wer es nicht so weit mag, überquert einfach nur die Straße zu Fuß, hält sich links und steht nach ein paar Minuten vor dem **SaurenBuhr** von Volkesfeld. Aus zwei Röhren sprudelt aus dem Lavastein das 10,5 Grad kühle Mineralwasser des Sauerbrunnens, das zum Beispiel bei Magen-Darm-Erkrankungen angezeigt ist. Uns stört der leichte Eisengeschmack nicht und nach einigen Schlucken des staatlich anerkannten Heilwassers, steuern wir **Rieden** an.

(218) Offizieller WOMO-Stellplatz: Rieden, Waldsee

GPS: N 50°23'21.2" E 07°09'44.3" An der K 19 **Max. WOMOs:** 2 - 3
Ausstattung: Infotafel, **Beschreibung:** Der einfache, geschotterte und teilschattige Parkplatz eignet sich hervorragend als Ausgangspunkt für Rad- und Wandertouren (z. B. den 14 Kilometer langen Traumpfad Waldseepfad) und liegt außerorts. Ganz in der Nähe befinden sich eine Verleihstation für Kajak/E-Bike/Mountainbike, der Badesee und eine Liegewiese sowie eine Gaststätte.
Preise: € pro Tag oder €€ für 2 Tage.
Zufahrt: Von der L83 ca. 1 Kilometer bergauf zum rechts gelegenen Parkplatz fahren und den Hinweisen zum Besucherparkplatz folgen.
Hinweis: Enge Zufahrt!

Bei den sommerlichen Temperaturen ist uns nach einem Sprung in das erfrischende Nass, das nur wenige Schritte entfernt liegt. Die Einheimischen nennen den **Badesee** scherzhaft das größte Weihwasserbecken, da die Quelle des Rehbachs, der den See speist, am Pfarrhaus entspringt. Ganz in der Nähe des Parkplatzes startet die mittelschwere, gut 14 Kilometer lange **Traumpfad-Wanderung Waldseepfad Rieden**. Die Strecke führt durch verträumte Täler sowie stille Waldabschnitte und bietet vom Gänsehalsturm ein 360° Grad Panorama auf die Vulkanlandschaft.

Nach unseren Erfahrungen ist der gerade genannte Besucherparkplatz in den Sommermonaten am allseits beliebten Waldsee oder am Wochenende als Ausgangspunkt für die Wanderung stark frequentiert, sodass sich gegebenenfalls im Ort ein kleiner Parkplatz am ausgeschilderten Sauerbrunnen als Ausweichquartier anbietet [**219:** N 50°23'36.2" E 07°10'09.6"; Langen Bahn].

Wir verlassen den Waldsee, kehren zurück zur L83 und schwenken Richtung Mayen, um durch einen dichten Mischwald das imposante Schloss Bürresheim zu erreichen [N 50°21'08.4" E 07°10'53.2"].

Schloss Bürresheim

Die Anlage aus dem 12. Jahrhundert ist eine der schönsten Burgen der Eifel und wurde, wie auch Burg Eltz, nie verwüstet oder erobert. Mehrfach erweitert überstand sie nahezu unversehrt die Wirren der Geschichte und war bis 1938 bewohnt. Ein grob gepflasterter Weg führt durch zwei Tore und einen niedrigen, tunnelartigen Aufgang zum Burghof, in dem Fachwerkbauten mit Erkern und Turmhelmen auffallen. Der geführte Rundgang beginnt in der Winterküche mit dem großen offenen Kamin. Unübersehbar steht in der Mitte des Raumes eine aus einem Holzstamm gefertigte Säule, die die Steindecke des darüber befindlichen Raumes trägt. Durch das hohe Gewicht der Decke wurde der Stamm so verdichtet, dass er wie eine Steinsäule wirkt. Weiter geht es durch das Schlafgemach mit dem nach außenliegenden Plumpsklo und über enge Treppen in die verschiedenen Bereiche der Burg, wo unter anderem die Ahnentafeln die Familiengeschichte der Burgbewohner erzählen. Vorbei an der Kapelle wechseln wir von der Burg in den Schlossteil der Anlage.

Im Gegensatz zur Burg ist im Schloss alles feiner und filigraner. Die einzigartige Sammlung des wertvollen Originalinventars gewährt einen Einblick in die Wohnkultur mehrerer Jahrhunderte: Alles steht noch an seinem Platz und scheint nur auf die Rückkehr der ehemaligen Schlossbewohner zu warten. Im letzten Raum ist die rotgemusterte, handgefertigte Papiertapete ein absoluter Hingucker und farbenfroher Abschluss des Rundgangs. Leider sind die Barockgärten aus dem 17. Jahrhundert nicht zu betreten, sodass ein Blick von der Burgmauer genügen muss *(Feb. - Mitte März, Nov. Sa/So/Feiertage 10 - 17 Uhr, Mitte März - Okt. 10 - 18 Uhr, Führung obligatorisch, Eintritt, Hunde nicht gestattet. www.burgen-rlp.de).*

Kaum auf der Landstraße lohnt es fast nicht mehr, den nächsthöheren Gang einzulegen. Auf der rechten Straßenseite liegt der Parkplatz des **Restaurant Hammesmühle**, das in einer ehemaligen Mühle aus dem 19. Jahrhundert eingerichtet wurde [**220:** N 50°20'57.0" E 07°10'57.9"]. Nach Rücksprache mit den Besitzern dürfen wir unser Wohnmobil für die Nacht am Rand des Parkplatzes abstellen und genießen in angenehmer Atmosphäre ein leckeres Abendessen *(ab 11.30 Uhr, Mo/Di* *geschlossen, in der Nebensaison gegebenenfalls einschränkte Öffnungszeiten, Telefon 02651/76464, www.hammesmuehle.de).* Als die letzten Gäste den Restaurant-Parkplatz verlassen haben, kehrt Ruhe ein und wir hören nur noch das Plätschern der am Wohnmobil vorbeifließenden Nette.

Die Reise führt weiter in die rege Schieferstadt **Mayen**, die am besten vom Stellplatz oder einem gebührenpflichtigen Parkplatz oder Parkstreifen in der Bachstraße erobert werden kann [N 50°19'55.4" E 07°13'24.9"].

(221) Offizieller WOMO-Stellplatz: Mayen, Stadt

GPS: N 50°19'20.6" E 07°13'43.1"; Polcher Straße **Max. WOMOs:** 6
Ausstattung: V/E.
Beschreibung: Die ausgewiesenen gepflasterten Parzellen unter Bäumen liegen am Rand eines staubigen Großparkplatzes auf dem Viehmarktplatz im Ort. Der maximale Aufenthalt beträgt 3 Nächte, es gibt Geschäfte in der Nähe und das Zentrum ist etwa 900 m entfernt.
Zufahrt: In Mayen Richtung Koblenz, dann Richtung Polch, im Kreisel geradeaus und kurz darauf links in die Einfahrt zum Stellplatz abbiegen.
Hinweis: Tagsüber Geräuschkulisse durch die nahe Straße! Während des Lukasmarktes Mitte Oktober gesperrt!

Mayen – Genovevaburg mit Eifel- und Schiefermuseum

Vom Parkplatz gehen wir entlang der Nette über die Bachstraße zum Habsburgring und können im **historischen Brückentor** die Erlebniswelt des Mayener Karnevals im **Karnevalsmuseum** erleben *(geöffnet verkaufsoffene Sonntage, Tag des offenen Denkmals, Eintritt frei)*. Durch das Brückentor betreten wir die **Altstadt** des netten Städtchens mit ihrer Fußgängerzone.

Die **Clemenskirche** mit einem eigenartig gedrehten, schiefergedeckten Turm ist das Wahrzeichen der Stadt. Das Gotteshaus wurde erstmals 1296 erwähnt und zwischen 1350 und 1430 zu einer gotischen Hallenkirche umgebaut. Acht Jahre nach der Zerstörung im Zweiten Weltkrieg begann der Wiederaufbau und rund 20 Jahre später wurde bei einer umfangreichen Restaurierung der Turm erneuert. Um über einen Konstruktionsfehler der Zimmerleute hinwegzutäuschen, wurde kurzerhand eine Legende erfunden, wonach der Teufel den Kirchturm gedreht haben soll.

Am **Marktplatz**, der nicht nur an Markttagen *(Di, Do und Sa ab 7 Uhr)* recht belebt ist, befindet sich im schönen Fachwerk-Rathaus die **Tourist-Info**. Neben **öffentlichen Stadt- und verschiedenen Themenführungen** werden Stadtrundgänge mittels QR-Code und GPS oder Audio-Guide auch für Menschen mit Handicap sowie Segway-Touren angeboten *(April - Okt. Mo - Fr 9 - 17 Uhr, Sa 10 - 13 Uhr, Nov. - März Mo - Fr 9 - 16 Uhr, Sa 10 - 12 Uhr, Telefon 02651/903004, www.mayen.de)*.

Terra Vulcania

Bergauf geht es zur **Genovevaburg** und den Museen. Die Genovevaburg, die der Trierer Erzbischof im Jahr 1280 erbauen ließ, blieb über 400 Jahre unversehrt, wurde danach mehrfach zerstört und wiederaufgebaut. 1918 ging die sagenumwobene Burg in Privatbesitz über und beheimatet das **Eifelmuseum** und das **Deutsche Schieferbergwerk.** Hier erfährt der Besucher Interessantes über die Burg sowie die Region und ihre Menschen. Das Highlight des Museums ist das 16 Meter unter der Burg liegende Schieferbergwerk. Im Stollenlabyrinth des Schaubergwerks, in dem nie Schiefer abgebaut wurde, kann man auf einem 340 Meter langen Rundweg Entstehung, Abbau, Verarbeitung und Verwendung des Schiefers nachvollziehen. Bei einer rasanten, virtuellen „Grubenfahrt" geht es wie in einem Action-Film durch Stollen, vorbei an Dinosauriern, über kaputte Schienenstränge bis in die Tiefen der Erde. Der Rundgang führt weiter zu einem echten Stollen, der während des Zweiten Weltkrieges als Luftschutzbunker diente. In der Oberburg klettern wir über steile Holzstiegen zum Wehrgang und auf den Burgturm, von dem man einen Blick über die Altstadt mit den unzähligen schiefergedeckten Häusern hat *(Sa - Do/Feiertage 10 - 17 Uhr, in den Ferien RLP/NRW auch Fr, 24./26/31.12./1.1., Mitte Jan. - Mitte Feb. geschlossen, Führungen möglich, Eintritt. Ermäßigte Kombi-Karte für den Besuch weiterer Museen möglich. www.mayen.de).*

Bekannt ist Mayen auch durch seine **Burgfestspiele**, die alljährlich zwischen Ende Mai und Ende August stattfinden und einen kulturellen Höhepunkt darstellen *(www.burgfestspiele-mayen.de).*

Oberhalb Mayens und am Rande der uralten Bergbaulandschaft befindet sich das gut ausgeschilderte **Erlebniszentrum Terra Vulcania** [N 50°19'57.0" E 07°14'16.8"; An den Mühlsteinen]. Vor mehr als 7000 Jahren begannen die Menschen, aus den erkalteten Lavaströmen der Vulkane wertvolles Gestein zu bergen. In der Ausstellung wird höchst interessant vermittelt, wie die Steine gewonnen sowie verarbeitet wurden und die Besucher werden aktiv zum Mitmachen animiert. Sie lernen die Mühen und Gefahren, aber auch den Lohn der harten Arbeit mit dem vulkanischen Gestein kennen. Toll gemacht!

Im angrenzenden **Grubenfeld** kann man den Abbauspuren aus verschiedenen Epochen folgen und einen **Skulpturenpark** besuchen *(Mitte April - Anfang Nov. Di - So/Feiertage 10 - 17 Uhr, in den Ferien RLP/NRW auch Mo, Eintritt. Ermäßigte Kombi-Karte für den Besuch weiterer Museen möglich. Freigelände öffentlich zugänglich, Hunde gestattet. www.terra-vulcania.de).*

Römerwarte

Wir bemühen das Wohnmobil ein Stück weiter, rollen den Berg hinab und halten uns links. Am folgenden Kreisel wenden wir uns Richtung Belzing und gelangen auf dem Katzenberg an einen Parkplatz [N 50°19'19.9" E 07°14'56.6"; Sankt-Barbara-Straße].
Von hier spazieren wir zur ehemaligen, bisher größten bekannten spätrömischen Fliehburg im Rheinland. Auf der höchsten Erhebung der Kuppe diente die **Römerwarte** zur Beobachtung des Umlandes. Vom Wachgebäude sind nur noch wenige Spuren zu erkennen, doch ein nachempfundener Wehrgang sowie zwei Türme vermitteln einen realistischen Eindruck der ehemaligen Höhenbefestigung. Allein der atemberaubende Ausblick auf die umliegende Landschaft macht den Abstecher in die römische Vergangenheit lohnenswert.
Orientiert man sich in der Stadt Richtung Nürburgring/Cochem bis zur B258, an der man sich rechts hält, gelangt man nach knapp drei Kilometer zum **Freiraum Kletterwald Vulkanpark** [**222:** N 50°19'58.4" E 07°10'15.7"]. Während wir den großen und kleinen Kletterern zuschauen, stellen wir uns die Frage, ob wir auch so gelenkig und geschickt die Herausforderungen meistern würden. Die Antwort darauf behalten wir mal lieber für uns ... *(Mitte April - Mitte Okt., Eintritt, www.kletterwald-vulkanpark.de).*

Mayen verlassen wir Richtung Nürburgring/Cochem und zweigen noch vor Erreichen der B258 nach **Monreal** ab, um über eine kurvenreiche Strecke das reizende Örtchen zu erreichen.

(223) Offizieller WOMO-Stellplatz: Monreal, Am Bahnhof

GPS: N 50°17'45.8" E 07°09'11.8"; Bahnhofstraße **Max. WOMOs:** 5
Beschreibung: Der einfache geschotterte Parkplatz liegt meist schattenlos am Ortrand und ist Ausgnagspunkt für Wander- und Radtouren. Im etwa 500 Meter entfernten Zentrum gibt es Gaststätten, aber auch im alten Bahnhof kann man einkehren.
Zufahrt: Am Ortsausgang rechts Richtung Kelberg, 100 Meter später erneut rechts fahren und den WOMO-Piktogrammen folgen.

Monreal

Am Ende des Parkplatzes führt ein beschilderter Weg zwischen Elz-Bach und saftigen Wiesen mit Obstbäumen ins Dorf. Über Kopfsteinpflaster gelangen wir zum **Viergiebelhaus** und einer Brücke, die mit der spätbarocken Statue des Heiligen Nepomuk und dem im Rheinland einzigartigen Löwendenkmal geschmückt ist.
Über allem thront die Ruine **Löwenburg**, vor der einst das Löwendenkmal gestanden haben soll, und die als vorgelagertes Außenwerk geltende **Phillipsburg**, von der nur noch ein Turm und Teile der Umfassungsmauern erhalten sind.

Monreal wurde erstmals 1229 urkundlich als „Mons realis" (Königsberg) erwähnt. Nach der Zerstörung während des 30-jährigen Krieges erlebte der kleine Ort im 18. Jahrhundert einen Aufschwung. Die Wolle der großen Eifeler Schafherden lieferte den Grundstock für eine bedeutende Tuchindustrie und der dadurch entstandene Reichtum zeigt sich noch heute in den wunderschönen Fachwerkhäusern. Durch die starke internationale Konkurrenz brach die Tuchindustrie in der zweiten Hälfte des 19. Jh. zusammen und Monreal verfiel in einen Dornröschenschlaf. Irgendwann überwand man jedoch die „Dornenhecken" und das Örtchen wurde aufwendig sowie liebevoll in seiner Gesamtheit restauriert. Die Einkehr in **Weinschänke und Restaurant Stellwerk** im alten Bahnhof rundet den Besuch im schönen Monreal harmonisch ab *(Di - Sa ab 18 Uhr, So 12 - 14 Uhr/ab 18 Uhr, Am Bahnhof 5, Telefon 02651/77767, www.stellwerk-monreal.de)*.
Für die Wanderfreunde unter uns möchten wir die als schwer beschriebene, etwa 14 Kilometer lange **Traumpfad-Wanderung Monrealer Ritterschlag** nicht unerwähnt lassen. Vom Monrealer Bahnhof führt ein Zugangsweg zum Startpunkt am alten Pfarrhaus, von dem es durch Waldschluchten und über Bergrückenpfade zu den Ruinen von Philipps- und Löwenburg geht. Unterwegs können Aussichten in die Eifel genossen werden und bei einem Besuch in **Uschi's Hofladen** im Schnürenhof kann man sich mit frischen Produkten eindecken *(Fr 10 - 18 Uhr, Sa 9 - 12 Uhr, www.uschis-hofladen.de)*.

Wieder auf der Hauptstraße halten wir uns Richtung Kelberg, folgen wenig später den Hinweisen Luxem/Weiler und setzen uns in Hirten auf die B258 Richtung Nürburgring. Am folgenden Wanderparkplatz kamen wir während unserer gleich beschriebenen Wanderung vorbei und könnten diese natürlich auch von hier starten lassen.

(224) WOMO-Wanderparkplatz: Hirten, Blumenrather Heide

GPS: N 50°20'21.7" E 07°05'41.9" Ringstraße Max. WOMOs: 2

Ausstattung: Infotafel, Bank.
Beschreibung: Der außerorts gelegene einfache, schattenlose Parkplatz ist ebenfalls ein idealer Ausgangspunkt für die folgende Wanderung (Trau mpfad Virne-Burgweg).
Zufahrt: Etwa 850 Meter hinter dem Abzweig der B410 von der B258 an einer kleinen Kapelle mit der Jahreszahl 1814 rechts von der Bundesstraße abbiegen. Etwa 250 Meter über einen ersten Parkplatz vorbei am Sportplatz bis zu einem Verbotsschild fahren. Der kleine Parkplatz liegt linker Hand.

In Serpentinen rollen wir hinab ins Tal und nach **Virneburg**. Nach Überqueren einer Brücke rechts und gleich wieder rechts erwartet uns vor der Gemeindehalle mit Blick auf die Burgruine der ehemaligen Grafen von Virneburg und ein Kirchlein ein kleiner Parkplatz am Portal des Wanderweges [**225:** N 50°20'30.9" E 07°04'38.9"; In der Au].

WOMO-Wandertipp: Traumpfad Virne-Burgweg

Mittelschwere Wanderung von etwa 10 Kilometer Länge mit einigen An- und Abstiegen sowie schönen Aussichten. Durchgängig mit dem weiß-orangefarbenen Traumpfad-Symbol gekennzeichnet.

Vom Parkplatz halten wir uns zunächst nördlich über den Nitzbach, dann hinauf zu einer kleinen Kapelle und über einen engen Wiesenpfad weiter bergan zur **Ruine der Virneburg** mit schöner Aussicht. Der Abstieg führt wieder hinab in den Ort bis zum Waldrand und später oberhalb des Nitzbaches sowie in Sicht- und Hörweite zur B258 durch den Wald und an dessen Rand entlang. Bergauf erreichen wir durch ein Seitental den Hochwald und dann die Wacholderheiden am Schafberg. Vom höchsten Punkt der Wanderung haben wir einen grandiosen Blick über die Eifel und erreichen nach einer Passage durch Feld und Wald die Bundesstraße, die wir queren. Wir möchten nicht unerwähnt lassen, dass nun der für uns schönste Abschnitt der Strecke beginnt. Bald sind wir in der von Mischwald umgebenen **Blumenrather Heide** mit dem zuvor erwähnten Wanderparkplatz und erspähen in der Ferne die Nürburg. Vorbei am Brauberg passieren wir oberhalb von Virneburg eine Schutzhütte, von der sich eine weitere Aussicht bietet. Über einen Bergpfad an der Hangkante gehen wir hinab ins Nitzbachtal und steigen nach der Bachüberquerung durch Wiesenhänge ein letztes Mal etwas stärker bergauf. Von einem Rastplatz am Waldrand sehen wir noch einmal auf die Virneburg, bevor es zurück zum Ausgangspunkt der Wanderung geht.

Der B258 folgend führt unsere Strecke durch Niederbaar, Mittelbaar sowie Oberbaar unmittelbar nach Döttingen und die Nähe zum Nürburgring wird immer spürbarer, als „Bleifußartisten" auf zwei und vier Rädern an uns vorbeirasen – wir nähern uns der Grünen Hölle!

Bevor wir uns weiter mit dem Spektakel befassen, zweigen wir an der nächsten Kreuzung von der B412 Richtung Adenau ab, denn wir wollen noch einen kurzen Spaziergang auf die **Hohe Acht**, mit 747 Meter Höhe der höchste Berg der Eifel, unternehmen [N 50°23'28.8" E 07°00'24.6"]. Der ausgeschilderte Weg führt rund einen Kilometer durch den Wald zum Gipfel des erloschenen Vulkans mit dem 1909 erbauten **Kaiser-Wilhelm-Turm**. Der Blick schweift weit über die Eifellandschaft und in südwestlicher Richtung ist die Ruine der Nürburg zu erkennen.

Selbst hier oben sind die Motorengeräusche der nahegelegenen Rennstrecke nicht zu überhören und wir rollen zurück zur B258, um dem Nürburgring weiter auf die Spur zu kommen.

Nürburg ist nun schnell erreicht und die über dem Ort aufragende gleichnamige Burg galt als eine der stärksten Festungen der Eifel, bis sie 1690 von den Franzosen zerstört wurde. Im Ort notieren wir die offiziellen **WOMO-Stellplätze** am **Motorsporthotel** [**226:** N 50°20'23.0" E 6°57'02.7"; Hauptstraße, Telefon 02691/92000, www.motorsporthotel.de, Strom/Wasser, Gebühr €€€] und am **Hotel Zur Burg** [**227:** N 50°20'37.6" E 6°57'11.8"; Burgstraße 4, Telefon 02691/7575, www.nuerburgring-hotel.de, Gebühr €].

Wir bevorzugen den Parkplatz am letztgenannten Hotel und waren auch mit der Restaurant-Küche zufrieden. Besonders bei Veranstaltungen ist eine rechtzeitige Reservierung erforderlich und man muss sich darauf einstellen, dass die Preise dann gleich nach oben schnellen. Das Gleiche gilt für den an der K72 gelegenen **Campingplatz am Nürburgring** [**228:** N 50°19'13.5" E 6°56'16.1"; Kreisstraße 072, Telefon 02692/224, www.camping-am-nuerburgring.de, ganzjährig, kostenfreier Shuttle-Bus zum Ring, Gebühr €€€].

Das Parken für WOMOs ist rund um den Ring reglementiert.

Dies bedeutet, dass tagsüber auf allen Parkplätzen gebührenpflichtig geparkt werden darf. An Veranstaltungstagen ergibt sich jedoch möglicherweise eine völlig andere Situation – am besten man fragt dann gezielt beim Ordnungspersonal nach.

Von einem an der B412 Richtung Kempenich gelegenen Parkplatz kann das Geschehen auf der Rennstrecke aus nächster Nähe verfolgt werden [N 50°22'14.6" E 07°00'30.7"]. Dort gesellen wir uns zu den Motorsportfans, die schon an den hohen Zäunen stehen oder es sich auf Stühlen bequem gemacht haben und das Geschehen auf der Piste verfolgen. Reifen quietschen, Motoren heulen auf – Testwagen verschiedener Hersteller rasen in Höchstgeschwindigkeit an uns vorbei.

Es kribbelt zwar mächtig im Gasfuß, aber mit dem Wohnmobil trauen wir uns nicht, auf schnelle Fahrt zu gehen. Schließlich sind wir ja zum Reisen und nicht zum Rasen unterwegs! Eine Alternative wäre eine rasante Tour auf dem Beifahrersitz in einem der mehrere Hundert PS-starken Renntaxis.

Stellvertretend für die vielen Parkmöglichkeiten nennen wir eine Möglichkeit in der Nähe des **ring°werks** [N 50°19'52.0" E 6°56'39.5"].

Nürburgring

Der Nürburgring ist eine der bekanntesten, schönsten und auch schwierigsten Rennstrecken der Welt. 1925 wurde die Idee verwirklicht, in der strukturell schwachen Region den Rundkurs um die Nürburg zu bauen. Zu dieser Zeit hatte der Ring eine Länge von gut 25 Kilometer mit Steigungen bis zu 17 Prozent und 87 Kurven. 1927 startete das erste Rennen und 1951 wurde die erste Formel-1-Weltmeisterschaft ausgetragen. Die Strecke wurde mehrfach umgebaut und modernisiert.

Der unter Motorsportfreunden geläufige Begriff **Grüne Hölle** wurde durch den früheren Formel-1-Fahrer Jackie Stewart geprägt, der die ehemals von Hecken umsäumte Rennstrecke in der Eifel gerne als solche bezeichnete.

Nach dem schweren Unfall des Rennfahrers Niki Lauda verlor der Nürburgring 1976 seine Formel-1-Zulassung. 1984 wurde eine neue, rund 4,5 Kilometer lange moderne Grand-Prix-Strecke eröffnet und 1985 konnten wieder Formel-1-Rennen gestartet werden. 1995 gewann mit Michael Schumacher der erste deutsche Rennfahrer einen Lauf zur Formel-1-WM.

Nürburgring - Gestern und Heute

Neben dem Motorsport zieht seit 1985 **Rock am Ring**, eines der größten Musikfestivals Deutschlands, Zehntausende von Menschen an.
Der Themenpark **ring°werk** bietet nahezu unerschöpfliche Möglichkeiten für große und kleine Motorsportfans. Im welcome°center kann man sich einen ersten Überblick verschaffen und anschließend auf dem ring°boulevard an Ausstellungsräumen mit exklusiven Fahrzeugen vorbeiflanieren. Im ring°werk, einer **Mischung aus Rennsport-Museum und Freizeitpark**, sorgen unter anderem ein 4-D-Kino, ein Techniklabor mit Windkanal für ein mehrstündiges Unterhaltungsprogramm *(April - Okt. 10 - 17/18 Uhr, Eintritt. Während Veranstaltungen evtl. veränderte Öffnungszeiten, www.nuerburgring.de)*

Nach all dem Rummel am Nürburgring suchen wir nun ein ruhiges Plätzchen und fahren nach Welcherath und dann Richtung **Boos**.
Auf der Strecke streifen wir den Booser Weiher und rollen wenig später links auf den Parkplatz am ausgeschilderten Booser Doppelmaar.

(229) WOMO-Wanderparkplatz: Boos, Eifelturm

GPS: N 50°18'36.3" E 07°00'08.2"
Max. WOMOs: 2
Ausstattung: Infotafeln.
Beschreibung: Einfacher teils auf Schotter, teils auf Wiese liegender Parkplatz am Waldrand mit schöner Aussicht außerhalb der Ortschaft. Vom nachts einsamen Parkplatz kann man wunderbar zur unten genannten Wanderung aufbrechen.
Zufahrt: Etwa 300 m hinter einem Picknickplatz links auf einem kleinen Wirtschaftsweg bis zum Parkplatz am Waldrand fahren.

WOMO-Wandertipp:
Traumpfad Booser Doppelmaartour

Leichte Wanderung von 9,5 Kilometer Länge durch die vulkanische Vergangenheit. Durchgängig mit dem weiß-orangefarbenen Traumpfad-Symbol gekennzeichnet.

Die markante Markierung führt uns zunächst am Waldrand entlang und in den Wald hinein. Bald ist der Maarkessel des Ostmaars auszumachen - zugegeben, das ist nicht ganz einfach, aber Infotafeln helfen uns dabei. Wenig später müssen wir bergauf und erklimmen den Schneeberg, auf dem eine Hütte Schutz gewährt und ein wunderbarer Blick auf Boos die Rast noch schöner macht.

Am Waldrand wandern wir bis zu einer Kurve, hinter der es links zur **Lavabombe** geht. Vor etwa 40 Millionen Jahren waren die ersten Vulkane in Boos aktiv. Die letzten vulkanischen Aktivitäten liegen nur etwa 8.000 - 10.000 Jahre zurück und unschwer können wir in der Felswand abgelagerte Schichten entdecken, in die Gesteinsbrocken, die Lavabomben, hineingestürzt sind.

Nachdem wir den Hauptweg wieder erreicht haben, wartet gleich der nächste Abstecher, denn die Besteigung des **Booser Eifelturm** sollte auf gar keinen Fall im Programm fehlen. Aus 25 Meter Höhe genießen wir einen fantastischen Rundblick über die reizvolle Eifellandschaft mit erloschenen Vulkankegeln!

Der Wanderweg führt nun durch die offene Flur und nach knapp 2 Kilometer eröffnet sich uns eine weitere schöne Sicht auf Boos. Wir tauchen wieder in den Wald ein. Vorbei an alten Hügelgräbern erreichen wir den Högertberg.

Am Waldrand und später durch den Wald auf einem Hohlweg geht es hinab ins idyllische Nitzbachtal. Oberhalb des mäandernden Baches gelangen wir an den Waldrand und gehen über eine Wiese. Nach etwa 200 Meter führt der Weg links leicht ansteigend in ein weiteres Tal und weiter bergauf.

Langeweile kommt nicht auf, sorgen doch wechselnde Landschaftsbilder für Ablenkung. Bei Erreichen der Landstraße halten wir uns rechts, queren sie nach etwa 250 Meter und wenden uns dem zweiten Maar zu. Dieses ist auch für uns sofort zu erkennen, denn der Booser Weiher ist nicht zu übersehen.

Durch Weiden und über Wiesen, entlang eines Buchenwaldes schweift der Blick immer wieder über das 152 Hektar große Naturschutzgebiet des Booser Doppelmaares, in dem sich verschiedene Arten von Fledermäusen, Vögel zu Wasser und zu Luft, Molche, Ringelnattern und anderes Getier angesiedelt haben.

Nach Umrundung des Weihers gelangen wir wieder an die Landstraße, queren diese und sind am Ausgangspunkt der Wanderung.

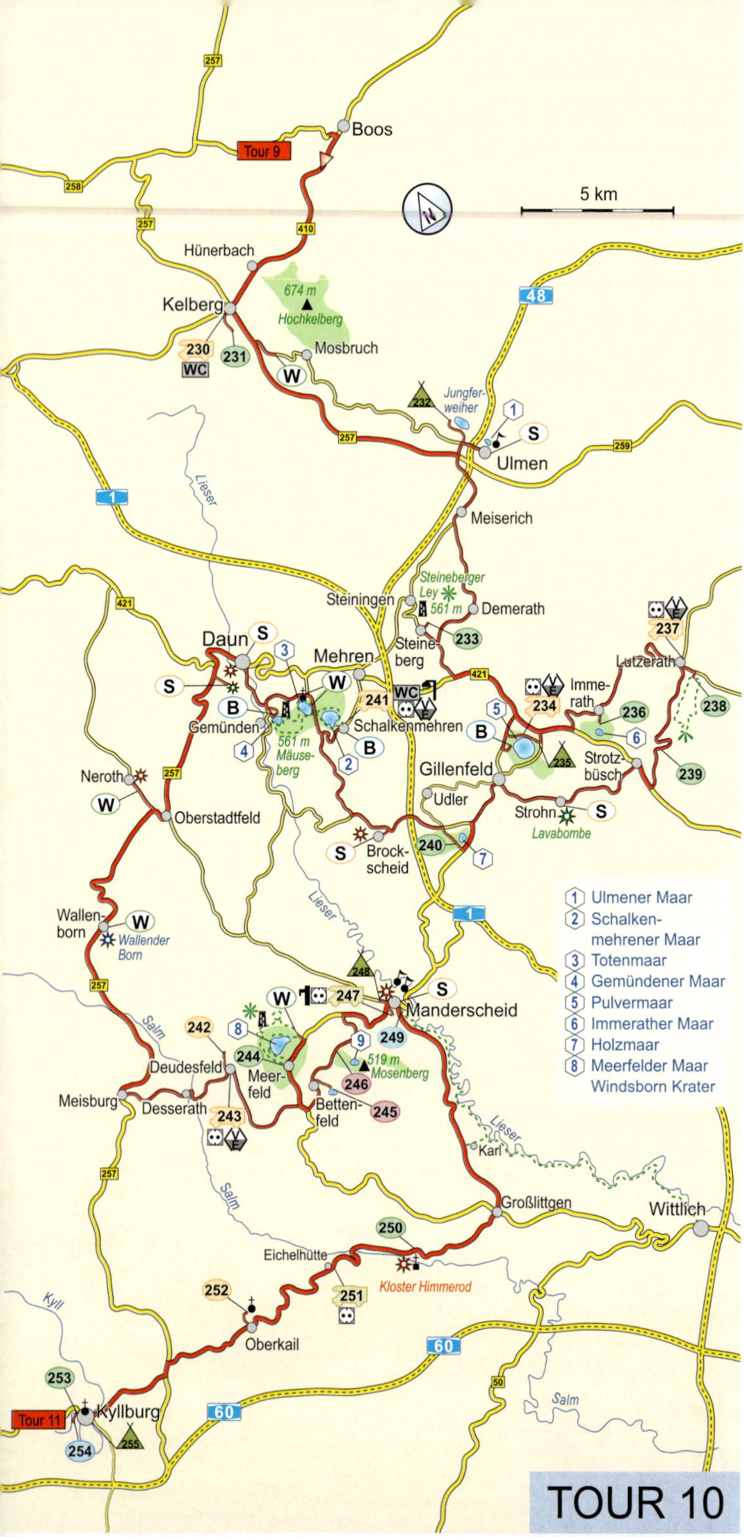
Boos
Tour 9
5 km
Hünerbach
Kelberg
674 m
Hochkelberg
Mosbruch
Jungferweiher
Ulmen
Lieser
Meiserich
Steineberger Ley
561 m
Demerath
Steiningen
Daun
Mehren
Steineberg
Lutzerath
Immerath
Gemünden
561 m
Mäuseberg
Schalkenmehren
Gillenfeld
Strotzbüsch
Neroth
Oberstadtfeld
Udler
Strohn
Lavabombe
Brockscheid
Wallenborn
Wallender Born
Manderscheid
Salm
Deudesfeld
Meerfeld
519 m
Mosenberg
Meisburg
Desserath
Bettenfeld
Karl
Großlittgen
Wittlich
Eichelhütte
Kloster Himmerod
Oberkail
Kyll
Tour 11
Kyllburg
1 Ulmener Maar
2 Schalkenmehrener Maar
3 Totenmaar
4 Gemündener Maar
5 Pulvermaar
6 Immerather Maar
7 Holzmaar
8 Meerfelder Maar
Windsborn Krater
TOUR 10

Tour 10 190 km

Kelberg – Ulmen – Gillenfeld – Daun Manderscheid – Kyllburg

Stellplätze:	Kelberg, Steineberg, Gillenfeld, Immerath, Lutzerath, Schalkenmehren, Gemünden, Deudesfeld, Meerfeld, Bettenfeld, Manderscheid, Großlittgen, Eichelhütte, Oberkail, Kyllburg.
Campingplätze:	Ulmen Campingplatz Jungferweiher, Gillenfeld Campingplatz Feriendorf, Schalkenmehren Camping am Maar, Kyllburg, Camping Kyllburg.
Besichtigen:	Immerather Schulmuseum; Strohn Vulkanhaus, Lava-Bombe; Brockscheid Glockengießerei; Daun Eifel-Vulkanmuseum, Wild- und Erlebnispark; Neroth Mausefallenmuseum; Wallenborn Geysir, Manderscheid Burgen, Maarmuseum, Heimatmuseum, Steinkiste; Großlittgen Kloster Himmerod; Kyllburg Stiftskirche.
Wandern:	Kelberg, Steineberg, Lutzerath, Schalkenmehren/ Gemünden, Meerfeld, Manderscheid.
Radfahren:	Steineberg Maare-Mosel-Radweg, Meerfeld Kosmosradweg.
Baden:	Kelberg, Gillenfeld, Schalkenmehren, Gemünden, Meerfeld, Kyllburg.
Essen:	Daun Restaurant Landküche, Caféhaus Schuler; Meerfeld Restaurant Poststuben; Manderscheid Restaurant Heidsmühle; Himmerod Klostergaststätte, Eichelhütte Molitor´s Mühle, Kyllburg Pizzeria Bella Italia.

In dieser Tour sind wir im Land der Maare und Vulkane unterwegs, welches durch weite Höhen mit weiten Aussichten, dichte Wälder, klare Bäche und duftende Wiesen besticht.
Doch die Stille ist trügerisch, denn unter der Oberfläche wirken immer noch gewaltige Kräfte, die einst zur Entstehung der teils auch rauen Landschaft geführt haben und noch heute das Gebiet formen.

Maare, die Augen der Eifel

Maare, abgeleitet vom lateinischen „mare" (Meer), sind trichter- oder schüsselförmige Vulkane, die sich durch Gasexplosionen beim Zusammentreffen von kaltem Oberflächenwasser und heißer Magma gebildet haben. In der ausgehenden Eiszeit, vor etwa 20.000 bis 10.000 Jahren, entstanden die meist kreisförmigen oder ovalen Maarseen. Man unterscheidet die wassergefüllten von den verlandeten Trockenmaaren. Von den rund 50 Maaren sind zehn mit Wasser gefüllt, in denen zum Teil das Baden erlaubt ist. Einige stehen unter Naturschutz und bieten Lebensräume für seltene Tiere und Pflanzen. Aus der Luft betrachtet prägen die „Augen der Eifel", wie die Maare von der Eifeldichterin Clara Viebig genannt wurden, eine in Mitteleuropa einzigartige Landschaft.
Die Maare sind in ihrer Vielfältigkeit, dem je nach Witterung wechselnden Farbenspiel der Wasseroberfläche und ihrer Einzigartigkeit nicht zu überbieten und damit ein Fall für unsere **Top Ten**.

Vom Booser Doppelmaar folgen wir der B410 nach Kelberg und über den bewaldeten Hügeln und Wiesen bewacht die Nürburg aus der Ferne unseren Weg nach Hünerbach, bevor wir endgültig in **Kelberg** einlaufen.

(230) Offizieller WOMO-Stellplatz: Kelberg, Hochkelberghalle

GPS: N 50°17'00.1" E 06°55'09.3"; Am Schwimmbad **Max. WOMOs:** 5
Ausstattung: WC, Müllbehälter.
Beschreibung: Der einfache gepflasterte, teils schattige Parkplatz liegt im Ort am Freibad. Geschäfte, Gaststätten und ein Bäcker sind im Umkreis von etwa 500 Meter vorhanden.
Zufahrt: Am Kreisverkehr geradeaus und den WOMO-Piktogrammen folgen.

(231) WOMO-Wanderparkplatz: Kelberg, Schützenhalle

GPS: N 50°16'43.0" E 06°55'08.4" Waldstraße **Max. WOMOs:** 2
Beschreibung: Der einfache, geschotterte Parkplatz am Waldrand außerhalb des Ortes eignet sich hervorragend als Ausgangspunkt für Radtouren und eine MTB-Strecke
Zufahrt: Wie zum vorherigen Parkplatz, jedoch an der Gabelung halb links bergauf dem Hinweis Grillhütte/Schützenplatz ca. 800 m folgen.
Hinweis: Der Parkplatz ist bei Veranstaltungen gegebenenfalls nicht zu nutzen.

Zurück am Kreisel peilen wir auf der B258 kurvig sowie ein bisschen rauf und runter das in der Vulkaneifel liegende Ulmen an.
Wer mehr über die Historie der Region erfahren möchte, kann etwa 900 Meter hinter dem Kreisverkehr nach links einen kleinen Wanderparkplatz an der **Deutschen Vulkanstraße** ansteuern. Von dort bietet sich ein Spaziergang auf der **Geschichtsstraße** an [N 50°16'13.5" E 06°55'19.6"]. Nahe des Hochkelbergs laden 54 Kilometer **Wanderwege** zu mehr als 60 Informationspunkten ein. Die Geschichtsstraße erzählt von vorgeschichtlichen Grabhügeln, alten Verkehrswegen, Befestigungen, Naturdenkmälern, Kapellen und vom Nürburgring.

Ulmener Maar

Der in einem Naturschutzgebiet liegende **Jungferweiher** in **Ulmen** ist ein Wasservogelparadies und bietet Zugvögeln einen idealen Rastplatz auf der Reise zu ihren Brutgebieten. Durch den Weiher fließt der Ulmener Bach, der sich in das **Ulmener Maar** jenseits der Autobahn ergießt. Im Ort folgen wir dem Hinweis „Maar" und erreichen zwei wenig schön gelegene Parkplätze direkt neben der Autobahn, die sich jedoch als Ausgangspunkt für eine Umrundung des **jüngsten Eifelmaars** anbieten [N 50°12'45.7" E 06°58'58.0"].
Für den längeren Aufenthalt erwähnen wir den in Sichtweite des Jungferweihers gelegenen und ausgeschilderten **Campingplatz Jungferweiher** [**232:** 50°13'06.5" E 06°58'26.1"; Am Jungferweiher 4, Telefon 02676/9519113, www.campingplatz-jungferweiher.de, ganzjährig geöffnet, Gebühr €].
Vom **Rundweg** um das Ulmener Maar, einem mit Wasser gefüllten, ruhenden Vulkankrater, eröffnet sich der Blick auf die auf einem Hügel liegende Ruine der mittelalterlichen **Burg Ulmen**, mit deren Bau um 1000 begonnen wurde.
Zurück im Ort fahren wir zu dem bereits durchfahrenen Kreisverkehr, halten uns zunächst Richtung Cochem/Autobahn und vor Erreichen der Bundesstraße nach Meiserich und Demerath, das 1075 erstmals als „Diemunderode" erwähnt wurde.
Am Ende der Straße biegen wir rechts nach **Steineberg** ab.

(233) WOMO-Wanderparkplatz: Steineberg, Vulcano-Plattform

GPS: N 50°10'41.9" E 06°54'59.6" **Max. WOMOs:** 2

Ausstattung: Infotafeln, Bänke.
Beschreibung: Einfacher, geschotterter Parkplatz am Waldrand mit Rad- und Wanderwegeanschluss. Der Platz ist teils schräg und liegt außerhalb des Ortes.
Zufahrt: Etwa 200 Meter hinter dem Ortseingang rechts zum Parkplatz an der Vulcano-Info-Plattform abbiegen.

Nur wenige Schritte sind es bis zum Wald, in dem zerfallene Wälle aus bemoosten Basaltsteinen auf die Überreste eines **Ringwalls** verweisen. Vermutlich handelt es sich um eine keltische Burg aus der Zeit um 500 bis 100 vor Christus. Auf dem **Keltischen Rundweg** passieren wir Infotafeln und gelangen zu einem Aussichtsturm, der **Vulcano-Info-Plattform**. Der rund 28 Meter hohe Turm auf der **Steineberger Ley**, einem 560 Meter hohen Vulkankegel, bietet bei klarer Sicht einen Rundumblick bis zu den Tälern der Mosel.

Maare-Mosel-Radweg

Für die weitere Urlaubsplanung sei an dieser Stelle der Maare-Mosel-Radweg erwähnt, der auf einer ehemaligen Bahntrasse ohne allzu große Steigungen von Daun über Wittlich bis nach Bernkastel-Kues an der Mosel verläuft. Eine von mehreren **Erlebnis-Seitenschleifen** führt zum Beispiel überwiegend ansteigend zur Vulcano-Plattform in Steineberg und kann natürlich auch losgelöst vom eigentlich Radweg und vom oben genannten Parkplatz befahren werden.

Der Maare-Mosel-Radweg ist in beide Richtungen befahrbar und bei Freizeitradlern sowie Familien mit Kindern besonders beliebt. Werden die Beine doch einmal müde, dann bringt einen der Radlerbus zum Ausgangspunkt zurück. Dabei ist zu bedenken, dass die Rückfahrt online vorgebucht werden muss, wobei zusätzlich Vorausbuchungsfristen zu beachten sind (www.maare-moselradweg.de und www.regioradler.de).

Ein Stück fahren wir zurück und orientieren uns dann Richtung Ellscheid, um die B 421 Richtung Zell/Mosel zu erreichen und wenig später Richtung **Gillenfeld** abzubiegen.

(234) Offizieller WOMO-Stellplatz: Gillenfeld, Wohnmobilhafen Pulvermaar

GPS: N 50°08'01.0" E 06°55'53.1"
Vulkanstraße **Max. WOMOs:** 30
Ausstattung: V/E, Strom, Tisch und Bank, Brötchenservice, alle Serviceeinrichtungen des Campingplatzes sind gegen Gebühr nutzbar, Gasflaschentausch, Müllcontainer.
Beschreibung: Am außerorts teils auf Wiese und Schotter gelegenen einfachen Parkplatz beginnt ein Fußweg zum Naturschwimmbad und der Einstieg in das Rad- und Wanderwegenetz ist möglich.
Preise: €€.
Zufahrt: Von der Kreis- bzw. Bundesstraße dem WOMO-Piktogramm folgen.

(235) WOMO-Campingplatz: Gillenfeld, Feriendorf

GPS: N 50°07'48.7" E 06°55'55.2"; Vulkanstraße
Kontakt: Telefon 06573/287 oder 0172/8879345
www.feriendorf-pulvermaar.de
Öffnungszeiten: Ganzjährig.
Ausstattung: Kiosk, Grillmöglichkeit, Spiel- und Bolzplatz, Tourist-Info, Brötchenservice, Waschmaschine, Wäschetrockner.
Beschreibung: Der einfache, aber ordentliche Campingplatz besitzt einen weiteren separaten WOMO-Stellplatz auf Wiese und auch hier beginnt der Fußweg zum Naturschwimmbad und der Einstieg in das Rad- und Wanderwegenetz ist möglich.
Preise: € - €€.
Zufahrt: Wenige Hundert Meter hinter dem vorgenannten Stellplatz gelegen.

Strohner Märchen und Pulvermaar

Die exponierte Lage am Kraterrand des **Pulvermaars** hält vom Stellplatz eine Aussicht auf die herrliche Vulkaneifel parat. Als das vor Jahrtausenden aus dem Erdinneren herausdrängende Magma auf Grundwasser trifft, reißen Wasserdampfexplosionen die darüberliegenden Schichten in die Höhe und durch zurückstürzendes Gestein entsteht ein kegelförmiger Einbruchstrichter, den wir heute als **Strohner Märchen** kennen. Im Laufe der Zeit verlandete es und ist heute ein Hochmoor mit einer einzigartigen Pflanzen- und Tierwelt. Am Rand des Trichters stieg bald wieder Magma auf und wird diesmal herausgeschleudert, um sich zu einem 65 Meter hohen Kegel aufzutürmen – der **Römerberg** war „geboren". Später bildet sich ein neuer Förderschlot und nachdem Magma erneut unterirdisch auf Wasser traf, kam es zur größten Explosion der Vulkangruppe. Obwohl sich Gesteinsschichten im 200 Meter tiefen Krater ablagerten, ist das Pulvermaar mit 74 Meter das tiefste aller Eifelseen.

Folgt man der Landstraße weiter Richtung Gillenfeld führt wenig später der Hinweis zum **Naturfreibad**, in dem das Schwimmen im Kratersee ein besonderes Erlebnis ist [N50°07'58.1" E 06°55'46.1"].

Immerather Maar und Parkplatz

Die Fortsetzung unserer Tour führt uns wieder auf die Bundesstraße Richtung Zell/Mosel, aber nur, um diese nach etwa einem Kilometer wieder nach **Immerath** zu verlassen.
Hinter der Kirche weist rechts eine Tafel zum Immerather Maar und vorbei an einem „Anlieger frei"-Schild (Was uns nicht weiter stört, denn wir haben ja ein Anliegen!) erreichen wir auf schmaler Straße einen einsam gelegenen Parkplatz [**236:** N 50°07'19.4" E 06°57'48.4", siehe Foto vorherige Seite unten]. Ein **Buchenheckenlabyrinth** lädt zum Versteckspiel ein und in wenigen Minuten kann man das in unberührter Natur liegende **Immerather Maar** zu Fuß erreichen. Der ursprünglich kreisförmige See wurde im 18. Jahrhundert zur Landgewinnung trockengelegt, doch später verfielen die Abflussgräben und Wasser konnte sich im heutigen Halbrund des Maares erneut sammeln. An seinem Ufer führt ein drei Kilometer langer **Rundweg** entlang, von dem man die grüne Seite des Vulkans erleben kann.
Am Parkplatz befindet sich weiterhin der Endpunkt des **Parcours der Sinne**, dessen 15 Stationen fast alle frei zugänglich sind und der durch den Ort führt.
Wenn man schon einmal dort ist, kann gleich noch das kleine, in einem Fachwerkhaus untergebrachte **Schulmuseum** an der Hauptstraße besucht werden *(April - Okt. Do 14 -17 Uhr, Eintritt. www.immerath-vulkaneifel.de)*.
Stets Richtung **Lutzerath** schlängeln wir uns bergauf und bergab durch eine hügelige Landschaft mit bewaldeten Kuppen, durchfahren ein Tal und erreichen den um 1051 erstmals urkundlich erwähnten Ort.

(237) Offizieller WOMO-Stellplatz: Lutzerath, Bürgerhaus

GPS: N 50°07'49.7" E 7°00'37.9"; Trierer Straße **Max. WOMOs:** 5
Ausstattung: V/E, Strom, Tisch und Bank.
Beschreibung: Der einfache, schattenlose und asphaltierte Parkplatz liegt am Ortsrand. Am Platz gibt es einen Imbissladen und im Ort Geschäfte und Gaststätten. In der Nähe gibt es gute Wandermöglichkeiten und auch das Fahrrad kann bewegt werden.
Zufahrt: Im Ort links Richtung Cochem fahren und hinter dem Zebrastreifen links dem WOMO-Piktogramm folgen.
Preise: €.
Hinweis: Campingverhalten ist nicht erwünscht. Gegebenenfalls Geräuschbelästigung durch die nahe Straße und den Imbiss.

(238) WOMO-Wanderparkplatz: Lutzerath, Tonhügel

GPS: N 50°06'47.5" E 7°00'36.1"
An der L103
Max. WOMOs: 2 - 3
Ausstattung: Tisch und Bank, Müllbehälter.
Beschreibung: Der einfache, auf

Wiese gelegene Parkplatz ist schattenlos, liegt außerhalb des Ortes und eignet sich als Ausgangspunkt für die folgende Wanderung.
Zufahrt: Im Ort Richtung Alf/Bad Bertrich fahren und ca. 1 Kilometer hinter dem Ortsausgang vor dem Nadelwald an einer Bushaltestelle rechts zum Parkplatz abbiegen.

WOMO-Wandertipp: Erlebnisweg Achterhöhe
Leichte Wanderung von rund 5,5 Kilometer Länge auf vorwiegend schönen Wald- sowie Wiesenpfaden und mit tollen Aussichten. Der Weg ist gut markiert und nicht zu verfehlen.
Vom Parkplatz wenden wir uns nördlich Richtung Lutzerath und gehen mit wunderbarem Weitblick bergab ins Tal. Eine mit Orchideen und bunten Wiesenblumen gesprenkelte Heidefläche begleitet unseren Weg ins Ueßbachtal und zum tiefsten Punkt unserer Wanderung. Bergauf gelangen wir nun zum Höhepunkt der Strecke, dem **Eifelblick Achterhöhe**. Von der Aussichtsplattform oder einer Bank genießen wir das grandiose Panorama und tauchen anschließend in den Niederwald ein. Immer wieder veranschaulichen Informationstafeln die Natur und Kultur der Vulkaneifel und beschreiben Interessantes am Wegesrand. Am Kreuzbüsch sehen wir natürliche Feuchtbiotope und es kann vorkommen, dass sich Ringelnattern oder Kreuzottern in der Sonne aalen. Für den archäologischen Touch sorgen Reste von Hügelgräbern und die seltene Flora und Fauna sowie die landschaftliche Schönheit lassen diese Tour abwechslungsreich und kurzweilig eigentlich viel zu schnell wieder am WOMO enden.
Unser Tipp: Ein Picknick an der Achterhöhe ist besonders schön!

In Lutzerath richten wir uns nach den Hinweisen Richtung Wittlich und auf kurvenreicher Straße geht es hinab ins **Siebenbachtal**. Der neben uns verlaufende Bach heißt eigentlich Üßbach – schaut man jedoch im Herbst von der eben erwähnten Achterhöhe hinab ins Tal, dann blitzt das Bächlein siebenmal durch die Bäume, wodurch das Bachtal seinen Spitznamen erhielt. Hinter einer Kehre notieren wir bei einer ordentlichen Bergauffahrt einen kleinen Wanderparkplatz [**239:** N 50°06'29.9" E 06°58'38.5"; An der L52, enge Zufahrt und schräg!] und wenig später geht es auf der B421 weiter Richtung Daun.
In Strotzbüsch biegen wir nach Gillenfeld/Strohn ab. Wir passieren ein Lavawerk und nehmen im folgenden Kreisverkehr die Ausfahrt nach **Strohn**/Lavabombe.

Im Dorf findet unser Wohnmobil gegenüber dem Museum seinen Platz, wo man gleich nebenan seine Bordvorräte mit gesundem Biofleisch und anderen Lebensmitteln direkt beim **Bauernladen Otten** *(Di - Fr 10 - 18 Uhr, Sa 8.30 - 13 Uhr)* auffüllen kann [N 50°06'36.0" E 06°55'17.5"; Hauptstraße].

Vulkanhaus Strohn und Lavabombe

In dem kleinen **Museum im Vulkanhaus** veranschaulichen Experimente an Mitmachstationen die Zusammenhänge des Vulkanismus. Durch eine rot glühende Magmakammer, vorbei an schwimmendem Vulkangestein und faulig riechenden, vulkanischen Gasen schlendern wir weiter durch das ehemalige Bauernhaus aus dem 19. Jahrhundert *(April - Okt. Di - So 10- 17 Uhr, Nov. - März Di - So 13 - 17 Uhr, Eintritt. www.vulkanhaus-strohn.de)*.

Vor dem Vulkanhaus beginnt eine **geologische Wanderung**, die unter anderem zur etwas entfernt liegenden **Strohner Lavabombe** führt.
Hierbei handelt es sich um eine natürlich geformte Basaltkugel, die ein eindrucksvolles Zeugnis der vulkanischen Tätigkeit darstellt. Bei einem Vulkanausbruch wurde die Kugel mehrmals hochgeschleudert, rutschte wieder zurück in den Krater und nahm dabei Lava und Schlackenteile auf, bis sie schließlich im Kraterrand stecken blieb und endgültig abkühlte. Dieser Entstehungsvorgang bezeichnet eine „unechte" Lavabombe, die so einen Durchmesser von etwa fünf Metern und ein Gewicht von fast 120 Tonnen erreichte. Tausende Jahre später löste sich das „Kügelchen" bei einer Sprengung im nahegelegenen Steinbruch und wurde an ihren heutigen Platz transportiert. Neben der „unechten" wurde eine „echte" Lavabombe, einem Schildkrötenpanzer ähnlich, platziert, die bei nur einem einzigen Auswurf entstand.

Zurück am Kreisverkehr nehmen wir die Ausfahrt nach Gillenfeld und folgen dort den Hinweisen Holzmaar/Manderscheid. Am **Holzmaar** vermerken wir einen kleinen, einsam gelegenen Wanderparkplatz [**240:** N 50°07'08.3" E 06°52'31.9"].

Hier startet der vier Kilometer lange **Määrchen Naturwaldpfad**. Er führt durch Kräuterwiesen und knorrige Wälder vorbei am kleinsten Maar der Welt, dem **Heetschenmäärchen** und dem moorigen Trockenmaar **Dürre Maar**. Unterwegs vermitteln Infotafeln viel Wissenswertes über Flora und Fauna und die Entstehungsgeschichte dieses geschützten Teils der Vulkaneifel. Wir folgen der Straße am Parkplatz weiter und gelangen links abbiegend direkt nach **Brockscheid**, um die dortige Glockengiesserei zu besuchen [N 50°07'59.1" E 06°50'49.3"; Glockenstraße].

Glockengießerei Brockscheid

„Fest gemauert in der Erden, steht die Form aus Lehm gebrannt
Heute muss die Glocke werden! Frisch, Gesellen seid zur Hand!"

In seinem Gedicht beschrieb Friedrich Schiller die Arbeit der Glockengießer. Auch gut 200 Jahre später werden die Brockscheider Glocken in Handarbeit und mit viel Erfahrung sowie traditionellen Arbeitsstoffen hergestellt. Damit die Glockenmodelle beim Trocknen nicht brüchig werden, werden der Lehmmischung wie anno dazumal Rinderhaare und Pferdemist beigefügt. Auch die Werkstatt scheint aus alter Zeit zu stammen, jedoch ein moderner Schmelzofen weist auf den modernen Fortschritt hin. Die Führungen vermitteln einen Eindruck über die Arbeit und die Geschichte des Familienunternehmens. Zur Erinnerung an das jahrhundertealte Gießverfahren können die verschiedensten Produkte en miniature als Mitbringsel erworben werden *(Bei unserem letzten Besuch im Jahr 2020 war die Glockengießerei leider geschlossen und es war nicht ersichtlich ob und wann der Betrieb wieder öffnet).*

Wieder zurück an der Landstraße halten wir uns Richtung Daun, zweigen wenig später rechts nach Schalkenmehren ab und nähern uns der Gruppe der **Dauner Maare**, die während der letzten Eiszeit in einem Zeitraum vor 20.000 bis 30.000 Jahren entstanden.

Die Maar-Gruppe besteht aus mindestens sechs Maartrichtern, von denen das **Schalkenmehrener**, das **Weinfelder** und das **Gemündener Maar** bis heute als Maarseen erhalten geblieben sind. Bei den nicht von den Ausbruchsexplosionen zerstörten Gesteinen handelt es sich um Schiefer, Sand- und Tonsteine, die über wasserstauende Eigenschaften verfügen. Aus diesem Grund konnten sich in den Kratertrichtern Seen bilden, deren Wasserspiegel auf verschiedenen Höhenniveaus liegen.

(241) WOMO-Stellplatz: Schalkenmehren, Wohnmobilpark Vulkaneifel

GPS: N 50°10'10.0" E 06°52'16.6"; Schalkenmehrener Straße 18
Max. WOMOs: 36
Kontakt: Telefon 0176/72853544, www.wohnmobilpark-vulkaneifel.de
Öffnungszeit: Ganzjährig.
Ausstattung: V/E durch Schranke gesichert, Strom, Dusche, WC (beides mit behindertengerechter Ausstattung), WLAN, Brötchenservice.
Beschreibung: Der geschotterte und gepflasterte Stellplatz ist schattenlos und liegt am Rand des Ortes, in dem es Gaststätten und Geschäfte

gibt und oberhalb einer nachts ruhigen Straße. Direkt am Mosel-Maare-Radweg gelegen, kann man von hier perfekt dir Gegend mit dem Fahrrad erkunden, aber auch gut ausgeschilderte Wanderwege laden zur Bewegung an frischer Luft ein. Für weitere Informationen sorgen die freundlichen Stellplatzbetreiber.

Zufahrt: Im Ort den WOMO-Piktogrammen folgen. Der Stellplatz liegt am östlichen Ortsausgang.

Hinweis: Die Nutzung des Stellplatzes erfolgt kontaktlos und bei der Einfahrt wird das Kennzeichen registriert. Nachdem man sich einen freien Platz gesucht hat, meldet man sich mit dem erfassten Kennzeichen am Terminal an. Weitere Informationen gibt es direkt am Stellplatz.

Am westlichen Ortseingang liegt der ausgeschilderte, etwas schräge Parkplatz „Maarbesucher" [N 50°09'54.6" E 06°51'10.7"; Maarstraße]. Von hier kann das wunderschöne **Naturfreibad** im größten der Dauner Maare besucht werden. Weiterhin gibt es die Möglichkeit zum Angeln und Boot fahren. Rings um das Schalkenmehrener Maar hat sich eine Flachmoorvegetation entwickelt und Wiesen sowie Weiden und anderer Uferbewuchs bieten verschiedenen Tierarten ein Rückzugsgebiet (www.schalkenmehren-eifel.de).

Bei der Weiterfahrt auf der Landstraße Richtung Daun liegt rechts das **Schalkenmehrener Maar** unter uns und kurz bevor der Blick links auf das **Weinfelder Maar** fällt, notieren wir einen ersten Wanderparkplatz [N 50°10'24.1" E 06°51'06.6"; An der L64]. Ein weiterer und größerer Parkplatz folgt etwa 500 Meter später [N 50°10'41.0" E 06°51'12.2"; An der L64]. Am Ufer des Weinfelder Maars liegt verträumt eine Kapelle aus dem 14. Jahrhundert mit dem kleinen Friedhof von Weinfeld, dessen Bewohner im 16. Jahrhundert durch die Pest dahingerafft wurden. Dieses traurige Ereignis sorgte auch für den Zweitnamen des Maares – **Totenmaar**. Der Sage nach soll hier ein Schloss gestanden haben, in dem ein mildtätiger Graf mit seiner hartherzigen Gemahlin und seinem einzigen Kind wohnte. Als der Graf eines Tages von der Jagd nach Hause zurückkehrte, fand er anstelle des Schlosses nur einen See. Lediglich das Kind wurde wie durch ein Wunder gerettet und schwamm wohlbehalten in einer Wiege auf dem Wasser. Der Graf baute später aus Dankbarkeit für die Errettung seines Kindes eine Kapelle, die, wie wir unschwer feststellen können, noch heute erhalten ist.
Von beiden Parkplätzen (vom zweiten über eine Zuwegung entlang der Landstraße zurück zum ersten Parkplatz) als auch vom Parkplatz am Gemündener Maar kann man in die Wanderung einsteigen.

Gemündener-, Weinfelder- und Schalkenmehrener Maar

WOMO-Wandertipp: Drei-Maare-Wanderung

Leichte Wanderung von etwa 10 Kilometer Länge mit einigen moderaten An- und Abstiegen sowie schönen Ausblicken.

Tipp für Wasserratten: Bei schönem Wetter auf keinen Fall das Badezeug vergessen, denn die Naturfreibäder von zwei Vulkanseen laden zum erfrischenden Bad ein!

Vom erstgenannten Wanderparkplatz überqueren wir die Landstraße und halten uns über einen befestigten Weg hinunter zum Maarkreuz. Richtung Schalkenmehren gehen wir weiter auf dem Pfad geradeaus bis zu einem breiten Weg mit der Markierung 6. Diesem folgen wir rechts ansteigend und haben bald einen Blick auf den Ort Mehren. Durch eine mit Ginster bewachsene Landschaft geht es steil bergab und wir passieren einen Abzweig. Wenige Meter später verlassen wir der 6er-Weg, der nach links abbiegt, und gelangen an eine Gabelung. Von dort geht es links abwärts nach Schalkenmehren und durch die Straße Auf Koop und die rechts abzweigende Mehrener Straße gehen wir vorbei an der Kirche zur Tourist-Info.

Die dahinterliegende Straße Am Bungert führt zum **Schalkenmehrener Maar**. Links führt der Pfad am Ufer entlang und vor dem **Naturfreibad** steigen wir Treppenstufen hinauf zu einem Teerweg, dem wir rechts folgen. Hinter dem Minigolfplatz folgen wir dem Eifelsteig links bergauf bis zur Landstraße und zum bekannten Wanderparkplatz.

Nach Überqueren der Straße halten wir uns sofort links aufwärts durch das Naturschutzgebiet und gelangen an einen Aussichtspunkt. Der Blick über das **Weinfelder Maar** ist grandios!

Wenig später erreichen wir einen mit 4 markierten Weg, den wir bis zu einer Verzweigung hinaufgehen. Der Eifelsteig führt nun links bergauf zum Mäuseberg mit dem Dronketurm und einer schönen Aussicht. Hinter dem Aussichtsturm bleiben wir auf dem Eifelsteig und wandern vorwiegend durch Buchenwäldern hinab zum Waldcafé am **Gemündener Maar**. Am Café wenden wir uns links zum Kriegerdenkmal und gegenüber auf einem Pfad in den Wald hinein und dann bergab zum Maar. Links gehend erreichen wir den Parkplatz des **Naturfreibades** und gehen etwa 250 Meter die Straße bergauf bis zu einem weiteren Parkplatz. Im spitzen Winkel marschieren wir rechts bis zu einem Teerweg mit dem Hinweis Schalkenmehren/Totenmaar, der bald geradeaus in einen Feldweg übergeht. Der Wanderweg 5 bringt uns steil bergauf bis zu einem Skilift und zur Landstraße. Dort folgen wir dem 4er-Weg rechts bis zur Weinfelder Kapelle. Hinter dem Kirchlein begehen wir nun wieder den Eifelsteig und gelangen ans Ufer des Weinfelder Maares. Nach einigen Hundert Metern steigen wir links zum Ausgangspunkt der wunderschönen Wanderung empor.

Nach unserer Wanderung folgen wir mit dem Wohnmobil der Landstraße bis zu ihrem Ende.

Links geht es nach Gemünden und nochmals links fahrend erreichen Wohnmobile bis 3,5 Tonnen Gesamtgewicht den Parkplatz des **Naturfreibades** am 38 Meter tiefen **Gemündener Maar**, von dem die oben genannte Wanderung ebenfalls gestartet werden kann [N 50°10'47.7" E 06°50'09.1"].

Wir schwenken hingegen rechts nach **Daun** und gelangen in eine Stadt mit scheinbar unzähligen Kreisverkehren, aber so gut wie keinen Parkmöglichkeiten für Wohnmobile. Immer auf der B257 Richtung Bitburg bleibend entdecken wir einen Parkplatz am Kreisel Zentrum vor dem Kino [N 50°12'01.7" E 06°49'35.8"; Leopoldstraße].

Daun

Ende des 10. Jahrhundert errichteten die freien Herren von Daun eine Burganlage auf dem befestigten Basaltberg. Zuvor gab es an gleicher Stelle eine keltische Fliehburg und eine Römerwarte. Von der mehrfach zerstörten **Burg Daun** sind heute lediglich eine Ringmauer und ein Basteitürmchen mit Schießscharten erhalten. Das Amtshaus wird heute als Hotel genutzt und unterhalb der Burg befinden sich einige restaurierte Burgmannenhäuser.

Geologisch Interessierte führt der Weg ins **Eifel-Vulkanmuseum**, in dem spannend und informativ die Entwicklung des Vulkanismus in der Eifel verdeutlicht wird *(Ostersonntag - Okt. Di - So/Feiertage 11 - 16.30 Uhr, Eintritt, www.vulkaneifel.de)*.

In direkter Nähe erteilt die **Tourist-Info** Auskunft über das Freizeitangebot von Stadt und Umland, das für **Wanderer und Rad- bzw. MTB-Freunde** eine Menge zu bieten hat *(April - Okt. Mo - Fr 9 - 17 Uhr, Sa 9.30 - 14 Uhr, So 10 - 13 Uhr, Nov. - März Mo - Fr 9 - 17 Uhr, Sa 10 - 13 Uhr, Leopoldstraße 5, Telefon 06592/95130, www.gesundland-vulkaneifel.de)*.

Für den Mittagstisch und den preislich gehobenen Abendbesuch kehren wir gern im **Restaurant Landküche** ein, dessen Gerichte von den Einflüssen der Eifel geprägt sind *(Di - Fr 12 - 14.30 Uhr, ab 17.30 Uhr, Leopoldstraße 32, Telefon 06592/958210, www.landkueche-daun.de)*.

Zum Nachmittagskaffee gehört in der Vulkaneifel natürlich ein Stück Vulkantorte, welche man in einer der besten Konditoreien Deutschlands, dem **Caféhaus Schuler** in der Leopoldstraße, unbedingt kosten sollte.

Etwas außerhalb der Stadt an der B257 gelegen und gut ausgeschildert befindet sich der 220 Hektar große **Wild- und Erlebnispark Daun**, bei dem nach dem Besuch und auf Nachfrage(!) eine Übernachtungsmöglichkeit besteht [N 50°10'57.1" E 06°48'24.8"].

Eine etwa 8 Kilometer lange **Autowanderstraße** führt durch die weitgehend naturbelassene Landschaft der Vulkaneifel und wir fahren mit dem Wohnmobil bequem zu Tribünen, an denen wir aussteigen und Mufflons, Lamas, Rot- und Damwild aus nächster Nähe kontaktieren können. Noch nie sind wir Wildschweinen so nahegekommen und als ein Nandu keck ins Fahrzeug lugt, wirken unsere vierbeinigen Begleiterinnen sehr irritiert. Natürlich ist der Park auch zu Fuß zu erkunden

und in einem Erlebnisbereich warten **Abenteuerspielplatz**, **Wellenrutsche** und ein **Streichelzoo** auf kleine Entdecker. Im **Natureum** können Eltern und Kinder spielerisch und informativ den Geheimnissen der Natur auf die Spur kommen *(Mitte März - Mitte Nov. 10 - 18 Uhr, Mitte Nov. - Mitte März 10 - 16 Uhr, Wildparkstraße 1, Telefon 06592/3154, Eintritt. Bei Schnee und Eis ist der Park geschlossen, Hunde dürfen bis auf die Bereiche des Affenfreigeheges, der Falknerei und der Autowanderroute an der Leine mitgeführt werden. www.wildpark-daun.de)*. Ein tolles Erlebnis für Klein und Groß!

Wir verlassen Daun auf der B257 Richtung Bitburg und gestatten uns in Oberstadtfeld einen spannenden Abstecher nach **Neroth**. Die Parksituation in dem kleinen Dorf ist nicht für Wohnmobile ausgelegt und wir stellen unser Vehikel vor dem Ort auf einem Parkplatz an der Straße ab [N 50°11'24.5" E 06°44'55.6"; Hauptstraße/An der L27].
Von hier können wir in etwa einer Stunde auf den 647 Meter hohen **Nerother Kopf** mit der Ruine der aus dem 14. Jahrhundert stammenden Burg wandern und unterwegs die Mühlsteinhöhle besuchen, die als Wiege der Wandervogelbewegung gilt. Heute gehen wir jedoch etwa 600 Meter direkt in das beschauliche Dorf, um uns mit Drähten und Mäusen zu beschäftigen.

Mausefallenmuseum

Im alten Schulgebäude werden die verschiedenen Produktionsphasen des Drahtbindehandwerks von den 1830er bis zu den 1970er Jahren dargestellt, welches für die Ortsentwicklung von großer Bedeutung war. In den Notzeiten des vorigen Jahrhunderts stellten die Bewohner in Heimarbeit Mause- und Rattenfallen sowie Gegenstände des täglichen Bedarfes her, die in den Winterhalbjahren in ganz Deutschland vertrieben wurden und zur Aufbesserung des mageren Einkommens aus der Landwirtschaft dienten. Wer nun meint, dass er nur profane Mausefallen zu Gesicht bekommt, irrt gewaltig! Kunstvoll gearbeitete Körbe, Schalen und vieles andere gehören ebenfalls zu der gut gemachten Ausstellung, deren Besuch durch eine fachkundige Begleitung zu einem besonderen Erlebnis wird. In einer original erhaltenen Werkstatt wird der mittlerweile ausgestorbene Handwerkszweig lebendig dargestellt und im Museum können noch heute von Hand gefertigte Drahtwaren erworben werden *(April - Okt. Mi 14 - 16 Uhr, Fr 15 - 17 Uhr, Eintritt, www.neroth.de)*.

Im weiteren Verlauf der B257 gelangen wir nach **Wallenborn** und folgen dem Hinweis Kaltwasser Geysir [N 50°09'12.6" E 06°43'12.0"].

Wallenborn und der Kaltwasser Geysir

Neben den Maaren gibt es rund 200 Mineralquellen, die von der nicht erloschenen Vulkantätigkeit in dieser Gegend zeugen. Der **Kaltwasser Geysir** ist eine dieser Quellen, die unter natürlichem Druck aus der Erdoberfläche emporsprudeln. Außer uns zahlen etliche andere Besucher einen geringen Obolus, um die Gas-Wasser-Eruption verfolgen zu können. Der gesamte Zyklus mit Ruhephasen und Aufwallungen kann 30 bis 45 Minuten dauern und unter den „Aaahs und Ooohs" der Zuschauer schießt kurzzeitig eine etwa zwei bis vier Meter hohe Fontäne in die Höhe. Während sich ein leichter Schwefelgeruch ausbreitet, brubbelt das Wasser noch ein wenig vor sich hin und anschließend kehrt bis zum nächsten „Ausbruch" wieder Ruhe ein. Die Wassertemperatur des kleinen Geysirs beträgt im Gegensatz zu den in Island anzutreffenden Geysir, die eine Temperatur von bis zu 90°C haben, bei nur etwa 9 - 15°C.

Obwohl wir uns einen Geysir größer und vor allen Dingen imposanter vorgestellt haben, bietet die im Volksmund „Brubbel" genannte Sprudelfontäne ein faszinierendes Schauspiel!

Im Wallenborner Talkessel befinden sich immerhin acht dieser Mineralquellen und der 3,5 Kilometer lange **Brubbelpfad** führt zu weiteren Sauerbrunnen sowie zu landschaftlichen Besonderheiten der Umgebung.

Wenn man schon einmal hier ist, kann gleich noch die nahe **Imkerei** mit Hofladen besichtigt und ein Gläschen Honig mitgenommen werden *(kostenlose Führungen April - Okt. Mi/Sa 14/17 Uhr, Neue Straße 3)*.

Von Wallenborn aus fahren wir ein Stück auf der B257 weiter und biegen dann nach **Deudesfeld** ab.

Noch vor dem Ort zweigt links bereits eine Straße zum Sportplatz und zur kleinen Marienkapelle ab, an der es (außer bei Sportbetrieb) einen einsamen Parkplatz zu vermelden gibt [**242:** N 50°06'34.7" E 06°43'37.6"; Manderscheider Straße]. Folgt man der Landstraße in den Ort findet sich gar ein ruhiger offizieller Stellplatz.

(243) Offizieller WOMO-Stellplatz: Deudesfeld

GPS: N 50°06'02.9" E 06°43'46.5" Meisburger Straße
Max. WOMOs: 8
Ausstattung: V/E, Strom Infotafel, Müllbehälter.
Beschreibung: Der befestigte, teislschattige Stellplatz liegt am Ortsrand und hat Anschluss Wanderwege (zum Beispiel

Panoramaweg 4 Kilometer) und Radwege.
Preise: Strom und Wasser gegen Gebühr, ansonsten wird um eine Spende gebeten.
Zufahrt: Im Ort dem WOMO-Piktogramm folgen.

Im weiteren Verlauf der Landstraße fahren wir zunächst Richtung Bettenfeld und zweigen dann nach **Meerfeld** ab.
Im Ort ist ein Parkplatz am links gelegenen Sportplatz schnell erreicht [**244:** N 50°05'45.4" E 06°45'27.0"; Im Flur] und wen der Hunger umtreibt, der wird im **Restaurant Poststuben** eine ordentliche regional-saisonale Küche zu angemessenem Preis finden *(Mo/Di Ruhetag, Meerbachstraße 24 - 26, Telefon 06572/931900, www.hotel-zur-post-meerfeld.de)*.
Wir sind an einem der größten Eifelmaare, dem **Meerfelder Maar** angekommen. Hier bietet sich die Gelegenheit, nach einer Wanderung in einer **natürlichen Badewanne** von rund 1,5 Kilometer Durchmesser und einer Tiefe von 17 Meter schwimmen und tauchen zu können!
Dafür wird das Wohnmobil am östlichen Ortsausgang an der **Steinskulptur Urknall** auf einem tagsüber gebührenpflichtigen Parkplatz abgestellt [N 50°05'49.5" E 06°45'50.7"; An der K10, maximale Parkdauer 12 Stunden]. Zusätzlich gelangen Radfahrer von hier auf dem **Kosmosradweg** direkt auf eine Reise durch das Sonnensystem, denn jeder Meter dieses Radweges entspricht im Weltall einer Strecke von 50.000 Kilometer oder 3 Millionen Jahren (einfache Strecke bis Daun 20 Kilometer, www.kosmosradweg.de). Rund um den Maarsee führt ein etwa 3 Kilometer langer **Rundweg**, von dem man die üppige Ufervegetation und die Sicht auf die beeindruckenden Seerosenteppiche genießen kann. Uns zieht es jedoch zu einer fantastischen Aussicht über das Maar und die Umgebung in 515 Meter Höhe.

WOMO-Wandertipp: Landesblick und Meerfelder Maar
Aufgrund der Höhenunterschiede als mittelschwer einzustufende Wanderung von ca. 6,5 Kilometer Länge.

Vom Parkplatz gehen wir durch die Schranke und biegen kurze Zeit später links vom Teerweg auf den Pfad in das Naturschutzgebiet Meerfelder Maar ab. Auf dem Weg 41 umrunden wir das Maar und genießen den Blick auf das mit Schilf bewachsene Ufer und die Seerosenteppiche. In Höhe der Bootsanlegestelle knicken wir rechts ab und gelangen über einen Teerweg nach Meerfeld. Dort schwenken wir rechts in die Meerbachstraße, passieren das **Restaurant Zur Post** und schwenken wieder rechts in die Kirchstraße. An einer Kreuzung halten wir uns links auf der Straße Auf'm Stamp aus dem Ort hinaus und folgen dem Vulkanweg (V) bzw. dem Weg 44 gemächlich und stetig aufwärts. Erst haben wir eine schöne Sicht auf den Landesblick und tauchen dann in den Wald ein. Der Teerweg wird nach links verlassen und wir folgen dem Hinweis Landesblick auf einem Pfad weiter aufwärts. Nach etwa 700 Meter biegen wir kurz links ab und erreichen einen Querweg, dem wir rechts in die offene Wiesenlandschaft folgen. Den Aussichtsturm vor Augen halten wir uns nochmals rechts und erklimmen die restlichen Meter bis zur traumhaften Aussicht vom **Landesblick** über die Eifel.

Von hier oben überblicken wir das **Meerfelder Maar** und haben seine Entstehungsgeschichte einem Relief ähnlich vor uns liegen:

Vor rund 80.000 Jahren sprengten gewaltige Explosionen Gesteinsbrocken kilometerweit in die Umgebung und um den riesigen Krater sammelten sich große Mengen Asche zu einem Wall von 1,7 Kilometer Durchmesser. Nachdem sich der Vulkan beruhigte, sammelte sich im Trichter Regen- und Grundwasser zu einem kreisrunden See. Doch

irgendwann schaffte es ein kleiner Bach durch den Kesselrand vorzudringen und Gestein konnte eingespült werden, sodass der See nach Norden abgedrängt wurde. Viele Jahrtausende später entstand um 1200 nach Christus das Dorf Meerfeld auf diesem Schwemmfächer.

Wir folgen dem Weg am Aussichtsturm etwa 300 Meter weiter bis zu einem Teerweg, dem wir rechts folgen und auf der VulkaMaar Tour (VM) bis zum Meerfelder Maar hinab folgen. Zwischen Wiesen und über einen Grasweg geht es steil abwärts. Vor einem Aussiedlerhof geht es rechts wieder in den Wald hinein und nach etwa 900 Meter ist die Kreisstraße erreicht. Dieser folgen wir kurz rechts bis zum Parkplatz und damit zum Ausgangspunkt dieser feinen, aussichtsreichen Wanderung.

Durch Meerfeld zurück visieren wir nun **Bettenfeld** an.
Vor dem Ort haben wir eine schöne Aussicht, fahren durch das Dorf und folgen dem Hinweis Mosenberg/Kratersee. Kurz hinter dem Ort führt rechts ein Weg zum **Vulkanerlebnispark Mosenberg**.

(245)
WOMO-Picknickplatz: Bettenfeld, Wiesenteich

GPS: N 50°05'06.4" E 06°46'01.6"
Max. WOMOs: 2
Ausstattung: Tisch und Bänke, Infotafeln.
Beschreibung: Der einfache, geschotterte, schattenlose Parkplatz liegt am Ortsrand. In der Nähe befinden sich Häuser und es gibt Wander- und Radwege.
Zufahrt: Hinter dem Ort ca. 300 Meter rechts zum Parkplatz fahren.

Wem der kurze **Rundweg** um den See nicht genügt, kann zum ganzjährig zugänglichen **Vulkanerlebnispark** auf einem **Lehrpfad** spazieren und dabei in einem der 80 Geotope Deutschlands in ein ehemaliges Fenster des Eifel-Vulkanismus schauen.

Windsborn Krater

Der Straße Richtung Manderscheid folgend gibt es einen weiteren Picknickplatz am Mosenberg [**246:** N 50°05'13.3" E 06°46'37.6"].

Durch den Wald führen Wanderwege hinauf zum **Windsborn Krater** (Foto links unten), dem einzigen Kratersee nördlich der Alpen. Im Gegensatz zu den Maaren, die mit Grundwasser gespeist werden, füllen sich Kraterseen durch Niederschlagswasser. Der kreisrunde See ist an einigen Stellen von einem hohen Schlackenwall umgeben und nur 1,7 Meter tief.

Gleich neben dem Parkplatz liegt in einer Senke am nördlichen Rand des Windsberges ein weiterer Krater. Das **Hinkelsmaar** ist im eigentlichen Sinn ein Kratersumpf, da der einstige See im 19. Jahrhundert zur Torfgewinnung durch Stollen entwässert wurde. Das Torfmoor steht heute unter Naturschutz und bietet der entsprechenden Fauna und Flora ein hervorragendes Revier.

Am Rande des Sumpfmaars verbringen wir einen ruhigen Abend, bevor es uns nach **Manderscheid** verschlägt.

Da alle Parkplätze innerorts nur für Pkw ausgelegt sind, bleibt uns nichts anderes übrig, als das Wohnmobil widerrechtlich auf dem Parkplatz Burgenblick abzustellen [N 50°05'29.8" E 06°48'50.4"; Grafenstraße]. Von hier sind die Manderscheider Burgen bergab nach etwa 500 Meter fußläufig zu erreichen und die **Tourist-Info** ist auch nicht weit entfernt *(Ostern - Okt. Mo - Fr 9 - 12.30/13.30 - 17 Uhr, Sa 9.30 - 12.30 Uhr, So 10 - 12 Uhr, Nov. - Ostern Mo - Fr 10 - 12.30/13.30 - 16 Uhr, Grafenstraße 21, Telefon 06572/9989005, www.gesundland-vulkaneifel.de).*

(247) Offizieller WOMO-Stellplatz: Manderscheid, Hotel-Restaurant Heidsmühle

GPS: N 50°05'04.5" E 06°47'56.1"; Mosenbergstraße 22

Max. WOMOs: 10

Kontakt: Telefon 06572/747, www.heidsmuehle.de

Ausstattung: Wasser, Strom.

Beschreibung: Einfacher Parkplatz auf Schotter liegt außerhalb des Ortes an einem Bach. Die Einkehr im Restaurant ist erwünscht. Idealer Ausgangspunkt für Wanderungen und Radtouren.

Zufahrt: Am Ortseingang dem Hinweise Heidsmühle und den Wohnmobil-Piktogrammen ca. 1,5 Kilometer ins Tal folgen.

(248) WOMO-Campingplatz: Manderscheid, Naturcamping Vulkaneifel

GPS: N 50°05'48.8" E 06°47'58.7"; Herbstwiese **Max. WOMOs:** 6

Kontakt: Telefon 06572/92110, www.naturcamping-vulkaneifel.de

Öffnungszeit: April - Oktober.
Ausstattung: V/E, Strom, Waschmaschine und Trockner, Spielplatz, Lagerfeuerstelle, Grillplatz.
Beschreibung: Der außerorts gelegene, einfache Campingplatz bietet vor der Anlage einen **separaten Wohnmobilstellplatz** auf Wiese. Die Einrichtungen des Campingplatzes können mitgenutzt werden.
Preise: Campingplatz €€, WOMO-Stellplatz €€€.
Zufahrt: Im Ort am Kreisverkehr Richtung Daun fahren und den Hinweisen zum Naturcamping folgen.

(249) WOMO-Badeplatz: Manderscheid, Schwimmbad

GPS: N 50°05'19.1" E 06°48'37.9"; Cusanusstraße **Max. WOMOs:** 2
Beschreibung: Der einfacher, asphaltierte Parkplatz liegt im Ort etwas abseits des Zentrums in der Nähe des Schwimmbades.
Zufahrt: Im Ort ca. 350 Meter hinter der Zufahrt zur Heidsmühle am Maarmuseum rechts Richtung Großlittgen abbiegen. Ca. 450 Meter später links den Hinweisen „Schwimm- und Sportanlagen" gut. 300 Meter bergab folgen und links auf den Parkplatz fahren.

Manderscheid und seine Burgen

Im Tal der Lieser erheben sich die **Oberburg**, ab 1147 kurtrierische Landesburg und die **Niederburg**, erstmals 1201 urkundlich erwähnt und Domizil der Herren von Manderscheid, die Lehnsherren der Grafen von Luxemburg waren. Das tief eingeschnittene Bachtal bil-

dete die Grenze beider Territorien und die Lieser war Zeuge der mittelalterlichen Auseinandersetzungen zwischen Ober- und Niederburg. Beide Festen litten im 30-jährigen Krieg, später im Pfälzischen Erbfolgekrieg und verfielen in den folgenden Jahrhunderten zusehends. Die seit 1899 im Besitz des Eifelvereins befindliche Niederburg ist mit Vorburg, Pallas und Burgkapelle in einem besseren baulichen Zustand als die rund 150 Jahre ältere Oberburg. Beide Ruinen lohnen einen Besuch und beim **Historischen Burgenfest** alljährlich am letzten Augustwochenende vermitteln Löwenritter, Gaukler und mittelalterliches Handwerk das dazugehörenden Flair *(Niederburg März/April - Okt.10.30 - 17 Uhr, Di Ruhetag, bewirteter Freisitz bis 22 Uhr, Eintritt. Der Besuch der Oberburg ist ganzjährig kostenfrei).*

Kleine Seelilie

Im kleinen **Maarmuseum**, in dem das Thema Maar in all seinen Facetten beleuchtet wird und die Fossilliensammlung das Herz jedes Hobby-Geologen höherschlagen lässt, kann man sich die Zeit wunderbar vertreiben *(Ostern- Okt. Di - Sa 10 - 12 Uhr/14 - 17 Uhr, So/Feiertage 13 - 17 Uhr, Eintritt. www.maarmuseum.de)*. Weiterhin zu erwähnen sind das **Heimatmuseum** (*Sommer Mo - Fr 11 - 17 Uhr, Sa/So 11 - 16 Uhr, Winter Mi - Fr 11 - 17 Uhr, Sa/So 11 - 16 Uhr)* und die **Steinkiste am Markt** mit einer Privatsammlung von Gesteinen, Mineralien und Fossilien aus aller Welt *(So 11.30 - 12.30, Mo 18 - 19 Uhr, Do 11 - 12.30 Uhr, jeweils Eintritt, www.gesundland-vulkaneifel.de).*

WOMO-Wandertipp: Lieserpfad

Ein **besonderes Wandererlebnis** bietet der insgesamt 74 Kilometer lange **Lieserpfad** von der Lieser-Quelle in der Nähe von Boxberg über Daun bis zur Mündung in die Mosel. Wir konnten bisher keine der vier Etappen gehen – da der Pfad jedoch zu den schönsten Wanderwegen der Eifel gehört, möchten wir ihn auf gar keinen Fall unerwähnt lassen. Die längste, rund 24 Kilometer lange Etappe der Streckenwanderung zwischen Manderscheid und dem Marktplatz in Wittlich wird als schwer eingestuft und soll gute Kondition sowie Trittsicherheit voraussetzen, als Naturerlebnis aber unschlagbar sein. Sie startet hinter dem Kurhaus in Manderscheid und ist durchgängig mit einem blauen L auf weiß-grünem Grund markiert.

Auf schmalen Pfaden schlängelt sich der Weg in einem Auf und Ab über Stege und Holzbrücken durch schattige Wälder und der Wanderer wird fast ständig von der plätschernden Lieser begleitet. Zwischendurch eröffnen sich immer wieder schöne Ausblicke auf das Flusstal und auf den ersten Kilometern wunderbare Aussichten auf das Burgenpanorama. Der Rückweg kann mit dem täglich verkehrenden Bus der RegioLinie 300 angetreten werden.

Wem die Strecke zu lang ist, der kann der Wanderung auch auf dem etwa gleichlaufenden **Eifelsteig** von Manderscheid bis Karl folgen und nach ca. 14 Kilometer vom Regio-Bus 300/Haltestelle Karl Abzweig an der L62 zurückfahren.

Zur besseren Planung gibt es weitere Infos unter www.vrminfo.de und www.tourenplaner-rheinland-pfalz.de.

In Manderscheid zweigen wir nach Großlittgen/Abtei Himmerod ab und bewegen uns über Serpentinen mal die Hügel runter und wieder hinauf. Wenige Kilometer hinter **Großlittgen** taucht über den Bäumen die Turmspitze der Klosterkirche auf [**250:** N 50°01'47.7" E 06°45'27.3"].

Abtei Himmerod und die Himmeroder Denkschrift

Himmerod wurde im Jahre 1134 als erstes Zisterzienser-Kloster in Deutschland im idyllischen Salmtal gegründet. Noch heute umschließt die mittelalterliche Klausurmauer das Klostergelände. Die barocke Kirche wurde 1751 gemäß der zisterziensischen Auffassung von Schlichtheit fertiggestellt und verfiel ab 1802 nach der Säkularisation durch die französischen Besatzer. 1922 wurde das Kloster wiederbesiedelt und von 1952 an wurde die imposante Barockhallenkirche, von der nur noch Säulenreste des ersten Klosters erhalten sind, im Stil der alten Kirche rekonstruiert. Im Querhaus prägen die 4000 Pfeifen eines nach dem 2. Weltkrieg entstandenen Orgelneubaus aus der Werkstatt der Familie Klais das Bild. Himmerod gelangte nach dem Ausbruch des Koreakrieges 1950 in die Annalen der Weltgeschichte, als der Europarat dort die Bildung einer europäischen Armee mit deutscher Beteiligung beschloss. Unter strengster Geheimhaltung beriet eine Kommission deutscher Militärexperten im Oktober des gleichen Jahres im Kloster die Modalitäten, um ein deutsches Kontingent für diese Armee aufzustellen. In der **Himmeroder Denkschrift** wurden die Ergebnisse zusammengefasst. Sie ist gleichzeitig die Grundlage weiterer militärischer Planungen der Bundesregierung, die in der Gründung der Bundeswehr mündete.

Im ältesten noch erhaltenen Gebäude des Klosters befindet sich das **Museum Alte Mühle**, das über die Geschichte der Zisterzienser informiert und wechselnde Ausstellungen zeigt *(April - Okt. Di - So/Feiertage 14 - 17 Uhr)*. In einem anderen Gebäude lädt die empfehlenswerte **Klostergaststätte** zur Einkehr ein *(Mitte März - Okt. Di - So 11 - 21 Uhr, Nov. - Mitte März Mi/Do 11 - 18 Uhr, Fr/Sa/So 11 - 21 Uhr, www.abteihimmerod.de)*.

Wenig später notieren wir in **Eichelhütte** im idyllischen Salmtal einen offiziellen **WOMO-Stellplatz** am **Hotel Molitors Mühle [251:** N 50°02'11.0" E 06°44'17.9"; Eichelhütte 15, Telefon 06567/9660, www.molitors-muehle.de].

In der ehemaligen Mühle entstand 1896 ein kleines Elektrizitätswerk, das mit Hilfe von Turbinen und der Wasserkraft der Salm als eines der Ersten in der Eifel Strom erzeugte. Gegen eine ordentliche Gebühr können die Wellness-Oase mit Hallenbad, die Saunalandschaft und die Pfahlbau-Sauna im Seeweiher genutzt werden. Die empfehlenswerte Restaurantküche befindet sich im gehobenen Preissegment.

Über Schwarzenborn erreichen wir **Oberkail** und folgen im Ort rechts dem Hinweis **Frohnertkapelle**.

Auf einem Hügel liegt die 1648 von Graf Philipp Dietrich von Manderscheid-Kail erbaute Weihekapelle, die wahrscheinlich eine Nachbildung der rund gebauten Gnadenkapelle der „Trösterin der Betrübten" in Luxemburg und seit Jahrhunderten ein gern besuchtes Wallfahrtsziel ist. Rund gebaute Kapellen waren jedoch nicht so das Ding der Baumeister aus dem nahegelegenen Himmerod. Die Herren standen mehr auf den spätgotischen Stil, wie im Klosterkreuzgang gut zu erkennen ist, und bauten die Kapelle kurzerhand in Form eines Oktogons mit hohen Spitzbogenfenstern.

(252) WOMO-Stellplatz: Oberkail, Frohnertkapelle

GPS: N 50°02'25.2" E 06°41'34.7"; Kapellenweg
Max. WOMOs: 1 - 2
Beschreibung: Der einfache Wiesenparkplatz liegt außer-

halb des Ortes und aufgrund der Lage an der Kapelle verbietet sich Campingverhalten. Die schöne Aussicht kann man auch so genießen.
Zufahrt: Im Ort rechts den Hinweisen zur Frohnertkapelle ca. 900 Meter folgen und die letzten 250 Meter auf einem Schotterweg rechts bis zu dem kleinen Wiesenparkplatz an der Kapelle fahren.

Nach einem herrlich ruhigen Nachmittag im Schatten der Kapelle rollen wir zurück nach Oberkail, fädeln uns in den Verkehr nach **Kyllburg** ein, überqueren wenig später leicht versetzt die B257 und rollen hinab in das Tal der Kyll.
Hinter dem Fluss halten wir uns links an dem mit Türmchen verzierten Nordportal des Eisenbahntunnels, um in den Ort zu gelangen. Nach einer Kuppe folgen wir dem Hinweis zum idyllisch gelegenen Freibad an der Kyll bis zu einem Kreisverkehr. Um der Stiftskirche einen Besuch abzustatten, kann das Wohnmobil auf einem ausgeschilderten Wanderparkplatz geparkt werden [**253:** N 50°02'20.8" E 06°35'10.9"; Marktplatz] oder man weicht auf die Parkplätze an der Kirchenzufahrt aus. Hierbei ist anzumerken, dass die Straßen in dem verschlafenen Städtchen eng sowie steil sind und man auf gleichem Weg zum Kreisverkehr zurückfahren sollte.

(254) WOMO-Badeplatz: Kyllburg, Schwimmbad

GPS: N 50°02'01.1" E 06°35'17.8"; Marktplatz **Max. WOMOs:** 3 - 4

Beschreibung: Der einfache Wiesenparkplatz vor dem Schwimmbad *(Mitte Mai - Mitte Sept. 10 - 19 Uhr)* liegt außerorts an der Kyll und ist zum Teil schattig und einsam.
Zufahrt: Hinter dem Fluss links am mit Türmchen und Zinnen verzierten Nordportal des Eisenbahntunnels vorbei in den Ort fahren. Nach einer Kuppe dem Hinweis Freibad bis zu einem Kreisverkehr (mit oben genanntem Wanderparkplatz) folgen und weitere 800 Meter bis zum Parkplatz am Schwimmbad fahren.

(255) WOMO-Campingplatz: Kyllburg, Camping Kyllburg

GPS: N 50°02'20.7" E 06°35'29.3"; Karl-Kaufmann-Weg 5
Kontakt: Telefon 06563/8133, www.campkyllburg.de
Öffnungszeiten: April - Oktober.
Ausstattung: Restaurant, Möglichkeit zum Angeln und für Kanu-Touren, Spielplatz.
Beschreibung: Der direkt an der Kyll gelegene Wiesenplatz ist ein prima Ausgangspunkt für Wanderungen und Radtouren außerhalb des Ortes. An der Zufahrt in der Stadt gibt es die gute **Pizzeria Bella Italia** (www.bella-italia-kyllburg.de, Bademer Str. 4) und ganz in der Nähe befindet sich das Schwimmbad.
Preise: € - €€€.
Zufahrt: Vor dem Fluss den Hinweisen zum Campingplatz folgen.

Stiftskirche Kyllburg und Stiftsberg

Steil geht es auf den Stiftsberg, auf dem der monumentale Bau der **Stiftskirche** steht. 1276 wurde mit dem Bau des Chors begonnen und Ende des 14. Jahrhundert mit dem des Längsschiffes. Die Kirche zählt mit ihrem säulenfreien, weit gewölbten Inneren zu den größten gotischen Hallenkirchen der Westeifel. Bemerkenswert sind die drei **Renaissance-Glasfenster** mit biblischen Motiven aus der Zeit um 1533/34 und die 1775 erbaute **Orgel der Gebrüder Stumm**.

Durch eine Glastür betritt man den im 14. Jahrhundert erbauten **Kreuzgang** mit gotischem Maßwerk, der als einer der schönsten zwischen Trier und dem Kloster Maria Laach gilt *(täglich von 8 - 18 Uhr)*.

Ein Blick in den etwas unterhalb liegenden Obstgarten des alten Pfarrhauses lohnt sich, denn vor der schönen Fassade lernen wir auf dem **Obstbaumlehrpfad** einige der alten Obstsorten der Eifel kennen.

TOUR 11
Deutsch-Belgischer Naturpark
Hohes Venn - Eifel
Naturpark Südeifel
Tour 12
Tour 10
Kerpen
Loogh
Dreimühlen Wasserfall
Berndorf
Hillesheim
Pelm
Gerolstein
Gerolsteiner Dolomiten
Wolfspark
Lissingen
Brunnentempel
Büdesheim
Birresborn
Eishöhlen
Adam & Eva
Prüm
Explosionskrater
Rommersheim
Schönecker Schweiz
Giesdorf
Schönecken
Pronsfeld
Lünebach
Eifelzoo
Heisdorf
Eilscheid
Merlscheid
Heilhausen
Lambertsberg
Waxweiler
Nims
Malberg
Kyllburg
Wilsecker
Fließem
Villa Otrang
Erdorf
Oberweiler
Hamm
Stausee
Biersdorf
Wiersdorf
Bildchen
Rittersdorf
Bitburg
5 km
Westwall-museum
Irreler Wasserfall
Teufelsschlucht
Dinosaurierpark
Irrel
Ernzen
Echternach
Echternacherbrück
Sauer
Kyll
Prüm
Band 45 Mit dem Wohnmobil durch Belgien und Luxemburg

Tour 11 240 km

Bitburg – Irrel – Pronsfeld – Schönecken – Prüm Birresborn – Gerolstein – Kerpen – Hillesheim

Stellplätze:	Bitburg, Rittersdorf, Biersdorf, Waxweiler, Schönecken, Rommersheim, Pronsfeld, Prüm, Birresborn, Gerol stein, Rockeskyll, Hillesheim Berndorf, Kerpen.
Campingplätze:	Irrel Camping Südeifel, Echternacherbrück Campingpark Freibad, Waxweiler Campingplatz Heilhauser Mühle, Prüm Waldcamping.
Besichtigen:	Malberg Barockschloss; Fließem Römische Villa Otrang; Bitburg Stadtbild, Kreismuseum, Brauerei; Irrel Westwallmuseum; Ernzen Naturparkzentrum Teufelsschlucht, Dinosaurierpark; Lünebach Eifelzoo; Pronsfeld Eisenbahnmuseum; Prüm Basilika, Museum Prüm; Birresborn Eishöhlen, Gerolstein Erlöserkirche, Villa Sarabodis, Heimatmuseum, Naturkundemuseum, Telefonmuseum, Besucherzentrum Gerolsteiner Brunnen, Adler- und Wolfspark Kasselburg; Rockeskyll Brennerei Neuerburg; Berndorf Wehrkirche; Hillesheim Geol. Ausstellung, Kriminalhaus.
Wandern:	Ernzen Teufelsschlucht, Schönecken Schönecker Schweiz, Prüm Panoramaweg, Kerpen Dreimühlenwasserfall.
Radfahren:	Nims- und Prüm-Radweg, Eifel-Ardennen-Radweg.
Essen:	Bitburg Simonbräu; Rittersdorf Restaurant Herrmann's, Bleialf Weltenbummler, Prüm Kaffeehaus Opulenzia, Pelm Forsthaus Kasselburg, Rockeskyll Brennerei Neuerburg, Loogh Eifeler Hofkäserei, Kerpen Kleines Landcafé u. Hoflokal Einkehr, Hillesheim Café Sherlock.

Mit Kyllburg haben wir die Ausläufer der Südeifel erreicht, die mit grünen Waldteppichen, grünen Naturpfaden, geheimnisvollen Felsenlandschaften und malerischen Flusstälern im Dreiländereck Deutschland-Belgien-Luxemburg liegt. Zahlreiche Radwege, ein faszinierendes Wanderland und Geschichte von den Römern bis zur Mitte des 20. Jahrhunderts erwarten uns in einem Landstrich, der seit 1958 zum 342 Quadratkilometer großen Naturpark Südeifel gehört (www.naturpark-suedeifel.de). Wir werden insbesondere die sanften Hügellandschaften des Bitburger Gutlandes sowie die bizarren Felsformationen des Ferschweiler Plateaus bereisen und bis ins Prümer sowie Gerolsteiner Land vordringen und abwechslungsreiche Landschaften kennenlernen.

Von Kyllberg rollen wir Richtung Bitburg und gelangen entlang der Kyll rasch nach **Malberg**, das vom prächtigen **Barockschloss Malberg** überragt wird.
Die einzigartige Schlossanlage besteht aus der alten

Burg, dem Arkadenbau, dem Haupthaus und der Schlosskapelle. Weiter gehören der „Eiserne Garten'' und der „Runde Garten" dazu *(Führungen durch die Innenräume: Mai - Okt. Sa 14.30 Uhr, Treffpunkt Schlosstor. Außenanlagen und Gärten: Mai - Anfang Okt. Sa 14.30 - 18 Uhr, So/Feiertage 11 - 18 Uhr, Eintritt).*

Wir haben versucht, das Schloss mit dem WOMO zu erreichen und sind gescheitert! Daher sollte man sein Gefährt gleich auf dem Parkstreifen am Ortseingang stehen lassen und den Weg zu Fuß antreten. Alternativ bietet sich eine Parkbucht bei der Weiterfahrt an. Dazu schrauben wir uns aus dem Kylltal nach oben. Etwa 450 Meter hinter der ersten Linkskurve und auf Höhe des Schlosses ist es soweit. Von hier gibt es ebenfalls einen Fußweg zum Schloss.

Auf dem weiteren Weg Richtung Bitburg vertrauen wir uns den Hinweisen zur Villa Otrang an. Die alten Römer hatten schon ein Gespür dafür, wo sie ihre exquisiten Baugrundstücke finden konnten und sich niederließen – filtert man die Geräusche von der Bundesstraße aus, dann bleiben nur noch Ruhe, Beschaulichkeit und eine schöne Aussicht [N 50°00'52.4" E 06°32'49.2"].

Villa Otrang

Die Überreste der rund 1.700 Jahre alten Villa stehen auf einem ehemals als „Atrangkamp" oder „Oterang" bezeichneten Hügelgelände. Sie ist eine der größten und besterhaltenen römischen Landsitze nördlich der Alpen.

Das ehemals 3.600 Quadratmeter große Herrenhaus bestand aus 66 Räumen mit 14 prachtvollen Mosaiken. Vier dieser Mosaikböden sind fast vollständig erhalten. Die Bäder waren mit einer sogenannten Hypokaustenheizung, einem ausgeklügelten Warmluft-Heizsystem ausgestattet. Bemerkenswert ist neben der römischen Geschichte auch

der Aufschluss über die Denkmalpflege und die archäologischen Techniken zu Beginn des 19. Jahrhunderts *(Das Gelände ist frei zugänglich. Führungen April - Oktober letzter Samstag im Monat 11 Uhr, Eintritt, www.villa-otrang.de).*

Nach diesem interessanten Ausflug richten wir uns nun weiter nach den Hinweisen **Bitburg**. Schon am Ortsanfang leitet uns das Parkleitsystem vorbei an ehemaligen Befestigungsanlagen zu verschiedenen Parkplätzen.

(256) WOMO-Stellplatz Bitburg, Bedaplatz P1

GPS: N 49°58'17.5" E 06°31'15.4"; Bedaplatz **Max. WOMOs:** 2 - 3
Beschreibung: Einfacher, asphaltierter Großparkplatz im Ortszentrum, der tagsüber gebührenpflichtig ist.
Zufahrt: In Bitburg den Hinweisen P1 folgen.

(257) WOMO-Stellplatz Bitburg, Kreismuseum P2

GPS: N 49°58'11.3" E 06°31'28. 2"; Prälat-Benz-Straße **Max. WOMOs:** 2 - 3
Beschreibung: Einfacher, asphaltierter Großparkplatz im Ortszentrum, der tagsüber gebührenpflichtig ist.
Zufahrt: In Bitburg den Hinweisen P2 folgen.

Bitburg

Aus der einst kleinen römischen Siedlung Vicus Beda und dem späteren Römerkastell entwickelte sich das wirtschaftliche und kulturelle Zentrum der Südeifel.

Die römischen Mauern wurden teilweise rekonstruiert und durch das Stadtzentrum führt heute ein etwa zwei Kilometer langer **archäologischer Rundweg** mit 16 Stationen, zu denen unter anderem die Replik der Jupitersäule gehört. Vor rund 2.000 Jahren bauten die Römer an der Fernstraße, die von der Rhone über Metz und Trier nach Köln führte, das Straßendorf Beda als Raststation aus. Beda entwickelte sich zu einem blühenden Ort mit wehrhaftem Kastell, dessen Reste noch heute das Stadtbild Bitburgs prägen.

Am besten beginnt man den Rundweg an der nur wenige Gehminuten vom Bedaplatz entfernten **Tourist-Info** *(April - Okt. Mo - Fr 9 - 18 Uhr, Sa 10 - 14 Uhr, Juli/Aug. zusätzlich So 10 - 12.30 Uhr, Nov. - März Mo - Fr 9 - 17 Uhr, Sa 10 - 13 Uhr, Römermauer 6, Telefon 06561/94340, www.eifel-direkt.de).* Die Mitarbeiter vermitteln nach Möglichkeit auch die Karten für eine **Brauereiführung**, die in der Regel nur nach Voranmeldung möglich ist *(Mo - Do, Tel. 06561/142497 oder www.bitburger.de).*

In der Fußgängerzone treffen wir auf die Bronzefiguren des **Gäßestrepper-**

Liebfrauenkirche

Brunnen. Im 30-jährigen Krieg belagerten schwedische Truppen die Stadt und die Bitburger konnten sich nur durch eine List dieser Bedrohung entziehen. Bitburger Jungen streiften (streppten) sich die Felle von Ziegen (Gäße) über und sprangen derart verkleidet auf der Stadtmauer umher. Sie täuschten so den Belagerern, die selbst keinen Proviant mehr hatten, vor, dass noch ausreichend Lebensmittel in der Stadt vorhanden seien und man sich aus diesem Grund noch lange nicht ergeben würde. Die Schweden zogen sich daraufhin zurück und die Bitburger feierten ein großes Freudenfest.
Weiter geht es zur **Liebfrauenkirche**, die ursprünglich als romanische Kirche auf einem römischen Tempel errichtet wurde und heute im gotischen Stil mit einem neubarocken Anbau den Blick auf sich zieht. Vor der Kirche steht ein **Glockenspielturm**, bei dem sich zur vollen Stunde ein Türchen öffnet und Figuren zeigt, die das städtische Handwerk darstellen.
In der Nähe des zweiten Parkplatzes befindet sich das **Kreismuseum Bitburg-Prüm**, das sich mit dem früheren Leben in der Eifel beschäftigt. Die Geschichte der Region wird in mehreren Räumen dokumentiert und durch Sonderausstellungen bereichert *(März - Okt. Di/Mi 11 - 17 Uhr, Do 14 - 17 Uhr, Nov. - Feb. Sa/So 14 - 17 Uhr, Eintritt)*.
Am zweiten Juli-Wochenende zieht es alle Welt zum **Europäischen Folklorefestival** in die Stadt und der jährlich im März veranstaltete **Beda-Markt** ist eine Mischung aus Volksfest und Wirtschaftsmesse. Wer mehr auf regionale Produkte vom Erzeuger steht, sollte die **Bauernmarkthalle** ins Besuchsprogramm aufnehmen – mit Honig, Fleisch, Käse, Wild, Eiern und Selbstgebranntem kann man hier die Eifel buchstäblich schmecken *(Fr 9 - 17 Uhr, Sa 9 - 13 Uhr)*.
Der Abschluss unseres Bitburg Besuchs gehört dem **Simonbräu**. Der Brauerei-Ausschank bietet eine gute Küche und natürlich ein kühles Blondes aus der eigenen Brauerei *(Mo - Do 11 - 15/17.30 - 23 Uhr, Fr/Sa ab 11 Uhr, Am Markt 7, Telefon 06561/3333, www.simonbraeu.de)*.

Bevor wir uns näher mit dem Stausee Bitburg befassen, genehmigen wir uns einen kleinen Abstecher ins deutsch-luxemburgische Grenzgebiet und in eine Welt, in der Dinosaurier und eine abenteuerliche Sandsteinfelsenlandschaft die Hauptrolle spielen.
Auf der gut ausgebauten B257 fahren wir Richtung Luxemburg/Irrel, um tief in die Südeifel zu gelangen.
Bereits vor **Irrel** registrieren wir einen **Campingplatz**, doch wir fahren von der Bundesstraße direkt in den Ort hinein, in dem sich für den Aufenthalt ein weiterer Campingplatz anbietet, der idyllisch an der Prüm liegt.

(258) WOMO-Campingplatztipp: Irrel, Camping Südeifel

GPS: N 49°50'32.8" E 06°27'24.2"; Hofstraße 19
Kontakt: Telefon 06525/510, www.camping-suedeifel.de
Öffnungszeit: Ganzjährig/€.
Ausstattung: Gaststätte, Waschmaschine, Wäschetrockner, Spielplatzt, Fahrradverleih, Angelmöglichkeit, verschiedene Freizeitangebote, WLAN.
Beschreibung: Einfacher, aber ordentlicher Platz auf Wiese mit Teilschatten am Ortsrand und am Ufer der Prüm gelegen.
Preise: € - €€.
Zufahrt: Am Kreisel im Ort den Hinweisen zum Campingplatz folgen.

Am Kreisel befindet sich auch die Straße zu den **Irreler Wasserfällen**, die wir in der folgenden Wanderung beschreiben. Wer auf die Wanderung, aber nicht auf die Wasserfälle verzichten möchte, der folgt im Ort etwa ein Kilometer den Hinweisen nach Neuerburg bis zu einem Wanderparkplatz und gelangt von dort nach knapp 500 Meter bequemen Fußweges zu den Stromschnellen [N 49°51'16.8" E 06°26'48.8"; An der L4].
Vor dem Kreisverkehr in Irrel befindet sich die ausgeschilderte Zufahrt zum **Westwallmuseum** oberhalb des Ortes [N 49°51'06.2" E 06°27'14.4"] und direkt am Rund die **Tourist-Info** *(Mi geschlossen, Niedweisstraße 31, Telefon 06525/9339-50, Öffnungszeiten unter www.irrel-eifel.de).*

Westwallmuseum

Das zwischen 1937 und 1939 erbaute „Katzenkopf" ist das nördlichste Panzerwerk und einer der wenigen zu besichtigenden ehemaligen Westwall-Bunker.
Zur Sicherung des Deutschen Reiches wurde ab 1936 mit dem Bau des Westwalls begonnen. Das militärische Verteidigungssystem sollte auf einer Länge von 630 Kilometer von Kleve an der niederländischen Grenze Richtung Süden bis unterhalb von Basel als uneinnehmbares Bollwerk entstehen und die Westgrenze vor Angriffen schützen (vgl. Tour 12 Seite 305).
An der deutsch-luxemburgischen Grenze wurde das Panzerwerk Katzenkopf zum Schutz der Straße Köln-Luxemburg gebaut. In der dreigeschossigen Anlage informieren heute Bild- sowie Waffendokumente über die Geschichte des Westwalls *(Karfreitag bis 3. Oktober So/Feiertage 14 - 17 Uhr, Eintritt, 10°C Innentemperatur, www.westwallmuseum-irrel.de).*

Wir sind mittlerweile wieder auf der Bundesstraße gelandet und fahren bis zur nächsten Abfahrt nach **Ernzen**, um uns von den Hinweisen Teufelsschlucht/Dinosaurierpark zum **Naturparkzentrum Teufelsschlucht** leiten zu lassen [N 49°50'41.0" E 06°25'59.1"; Ferschweilerstraße 50]. Der Parkplatz liegt im Wald und die weiterhin ausgewiesenen Parkmöglichkeiten lassen das große Besucherinteresse erkennen.
Das **Besucherzentrum** ist der ideale Ausgangspunkt für kürzere und ausgedehnte Touren in die umgebende Felsenwelt, deren Kletterspalten, Schluchten und Mitmach-Stationen auch bei Kindern hoch im Kurs stehen. Ein umfangreiches Besucherprogramm, eine **Tourist-Info** sowie ein Infoshop, Ausstellungen und ein Bistrobereich runden den Aufenthalt ab. Angrenzend gibt es zudem eine **Wildkräuterwerkstatt** und das **Imkerhaus**, das durch einen privaten Imker betrieben wird *(11 - 17/18 Uhr,*

genaue Öffnungszeiten unter www.teufelsschlucht.de. Audiotouren rund um die Teufelsschlucht möglich).

Nahe am Parkplatz des Naturparkzentrums befindet sich der **Dinosaurierpark Teufelsschlucht**. Der Themen- und Erlebnispark zur Erdgeschichte zeigt über 150 lebensgroße Rekonstruktionen ausgestorbener Arten und bietet einen großen Mitmachbereich, ein gastronomisches Angebot und natürlich einen Dino-Shop. Wir finden, dass der Park nicht nur für jüngere Besucher ein aufregendes Erlebnis ist, sondern auch für uns eine spannende und interessante Exkursion in die Vergangenheit, aber auch in die Zukunft der Erdgeschichte ist *(Anfang April - Juni 10 - 18 Uhr, Juli - Mitte Sept. 9 - 18 Uhr, Mitte Sept. - Anfang Nov. 10 - 18 Uhr, Eintritt. Kostenfreier und unbedingt empfehlenswerter Audioguide fürs Smartphone zum Herunterladen von zu Hause oder über WLAN im Eingangsbereich möglich, Hunde gestattet, www.dinopark-teufelsschlucht.de).*

Die **Wanderwege** um die Teufelsschlucht sind auf Längen von 1,8 - 17 Kilometer bestens markiert und in unterschiedliche Schwierigkeitsgrade unterteilt.

Wir entscheiden uns für die Teuflische Acht, den Paradeweg an der Schlucht und der längste der Teufelspfad-Rundwege. Der Streckenverlauf ähnelt einer Acht und hat, obwohl er recht anspruchsvoll ist, überhaupt nichts teuflisches an sich. Die Wanderung ist ein Muss und Genuss für alle Wanderer, die Felsen und Pfade mögen!

WOMO-Wandertipp: Die Teuflische Acht

Mittelschwere Wanderung von etwa 6 Kilometer Länge für die man wegen der An- und Abstiege sowie der teils schmalen Pfade und bemoosten Treppen drei bis vier Stunden einplanen sollte. Durchgängig mit einer weißen Acht mit Teufelshörnern auf gelben Grund markiert.

Vom Naturparkzentrum wandern wir direkt in die Teufelsschlucht hinab. Die wohl markanteste Schlucht im **Felsenland Südeifel** bildete sich vor ungefähr 190 Millionen Jahren aus Ablagerungen des damals vorhandenen Meeresbodens. In der rund 30 Meter tiefen Felsspalte gehen wir durch einen ein bis fünf Meter breiten Gang. Der Pfad führt mal abwärts, dann wieder etwas nach oben zwischen emporragenden Felsen, über bemooste Steine und Treppen.

Am Ostrand des Ferschweiler Plateaus mit Ausblicken ins Tal der Prüm und zu den nahen gelegenen Höhenzügen beeindrucken weitere Felsformationen. Bald sind die historischen **Mühlsteinbrüche** erreicht, wo wir noch die Vertiefungen im harten und kalkhaltigen Sandstein erkennen können, aus denen das Material für Mühlsteine gebrochen wurden. Dem idyllischen Hälbach, einem kleinen Zufluss der Prüm, folgen wir talwärts und gelangen zu den Hopfenfeldern im Prümtal.

Nun wandern wir flussabwärts bis zu den **Irreler Wasserfällen**, die zwar lediglich Stromschnellen sind, sich aber in der Prüm bei viel Wasser ziemlich spektakulär auf 140 Meter Länge entlangziehen. Eine Holzbrücke überspannt die wildromantische Kulisse, in der sich die Prüm ihren Weg durch und über kolossale Felsen bahnt.

Von nun an geht es bergauf (bei heißen Temperaturen wirklich kein Zuckerschlecken!) bis zum Plateau, auf dem wir gemächlich zurück bis zum Naturparkzentrum gehen.

Wem es in der Südeifel besonders gut gefällt oder wer einen Abstecher nach Echternach in Luxemburg machen möchte und eine weitere Aufenthaltsmöglichkeit sucht, dem sei der folgende Campingplatz empfohlen. Dazu wird die B257 weiter Richtung Luxemburg befahren.

(259) WOMO-Campingplatz: Echternacherbrück, Campingpark Freibad

GPS: N 49°48'45.7" E 06°25'53.1"; Mindener Straße 18
Kontakt: Telefon 06525/340, www.echternacherbrueck.de
Öffnungszeit: April - Mitte Oktober.
Ausstattung: Behindertengerechte Sanitärmöglichkeiten. Bistro/Biergarten, WLAN.
Beschreibung: Der schöne, beliebte Platz liegt am Ortsrand direkt an der Sauer. Die Wiesenplätze sind recht groß bemessen und teils unter Bäumen gelegen. Idealer Ausgangspunkt für Wander-, Rad- und Kanutouren. Eine Angelmöglichkeit gibt es ebenfalls und Bewegungshungrige können zudem Minigolf oder Tennis in der Nähe spielen oder das Freibad nutzen. Nahe Restaurants und eine Bäckerei sorgen für das leibliche Wohl und der Ausflug ins etwa 400 Meter entfernte Luxemburg bietet sich an.
Preise: €€.
Zufahrt: Die B257 nach Echternacherbrück verlassen und dem Hinweis zum Campingplatz ca. 700 Meter folgen.

Vom Campingplatz an der Sauer ist es nur einen Katzensprung ins luxemburgische **Echternach**, das im **WOMO-Band 45** beschrieben wird. Die älteste Stadt unseres Nachbarlandes hat ihr **mittelalterliches Ambiente** mit verwinkelten Gassen bewahrt und wird von den Türmen der spätromanischen **Basilika** sowie der **Abtei** beherrscht. Die Keimzelle der heutigen Stadt war eine **römische Villa** nahe des Flusses, deren Besucherzentrum und Dioramen einen Blick in den Alltag der ehemaligen Bewohner ermöglichen (www.echternach.lu). Im linken Seitenschiff der Basilika gibt es ein Dokumentationszentrum, dass sich mit der **Echternacher Springprozession** beschäftigt, die erstmals 1497 erwähnt wird und deren heidnischer Ursprung wohl viel älter ist. In der Eifel werden wir ihr in Waxweiler wiederbegegnen (vgl. Seite 281).
Nach diesem interessanten Ausflug in das Felsenland Südeifel sind wir flott wieder in Bitburg und richten uns nach den Hinweisen zum Stausee, um nach **Rittersdorf** zu gelangen. Am Ortsende befindet sich die rund 700 Jahre alte, nahezu unverfälscht erhaltene **Wasserburg** [**260:** N 49°59'52.2" E 06°29'55.8"].
Im historischen Gemäuer kann man sich heute von einer regional-frischen Küche im **Restaurant Herrmann's** in angenehmer Atmosphäre fein bekochen lassen und wenn es passt, können Sie, liebe Leserin, lieber Leser, von uns herzliche Grüße an die Wirtsleute ausrichten *(Mi - So 12 - 14/18 - 21 Uhr, Telefon 06561/96570, www.burgrittersdorf.de)*.

Wer die angefutterten Kalorien verbrennen möchte, kann das auf dem rund 65 Kilometer langen **Nims-Radweg** tun. Der Radweg verläuft auf einer ehemaligen Eisenbahntrasse und wird von der Nims und gelegentlich von Skulpturen aus Eifeler Sandstein begleitet (www.naturpark-suedeifel.de/a-nims-radweg).

Restaurant in Burg RIttersdorf

Wir setzen unsere Fahrt auf der Vorfahrtstraße Richtung Stausee Bitburg, dann nach Bildchen und später nach Arzfeld fort. Über Wiersdorf und Biersdorf und durch die leicht hügelige Landschaft mit Feldern und Wäldchen ist der **Stausee Bitburg** bald erreicht, vor dem wir einen Großraumplatz passieren und nach rechts abbiegen.

Die vielen Parkplätze um den See lassen erahnen, dass hier bei entsprechendem Wetter der Bär steppt. Direkt am Ufer, neben Kiosk, Bootsverleih, Hotels und Gaststätten, notieren wir stellvertretend für andere einen dieser einfachen Plätze, der sogar von vier Wohnmobilen für eine offizielle Übernachtung genutzt werden kann [**261:** N 50°00'58.6" E 06° 26'26.4", WC]

Zum Schwimmen ist der See nicht freigegeben, aber Paddler, Ruderer und Angler können sich an dem 35 Hektar großen See die Zeit vertreiben und dann gibt es auch noch diverse Möglichkeiten für **Wander- und Radtouren**.

Zurück am zuvor genannten Parkplatz an der Staumauer führt die Straße am linken Seeufer Richtung Echtershausen/Hamm. Kurz vor **Hamm** nehmen wir die schmale Straße nach rechts und gelangen nach etwa einem Kilometer bergauf zu einem Parkplatz, der im Bereich an den Feldern für uns nutzbar erscheint [**262:** N 50°01'11.2" E 06°25'42.0"].

Der Rückweg führt wieder kurz Richtung Hermesdorf sowie in

Wiersdorf Richtung Bitburg bis zur L12. Hier halten wir uns nach Waxweiler.

Die Landschaft verändert sich und mit weitem Blick über Felder und Eifelhöhen scheinen wir **Lambertsberg** über ein Hochplateau entgegen zu fliegen. Der Ort wurde im Jahr 1408 erstmals als Obergreimelscheid erwähnt und erhielt nach der Errichtung der **St. Lambertus Kirche** den heutigen Ortsnamen. Im Inneren der vermutlich im frühen 16. Jahrhundert errichteten Kirche beeindruckt die reich mit Reliefs geschmückte Kanzel.

Schwungvoll geht es hinab ins Diersbach-Tal und kurvenreich wieder bergan. Sobald die ersten Blicke auf Waxweiler fallen, schwenken wir in einer Rechtskurve scharf links zum Picknickplatz Dinert [**263:** N 50°05'30.9" E 06°22'36.4"; An der L12]. Nach einem kleinen Imbiss setzen wir unsere Fahrt fort und halten uns an der nächsten Abzweigung Richtung Nimsreuland, um nach etwa einen Kilometer in einer lang gezogenen Rechtskurve rechts auf einen schmalen Weg einzubiegen, der uns zu einem weiteren aussichtsreichen Picknickplatz führt [**264:** N50°05'44.4"E06°22'09.8"]. Ein markierter Wanderweg von etwa 1,3 Kilometer Länge verbindet übrigens beide Parkplätze miteinander.

An letztgenanntem steht die 18 Meter hohe **Mariensäule**, die nach dem Zweiten Weltkrieg 1948 zum Dank für die geringe Kriegszerstörung während der Ardennenoffensive von den Waxweiler Bürgern errichtet wurde.

Nun rollen wir bergab nach **Waxweiler**, biegen Richtung Prüm/Eifelzoo und kurz hinter der Brücke über den Weiherbach rechts auf einen Parkplatz ab, der für einen Besuch des schon 150 vor Christus erwähnten Dorfes geeignet ist [N 50°05'35.7" E 06°21'43.5"; Bahnhofstraße].

Von Waxweiler bietet sich eine Fahrradtour auf dem rund 100 Kilometer langen **Prüm-Radweg** an, der von Stadtkyll bis nach Minden an der deutsch-luxemburgischen Grenze dem Verlauf der Prüm bis zu ihrer Mündung in die Sauer folgt. Besonders familienfreundlich ist der Abschnitt zwischen Prüm und Waxweiler, denn dieser deckt sich mit der ehemaligen Bahntrasse. Ansonsten ist die Streckenführung als eher anspruchsvoll zu bezeichnen (www.naturpark-suedeifel.de/a-pruem-radweg).

(265) Offizieller WOMO-Stellplatz: Waxweiler, Alter Bahnhof

GPS: N 50°05'42.2" E 06°21'18.5"; Bahnhofstraße **Max. WOMOs:** 8
Ausstattung: V/E, Strom, Müllbehälter.
Beschreibung: Der einfache geschotterte Parkplatz ist zum Teil schattig und liegt an der Straße. Vom Ortsrand sind es etwa 10 Gehminuten in den Ort und für längere Touren gibt es zahlreiche Wander- und Radwege. Am nahen Wanderparkplatz weist eine Infotafel auf einige Möglichkeiten hin.
Zufahrt: In Waxweiler dem WOMO-Piktogramm folgen.

Waxweiler

Vom Parkplatz sind es nach Überqueren der Hauptstraße nur wenige Schritte zur **Pfarrkirche St. Johannes der Täufer**, die erstmals 943 urkundlich erwähnt wurde. Am Kirchturm erinnert ein Bußkreuz an den Ursprung der **Springprozession** im luxemburgischen Echternach.

Der Legende nach soll Sankt Willibrord, ein angelsächsischer Missionar und Begründer des Klosters Echternach, auf einer Missionsreise Waxweiler im Jahr 728 besucht haben. Anstatt seiner Predigt zuzuhören, vollführten die Einwohner jedoch heidnische Tänze. Dies erboste Willibrord so sehr, dass er als Buße die Tänzer zur Teilnahme an einer Prozession nach Echternach verdonnerte. Noch heute führen die Gläubigen aus Waxweiler dort die jährlich an Pfingsten stattfindende Springprozession an, bei der sich die Pilger mit seitlichen Schritten vorwärts, abwechselnd nach links und nach rechts fortbewegen. Vielleicht ist es aber auch schlicht der lange Eifelwinter, der die Menschen aus purer Lust am Tanzen alljährlich zu Pfingsten für die Springprozession begeistert. Im Innern der Kirche fallen sofort die Wand- und Deckenmalereien auf, die eine moderne Interpretation eines

barocken Himmels darstellen und 2006 geschaffen wurden.
Gleich nebenan befindet sich die **Tourist-Info** mit dem kleinen **Römermuseum** *(Mo/Di/Fr 9 - 12/13.30 - 16.30 Uhr, Do 9 - 12 Uhr, Sa 10 - 12 Uhr, Hauptstraße 28, Telefon 06554/811, www.waxweiler.com).*
Das **Devonium** vermittelt vielfältige Informationen über das Erdzeitalter des Devons. Zahlreiche Fossilien, die rund um Waxweiler gefunden wurden, dokumentieren das Leben und den Artenreichtum in der Eifel *(Mo, Di, Fr 9 - 12 Uhr/13.30 - 16.30 Uhr, Do 9 - 12 Uhr, Juni/August auch Sa 10 - 12 Uhr, So 14 - 17 Uhr, Eintritt. www.devonium.de).*

Auf dem weiteren Weg nach Lünebach notieren wir linker Hand an der Heilhauser Mühle einen kleinen Campingplatz am Ufer der Prüm.

(266) WOMO-Campingplatz: Heilhausen Campingplatz Heilhauser Mühle

GPS: N 50°06'22.2" E 06°21'02.7"; Heilhauser Mühle
Kontakt: Telefon 06554/805, www.campingplatz-heilhauser-muehle.de
Öffnungszeit: April - Oktober.
Ausstattung: Restaurant, Waschmaschine, Trockner, Spielplatz.
Beschreibung: Der naturnahe Platz liegt auf Wiese unter Bäumen an der Prüm außerhalb der Ortschaft. Er ist ein prima Startpunkt für Rad- und Wanderwege und Kinder dürfte ein Stauwehr besonders viel Freude machen. Aktivitätsprogramm für Kinder im Juli und August. Für Hundebesitzer gibt es ein separates Gelände
Preise: €€.
Zufahrt: Von Waxweiler Richtung Heilhausen und dort der Beschilderung zum Campingplatz folgen.

Ambitionierte Zoobesucher werden von **Lünebach** den Hinweisen zum Eifelzoo folgen [N 50°09'00.4" E 06°20'02.6"; Reinigseifen 2].

Eifelzoo

Eingebettet in die Wald- und Berglandschaft der Eifel tummeln sich auf dem 300.000 Quadratmeter großen Gelände 400 Tiere, darunter Löwen, sibirische Tiger, Strauße, Lamas, Muffelwild, Biber und weitere Arten. Um einen großen **Waldsee mit Seilbahn** führen Wanderwege mit lehrreichen Informationstafeln und ein Spielplatz sowie ein **Streichelzoo** erfreuen besonders bei kleineren Gästen. Die Erkundung des Wildfreigeheges mit der historischen **Schmalspurbahn** findet ihren Höhepunkt bei der Fütterung der Wapitihirsche und den vielen Mufflons, mit denen man auf „Tuchfühlung" gehen kann. Detailgetreue Nachbauten einiger Eifel-Sehenswürdigkeiten gibt es in einem **Minidorf** zu entdecken und während der Sommermonate können in der rauen Eifel Palmen und Kakteen bewundert werden. Für das leibliche Wohl wird in einer Gaststätte gesorgt oder man lässt sich auf einem der Picknickplätze auf dem Zoogelände nieder *(10 - 18 Uhr, Nov. 10 - 17 Uhr, Eintritt, Hunde an der Leine gestattet, www.eifel-zoo.de).*

Zurück in Lünebach setzen wir unsere Fahrt auf der B410 Richtung Prüm fort und trudeln in **Pronsfeld** ein.
Der Ort blickt auf eine bewegte Eisenbahngeschichte zurück, die im Jahr 1886 begann. Sowohl im Ersten als auch im Zweiten Weltkrieg rollten hier die Züge für militärische Zwecke, was

1944/45 eine komplette Zerstörung der Bahnanlagen und des Bahnhofes zur Folge hatte. Später wurde die Strecke wieder in Betrieb gesetzt und der Bahnhof Pronsfeld erlebte eine Blütezeit, bis der Bahnbetrieb endgültig eingestellt und die Schienen 2006 zurückgebaut wurden. Heute erinnert ein kleines **Eisenbahn-Freilichtmuseum** an die Vergangenheit und aus der ehemaligen Bahntrasse wurde ein familienfreundlicher Radweg. Dort wo einst die Züge rollten, direkt am Waldrand und in unmittelbarer Nähe zum **ausgedehnten Radwegenetz** befindet sich hinter einer alten Eisenbahnschranke ein ruhiger WOMO-Stellplatz. Wer Prüm besuchen möchte, ist hier bestens aufgehoben, denn der dortige Stellplatz ist eher als „suboptimal" zu bezeichnen. Auf dem **Prüm-Radweg** kann man ohne nennenswerte Steigung durch die Natur bequem nach Prüm radeln (vgl. Seite 286, einfache Strecke rund 10 Kilometer).

Ein „grenzenloser" Ausflug von etwa 29 Kilometer ins belgische Sankt Vith ist auf dem gut markierten **Eifel-Ardennen-Radweg** durch die saftigen Wiesen, grünen Wälder und sanften Hügel des **Deutsch-Belgischen Naturparks Hohes Venn-Eifel** möglich. Unterwegs kann man übrigens in Bleialf im alten Bahnhof super im **Restaurant Weltenbummler** eine Rast einlegen *(Di - So ab 10 Uhr, Bahnhofstraße 52, Telefon 06555/9019222, www.restaurant-weltenbummler.com).*

An Wochenenden und Feiertagen ist der **Radbus** eine wunderbare Ergänzung für die kraftschonende An- oder Abfahrt **(Info am Stellplatz oder www.eifel.info/a-eifel-ardennen-radweg)**.

(267) Offizieller WOMO-Stellplatz: Pronsfeld, Am alten Bahnhof

GPS: N 50°09'48.2" E 06°20'12.2" Bahnhofstraße
Max. WOMOs: 30
Ausstattung: V/E, Strom.
Beschreibung: Geschotterter, einfacher Stellplatz in meist schattenloser Lage am Wald- und Ortsrand. Idealer Ausgangspunkt für Rad- und Wanderwege und in ca. 500 Meter Entfernung befindet sich der Ort mit Geschäften und Gaststätten.
Preise: €.
Zufahrt: Im Ort den WOMO-Piktogrammen folgen.

Hinter Pronsfeld halten wir uns ein kurzes Stück auf der B410 Richtung Prüm, um wenig später nach Schönecken abzubiegen. Hinter der Autobahn durchfahren wir in Serpentinen ein Waldstück und stoppen direkt dahinter rechts auf einem Wanderparkplatz [N 50°00'58.0" E 06°24'48.1"; An der L 16]. Was für eine Aussicht – die Vulkaneifel, das Bitburger Gutland, die Schönecker Schweiz und in der Ferne sogar der Hunsrück liegen uns zu Füßen!

Lassen wir uns also ins Tal nach **Schönecken** rollen und erkunden die gerade noch von oben betrachtete Landschaft des Prümer Landes zu Fuß.

Im Ort fahren wir Richtung Bitburg und notieren gut einen Kilometer später links einen ausgeschilderten, einfachen offiziellen **WOMO-Stellplatz** in der Ortsmitte mit Bäckerei und Gaststätten in der Nähe [**268:** N 50°09'19.2" E 06°27'59.2"; Hühnerbach, V/E, Strom, Preis €].

Über dem Ort thront die Ruine der **Burg Schönecken** aus dem 13. Jahrhundert, von der nach einem Brand im Jahr 1802 nur noch die Ringmauern und einige Türme übrig blieben und die auf verschiedenen beschilderten Fußwegen zu erreichen ist. Bemerkenswert ist in Schönecken die Junggesellensodalität, eine kameradschaftliche Vereinigung der unverheirateten Männer, die sich am Ostersonntag um einen der ältesten noch erhaltenen Eierbräuche kümmert. Bei einem spannenden Wettkampf zwischen „Raffer“ und „Läufer“ rund um 104 rohe Eier, die einzeln „aufgerafft“ werden müssen, während der Kontrahent eine knapp vier Kilometer lange Laufstrecke bewältigen muss, kommt bei der **Schönecker Eierlage** keine Langeweile auf.

Geologen dürfte Schönecken aus einem anderen Grund bekannt sein. Im Ortsteil Wetteldorf haben Wissenschaftler bei Grabungen verschiedene Gesteinsschichten freigelegt und durch die Lage der Schichten konnten durch umfangreiche Untersuchungen die Unterschiede analysiert werden. Mit dem sogenannten **Wetteldorfer Richtschnitt** wurde die Grenze zwischen Unter- und Mittel-Devon festgelegt und ist seit 1981 der weltweit verbindliche Maßstab hierfür.

Vorbei am **Alten Amtshaus** von 1862 rollen wir zurück durch das Dorf Richtung Prüm und parken das Reisemobil, um zu einer Wanderung in die Schönecker Schweiz aufzubrechen.

(269) WOMO-Wanderparkplatzplatz: Schönecken, Schönecker Schweiz

GPS: N 50°09'53.4" E 06°27'42.8" Lindenstraße
Max. WOMOs: 2
Ausstattung: Infotafeln, Schutzhütte.
Beschreibung: Der einfache, geschotterte Parkplatz an Orts- und Waldrand ist der ideale Ausgangspunkt für die nachstehend beschriebene Wanderung. Außerdem bieten sich weitere Wanderungen an und auch Radfahrer werden auf ihre Kosten kommen.
Zufahrt: Von Pronsfeld kommend im Ort links Richtung Bitburg abbiegen und nach ca. 100 Meter, direkt hinter der Nims links zum ausgeschilderten Wanderparkplatz fahren.

WOMO-Wandertipp: Durch die Schönecker Schweiz

Mittelschwere Wanderung von ungefähr 13 Kilometer Länge ohne nennenswerte Steigungen. Durchgängig mit Route 2 der Prümer Land Tour gekennzeichnet und mit zusätzlichen Erklärungen und Informationen versehen. Das Naturschutzgebiet im Zentrum der Prümer Kalkmulde ist mit seiner Vielzahl seltener Orchideen eine Fundgrube für Botaniker. Die florale Artenvielfalt wissen auch die unzähligen Schmetterlinge zu schätzen, die unseren Weg begleiten.
Unser Tipp: Fotoapparat nicht vergessen!
Wir wenden uns zunächst bergauf und bleiben parallel zum Schalkenbach bis zum Ende des Waldes. Der gesamte Berghang zeigt hier interessante Felspartien einschließlich der Hohl-Ley, einer geschützten Höhle im Dolomitgestein. Am Waldende gehen wir auf dem Querweg 250 Meter nach rechts und nochmals rechts und dann bergauf.

Vorbei an einem Gehöft wandern wir geradeaus über eine Wegekreuzung mit Sitzgruppe und altem Steinkreuz zum Ichter Berg. Von dieser Kuppe wandern wir links in den Wald und runter ins Altburgerbachtal. In dieser urweltlichen Karstlandschaft entdecken wir Hinweise auf die Besonderheiten Doline, Schluckloch und Klufthöhle.
Wir marschieren durch das urige Bachtal weiter bis zum Serpentinenaufstieg Auf Icht. Von hier geht es runter zum Parkplatz Schönecker Schweiz, dem Ausgangspunkt dieser schönen, abwechslungsreichen Wanderung. Für Interessierte an der Erdgeschichte bietet der 2,5 Kilometer lange **Geopfad Schönecken-Wetteldorf** an einigen Aufschlüssen Einblicke in die Zeit vor rund 390 Mio. Jahren. Auf Info-Tafeln

erhält man eingehende Erläuterungen, besonders über den **Wetteldorfer Richtschnitt**, der die Grenze der Gesteinsschichten vom Unterdevon und Mitteldevon darstellt.

Begleitet von der neben uns fließenden Nims rollen wir Richtung Prüm auf der **Land & Kultur Route** *(www.eifel-route.de)*, die zu verschiedenen Sehenswürdigkeiten der Südeifel führt, weiter nach Giesdorf.

In Rommersheim, das im frühen Mittelalter ein Marktmittelpunkt war und wo zu Beginn des 13. Jahrhunderts nachweislich ein Gerichtshof tagte, biegen wir rechts Richtung Fleringen ab. Kurz vor dem Ortsende **Rommersheim** notieren wir einen zweckmäßigen Parkplatz am Sportplatz [**270:** N 50°11'39.3 E 06°27'07.3"; Hauptstraße] und fahren an der nach links abknickenden Vorfahrtstraße geradeaus.

Nach etwa 1,5 Kilometer ist ein Wanderparkplatz erreicht, von dem man ebenfalls prima in die Schönecker Schweiz wandern kann. Allerdings ist das wegen der geringen Parkfläche im Wald nur kleineren Wohnmobilen oder Kastenwagen vorbehalten [**271:** N 50°11'24.8" E 06°28'25.2"].

Drei größere Wohnmobile finden im Ort auf einem **WOMO-Stellplatz** am Görgenhof eine Bleibe an den Wiesen [**272:** N 50°11'37.9" E 06°26'34.8"; Hauptstraße 15, Telefon 06551/3740, www.ferienhof-barthems.de, Strom, Gebühr €€€].

Die Strecke nach **Prüm** ist nun gar nicht mehr zu verfehlen.

In der Stadt lassen wir uns vom WOMO-Piktogramm zum offiziellen **WOMO-Stellplatz** am Ausstellungsgelände leiten, der sich jedoch gut für eine Stadtbesichtigung eignet [**273:** N 50°12'13.2" E 06°25'25.1"; Gerberweg, V/E, Strom, WLAN, Preis €€].Eine Alternative bietet der ebenfalls ausgeschilderte **Campingplatz Waldcamping** [**274:** N 50°13'06.3" E 06°26'17.7"; Prümtalstraße, Telefon 06551/2481, www.waldcamping-pruem.de, Gebühr €€].

Das Prümer Land blickt auf eine große Vergangenheit zurück und der ganze Stolz der einstigen Kreisstadt Prüm ist die ehemalige Benediktinerabtei, die prachtvoll das Zentrum dominiert. Zusammen mit der Basilika und dem Pfarrhaus bildet sie ein sehenswertes denkmalgeschütztes Ensemble.

Prüm und die Salvator Basilika

Die Ursprünge der **Salvator Basilika** liegen im Mittelalter, als im Jahr 721 in Prüm erstmals ein Kloster gegründet wurde, welches sich jedoch nur für kurze Zeit hielt. 753 gründete König Pippin erneut ein Kloster und schenkte der Abtei neben zahlreichen Ländereien eine der berühmtesten Reliquien seiner Zeit – Teile der Sandalen Christi.

Die Abtei erlebte eine wechselvolle Geschichte: Nach dem Überfall und der Zerstörung durch Normannen in den Jahren 882 und 892 ließ Abt Regino im Jahr 893 ein genaues Güterverzeichnis der Ländereien und Besitztümer der Abtei erstellen. Dieses Verzeichnis, das **Prümer Urbar**, ist in einer Abschrift aus dem Jahr 1222 vollständig erhalten und gehört zu einem der wichtigsten hochmittelalterlichen Dokumente Deutschlands. Die dreischiffige, etwa 65 Meter lange Anlage ist in barocker Form aus Kylltaler Buntsandstein erbaut. Das Chorgestühl von 1731 und die Orgelempore von 1730 gehören zur Originalausstattung. Während des Zweiten Weltkriegs wurde die Basilika so stark beschädigt, dass das Gewölbe des Mittelschiffs und des rechten Seitenschiffs kurz vor der Christmette am Heiligabend in sich zusammenstürzte. Nach dem Wiederaufbau konnten 1950 erneut Gottesdienste gefeiert werden. Neben der Salvatorkirche ist heute im ehemaligen Abteigebäude ein Gymnasium untergebracht. Über den Eingängen der Gebäude sind zum Teil prachtvolle Wappen angebracht.

Nach dem Besuch der Basilika bietet sich ein Besuch im **Museum Prüm** an. Es gehört mit 12.000 Exponaten auf 1.300 Quadratmeter zu den größeren Museen in der Eifel und dokumentiert die Verbindung der Stadt mit den Karolingern, die hier ihr Lieblingskloster hatten. Zudem

werden verschiedene Handwerke von ihren Anfängen bis zur frühen Industrialisierung präsentiert *(Juni - Mitte Sept. Di/Do/Sa/So 14 - 17 Uhr, Mitte Sept. - Mai Mi/Sa/So 14 - 17 Uhr, Tiergartenstraße, Eintritt).* Die **Tourist-Info** im Haus des Gastes vermittelt Stadt- sowie Themenführungen und bietet ein großes Freizeit- und Kulturprogramm für das Prümer Land an. *(Mo - Fr 9 - 17 Uhr, Sa 10 - 13 Uhr, Juni - Okt. zusätzlich So 10 - 12 Uhr, Hahnplatz 1, Telefon 06551/505, www.ferienregion-pruem.de).*. Eine **öffentliche Stadtführung** startet im Juli/August am Hahnplatz vor der Basilika *(Fr 16 Uhr, Gebühr).*
Nach dem Stadtrundgang entspannen wir mit Blick auf die Basilika im **Kaffeehaus Opulenzia**, das vom Frühstück über ein Mittagssüppchen bis zu feinsten belgischen Pralinen und Torten tatsächlich eine opulente Auswahl bietet *(9 - 18 Uhr, Hahnplatz 2, www.kaffeehaus-opulenzia.de).*

Die Landschaft um Prüm ist ein **Wanderparadies** und über 1.000 Kilometer Wanderwege führen in die dichten Wälder sowie durch Wiesen und entlang von Bächen. Von den folgenden zwei Parkplätzen kann zum Beispiel der 20 Kilometer lange, anspruchsvolle **Panorama-Wanderweg** über Berg und Tal angegangen werden. Oder man belässt es bei einem Spaziergang zur jüngeren Geschichte der Stadt auf den Kalvarienberg.

(275) WOMO-Wanderparkplatz: Prüm, Explosionskrater

GPS: N 50°12'37.7" E 06°24'29.1" Franz-Meyer-Weg
Max. WOMOs: 2 - 3
Ausstattung: Infotafel, Tische und Bänke.
Beschreibung: Der einfache, geschotterte Parkplatz auf einer Lichtung bietet sich als Ausgangspunkt für Wanderungen an und liegt außerhalb des Ortes.
Zufahrt: Auf der B265 Richtung Aachen aus dem Ort hinausfahren und 700 m später zum Krankenhaus abbiegen. Vor der Klinik rechts vorbei an der Rettungswache zum Parkplatz fahren.

Explosionskrater

Die Arbeiten zum Wiederaufbau der Stadt nach dem Zweiten Weltkrieg erhielten einen schweren Rückschlag, als im Juli 1949 ein Feuer in einem mit Sprengstoff gefüllten Stollen unter dem Kalvarienberg ausbrach. Rund 500 Tonnen des Sprengstoffs, der für die Sprengung von Bunkern des Westwalls vorgesehen war, explodierten und rissen einen über 20 Meter tiefen Krater in den Berg. Erd- und Steinbrocken wurden zum Teil mehrere Kilometer weit geschleudert und beschädigten viele der wiederaufgebauten Häuser. Trotz frühzeitiger Evakuierung der Bevölkerung waren 12 Tote und 15 Verletzte zu beklagen. Die ebenfalls zerstörte Kapelle wurde 1984 auf halber Höhe des Kalvarienberges neu errichtet. Ein Bronzekreuz mit Szenen aus dem Leben der Gottesmutter bildet den Abschluss des Chorraumes. An die längst vergangene Katastrophe erinnert heute ein Gedenkkreuz auf dem Kalvarienberg am Rand des Explosionskraters.

Gedenkkreuz am Explosionskrater

Von hier ist es auf der B265 Richtung Aachen nicht weit bis zum **Skigebiet Wolfsschlucht**, in dem im Winter die Post abgeht. Abfahrtspisten, Lifte, Rodelbahnen und wunderschöne Langlaufloipen laden Groß und Klein zum Spaß im Schnee ein. In den übrigen Jahreszeiten finden Wanderer und Lauffreunde ein optimales Terrain.
Laut Tourist-Info tut sich hier „Großes" und es entsteht ein Ferienpark. Bisher ist nicht ersichtlich, ob sich die Parksituation verändern wird.

(276) WOMO-Wanderparkplatz: Prüm, Wolfsschlucht

GPS: N 50°13'49.1" E 06°25'57.5"
Max. WOMOs: 3 - 5
Beschreibung: Der einfache, asphaltierte Parkplatz im Wald (demnächst nahe der Häuser des Ferienparks) bietet sich als Ausgangspunkt für Wanderungen und Lauf- & Nordic-Walkingrunden an. Im Winter ist Ski und Rodel angesagt.
Zufahrt: Wie zum vorgenannten Parkplatz, dann der B265 gut 2 Kilometer folgen und rechts ca. 500 Meter bis zum Parkplatz am ausgeschilderten Skigebiet fahren.

Erst über die B265, dann auf der B410 Richtung Gerolstein lassen wir Prüm endgültig hinter uns und machen erst einmal Strecke, bevor wir rechts nach **Birresborn** die Bundesstraße verlassen. Die Vorsilbe „Bir" stammt aus dem Semitischen und bedeutet Brunnen oder Wasserplatz. Landläufig wird Birgisburias mit „Guter Brunnen" übersetzt.

An der T-Kreuzung im Ort halten wir uns kurz links, gleich wieder rechts in die Fischbachstraße und folgen den kleinen Schildern Eishöhlen/Adam und Eva.

Einträchtig steht das Kiefer-Paradiespaar, die „zierliche“ 19 Meter hohe Eva und der 21 Meter hohe Adam, nebeneinander und bewacht ein feines Picknickplätzchen.

(277) WOMO-Wanderparkplatz: Birresborn, Adam und Eva

GPS: N 50°10'15.2" E 06°36'01.0"
Max. WOMOs: 2
Ausstattung: Tisch und Bänke, Schutzhütte, Müllbehälter.
Beschreibung: Vom einfachen, außerorts gelegenen Waldparkplatz und noch mehr von einer Riesenbank am Waldrand bietet sich eine schöne Aussicht. Ausgangspunkt für schöne Wanderungen.
Zufahrt: Dem schmalen, gut zu befahrenden Sträßchen ca. 2,2 km folgen, dann ca. 400 Meter links zum Parkplatz abbiegen.

(278) WOMO-Wanderparkplatz: Birresborn, Eishöhlen

GPS: N 50°10'35.2" E 06°36'05.8"
Max. WOMOs: 2
Ausstattung: Tisch und Bänke, Müllbehälter.
Beschreibung: Der außerorts gelegene einfache, Wiesenplatz bietet eine schöne Aussicht und den Einstieg in gepflegte Wanderwege.
Zufahrt: Etwa 200 Meter hinter der Zufahrt zum vorherigen Parkplatz rechts schwenken.

Wir schnüren unser festes Schuhwerk, schnappen uns eine Taschenlampe und folgen dem Wanderweg etwa 100 Meter in den Wald zu einer kleinen Expedition in die Eishöhlen.
Auch wenn man die Höhlen nicht betritt, so befinden wir uns doch an einem besonderen Ort, dessen fast mystischem Reiz wir uns kaum entziehen können.

Eishöhlen
Die Birresborner Eishöhlen oder Mühlsteinhöhlen sind bis zu 40 Meter lange Stollen, die beim Abbau des Basalts entstanden und seit 1938 unter Denkmalschutz stehen. Das Gestein wurde in erster Linie in Form von Mühlsteinen abgebaut, die bis ins 19. Jahrhundert sehr gefragt waren. Der Name Eishöhle beruht auf dem Kältefallen-Effekt, bei dem kalte Luft im Winter durch den Eingang in den nach unten führenden Stollen fließt und dabei die leichtere wärmere Luft aus dem Stollen drückt. Selbst im Sommer kann warme Luft kaum in den Stollen eindringen und die Temperatur im Inneren der Höhlen liegt konstant zwischen -1°C und +4°C, sodass die Eiszapfen und -säulen der Wintermonate nicht selten bis in den Sommer halten. Das Gewirr aus vielen engen Gängen bietet den dort lebenden Fledermäusen ideale Bedingungen. In den Wintermonaten sind die Eingänge von zwei der insgesamt drei Höhlen zu deren Schutz verschlossen *(April - Okt. geöffnet, festes Schuhwerk, gegebenenfalls eine Jacke und Taschenlampe nicht vergessen!)*.

Von Birresborn aus tingeln wir weiter nach Gerolstein. Entlang der Kyll führt die Straße am links liegenden **Brunnentempel Lindenquelle** vorbei.

Das Tempelchen erinnert an den einst von Ärzten und Naturforschern gerühmten Sauerbrunnen, der für den regionalen Raum von wirtschaftlicher Bedeutung war. Seit 1982 steht der vermutlich um 1860 erbaute klassizistische Rundbau unter Denkmalschutz.
Wenig später gelangen wir nach **Lissingen** mit der **ehemaligen Wasserburg**, die 1212 erwähnt wurde und deren älteste Gebäudeteile aus 1280 stammen. Die Burg befindet sich in Privatbesitz, die Unterburg kann jedoch besichtigt werden *(April - Okt. Di - So 11 - 17 Uhr)*.
Die B410 leitet uns zielgenau nach **Gerolstein**, während wir oberhalb der Stadt die nachts angestrahlten Felsen der **Gerolsteiner Dolomiten** im Blick haben.
Die **Tourist-Info** hält neben umfangreichem Informationsmaterial rund um das Gerolsteiner Land unter anderem ein Faltblatt für eine abwechslungsreiche, etwa dreistündige **Wanderung**

bereit, die auf der **Geo-Route** zu den versteinerten Korallenriffen des devonischen Meeres führt. Des Weiteren vermittelt sie diverse Führungen und man kann die **GeroGastCard** erwerben, mit der diverse Vergünstigungen bei Eintritten gewährt werden *(April/Okt. Mo - Fr 9 - 17 Uhr, So 9 - 13 Uhr, Juli/Aug. zusätzlich So 10 - 13 Uhr, Nov. - März 9 - 16 Uhr, Brunnenstraße 4, www.hillesheimer-gerolsteiner-land.de).*

(279) Offizieller WOMO-Stellplatz: Gerolstein

GPS: N 50°13'15.2" E 06°39'13.0" Raderstraße **Max. WOMOs:** 20
Ausstattung: V/E, Strom, Duschen im Hallenbad und der Eintritt im Schwimmbad sind im Preis inbegriffen, Strom und Wasser nur in der Saison Mitte März - Nov., Müllbehälter.
Beschreibung: Einfacher Parkplatz auf Schotterrasen, meist sonnig am Ortsrand gelegen. In der Nähe befinden sich Häuser und zur Innenstadt sind es etwa 500 Meter.
Preise: €€ inkl. GeroGastCard.
Zufahrt: In Gerolstein den WOMO-Piktogrammen folgen.

Gerolstein

Bereits vor Erreichen der Innenstadt parken wir das WOMO in der Nähe der Erlöserkirche und der Villa Sarabodis [N 50°13'25.5" E 06°39'14.9"]. Die evangelische **Erlöserkirche** war die 100. Kirche, die mit finanzieller Unterstützung des Evangelischen Kirchenbauvereins zu Berlin errichtet wurde. Nach zweijähriger Bauzeit wurde das Gotteshaus im neo-romanischen Stil im Oktober 1913 in Anwesenheit Kaiser Wilhelms II. eingeweiht. Stahlträger bilden das Gerüst für die gemauerten Rundbögen, die mit einer Buntsandsteinfassade versehen wurde. Die Wände der Vorhalle wurden mit Marmor verkleidet und der Innenraum mit einer dominierenden Kuppel sowie großflächigen Goldmosaiken ausgestattet. Über 20 Millionen Mosaiksteine, die zum Teil mit hauchdünnem Blattgold versehen sind, wurden von etwa 100 Künstlern in Berlin auf Folien geklebt und anschließend in Gerolstein nach einem genauen Plan in der Kirche angebracht. Wollten wir unsere Wohnung mit solchen Mo-

Erlöserkirche und Villa Sarabodis vor den Dolomiten

saiken verschönern, müssten wir rund 4.000 €/m² für die kleinen Goldsteinchen und etwa 16.000 Euro pro Quadratmeter für die kobaltblauen Steine hinblättern. Erstaunlich ist, dass damals für die nur rund 90 Mitglieder zählende Kirchengemeinde ein solch prunkvolles Gotteshaus in der vorwiegend katholisch geprägten Eifel erbaut wurde. Zum Schutz der wertvollen Mosaike kann das Innere der Kirche heute nur in Verbindung mit einer Führung besichtigt werden.
Bei den Ausschachtungen für den Bau der Erlöserkirche wurden 1907 die Fundamente einer zu besichtigenden römischen Villa rustica aus dem 1. Jahrhundert nach Christus entdeckt. Die Grundmauern der **Villa Sarabodis** und eine teilweise rekonstruierte Hypokaustenheizung sind neben der Kirche anzuschauen *(April - Okt. Mi/Sa 10 und 15 Uhr, Eintritt).*
Gleich neben dem Parkplatz befindet sich im einstigen Sarresdorfer Pfarrhaus das **Heimatmuseum** *(April - Okt. Fr - So 11 - 18 Uhr, Eintritt)*. Dem Ensemble ist ein kleines **Museumscafé** und eine gemütliche Weinstube angegliedert *(Fr - So 11 - 18 Uhr)*.
Wer auf weitere Museen und Ausstellungen steht, kann eine Zeitreise durch 400 Millionen Jahre Erdgeschichte im **Naturkundemuseum** beginnen und sie im **Telefonmuseum** bei der Technik von Graham Bell aus dem Jahr 1877 bis zur ISDN-Technik fortsetzen *(Naturkundemuseum: April - Okt. Mo - Mi/Fr/Sa 13 - 16 Uhr, Do Happy Hour 17 - 18 Uhr mit Multimediashow, So 11 - 16 Uhr, Eintritt, www.naturkundemuseum-gerolstein.de. Telefonmuseum: April - Okt. Di/Do/Fr 14 - 17 Uhr, Eintritt).*
In der Stadt belegen Funde aus keltischer und römischer Zeit, dass die Gegend bereits früh besiedelt war. Mit der Erbauung der **Löwenburg** im 12. Jahrhundert, von der jetzt nur noch Ruinen übriggeblieben sind, wurde Gerolstein als Burg Gerhardstein bezeichnet und erhielt 1337 die Stadtrechte. 1691 wurde der Ort durch einen Brand und nach dem Wiederaufbau durch erneute Brände in den Jahren 1708 und 1784 wiederum fast vollständig zerstört.
Die Kelten und Römer schätzten bereits die Mineralquellen vulkanischen Ursprungs, die die Basis für die heutige Mineralwasserindustrie sind. Wer schon immer wissen wollte, wie das Wasser in die Flasche kommt, kann im **Besucherzentrum Gerolsteiner Brunnen** von der verglasten Tribüne bei der Flaschenreinigung, dem Abfüllen und Etikettierung zuschauen. Zudem erläutert ein Film die Besonderheit des Gerolsteiner Wassers und die Gratisverkostung von Wasser und Apfelschorle erfreut zum Abschluss Groß und Klein *(Mo - Fr 15 Uhr. www.gerolsteiner.de).*

Bei der Weiterfahrt Richtung Hillesheim ist das Besucherzentrum Gerolsteiner Brunnen ausgeschildert und das Wohnmobil kann während der Besichtigung auf dem hauseigenen Parkplatz geparkt werden [N 50°14'17.6" E 06°40'03.3"].
Am Sprudelwerk vorbei gelangen wir zum **Adler- und Wolfspark Kasselburg**. Auf Nachfrage ist im Rahmen eines Besuchs die Übernachtung auf dem Parkplatz möglich [**280:** N 50°14'18.6" E 06°40'54.1"; An der K33].
Wer schon immer mit den Wölfen heulen oder tanzen wollte, ist in der Wolfsschlucht genau richtig, denn hier lebt das größte Wolfsrudel Westeuropas. In und um die aus dem 12. Jahrhundert stammende Kasselburg befinden sich das

naturnahe Wolfsgehege und geräumige Volieren für Greifvögel. Sehr beeindruckend ist die Wolfsfütterung, bei der Gäste gegen einen Unkostenbeitrag und vorherige Reservierung sogar Wolfsbilder ohne den störenden Zaun machen können *(März - Okt. 10 - 18 Uhr, Wolfsfütterung 11.45/15.45 Uhr (Mo 15 Uhr!), Flugvorführungen Di - So/Feiertage 11/15 Uhr, Nov. - Feb. Sa/So 11 - 16 Uhr, veränderte Fütterungszeiten, keine Flugvorführungen 24./25/12. geschlossen, Eintritt. Hunde im Park nicht erlaubt! www.adler-wolfspark.de).*

Direkt neben dem Adler- und Wolfspark liegt das **Ausflugslokal Forsthaus Kasselburg** mit einer ordentlichen Küche, toller Aussicht und überraschender Weise einer Wasserspielorgel im Inneren des Gastraums *(ab 10 Uhr, Mo Ruhetag, www.forsthaus-kasselburg.de).*

Fahrzeuge über 3,5 Tonnen und 8 Meter Länge müssen den Weg zurück über Gerolstein und die B410 Richtung Daun einschlagen, während alle „Leichtgewichte" links auf kurvenreicher, enger Straße bergab Pelm ansteuern. Wir haben uns mit unserem schwereren WOMO trotzdem den Berg „hinabgestürzt" und wissen nun, warum größere WOMOs das tunlichst sein lassen sollen!

An der B410 treffen wieder alle WOMO-Größen aufeinander und rollen gemeinsam erst Richtung Daun und dann nach **Rockeskyll**.

In der Ortsmitte liegt hinter der Kirche links die **Brennerei Neuerburg**. In der kleinen Destille werden uns alte sowie neue Brennmethoden vorgestellt und einige der edlen Brände und Liköre wechseln in unser Vorratslager (*Juli - Mitte Okt. Di 16.30 - 18 Uhr Führung mit anschließender Verkostung, Gebühr, www.eifel-hexe.de).*

Jetzt fehlt nur noch ein geeigneter Ort zum „Ausnüchtern“, um den „Eifel-Frühling“, ein Likör aus Ebereschen, ohne schlechtes Gewissen testen zu können.

(281) WOMO-Wanderparkplatz: Rockeskyll, Sportplatz
GPS: N 50°15'15.4" E 06°41'27.7" **Max. WOMOs:** 1 - 2
Beschreibung: Der außerorts gelegen, einfache Parkplatz auf Wiese und zum Teil unter Bäumen bietet eine Aussicht auf den Ort. Er ist schräg, aber man kann von hier einfach in die Gegend hinauswandern.
Zufahrt: Kurz vor dem Ortsende links auf einem schmalen Teerweg etwa 500 Meter zum Sportplatz.

Wie auch immer man seine Weiterreise plant, ein kleiner hübscher Eifelort sollte auf gar keinen Fall dabei fehlen und wir steuern Kerpen direkt über die L27/L10 an. Bevor wir das Örtchen erreichen, genehmigen wir uns noch einen Abstecher.
Über ein schmales Sträßchen gelangen wir in das drei Kilometer entfernt gelegene **Loogh** und zur **Eifeler Hofkäserei Gröner** [N 50°18'00.9" E 06°44'16.5"; Im Mühlenweg]. Auf Nachfrage dürfte auch ein Übernachtungsplatz zur Verfügung stehen. Rindviecher trotten an uns vorbei, nicht ahnend, dass im **Hofladen** *(Mo/Mi/Fr 10 - 17 Uhr, Di/Do/Sa 10 - 12.30 Uhr)* und im angeschlossenen **Restaurant mit Schaukäserei** ihre Kumpel bereits portionsgerecht feilgeboten werden *(Mo - Fr 11.30 - 15.30 Uhr, Sa 10.30 - 15.30 Uhr, Sa/So Frühstück ab 9 Uhr, www.eifel-groener.de).*
Dort, wo Ardennen und Eifel ineinander übergehen, wird **Kerpen** von der **Burg Kerpen** bewacht, deren Ursprünge im Dunkeln liegen und deren Besitzer ab dem 13. Jahrhundert häufig wechselten. 1911 erwarb der Landschaftsmaler Fritz von Wille das Gemäuer und machte es 30 Jahre lang zu seinem Sommersitz. Heute befindet sich die Burg in Privatbesitz und ist nur von außen zu besichtigen.
Im kleinen, schönen Ort drängen sich Fachwerk- und Bruchsteinhäuser um die Burgmauer und es macht Freude, die kleinen idyllischen Fleckchen entlang der Burgmauer zu entdecken.

Burg Kerpen

Zwischendurch kann man im gemütlichen **Kleinen Landcafé** bei Wein und Flammkuchen einkehren. In der ehemaligen Scheune finden in unregelmäßigen Abständen Kabarett-Abende und Kunstausstellungen statt *(Mi - So 12 - 18 Uhr, Fritz-von-Wille-Straße 8, Telefon 06593/990909, www.daskleinelandcafe.de)*. Eine gute Alternative ist das nicht minder gemütliche Hoflokal der **Herberge Die Einkehr** mitten im Dorf. Eine kleine, saisonal wechselnde Karte verführt zu hausgemachten Leckereien und die Weinkarte ist eine kleine Sensation *(Do/Fr 18 - 22.30 Uhr, Sa 18 - 23 Uhr nur Menü, So 8.30 - 11 Uhr Frühstück/12 - 15 Uhr, Menü und Frühstück unbedingt am Vortag reservieren, Bachstraße 2, Telefon 06593/30099600, www.die-einkehr.de)*.

(282) WOMO-Wanderparkplatz: Kerpen, Stausee

GPS: N 50°18'50.7" E 06°43'54.9"
Bachstraße **Max. WOMOs:** 2
Beschreibung: Einfacher geschotterter Parkplatz, der teilweise Schatten bietet und Ausgangspunkt für die folgende und andere Wanderung ist. Etwa 400 Meter entfernt gibt es im Ort Gaststätten und einen Bäcker.
Zufahrt: Im Ort auf engen Gassen den Hinweisen zum Stausee folgen. **Hinweis:** Für lange WOMOs kann es bei der Zufahrt an einer Stelle im Ort etwas kniffelig werden!

Von hier starten wir zu einer abwechslungsreichen Wanderung zum schönsten Wasserfall der Eifel, der durch die karbonhaltigen Zuflüsse des Ahbachs, die beim Bau der Eisenbahn um 1910 zu einem Wasserlauf zusammengeführt wurden, entstanden ist.

WOMO-Wandertipp: Dreimühlenwasserfall

Leichte Wanderung von etwa 10 Kilometer Länge, die sich an dem Rundwanderweg 15 sowie dem Eifelsteig orientiert und nette Aussichten bietet. Vom Parkplatz aus gehen wir rechts und dann links auf dem Schotterweg, der uns in leichtem Anstieg an Wald und Feld vorbeiführt. Geradeaus, begleitet von der Markierung 15, über einen Querweg und zum Wald-rand.

Dort biegen wir vor einem Warnschild rechts und an der folgenden Gabelung links auf ansteigendem Weg durch dichten Buchenwald. Zur Rechten herrscht reger Arbeitsbetrieb in einem Steinbruch, hinter dem wir uns rechts halten. Im Mai und Juni begleiten unter Naturschutz stehendes geflecktes Knabenkraut und grünliche Waldhyazinthen unseren Weg durch offenes Gelände, bis im Wald ein Teersträßchen erreicht wird, dem wir nach links folgen. Die Kreisstraße überquerend marschieren wir zu einer Weggabelung, halten uns rechts und an einem Fahrweg im spitzen Winkel links. Vorbei an einer Schutzhütte, hinter der wir uns leicht links halten, tauchen wir in den Dreimühlenwald ein.
Jetzt links bergab, kurz über eine Wiese und nach einem steilen Abstieg stehen wir vor dem **Dreimühlenwasserfall**. Das Wasser läuft über Moospolster, in denen sich durch Ablagerung und Verdunstung Kalkgestein bildet, der den Wasserfall jährlich um ca. 8 - 10 Zentimeter wachsen lässt. Im Laufe der Jahre ist so eine über 5 Meter hohe und 11 Meter lange Kalkmauer entstanden. Bei frostigen Temperaturen entsteht dann ein eisig-schönes „Natur-Kunstwerk". Nach einer kurzen Rast führt ein schmaler Weg am Ahbach-Ufer entgegen der Fließrichtung zu einem Fahrweg an dem wir uns rechts halten. Für eine Erfrischungspause bietet sich die Einkehr in der beschilderten **Nohner Mühle** an *(Ostern - Anfang Nov. ab 11 Uhr, www.nohnermuehle.de).*
Nach der Einkehr geht es auf dem Eifelsteig weiter und wir schwenken hinter der Bahnunterführung links auf den Fahrradweg, bis wir kurz vor Niederehe den Niederehebach überqueren. An der Kreisstraße folgen wir rechts dem Radweg, an dessen Ende die Straße überquert und geradewegs auf die um 1200 erbaute romanische Klosterkirche und das 1776-1782 angebaute ehemalige Kloster zugelaufen wird. Links geht es um die Klostermauer und an der nächsten Gabelung folgen wird geradeaus dem Fahrradweg Kalkeifel. Vorbei an Feldern erreichen wir wieder den Wald, hinter dem der Teerweg einen Rechts-Links-Knick macht. In der Linkskurve verlassen wir den Weg und erreichen rechts auf einem kleinen Trampelpfad die Brücke über den Niederehebach. Am Marmorbruch gehen wir links ca. 100 m an der Hauptstraße entlang, wechseln die Straßenseite und steigen auf einem schmalen Weg bergauf in den Wald. Von jetzt an leitet uns das Zeichen des Eifelsteigs erst durch den Wald, dann über offene Wiesen in den Wald zur **Grabstätte des Malers von Wille**. Über Stufen, an der Burg und der kleinen Kirche St. Sebastian vorbei geht es hinab ins Dorf, von wo wir schnell zum Wohnmobil zurückfinden.

Seit unserem Aufenthalt in Schönecken befinden wir uns in der **Kalkeifel**, deren Landschaftsbild von den Eifeler Kalkmulden geprägt wird. Die Mulden sind Hinterlassenschaften des Meeres, das vor 360 Millionen Jahren hier Korallenriffe schuf und den Kalk auf dem damaligen Meeresgrund ablagerte. Die Kalkmulden sind zwar landwirtschaftlich nutzbar, doch ihr besonde-

rer Reiz liegt in der artenreichen Flora und Fauna, die sich auf ungedüngten Flächen entwickelt.
Auf einem der Kalkmagerrasenhügeln leuchtet uns in **Berndorf** die schon von Weitem sichtbare 1513 - 15 erbaute **Wehrkirche St. Peter** entgegen. Im Ort stellen wir das Wohnmobil auf einem kleinen Parkplatz mit enger Zufahrt unterhalb der Kirche ab [N 50°18'14.7" E06°41'56.2"; Kirchstraße]. Die überlieferte Bezeichnung „Wehrkirche" weist auf die Entstehung in frühchristlicher Zeit. Die Schutz- und Verteidigungsfunktion der Kirche ist bereits an der strategisch günstigen Hügellage und den starken Sandsteinmauern erkennbar. Dem Hinweis an der Kirchenmauer folgend besorgen wir uns die Schlüssel in einem Nachbarhaus und können nun die mittelalterliche Deckenmalerei betrachten *(Führungen über Tourist-Info Hillesheim).* Die wechselvolle Geschichte des Kirchleins dokumentiert u. a. ein Eisenkreuz im Eingangsbereich. Gegen Ende des 2. Weltkrieges wurde die Kirche angegriffen und das Kreuz, das als Antenne einer Funkstation gedient haben soll, bei einem Fliegerangriff zerstört. Die Kerbe eines Geschosses ist bei genauerem Hinsehen noch deutlich erkennbar.
In der Dorfmitte weist ein Schild zum Sportplatz, wo wir einen Parkplatz ausmachen können.

(283) WOMO-Wanderparkplatz: Berndorf, Sportplatz
GPS: N 50°18'51.2" E 06°41'50.3"; Zum Sportplatz **Max. WOMOs:** 2
Beschreibung: Der einfache, außerorts gelegene, geschotterte Parkplatz ist fast schattenlos und bietet eine schöne Aussicht.
Zufahrt: Im Ort dem Hinweis „Sportanlagen" durch die „Beulerstraße" etwa 1 Kilometer folgen.

Von hier sind wir flux nach **Hillesheim** gerutscht, wo wir auf den ausgeschilderten offiziellen, gebührenpflichtigen **WOMO-Stellplatz** auf dem Markt- und Messeplatz rollen [**284:** N 50°17'21.1" E 06°40'19.0"; Trierer Straße, Strom (langes Kabel nötig!) und V/E beim Bauhof, max. Aufenthalt 5 Nächte, Preis €]. Der öffentliche Parkplatz kann bei Veranstaltungen gesperrt sein. Alternativ ist der offizielle **WOMO-Stellplatz** am Birkenhof an der B421 Richtung Gerolstein zu nennen [**285:** 50°17'11.8" E 06°41'28.0", V/E, Strom, Preis pauschal €€, Telefon 06593/403, www.wohnmobilstellplatz-birkenhof.de].

Hillesheim – Alles Krimi und noch viel mehr

Vom zweckdienlichen Parkplatz zieht es uns zuerst auf die begehbare historische **Stadtmauer** aus dem 13. Jahrhundert, um dann in der **Pfarrkirche St. Martin** eine **Stumm-Orgel** aus dem Jahr 1772 anzuschauen und mit viel Glück auch hören zu können.

Einen kurzen Abstecher wert ist das **Bolsdorfer Tälchen**. Im kleinen Naherholungsgebiet kann man um einen See spazieren, joggen bzw. walken oder auf 1,5 Kilometer den **Barfußpfad** mit 25 Fußerlebnis-Feldern erkunden.

In der Burgstraße sehen wir eine 600 Kilogramm schwere Korallenkolonie aus dem Mitteldevon, die bei Erdarbeiten um Hillesheim gefunden wurde. Sie weist auf die **Geologische Ausstellung** hin, die sich direkt im dahinterliegenden Wohnhaus befindet und sich zusätzlich mit der **Stadtgeschichte** befasst *(Sa 10 - 12 Uhr)*.

In der Landschaft der Eifel rund um Hillesheim hat **Krimiautor Jacques Berndorf** seine Romane angesiedelt und seiner Heimat, die er als „den schönsten Arsch der Welt" bezeichnet, damit eine Liebeserklärung gemacht. Der Autor wohnt hier zwar nicht mehr, aber mit seinem Pseudonym hat er auch das nahe Berndorf berühmt gemacht.

Das Thema Krimi wird in und um Hillesheim regelrecht zelebriert und wen wundert's, dass Gäste der Krimihauptstadt ihren kriminologischen Fähigkeiten und Fährten nachgehen können. Es werden **regelmäßige Krimiwanderungen oder Krimiführungen** angeboten, bei denen Tatorte und kriminelle Machenschaften in der Hauptstadt des Krimis aufgedeckt werden *(www.krimiland-eifel.de)*. Anmeldungen hierfür nimmt die **Tourist-Info** entgegen, die natürlich über noch vieles mehr informiert *(Mo - Fr 9 - 16.30 Uhr, Sa 9 - 13 Uhr, Am Markt 1, Telefon 06593/809200, www.hillesheimer-gerolsteiner-land.de)*.

Ganz im Zentrum des Verbrechens steht das **Kriminalhaus**, in dem das Herz eines jeden Krimiliebhabers schneller schlagen dürfte. Im **Deutschen Krimi-Archiv** können sich Besucher in der derzeit rund 30.000 Bände umfassenden Sammlung, die ständig erweitert wird, auf literarische Spurensuche begeben. Im **Café Sherlock** genießen wir anschließend nicht nur vorzüglichen Kuchen, sondern verbringen auch einen gemütlichen Lese-Nachmittag in uriger Atmosphäre *(10 - 18 Uhr Mo Ruhetag außer in den Ferien und an Feiertagen, www.kriminalhaus.de)*.

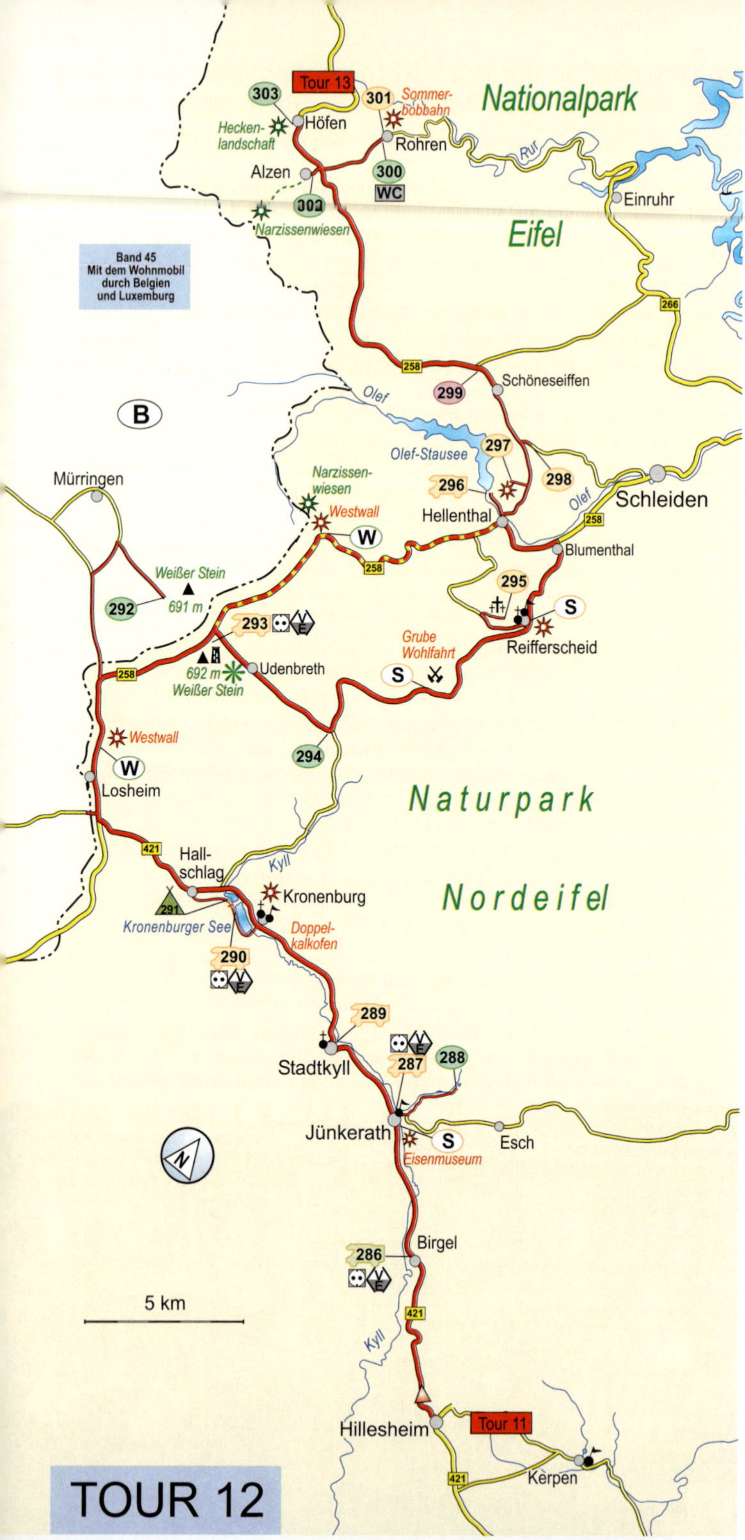
Tour 13
303
301
Sommer-bobbahn
Nationalpark
Hecken-landschaft
Höfen
Rohren
Rur
Alzen
300
WC
302
Einruhr
Narzissenwiesen
Eifel
Band 45
Mit dem Wohnmobil durch Belgien und Luxemburg
266
258
Schöneseiffen
299
B
Olef
Olef-Stausee
297
298
296
Mürringen
Narzissen-wiesen
Westwall
Hellenthal
Olef
Schleiden
W
258
Blumenthal
Weißer Stein
258
295
292
691 m
S
293
Reifferscheid
Grube Wohlfahrt
258
692 m
Udenbreth
S
Weißer Stein
Westwall
294
W
Losheim
Naturpark
421
Hall-schlag
Kyll
Kronenburg
Nordeifel
291
Kronenburger See
Doppel-kalkofen
290
289
288
287
Stadtkyll
Jünkerath
S
Esch
Eisenmuseum
Birgel
286
5 km
421
Kyll
Tour 11
Hillesheim
421
Kerpen
TOUR 12

Tour 12 120 km

Jünkerath – Kronenburg – Reifferscheid – Höfen

Stellplätze:	Birgel, Jünkerath, Stadtkyll, Kronenburg, Hünningen/ Belgien, Udenbreth, Reifferscheid, Hellenthal, Schöneseifen, Rohren, Alzen, Höfen.
Campingplätze:	Kronenburg Campingplatz Kronenburger See.
Baden:	Kronenburg
Besichtigen:	Birgel Hist. Wassermühle; Jünkerath Eisen- und Eisenbahnmuseum; Stadtkyll Pfarrkirche St. Joseph; Kronenburg Doppelkalkofen und Altstadt; Losheim Westwall; Udenbreth Wetterpark; Hollerath Narzissen-wiesen; Reifferscheid Altstadt, Hellenthal Grube Wohlfahrt und Wildpark; Höfen Heckenlandschaft, Webereimuseum.
Wandern:	Höfen Heckenweg.
Radfahren:	Jünkerath, Stadtkyll, Kronenburg Kyll-Radweg.
Essen:	Jünkerath Restaurant Glaadter Hütte; Kronenburg Café Zehntscheune, Villa Kronenburg; Reifferscheid Café Eulenspiegel; Höfen Café Altes Eifelhaus und Alte Molkerei.

Von Hillesheim nehmen wir die B421 Richtung Aachen und erreichen **Birgel**.
Die **Birgeler Wassermühle** ist die älteste der vier funktionstüchtigen Mühlen auf dem Mühlengelände an der Kyll. In einer Art Freilichtmuseum werden auf dem Areal Mehl gemahlen, Senf und Öl gepresst sowie Holzstämme gesägt. Dazu werden Souvenirs aus der Eifel, frisch gebackenes Brot oder Brennereierzeugnisse angeboten und es steht zusätzlich ein Restaurant zur Verfügung. Zusammengefasst kann man das alles wohl als „ganz großes Kino" bezeichnen, bei dem natürlich ein offizieller **WOMO-Stellplatz** nicht fehlen darf [**286:** N 50°19'12.2" E 06°37'02.9"; Mühlenstraße 1, Telefon 06597/92820, www.moulin.de, V/E, Strom, Pauschalpreis €€€].
Als nächstes steuern wir **Jünkerath** an und 800 Meter hinter dem Ortsschild führt rechts ein Hinweis zum kleinen Eisenbahnmuseum [N 50°20'25.1" E 06°35'14.6"; Römerwall].

Eisenmuseum und Eisenbahnmuseum

Die Eisenindustrie spielte in der Eifel von jeher eine bedeutende Rolle. Vom 15. bis zum 19 Jahrhundert wurde die Verhüttung des Erzes, das in zahlreichen Bergwerken abgebaut wurde, in bis zu 50 Hütten verarbeitet. Über den Abbau von Eisenerz, die Bedeutung für die Region und die Entwicklung der Eisenverarbeitung hält das **Eisenmuseum** zahlreiche Informationen bereit *(April - Mitte Okt. Mi - Fr 13 - 17 Uhr,*

Roheisenpfannenwagen und Lokomotiven Treibachse

So/Feiertage 13 - 17 Uhr, Eintritt, www.eisenmuseum-juenkerath.de). Im gleichen Gebäude dokumentiert das kleine **Eisenbahnmuseum** die lokalhistorische Eisenbahngeschichte. Das größte Exponat steht gleich vor dem Eingang - ein in Jünkerath hergestellter Roheisenpfannenwagen, der nach seinem Einsatz in einem Stahlwerk an den Entstehungsort zurückgebracht wurde *(April - Mitte Okt. Mi 14 - 16.30 Uhr, Juli zusätzlich Do 14 - 16.30 Uhr, kein Eintritt – es wird jedoch um eine Spende gebeten. www.eisenbahnmuseum-juenkerath.de).*

Jünkerath zeichnet sich jedoch auch durch einen ruhig gelegenen und schönen Stellplatz aus, der sich hervorragend als Ausgangspunkt für Erkundungen in die Vulkaneifel eignet.

(287) Offizieller WOMO-Stellplatz: Jünkerath, Eifelland

GPS: N 50°21'00.2" E 06°33'54.6" Glaadter Straße 16
Max. WOMOs: 8
Kontakt: Telefon 0151/11658553, www.stellplatz-eifelland.de/
Ausstattung: V/E, Strom, WC, Grillmöglichkeit, Fahrradverleih, Angelmöglichkeit, Müllbehälter.
Beschreibung: Der am Ortsrand gelegene Stellplatz bietet geschotterte Wiesenplätze an der Kyll im hinteren Teil des Grundstücks, die zum Teil schattig und durch Hecken parzelliert sind. In unmittelbarer Nähe befinden sich Geschäfte und Gaststätten (absolut empfehlenswert: **Restaurant Glaadter Hütte)** und auch Rad- und Wanderwege sind schnell erreicht.
Preise: €€.
Zufahrt: Am Kreisverkehr im Ort Richtung Parkplatz Kyllradweg fahren und hinter der Rettungswache scharf rechts abbiegen.

Hält man sich am Kreisverkehr Richtung Esch und biegt nach dem Überqueren der Bahngleise zweimal rechts ab, gelangt man zum beliebten Stausee. Wir fahren an einem ersten kleinen See vorbei und sehen wenig später eine Parkmöglichkeit an einem weiteren See [**288:** N 50°21'26.4" E 06°34'32.3"]. Natur- und Wanderfreunde werden sich am **Jünkerather Kyllauenpfad** erfreuen und auch Radfahrer kommen auf ihre Kosten. Schnell sind die Fahrräder flottgemacht und schon können Radfahrer sowohl vom Stell- als auch vom Parkplatz auf den insgesamt knapp 130 Kilometer langen **Kyll-Radweg** rollen. Dieser führt durch die abwechslungsreiche Eifellandschaft von Dahlem im Norden bis Trier im Süden in der Nähe einiger unserer Stellplätze vorbei. Da die Bahnlinie Köln/Trier den Radweg ständig begleitet, ist eine entspannte Rückkehr zum Startpunkt fast immer gewährt (www.eifel.info/a-kyll-radweg). Die Landschaft hat sich übrigens verändert, denn wir bewegen uns mittlerweile durch ein nur noch leicht hügeliges Gelände, das die weiten Ausblicke der vergangenen Tage vermissen lässt. In **Stadtkyll** halten wir uns Richtung Aachen und riskieren schnell noch einen Blick in die 1508 erbauten **Pfarrkirche St. Joseph**, die nach den Plänen von keinem Geringeren als dem preußischen Architekten Karl Friedrich Schinkel errichtet wurde. In der Nähe des ehemaligen Hallenbades bietet sich zudem ein Parkplatz im Grünen zum Aufenthalt an.

(289) Offizieller WOMO-Stellplatz: Stadtkyll, Kyllradweg

GPS: N 50°21'10.2" E 06°31'41.1"
Kurallee **Max. WOMOs:** 3-5
Ausstattung: Bänke, Müllbehälter.
Beschreibung: Der einfache, gepflasterte, teils unter Bäumen liegende einfache Parkplatz an der Kyll bietet den perfekten Einstieg in den Kyllradweg. Im nahen Ortszentrum befinden sich Gaststätten und Geschäfte und ein Spaziergang durch den nahen Kurpark kann recht nett sein.

Zufahrt: Im Ort den Hinweisen zum Parkplatz Kyllradweg/Kurallee folgen.

Gut zwei Kilometer hinter Stadtkyll streifen wir den an der B421 gelegenen **Doppelkalkofen**. In dem 1890 erbauten Industriedenkmal wurde Kalkstein aus einem nahe gelegenen Steinbruch gebrannt und dadurch gehärtet. 1935 wurde der Ofen zu einer Doppelofenanlage erweitert und diente bis zur Einstellung des Betriebs im Jahr 1979 der Herstellung von Dünge-, Bau- und Putzkalk. Der ausgeschilderte Parkplatz existiert nicht mehr, sodass wir es lediglich bei der Beschreibung des Kalkofens belassen, falls Wanderer oder Radfahrer auf dem nahen Kylltal-Radweg hier vorbeikommen.
Im deutsch-belgischen Grenzgebiet der **Nordeifel** überschreiten

wir die unsichtbare Linie von Rheinland-Pfalz nach Nordrhein-Westfalen und erreichen im Oberen Kylltal **Kronenburg**, welches sehr malerisch auf einem Hochplateau liegt.
Noch immer führt von der Bundesstraße nur eine schmale kurvige Straße hinauf in das Burgstädtchen, was einen aber nicht vom Besuch dieser Idylle am Wegesrand abhalten sollte.

(290) Offizieller WOMO-Stellplatz: Kronenburg

GPS: N 50°21'28.4" E 06°28'22.8" Seeuferstraße
Max. WOMOs: 12
Ausstattung: V/E, Strom, Müllbehälter.
Beschreibung: Der parzellierte, teils schattige Platz auf Schotterrasen liegt außerorts und bietet in der Nähe die Möglichkeit zum Baden im See oder zum Minigolf-Spiel. Man kann gut ausgeschildert wandern und der Kyll-Radweg lädt zur Ausfahrt ein oder man sucht den Bootsverleih auf. Der Fußweg hinauf zur Burg beträgt etwa 1,5 Kilometer.
Preise: €€.
Zufahrt: Von der B421 dem WOMO-Piktogramm folgen.

Kronenburg

Ein Spaziergang führt uns bergauf in den knapp 100 Meter über der Kyll thronenden kleinen Ort, der 1277 erstmals erwähnt wurde. Die strategisch günstig gelegene Burg beherrschte das Obere Kylltal und der einzige Zugang bestand im Mittelalter von Norden her.
Noch heute betreten wir die **pittoreske Altstadt** durch das Nordtor und sogleich umfängt uns der Charme des Örtchens, das mit seinen Kopfsteinpflastergassen und den liebevoll restaurierten, eng zusammenstehenden bis zu 400 Jahre alten Häusern als Ganzes unter Denkmalschutz steht.
Unser Weg über den **Burgbergring** führt zur **Pfarrkirche St. Johann Baptist**, einer Einstützkirche, in der mittig ein einziger Pfeiler das Gewölbe trägt, und die mit schönen Wandmalereien versehen ist. Die Kirche befindet sich an der Schwelle zwischen den bürgerlichen Häusern sowie dem Bereich der ehemaligen Kronenburger Herrschaft, der durch das Mitteltor erreicht wird.

Im Jahr 1766 erbauten **Burghaus** residiert heute ein Hotel und über etliche Stufen steigen wir hinauf zur **Burgruine**, von der sich ein **eindrucksvolles Panorama** über die abwechslungsreiche Mittelgebirgslandschaft eröffnet.
Wo einst Ritter, Burgmänner, Bauern und Handwerker zu Hause waren, haben sich heute **Kunstgalerien** sowie **Kunstgewerbeläden** niedergelassen und unser erfreulicher Rundgang findet seinen Abschluss im **Café Zehntscheune** bei hausgebackenem Kuchen und kleinen Gerichten *(Fr - So 11 - 18 Uhr)*. Wenn es ein bisschen mehr sein darf, lädt die **Villa Kronenburg** mittags in ihre Crêperie und am Abend zu Gaumenfreuden im Restaurant ein *(12 - 17/18 - 21 Uhr, Burgbergring 12, Telefon 06557/295, www.villa-kronenburg.de)*.

Heute ist das auf einem Bergkegel gelegene Örtchen ein beliebtes Wanderziel und wer nach unserem kleinen Rundgang noch Lust auf einen längeren Weg verspürt, der wird auf einer Informationstafel am Ortseingang unter anderem eine Rundwanderung von knapp vier Kilometer um den im Talgrund liegenden **Kronenburger See** finden.
Neben den obligatorischen Freizeitvergnügungen auf oder um den 27 Hektar großen See lockt der **Wasserseilgarten** besonders jugendliche Besucher an und im Nachbarort **Hallschlag** befindet sich direkt am See ein ordentlicher Campingplatz *(www.kronenburger-see.de)*.

(291) WOMO-Campingplatztipp: Kronenburg, Kronenburger See

GPS: N 50°21'42.0" E 06°27'15.3"; Seeuferstraße
Kontakt: Telefon 06557/900110, www.campingplatz-kronenburger-see.de
Öffnungszeit: Ganzjährig.
Ausstattung: Fahrradverleih, Brötchenservice, Gasflaschentausch, Waschmaschine und Trockner, WLAN, Spielplatz.
Beschreibung: Der am See und außerorts liegende Campingplatz auf Wiese ist schattenlos und bietet Bade- und Angelmöglichkeiten und Anschluss an der Kyll-Radweg sowie an Wanderwege.
Preise: €€ - €€€.
Zufahrt: In Hallschlag den Hinweisen zum Campingplatz folgen.

Richtung Losheim biegen wir am Ende der B421 auf die B265 Richtung Aachen ab, die wir sofort wieder links verlassen und direkt im Nachbarland Belgien landen.
Hier locken Läden mit Modellautos und Eisenbahnen sowie eine ganzjährig geöffnete Krippenausstellung. Im Café erstehen wir die für die Region typischen Reisfladen (Hefeteig mit Milchreis), bevor wir über die Grenze zurück nach Deutschland und nach **Losheim** weiterfahren. Nach etwa 850 Meter halten wir hinter einer Brücke und an einer Bushaltestelle rechts auf einem Parkplatz [N 50°22'06.4" E 06°21'50.0"].
Nur wenige Meter entfernt begegnen uns das erste Mal eigenartig geformte Betonteile, großen Drachenzähnen ähnlich – wir stehen vor Überresten des ehemaligen Westwalls, von dem wir bereits in Irrel gehört haben (vgl. Tour 11 Seite 275).

Westwall

Zur Sicherung des Deutschen Reiches wurde ab 1936 mit dem Bau des Westwalls begonnen. Das militärische Verteidigungssystem sollte auf einer Länge von über 600 Kilometer von Kleve an der niederländischen Grenze Richtung Süden bis nach Weil am Rhein an der Schweizer Grenze als uneinnehmbares Bollwerk entstehen und die Westgrenze vor Angriffen schützen.

Bis zu 500.000 Westwallarbeiter verbauten für die rund 15.000 Bunker, Stollen und Gräben insgesamt 8 Millionen Tonnen Zement, 1,2 Millionen Tonnen Eisen und mehr als 20 Millionen Kubikmeter Kies und Sand.

Eine „Höckerlinie" aus bis zu 1,5 Meter hohen Betonpfeilern sollte das Vordringen der feindlichen Panzer verhindern. Die als uneinnehmbar angepriesene Anlage hatte allerdings nur eine hinhaltende Bedeutung. Nach Ende des Zweiten Weltkriegs wurden viele der Wallanlagen durch Sprengungen zerstört. Moose und Flechten bedecken jetzt vielfach die Betonklötze und das Areal hat sich zu einem friedlichen Rückzugsgebiet seltener Pflanzen und Tiere entwickelt.

Von hier bietet sich ein weiterer Abstecher nach Belgien in ein herrliches Wandergebiet an. Wir halten uns in Losheimergraben Richtung Malmedy und knapp 2,5 Kilometer später Richtung Mürringen/Rocherath. 500 Meter hinter diesem Abzweig biegen wir rechts (Straßenschild Bolder) zum Weißen Stein ab.

(292) WOMO-Wanderparkplatz: B-Hünningen, Weißer Stein

GPS: N 50°24'20.1" E 06°20'17.9"
Max. WOMOs: 2 - 3
Ausstattung: Infotafeln in deutscher Sprache, Tisch und Bänke, Müllbehälter.
Beschreibung: Der einfache geschotterte, schattenlose Parkplatz liegt außerhalb der Ortschaft und recht einsam. Er ist jedoch der perfekte Ausgangspunkt für eine der vielen ausgeschilderten Wanderungen.
Zufahrt: Etwa 1,5 Kilometer von der Landstraße bis zum Parkplatz fahren.

Wieder zurück in Deutschland machen wir uns Richtung Schleiden zum Wintersportgebiet Weisser Stein auf und fragen uns, was es mit dem ominösen **Weißen Stein** auf sich hat, den gleich zwei Länder für sich beanspruchen (*www.eifel.info/a-skigebiet-weisser-stein*).
Wie kann es ein, dass er mit 692 Meter höchster Punkt der nordrhein-westfälischen Eifel ist und gleichzeitig mit 691 Meter als zweithöchste Erhebung in Belgien geführt wird?
Der Gipfel des Grenzberges im Zitterwald liegt auf deutscher Seite, während sich der eigentliche „Weiße Stein" etwa ein Kilometer nordwestlich der Bergkuppe auf belgischem Gebiet befindet. Der große grauweiße Sandsteinfindling soll germanischer oder keltischer Opferstein gewesen sein und manch einer munkelt gar, es handele sich um ein Stück von einem Stern oder einem Asteroiden.
Gesichert ist, dass wir vom **Aussichtsturm** auf deutscher Seite eine gute Sicht auf den Nationalpark Eifel, die Hohe Acht und den Michelsberg haben.
Wer das gleichnamige **Wintersportgebiet** erkunden möchte, findet Abfahrten und Loipen, kann die Eifelhänge auf einem Schlitten hinunterrodeln oder einfach einen Spaziergang durch die winterliche Eifellandschaft unternehmen. In den übrigen Jahreszeiten findet man gut markierte **Wanderwege** vor. Zusätzlich wird im **Donnerwetter.de-Wetterpark** u. a. erklärt, wie Wetterphänomene wie Gewitter oder Hurrikane entstehen (Sa 13 - 18 Uhr, So 11 - 17 Uhr, Eintritt. www.weisserstein.info).

(293) Offizieller WOMO-Stellplatz: Udenbreth Europa-Wohnmobilhafen Weißer Stein

GPS: N 50°24'33.8"E 06°22'23.2" **Max. WOMOs:** 20
Ausstattung: V/E, Strom, Müllbehälter.
Beschreibung: Der einfache Stellplatz auf Wiese ist schattenlos und ist idealer Ausgangspunkt für Wander- und Radtouren. Vor Ort befinden sich Spielplatz, Grillhütte, Ski-/Rodellift, Langlaufloipen und eine Gaststätte.
Preise: €€, passendes Münzgeld parat halten!
Zufahrt: Von der B265 dem WOMO-Piktogramm folgen.
Hinweis: Leser teilten uns mit, dass der Platz in letzter Zeit recht ungepflegt wirkt.

Jetzt müssen wir uns für eine von zwei Routen entscheiden.
Im Frühjahr bietet sich für Narzissenliebhaber der direkte Weg über die B265 Richtung Aachen nach Hellenthal an. Nach knapp sechs Kilometer erreicht man den Parkplatz Hollerather Knie, von dem ein Weg vorbei an einem weiteren Teilstück des Westwalls zu den ausgeschilderten **Narzissenwiesen** führt [N 50°27'13.7" E 06°22'40.6"]. Von April bis Mai verwandeln im Tal der oberen Olef wie auch im Rur-, Perlbach- und Fuhrtsbachtal die wildwachsenden Narzissen während ihrer Blütezeit alljährlich mehrere Wiesen in wunderschöne weiß-gelbe

Teppichflächen. Die Wildnarzissen-Wiesen stehen unter Naturschutz und sind frei zugänglich. Im Gegensatz dazu steht die gut sichtbare „Höckerlinie" des Westwalls, die jedoch der Schönheit der kleinen Blumenart in keinster Weise etwas anhaben kann.

Vom gerade genannten Parkplatz ist es nicht mehr weit bis nach Hellenthal, wo die zwei Routen am Kreisverkehr wieder aufeinandertreffen und geradeaus weiter bis zum Parkplatz an der Oleftalsperre führen.

Alternativ befahren wir zunächst ebenfalls die B265 Richtung Aachen, nehmen jedoch diesmal gleich die erste Abfahrt Richtung Udenbreth. Rund drei Kilometer hinter dem Ortsausgang liegt rechts ein Parkplatz [**294:** 50°24'49.8" E 06°26'15.3"; An der L110].

Im folgenden Kreisverkehr halten wir uns nach Schleiden/ Besucherbergwerk und schwenken etwa 3 Kilometer später in einer lang gezogenen Rechtskurve zur Grube [N 50°25'59.0" E 06°27'12.9"]. Geschützt mit warmer und wasserfester Kleidung geht es unter Tage in das stillgelegte Bleierzbergwerk.

Grube Wohlfahrt

Wie in vielen anderen Eifelorten wurde auch in Rescheid nach Erzen geschürft und es gibt Hinweise, dass bereits Kelten oder Römer hier aktiv waren. Nach erster schriftlicher Erwähnung im Jahr 1543 erlebte die Grube eine wechselvolle Geschichte mit Besitzerwechseln und Unterbrechung der Förderung. 1941 wurde der Betrieb endgültig eingestellt. Bei der rund 90-minütigen Führung durch die Eifeler Unterwelt wird auf einem rund 800 Meter langen Teilstück des ehemals 2.500 Meter langen Stollens den Besuchern die Bergbaugeschichte erläutert. Im Grubenhaus ergänzt eine Ausstellung das Gesehene *(Grubenhaus: 10 - 16 Uhr, Führungen 11/14/15.30 Uhr, Eintritt, www.grubewohlfahrt.de).*

Bei der Weiterfahrt streifen wir Wolfert und Sieberath und rollen weiter nach **Reifferscheid**, über dem sehr ansehnlich Burg und Kirche thronen. Für den Tagesbesuch bietet sich der Parkplatz an der Landstraße an, von dem man allerdings gut 600 Meter in den historischen Ortskern hinaufgehen muss [N 50°28'32.0" E 06°28'16.2"; Blumenthaler Straße].

(295) WOMO-Stellplatz: Reifferscheid, Soldatenfriedhof

GPS: N 50°28'19.0" E 06°27'53.9"
Max. WOMOs: 2
Beschreibung: Der außerorts gelegene einfache Parkplatz ist asphaltiert und schattenlos, bietet aber einen schönen Ausblick.
Zufahrt: In Reifferscheid Richtung Oberreifferscheid/Soldatenfriedhof und nach ca. 2 km rechts auf schmalem Sträßchen 1 km zum Parkplatz fahren.
Hinweis: Nur für WOMOs bis 3,5 Tonnen Gesamtgewicht!

Reifferscheid

Ein harmonisches Bild gibt der kleine, schnuckelige Ort ab, der 1106 erstmals urkundliche Erwähnung fand *(www.reifferscheid-eifel.de).* Über verwinkelte kopfsteingepflasterte Gassen gelangen wir zum aus Bruchsteinen gemauerten **Matthiastor** und weiter zur spätgotischen **Kirche Sankt Matthias** mit ihren sehenswerten modernen Fenstern. Vorbei an denkmalgeschützten, schiefergedeckten Fachwerkhäusern kann anschließend der **Burganlage** mit dem auffälligen weißen Bergfried ein Besuch abgestattet werden. Alle zwei Jahre (zuletzt 2018) am dritten Wochenende im September findet das traditionelle **Burgfest** mit Jahrmarkt statt und rund um die Ruine schlagen Händler und Handwerker ihre Zelte sowie Stände auf. Direkt unterhalb der Burg lohnt sich die Einkehr in der umgebauten Zehntscheune im **Café Eulenspiegel** *(Sommer 10.30 - 18 Uhr, weitere Infos unter www.burgcafe-eulenspiegel.de).*

Nach diesem erquicklichen Besuch ist es auf der B265 über Blumenthal nicht mehr weit nach **Hellenthal** und wir müssen am Kreisel auf die „Narzissenwiesengucker" achtgeben, die von links kommen und mit uns die Ausfahrt Richtung Aachen/Monschau nehmen. Gemeinsam steuern wir links einen der beiden Parkplätze direkt unterhalb der Staumauer der **Oleftalsperre** an und stellen fest, dass unser seit Jah-

ren genannter einfacher Wanderparkplatz mittlerweile als offizieller **WOMO-Stellplatz** geführt wird [**296:** N 50°29'39.5" E 06°25'24.3"; Oleftalstraße]. Das gefällt uns, denn von hier kann man zu schönen Wanderungen sowie Radtouren aufbrechen oder in den etwa ein Kilometer entfernten Ort gehen. Der See dient neben dem Hochwasserschutz der Trinkwasserversorgung und der Stromgewinnung. 2007 wurde die dem Wasser abgewandte Seite der Dammmauer mit Hochdruckreinigern gestaltet und zeigt mittlerweile nur noch schemenhaft Wald- und Wassertiere der Umgebung. Es wäre schön, wenn die „tierischen Eyecatcher" in Zukunft wiederbelebt würden.

Im Ort verzeichnen wir den **Infopunkt mit Tourist-Info**, in dem man sich über den **Nationalpark Eifel** informieren kann (Mo - Fr 8.30 - 17 Uhr, Sa/So/Feiertage 10 - 12 Uhr, Rathausstraße 2, Telefon 02482/85115, www.nationalpark-eifel.de).

Richtung Monschau rollen wir wenig später auf den Parkplatz am Wildfreigehege, auf dem die Übernachtung für Besucher toleriert wird [**297:** N 50°30'13.2" E 06°25'47.8"]. Der **Wildpark** liegt oberhalb der Oleftalsperre in einem Waldgebiet und bietet vorwiegend heimischem Wild einen Lebensraum. Im Park eingebettet liegt eine Greifvogelstation, die bei Flugvorführungen Adler, Falken und Bussarde präsentiert *(März 9 - 17 Uhr, April - Okt. 9 - 18 Uhr, Nov 10 - 17 Uhr, Eintritt. www.greifvogelstation-hellenthal.de).*

Wieder auf der Landstraße notieren wir am folgenden Abzweig Richtung Schleiden rechter Hand einen einsam gelegenen Parkplatz mit schöner Aussicht [**298:** N 50°30'43.3" E 06°25'24.2"; L159/K65].

Immer weiter Richtung Aachen passieren wir **Schöneseiffen**, wo wir auf die B258 wechseln und etwa 900 Meter hinter dem Ortsausgang an einem Windpark eine Rast einlegen [**299:** N 50°31'00.8" E 06°22'40.6"; An der B258].

Wir befinden uns nun im **Nationalpark Eifel** und gelangen durch den Wald mit weiteren Wanderparkplätzen an eine große Kreuzung, an der wir nach **Rohren** abbiegen.

(300) WOMO-Wanderparkplatz: Rohren, Lehmkaul

GPS: N 50°32'30.3" E 06°17'04.1" Lehmkaul **Max. WOMOs:** 3 - 5
Ausstattung: Tische und Bänke, WC.
Beschreibung: Der einfache, geschotterte, schattenlose Parkplatz liegt am Ortsrand und an Wander- und Radwegen sowie am Loipeneinstieg.
Zufahrt: Nach dem Abbiegen liegt der Parkplatz nach ca. 1,6 Kilometer auf der rechten Straßenseite.

Im Ort folgen wir den Hinweisen **Sommer- und Wintersportzentrum** [**301:** N 50°33'02.4" E 06°17'03.9"; Rödchenstraße].

Mit Mordsgaudi rasen Groß und Klein mit hoher Geschwindigkeit auf Bobs den Hang hinab und weitere Attraktionen sorgen bei den übrigen Besuchern für gute Unterhaltung *(Hauptsaison 10 - 18 Uhr, Nebensaison 11 - 17/18 Uhr, außer bei Nässe, Wintersaison s. Homepage, Eintritt, www.sommerbobbahn.de)*. Im Winter ist in Rohren „Ski heil" angesagt: Ski alpin, Langlauf, Snowboard- und Rodelpisten - alles, was der Wintersportler sich ebenso wünscht! Skilifte sowie eine Skischule runden das Programm ab und der aktuelle Schneelagebericht kann telefonisch unter 02472/4172 abgefragt werden.
Wir verlassen den Ort und kehren zurück zur Kreuzung an der B258. Geradeaus findet sich ein weiterer netter Parkplatz.

(302) WOMO-Wanderparkplatz: Alzen, Brüchelchen

GPS: N 50°31'28.5" E 06°16'19.1" Zum Brüchelchen
Max. WOMOs: 2
Ausstattung: Tisch und Bänke.
Beschreibung: Der einfache, beinahe schattenlose, geschotterte Parkplatz liegt außerorts und ist der ideale Ausgangspunkt für den Rundwanderweg zur Narzissenwiese „Fuhrtsbachtal".
Zufahrt: Von Rohren kommend die B258 Richtung Alzen queren, nach 100 Meter links, dann 500 Meter zum Parkplatz fahren.

Nachdem wir zur Kreuzung an der Bundesstraße zurückgekehrt sind, halten wir uns erneut Richtung Aachen und weiter zur einzigartigen **Heckenlandschaft** rund um **Höfen**.
Der Ort ist in Juwel und ein Muss für jeden, der sich für ländliche Kultur interessiert! Da der folgende Parkplatz eng und zeitweise gut frequentiert ist, bietet sich gegebenenfalls zusätzlich der Parkplatz hinter der Gemeinschaftshalle nahe des Nationalpark-Tores an.

(303) WOMO-Wanderparkplatz: Höfen

GPS: N 50°31'59.4" E 06°15'11.0"; Mertensgässchen **Max. WOMOs:** 2
Ausstattung: Infotafel, Tisch und Bänke.
Beschreibung: Einfacher, tagsüber gebührenpflichtiger, gepflasterter, schattenloser Parkplatz am Ortsrand, der sich als hervorragender Ausgangspunkt für den unten genannten Ortsspaziergang, eine längere Wanderung oder eine Radtour eignet. In der Nähe befinden sich Gaststätten.
Zufahrt: In Höfen dem Hinweis Nationalparktor/Sportplatz folgen.

Höfen

Zum Schutz gegen Wind und Wetter wurden vor Generationen in der Region um Monschau vor den Häusern meterhohe Buchenhecken angepflanzt, hinter denen sich die Gebäude bis heute ducken. Eingänge, Fenster sowie Torbögen wurden in die natürlichen Schutzwälle geschnitten und geben den Blick auf die zumeist liebevoll restaurierten und vielfach unter Denkmalschutz stehenden Fachwerkhäuser frei.
Nicht ganz so hoch wachsen auf den Feldern der Umgebung die typischen **Monschauer Flurhecken**, die die Weiden anstelle eines Stacheldrahts umzäunen und Schutz vor den Eifelstürmen bieten. Einen guten Überblick hierüber kann man sich am südlichen Dorfrand von einem der zahlreichen **Eifel-Blicke** verschaffen.
Hierhin führt der am Wanderparkplatz beginnende gut 5 Kilometer lange und mit 31 markierte **Höfener Heckenweg** durch den Ort und die nahe Umgebung. Neben dem Hauptweg gibt es eine kürzere, barrierefreie und durchgehend asphaltierte Strecke. Der Gang durch die verkehrsarmen Seitenstraßen ist ein Erlebnis und führt uns zu prächtigen

Heckenbeständen sowie historischen, teils über 300 Jahre alten, reetgedeckten Vennhäusern mit hübsch angelegten Bauerngärten.
Im Ort kann man sich aber auch mit der industriegeschichtlichen Kultur der Eifel beschäftigen, wie sie noch bis die 70er Jahre des 20. Jahrhundert betrieben wurde. Im **Webereimuseum** sind vier funktionstüchtige Webstühle und zwei Spulmaschinen zu betrachten, die im Rahmen der Besichtigung vorgeführt werden. Außerdem wird hier über die Heckenlandschaft sowie die Narzissenwiesen im Perlbachtal informiert *(Mitte März - Okt. jeden 1. So im Monat 14 - 17 Uhr, Eintritt. www.webereimuseum-hoefen.de)*.
Zum Abschluss des Tages in Höfen bietet sich die Einkehr im **Restaurant Alte Molkerei** *(Di - Fr ab 11.30 Uhr, Sa/So ab 10 Uhr, www.alte-molkerei-hoefen.de)* oder im **Café Altes Eifelhaus** an *(Sa/So ab 8 Uhr, Mo/Fr ab 9 Uhr, www.altes-eifelhaus.de)*. Im Haus der Alten Molkerei befindet sich eines der **Nationalpark-Tore** mit der **Tourist-Info** *(Nov. - März 10 - 13/13.30 - 16 Uhr, April - Okt. bis 18 Uhr)*.

Monschau – Nideggen – Heimbach Gemünd Nettersheim - Bad Münstereifel – Blankenheim

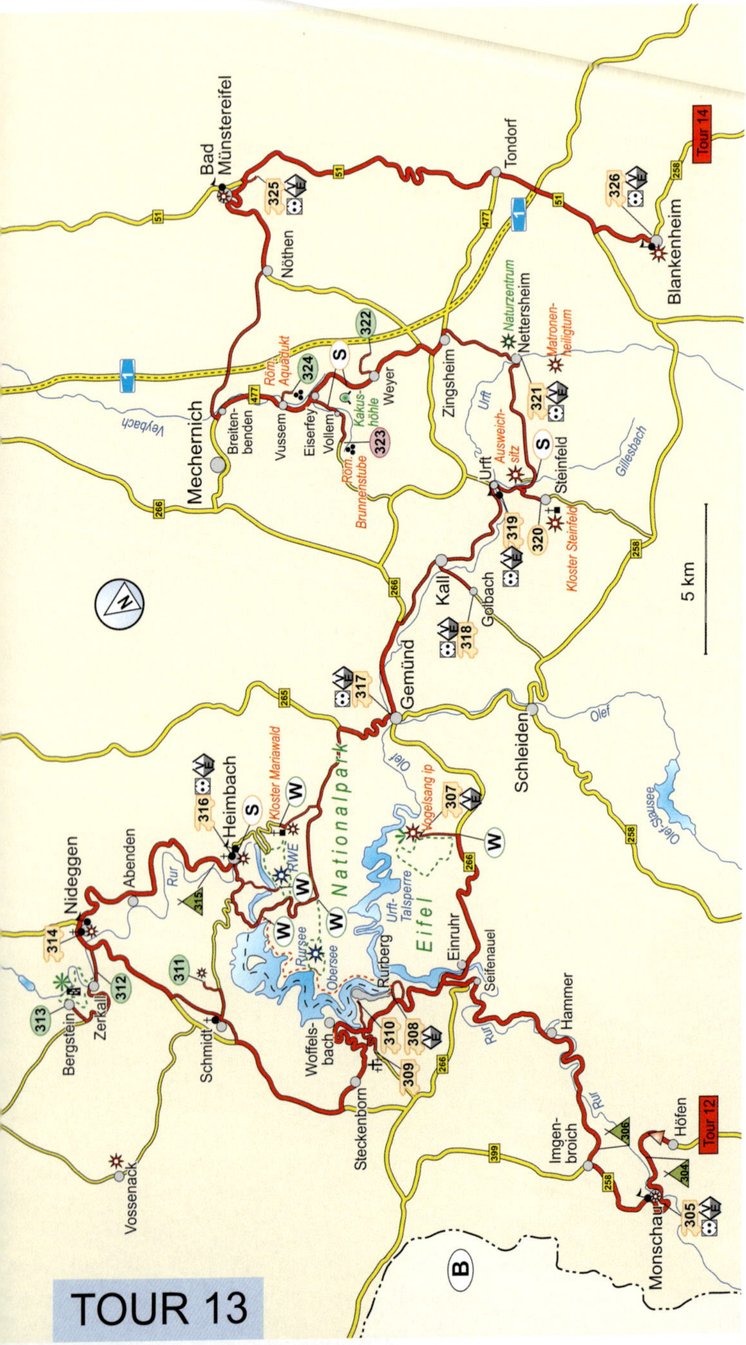

Stellplätze:	Monschau, Einruhr, Rurberg,Schmidt, Zerkall, Bergstein, Nideggen, Heimbach, Gemünd, Kall, Urft, Steinfeld, Nettersheim, Weyer, Eiserfey, Vussem, Bad Münstereifel, Blankenheim.
Campingplätze:	Monschau, Campingplatz Perlenau, Imgenbroich Campingplatz Zum Jone-Bur, Heimbach Heimbacher Campingplatz.
Besichtigen:	Monschau Altstadt m. div. Sehenswürdigkeiten und Museen;Einruhr Vogelsang IP, Wüstung Wollseifen; Schmidt Wildpark; Vossenack Museum Hürtgenwald; Nideggen Altstadt, Burgmuseum; Heimbach Burg Hengebach, Wasser-Info-Zentrum, Kraftwerk, Kloster Mariawald; Steinfeld Kloster Steinfeld; Urft NRW-Ausweichsitz; Nettersheim Naturzentrum, Matronenheiligtum; Weyer Kakushöhle; Eiserfey Römische Brunnenstube; Vussem Römische Wasserleitung; Bad Münstereifel Altstadt mit. diversen Museen, City Outlet; Blankenheim Eifelmuseum.
Wandern:	Zerkall/Bergstein, Kermeter, Nettersheim/Eiserfey/Vussem.
Radfahren:	Vennbahnradweg, Rurufer-Radweg, Ahr-Radweg, Via Velo.
Baden:	Rurberg, Schmidt Rursee, Bad Münstereifel.
Essen:	Monschau Restaurant Schnabuleum; Nideggen Burgrestaurant; Heimbach Kloster Mariawald; Steinfeld Kloster Steinfeld, Wirtshaus Zur alten Abtei; Nettersheim Restaurant Freistaat Eifel; Blankenheim Café Landlust, Museumscafé.

Nationalpark Eifel und Nationalpark-Tore

Der 110 Quadratkilometer große **Nationalpark Eifel** ist seit Anfang 2004 einer von 16 Nationalparks in Deutschland. Er ist einer der größten unzerschnittenen Naturräume in Nordrhein-Westfalen mit ausgedehnten Buchenwäldern, bizarren Felsformationen, vielen kleinen Bächen, großen Seen und Biotopen. Mehrere Tausend verschiedene Tier- und Pflanzenarten finden hier einen geschützten Lebensraum.
In den Häusern der fünf **Nationalpark-Tore** wird über Flora und Fauna sowie über Freizeit- und Erlebnisangebote informiert. Im Nationalpark-Tor **Simmerath-Rurberg** heißt das Motto „Lebensadern der Natur", während in **Monschau-Höfen** über den Waldwandel sowie den Erhalt der Narzissenwiesen Informationen geliefert werden. In **Nideggen** kann der Mensch in der „Schatzkammer Natur" Rückschlüsse aus der Natur gewinnen und in **Heimbach** den „Waldgeheimnissen" auf die Spur kommen. In **Schleiden-Gemünd** werden in einer Ausstellung die Besonderheiten der unmittelbar an das Nationalpark-Tor angrenzenden Eichenwälder mit ihren besonderen Pflanzen und Tieren beleuchtet *(Nov. - März 10 - 13/13.30 - 16 Uhr, April - Okt. bis 18 Uhr)*.
Kleinere Anlaufstellen entlang unserer Route bilden die **Nationalpark-Infopunkte**, in denen Broschüren, Faltblätter und allgemeine Informationen über die Region zu erhalten sind *(www.nationalpark-eifel.de)*.

Vorbei an heckengeschützten Häusern verlassen wir Höfen nach **Monschau** und fahren über eine kurvenreiche Strecke hinab in das Rurtal.

Bereits vor Monschau notieren wir den idyllisch am Perlbach gelegenen **Campingplatz Perlenau** [**304:** N 50°32'34.5" E 06°14.11.1"; Perlenau 7, Telefon 02472/4136, www.monschau-perlenau.de, 10 Tage vor Ostern bis 15. Okt. geöffnet, Preis €].

Wenig später sehen wir in einer Serpentine den offiziellen **WOMO-Stellplatz** P2. Wahrlich nicht gerade anheimelnd gelegen, empfiehlt er sich jedoch als Ausgangspunkt für eine Stadtbesichtigung [**305:** N 50°33'14.9" E 06°13'55.3"; Biesweg, V/E, Strom, Preis €€].

Von hier gelangen wir über einen Fußweg nach etwa 600 Meter bergab ans Ufer der Rur und in den hübschen Ort, der bis zur Umbenennung durch einen kaiserlichen Erlass Wilhelms II. im Jahr 1918 **Montjoie** hieß.

Monschau

Über Kopfsteinpflaster geht es vorbei an kleinen Läden und Galerien in die historische Altstadt des 1198 als Mons loci erstmals erwähnten Ortes, der mit seinen zum Teil verschieferten Fachwerkhäusern und verwinkelten Gassen so wunderschön anheimelnd wirkt.

Über der Stadt liegt die Burg, die Mitte des 13. Jahrhundert ausgebaut und in den Kriegswirren der folgenden Jahrhunderte mehrfach zerstört und wiederaufgebaut wurde, bis sie schließlich doch verfiel. Zu Beginn des 20. Jahrhunderts begannen Restaurierungsmaßnahmen und die Anlage bietet heute den Gästen der Jugendherberge und im Sommer den Besuchern von klassischen Konzerten Platz.

Wirtschaftliche Grundlage des Ortes bildete seit dem 16. Jahrhundert die Tuchindustrie, die im 18. Jahrhundert mit der Industrialisierung ihren Höhepunkt erreichte.

Noch heute zeugt das in der Ortsmitte gelegene um 1760 erbaute **Rote Haus** der Tuchmacherfamilie Scheibler von dieser Blütezeit. Das prachtvolle Patrizierhaus mit der über drei Etagen freitragenden Wendeltreppe aus Eichenholz diente zur damaligen Zeit als repräsentatives Wohnhaus, Kontor, Lager und Fabrikationsgebäude und zeigt heute als **Museum** die bürgerliche Wohnkultur des 18. und 19. Jahrhundert *(April - Nov. Di - So 10/11/12/14/ 15/16 Uhr, 3. Okt. geschlossen, Eintritt.*

www.rotes-haus-monschau.lvr.de). Auch andere Gebäude zeugen vom Wohlstand der Stadt und allein die alten, zum Teil kunstvoll gearbeiteten Haustüren wären einen eigenen Rundgang wert.
Bei unserem Bummel durch den hübschen Ort stoßen wir auf das **Brauereimuseum** *(Di - So ab 11 Uhr, Eintritt)* und weiterhin auf die **Monschauer Glashütte** *(Mitte März - Dez., Mitte Jan. - Mitte/Ende Feb. Sa/So 10 - 18 Uhr, Mitte/Ende Feb. - Mitte März Mo - Fr 11 - 17 Uhr, Sa/So 10 - 18 Uhr, Eintritt)*, die **Welt der Sandskulpturen** *(Di - So 10 - 17 Uhr, Eintritt)*, das **Eifeler Photographica & Film Museum** *(10 – 18 Uhr, Eintritt)* sowie das **Erlebnismuseum Lernort Natur** *(Mo - Do/Sa/So 11 - 17 Uhr, 11.1. - 18.3. Sa/So 11 - 17 Uhr, Eintritt)* und besuchen am Ortsende die **Historische Senfmühle** *(März - Okt. Führungen Mi/Fr 11/14 Uhr, Eintritt).*
Zwischen alten Mühlsteinen wird noch heute, wie in alten Zeiten, Senf handwerklich auf kaltem Weg hergestellt und im **Senflädchen** können 22 Sorten Senf probiert und käuflich erworben werden *(Mo - Sa 8.30 - 18 Uhr, So/Feiertage 10 - 18 Uhr)*. Auch im zugehörigen **Restaurant Schnabuleum** dreht sich vieles, aber nicht alles um Senf, und die Eifeler Gerichte munden in behaglichem Rahmen bei ausgesuchten Weinen zu angemessenen Preisen gut *(Mi - So 12 - 14.30/18 - 21.30 Uhr, www.senfmuehle.de)*.
Über diverse **Stadtführungen** und das Freizeitangebot rund um Monschau berät die **Tourist-Info** *(April - Okt. 10 - 13/13.30 - 18 Uhr, Nov. - März 10 - 13/13.30 - 16 Uhr, Stadtstraße 16, Telefon 02472/80480, www.monschau.de)*. Mithilfe eines Faltblattes kann man sich von dort auf einen gut zwei Kilometer langen **Altstadtrundgang** begeben oder man erkundet Monschaus Sehenswürdigkeiten mit dem **Monschauer Stadtbähnchen** *(Mitte Juli - Mitte Sept. tägl., April - Mitte Juli/Mitte Sept. - Okt. Di - So, Abfahrten P Burgau/Glashütte oder Markt, Gebühr)*.
Was uns besonders gut gefiel? Das ist schwer zu sagen, denn wir finden, dass der Aufenthalt im "Gesamtensemble" Monschau immer wieder neue Blickwinkel offenbart und jedesmal aufs Neue lohnenswert ist! Uns gefällt es hier sogar derart gut, dass es nicht schwerfällt, das Bilderbuchörtchen unseren **Top Ten** hinzuzufügen.

Radfahren im Nationalpark Eifel

Nicht nur Monschau bietet sich als Ausgangspunkt zum Radeln auf dem insgesamt 125 Kilometer langen **Vennbahnweg** an (gelbes Viereck mit Radfahr-Logo und der Aufschrift Vennbahn). In den letzten Jahren wurden die Bahnschwellen der Vennbahn zwischen Aachen und Luxemburg abgebaut und es entstand ein **Rad- und Wanderweg** im einzigartigen Natur- und Kulturraum des deutsch-belgischen Grenzgebietes.
Auch der insgesamt 180 Kilometer lange **Rurufer-Radweg** von der Quelle der Rur am höchsten Punkt in Belgien und der Mündung bei Roermond in den Niederlanden beschert ein abwechslungsreiches Fahrradvergnügen und ist durch einen grünen Kreis mit blauem Flusssymbol sowie der Aufschrift Rur nicht zu verwechseln.
Entweder lässt man sich selbst und seinen Drahtesel komfortabel und ohne Anstrengung mit dem **Fahrradbus** *(So/Feiertage von Mitte April bis Anfang November, www.avv.de/rad)* oder der **Rurtalbahn** *(www.rurtalbahn.de)* zum Ausgangspunkt der Radtour bringen oder nutzt Bahn bzw. Bus für den Rückweg *(weitere Infos und Fahrpläne bitte unter den oben genannten Web-Adressen nachschlagen bzw. in den örtlichen Tourist-Infos erfragen).*
Nach dem gleichen Prinzip bieten sich auch unterschiedlich lange Touren an den Flüssen Kall oder Urft und rund um den imposanten Rur-

see von einigen der folgenden Stellplätze an. Sowohl Bus als auch Bahn befördern Fahrgäste natürlich auch ohne Fahrrad, sodass die Verbindung ebenso ideal für **Wanderer** ist.
Unter www.eifel.info findet sich eine gute Übersicht der Themen-, Fluss-, und Bahntrassenradwege.

Vom Stellplatz in Monschau ziehen wir bergauf und fahren auf der B258 weiter Richtung Aachen.
Eines sei gleich gesagt: Es folgen nun Kurven über Kurven, mal geht es rauf, mal runter, wir queren mehrmals die Rur und werden den Rursee zum Teil umrunden. Der eine wird darin eine Herausforderung sehen, während sich der andere am Sitz festklammert und hofft, dass alles bald vorübergeht. Die abwechslungsreiche Strecke ist jedoch stets gut befahrbar, bietet immer wieder herrliche Aussichten und landschaftlich schön ist die **Rureifel** allemal.
In **Imgenbroich** verlassen wir die B258 im spitzen Winkel und verzeichnen den **Campingplatz Zum Jone-Bur** rechts der Straße [**306:** N 50°34'02.2" E 06°16'02.4"; Grünentalstraße 36, Telefon 02472/3931, www.zum-jone-bur.de, ganzjährig geöffnet, Preis €€].
Bald gelangen wir im Tal der Rur nach Hammer, rollen wenig später Richtung Einruhr und treffen hinter Seifenauel auf die B266. Vor Einruhr werfen wir einen ersten Blick auf den **Obersee**, der sich als Vorsetzung des **Rursees** in die Landschaft schmiegt.
In Einruhr mit einer schönen Uferpromenade sind die Parkplätze Pkw vorbehalten und wir peilen Richtung Gemünd rund fünf Kilometer später den Wanderparkplatz Walberhof an [N 50°34'04.7" E 06°26'09.4"; An der B266].

Badestrand in Rurberg

Um sich den etwa 1,5 Kilometer langen Fußweg zur **Bildungsstätte Vogelsang** zu ersparen, kann auch der gebührenpflichtige Parkplatz auf dem Gelände angesteuert werden oder man bleibt gleich über Nacht.

(307) Offizieller WOMO-Stellplatz: Schleiden, Eifel Wohnmobilpark Vogelsang

GPS: N 50°34'45.9" E 06°26'44.0" Vogelsang 40 **Max. WOMOs:** 50
Kontakt: www.eifel-wohnmobil-park-vogelsang.de
Ausstattung: V/E, bisher kein Strom (Stand 2020).
Beschreibung: Der einfache, geschotterte Parkplatz befindet sich im Aufbau und bietet kaum Schatten. Wer in der ersten Reihe steht, hat einen traumhaften Ausblick und kann einem der schönsten Sonnenuntergänge der Eifel entgegensehen.
Preise: €€ pro Nacht. Parkgebühr pro Tag €, die bei der Übernachtung entfallen.
Zufahrt: Von der L128 in Rurberg dem WOMO-Piktogramm folgen.

Vom Wanderparkplatz ist die später beschriebene Wüstung Wollseiffen nach etwa 1,5 Kilometer Fußweg bequem und ohne Steigung zu erreichen. Im Sommer fährt alternativ eine Kutsche sowohl zur Bildungsstätte und als auch nach Wollseiffen.

Vogelsang IP

Die Abkürzung „IP" steht im Namen der Ausstellungs- und Bildungsstätte für „Internationaler Platz" und setzt sich damit ganz bewusst von der Namensgebung der ehemaligen Ordensburg aus nationalsozialistischen Zeiten ab.

„Was vor über 70 Jahren als Schulungsstätte für junge Männer, die auf ihre Rolle als zukünftige Führungselite für verbrecherische Ziele der NSDAP vorbereitet wurden, begann, ist heute ein Ort internationaler Begegnungen, die dem Frieden und der Verständigung dienen ..." – so umreißt die Broschüre der Standortentwicklungsgesellschaft das Leitbild der Bildungsstätte.

Nachdem die lange Zufahrt über das 100 Hektar große Gelände zurückgelegt und der kostenpflichtige Besucherparkplatz erreicht worden ist, stehen nach einem kurzen Fußweg im **Besucherzentrum** Informationen und Literatur zur Geschichte des Ortes zur Verfügung. Hier können **verschiedene Rundgänge** gebucht werden, die es ermöglichen, in Begleitung qualifizierter Referenten Einblicke in Historie und Architek-

tur der Anlage zu bekommen. Die 90-minütige Führung beinhaltet u. a. einen Rundgang durch die weitgehend im Originalzustand erhaltene „Burgschänke" und das unter Denkmalschutz stehende „Belgische Kino" aus den 1950er Jahren, als Vogelsang NATO-Übungsplatz unter belgischer Hoheit war.
Im Außenbereich prägt der 48 Meter hohe Flankenturm das Bild. In einer kalkulierten Inszenierung der NS-Diktatur sollte er den Bergfried der „Ordensburg" darstellen, während der Fackelträger am einstigen „Sonnenwendplatz" das rassistische Herrenmenschenideal im Nationalsozialismus symbolisieren sollte.
Seit Vogelsang 2005 an die Bundesrepublik Deutschland zurückgegeben und die Anlage 2006 für Besucher geöffnet wurde, entwickelt sich Vogelsang zu einem der Verständigung dienenden, von Toleranz und Menschlichkeit geprägten Ort. Die einst abgeriegelte Anlage öffnet sich immer mehr für die Öffentlichkeit und sogar in Badehose kann man sich bei einem Schwimmbadbesuch mit der Geschichte auseinandersetzen *(Besucherzentrum: 10 - 17 Uhr, tägl. Führungen 14 Uhr, So/Feiertage zusätzlich 11 Uhr, Gebühr. www. vogelsang-ip.de).*

WOMO-Wandertipp: Von Vogelsang nach Wollseiffen

Aufgrund eines heftigen Anstiegs als mittelschwer einzustufende Rundwanderung von etwa 6,5 Kilometer Länge.
Auf dem ausgeschilderten Rundweg besuchen wir von der Bildungsstätte aus das verlassene Dorf Wollseifen, das im Zweiten Weltkrieg durch Bombenangriffe schwer beschädigt wurde. Gerade waren die Häuser wieder aufgebaut, als die Einwohner 1946 auf Geheiß der britischen Militärverwaltung ihre Heimat innerhalb drei Wochen für immer verlassen mussten. Ein Truppenübungsplatz entstand und das Dorf wurde durch Manöver weitestgehend zerstört. Heute liegt die **Wüstung Wollseifen** mit der von ehrenamtlichen Helfern instand gesetzten Kirche auf der Dreiborner Hochfläche im Nationalpark Eifel und erinnert an ein weiteres Stück deutscher Geschichte. Der von uns eingeschlagene Wanderweg gestaltet sich etwas anstrengend, da wir erst bergab ins Tal des Neffgesbachs und vor allen Dingen wieder hinauf zur Hochfläche gehen. Ein bisschen gespenstisch wirkt die Wüstung – dort wo einst Fachwerkhäuser die Straßen säumten, wurden Rohbauten errichtet, an denen zum Teil die Spuren des militärisch trainierten Häuserkampfes zu erkennen sind. Mittlerweile hat die Natur das wunderschöne Fleckchen Erde zurückerobert und regelmäßig hauchen Besucher dem Ort wieder etwas Leben ein. Nach rund 1,5 Kilometer erreichen wir auf einem Schotterweg den oben genannten Wanderparkplatz Walberhof und gehen von dort zurück zum Parkplatz an der Bildungsstätte.

Wir kehren zurück nach Einruhr und verlassen die B266 in einer scharfen Linkskurve Richtung Rurberg/Woffelsbach. An einem der Hotspots des Eifeltourismus ist die Stellplatzsituation klar geregelt, sodass uns nichts anderes übrigbleibt, als die Plätze der Reihe nach aufzuzählen.

(308) Offizieller WOMO-Stellplatz: Rurberg, Rurseezentrum

GPS: N 50°36'18.5" E 06°22'49.4"
Seeufer **Max. WOMOs:** 12
Ausstattung: V/E, Müllbehälter.
Beschreibung: Der befestigte, fast schattenlose, einfache Platz liegt am Ortsrand und in der Nähe von Nationalpark-Tor, Freibad, Badestrand, Gaststätten und Kiosk mit Brötchenverkauf. Von hier starten viele Wander- und Radwege.
Preise: €€.
Zufahrt: Von der L128 in Rurberg dem WOMO-Piktogramm folgen.
Hinweis: Gegebenenfalls tagsüber Unruhe durch den nahen Pkw-Parkplatz. Bei Vollbelegung kann es eng werden!

(309) Offizieller WOMO-Stellplatz: Rurberg, Kriegsgräberstätte

GPS: N 50°36'34.0" E 06°21'50.9"
An der L166
Max. WOMOs: 4
Ausstattung: Infotafel, Tisch und Bänke.
Beschreibung: Der einfache, geschotterte, schattenlose Parkplatz liegt außerorts an der Straße. Es gibt Wanderwege und eine Busverbindung in den Ort.
Zufahrt: In Rurberg auf der L128 an der Zufahrt zum vorherigen Stellplatz vorbeifahren und nach ca. 1 km links Richtung Monschau abbiegen. Nach etwa 2,5 km Serpentinenfahrt liegt der Parkplatz an der rechten Straßenseite.
Hinweis: Etwa 500 Meter vor der Zufahrt zum Parkplatz liegt links der Straße ein Parkplatz mit grandioser Aussicht!

(310) Offizieller WOMO-Stellplatz: Rurberg, Rursee

GPS: N 50°37'05.2" E 06°23'19.4"
In den Höfen
Max. WOMOs: 10
Ausstattung: Müllbehälter.
Beschreibung: Der befestigte, außerorts und teilweise unter Bäumen gelegene Platz befindet sich direkt am Seeufer. Von hier starten viele Wander- und Radwege.
Preise: €€ (Münzen nötig!)
Zufahrt: Wie zum vorherigen Stellplatz fahren, jedoch von der L128 rechts nach Rurberg abbiegen und den Hinweisen zum Campingplatz bergab folgen, an diesem vorbeifahren und zum Parkplatz am See fahren.
Hinweis: Gegebenenfalls tagsüber Unruhe durch Pkw-Parkplatz. Auch hier kann es bei Vollbelegung eng werden und je nachdem wie geparkt wird, haben Wohnmobile über 7 Meter Länge keine Chance!

Eifeler Talsperren

In der nördlichen Eifel erstreckt sich das größte Talsperrensystem Westeuropas. Die eng beieinanderliegenden Seen in den Tälern von Urft, Olef und Rur haben ein Gesamtvolumen von fast 300 Millionen Kubikmeter und dienen hauptsächlich dem Hochwasserschutz, der Energiegewinnung und der Bereitstellung von Rohwasser zur Trinkwassergewinnung.

Der angrenzende **Urft-, aber auch der Olefsee** sind ein Rückzugsgebiet seltener Tierarten, liegen in zum Teil unberührter Natur und bieten ruhige, abgeschiedene Stellen. Die **Rurtalsperre Schwammenauel, mit dem Ober- und Untersee**, ist mit einem Fassungsvermögen von 205 Millionen Kubikmeter eine der größten Talsperren Deutschlands und bietet, eingebettet in eine landschaftlich großartige Kulisse ein nahezu perfektes Freizeit-Erlebnis.

Die Seen lassen sich prima zu Fuß erkunden und die 27 Kilometer lange **Wanderung** am Ufer des Rursees gehört, genau wie die entsprechende **Radtour**, zu den Klassikern – wenn der Ober- und Urftsee mit einbezogen werden, lässt sich die Tour auf 42 Kilometer erweitern (vgl. Fahrradbus S. 317).

Wo so viel Wasser ist, können **Wasserratten** selbstverständlich auch schwimmen, segeln, paddeln, angeln oder zu einer beschaulichen Seefahrt mit den Fahrgastschiffen aufbrechen.

Den besten Überblick über alle Möglichkeiten sowie zur Vermietung von E-Bikes und Booten erhalten die Besucher bei der **Tourist-Info** nahe des erstgenannten Stellplatzes *(April - Okt. 10 - 13/13.30 - 18 Uhr, Nov. - März 10 - 13/13.30 - 16 Uhr, 24./31.12. 10 - 13 Uhr, 25./26.12./1.1. geschlossen, Seeufer 3, Telefon 02473/93770, www.rursee.de).*

WOMO-Radwandertipp: Am Rursee

Leichte Halbtagestour von rund 10 Kilometer Länge, die durch den Wald entlang des Sees und mit dem Schiff zurück an den Ausgangspunkt führt.

Vom Stellplatz in Rurberg starten wir unsere Radtour, fahren entlang des Parkplatzes zum **Nationalparktor**, überqueren die Staumauer, halten uns am Ende links und fahren über eine weitere Staumauer, die den Ober- und den Rurstausee voneinander trennt.

An der folgenden Gabelung biegen wir links auf den Schotterweg und folgen ab jetzt den Hinweisen Heimbach/Schwammenauel. Die nächsten Kilometer geht es beständig leicht bergan und zwischen den Bäu-

men können wir immer wieder einen Blick auf den See werfen. Etwa auf halber Strecke lädt rechter Hand ein Picknickplatz zu einer Rast ein. Wir radeln weiter und erreichen den Parkplatz „Büdenbach", an dessen Ende wir uns links halten. Ein kurzes Stück schieben wir die Räder über eine Wiese und rollen wenig später über die Staumauer.
Segelboote gleiten über das Wasser und Tagesausflügler strampeln in Tretbooten. An einem Kiosk erstehen wir Tickets für die Rückfahrt auf einem der Fahrgastschiffe nach Rurberg (www.rurseeschifffahrt.de). Rund 45 Minuten dauert die Fahrt über den See mit seinen bewaldeten Ufern und Buchten, die an die norwegischen Fjordlandschaften erinnern. Von der Anlegestelle sind es nur noch ein paar Pedaltritte zurück zum Wohnmobil.

Wir verlassen Rurberg Richtung Steckenborn/Woffelsbach und schwenken bei Erreichen der L246 und später auf der L218 nach **Schmidt**, das uns bisher mit mehreren Parkplätzen und dem einzigen **Strandbad** am Rursee erwartet hat.
Leider haben sich einige Wohnmobilisten gegenüber Anwohnern und anderen Erholungssuchenden wenig rücksichtsvoll gezeigt. Wie uns der Bürgermeister auf Nachfrage mitteilte, lief auf den Parkplätzen schnell mal das Abwasser unter das Wohnmobil oder den Kastenwagen, der Müll oder sogar der Inhalt der WC-Kassette wurden in der freien Natur hinterlassen,

Blick von Schmidt auf den Rursee

weil Camper gleich mehrere Tage die eigentlich für alle zugänglichen Plätze voll in Beschlag nahmen. Die Gemeinde konnte sich nur durch eine rigorose Parkplatzsperrung für größere Fahrzeuge über 1,8 Tonnen Gesamtgewicht helfen und wir alle haben nun das Nachsehen. Sehr, sehr schade! Wir gehen davon aus, dass Sie sich, liebe Leserin, lieber Leser, hier wie auch an anderen Orten nicht so unfein verhalten. Es wäre sonst nur eine Frage der Zeit, wann immer mehr freie und sogar offizielle Stellplätze für uns Wohnmobilurlauberinnen und -urlauber gesperrt werden!

So bleibt uns an dieser Stelle nur übrig, auf den **Wildpark Schmidt** *(Anfang April - Okt. 9.30 - 18 Uhr, Nov. - Ende März/Anfang April Mo - So 9.30 - 14 Uhr, Eintritt. www.wildpark-schmidt.de)* und den dazugehörenden Parkplatz hinzuweisen [**311:** N 50°39'39.2" E 06°25'31.5"].

Bevor wir uns Richtung Nideggen wenden, liegt in Schmidt die **Pfarrkirche St. Hubertus** vor uns. Die im Volksmund „St. Mokka" genannte Kirche wurde während des Zweiten Weltkrieges schwer zerstört und nach dem Krieg unter anderem mit Gewinnen aus den Schmuggelgeschäften der Bevölkerung mit Kaffee wiederaufgebaut.

Während wir wenig später von der L246 unterwegs sind, wird uns bewusst, dass die Kirche in Schmidt genau wie die Kriegsgräberstätte in Rurberg auf entscheidende Ereignisse am Ende des Zweiten Weltkrieges hinweist.

Hürtgenwald

Friedlich liegt der etwa 20 Kilometer lange, überwiegend mit Nadel- und Laubbäumen bewaldete Höhenzug mit der auf einem Buntsandsteinfelsen scheinbar uneinnehmbaren Burg Nideggen in der Sonne vor uns. Dies war jedoch nicht immer so, denn im Hürtgenwald tobte ab September 1944 eine der letzten großen Schlachten des Krieges in Westeuropa.

Nur 14 Wochen nach der Landung der Alliierten in der Normandie stand die US-Armee an der deutschen Reichsgrenze und am Westwall. Aus heutiger Sicht wäre es möglich gewesen, innerhalb weniger Tage den Rhein zu erreichen, doch aufgrund von Nachschubproblemen und Rücksichtnahme auf die britischen Verbündeten entschied sich der amerikanische General Dwight D. Eisenhower zur Umgehung des Westwalls. Um den Bereich der heutigen Gemeinde Hürtgenwald entwickelten sich schwere Kämpfe zwischen Amerikanern und Deutschen, die eine hohe Zahl an Opfern unter den beteiligten Verbänden und der Zivilbevölkerung forderte. Die Dörfer und die Umgebung wurden durch die Kriegseinwirkungen fast vollständig zerstört und noch heute lassen sich alte Unterstände, Granattrichter und Bunkerreste bei genauem Hinschauen erkennen.

Obwohl die „Schlacht um den Hürtgenwald" als längster Kampf auf deutschen Boden gilt (September 1944 bis März 1945), wurde sie lange als Nebenkriegsschauplatz abgetan und war nur eine von vielen Schlachten entlang der 900 Kilometer langen Front von der Scheldemündung bis zu den Vogesen.

Von Schmidt aus finden Interessierte in Vossenack das **Museum Hürtgenwald**, in welchem die für die Region gravierenden Ereignisse eingehend und sehr anschaulich dokumentiert werden *(Anfang März - Nov. So 11 - 17 Uhr, Eintritt, Pfarrer-Dickmann-Straße 21 - 23, www.museum-huertgenwald.de).*

Mit den Jahren wurden die Dörfer wiederaufgebaut, die Wälder aufgeforstet und die Landschaft wirkt, als habe hier nie ein Krieg stattgefunden.

In Brück biegen wir nach Hürtgenwald ab und erreichen in **Zerkall** den **Nationalpark-Infopunkt** *(Hauptsaison Mi - So 10 - 17 Uhr, Mo/Di ab 13.30 Uhr, Nebensaison So 10 - 17 Uhr)* sowie der Straße weiter folgend in **Bergstein** einen schön gelegenen Wanderparkplatz mit einem **Eifel-Blick** auf den Naturpark Nordeifel.

(312) WOMO-Wanderparkplatz: Zerkall, Nationalpark-Infopunkt

GPS: N 50°41'28.0" E 06°27'17.4" Bergsteiner Straße
Max. WOMOs: 3 - 5
Ausstattung: Infotafeln, Tische und Bänke.

Beschreibung: Der einfache, am Ortsrand gelegene Parkplatz auf Wiese und Schotter liegt an der Straße und an Rad- und Wanderwege (siehe folgende Wanderung). Es gibt eine Kanu-Einsetzstelle und je eine Haltestelle für den Fahrradbus und die Rurtalbahn. Die **Gaststätte Gut Kallerbend** ist etwa 400 Meter entfernt (Mo/Do Ruhetag).
Zufahrt: Vom Kreisverkehr in Brück ca. 1 Kilometer bis zum Parkplatz vor dem Ort rechts der Straße fahren.
Hinweis: Tagsüber Unruhe durch Parkplatzbesucher, Bahn und Straße.

(313) WOMO-Wanderparkplatz: Bergstein, Burgberg

GPS: N 50°41'44.9" E 06°26'19.3" Burgstraße **Max. WOMOs:** 2 - 3
Ausstattung: Infotafeln, Tische und Bänke, Spielplatz, Müllbehälter.

Beschreibung: Der einfache, asphaltierte, schräge, schattenlose Parkplatz liegt am Ortsrand. Er ist ideal als Ausgangspunkt für die folgende Wanderung und es sind etwa 200 Meter zum Aussichtsturm.
Zufahrt: Vom vorgenannten Parkplatz ca. 4 Kilometer nach Bergheim weiterfahren und im Ort dem Hinweis Aussichtsturm Burgberg etwa 1 Kilometer bis zum Parkplatz folgen.

Die Schlacht um den Hürtgenwald hat auch in der Literatur Spuren hinterlassen. Ernest Hemingway berichtete als Kriegskorrespondent von ihr und Heinrich Böll, der ein Haus im nahen Langenbroich hatte, setzte sich in einem Essay mit dem Kriegsgeschehen auseinander. Dem deutschen Nobelpreisträger ist ein Wanderweg gewidmet, der auch vom Wanderparkplatz in Zerkall begonnen werden kann.

WOMO-Wandertipp: Auf dem Heinrich-Böll-Weg
Mittelschwere Wanderung von rund 9 Kilometer mit einigen An- und Abstiegen und schönen Aussichten. Bis Zerkall durchgängig mit der Markierung 35, ab Gut Kallenbend mit K versehen.

Vom Parkplatz gehen wir den steilen Berg zum Burgberg hoch (alternativ bietet sich der rechte flachere Weg an, den man aber nach kurzer Zeit unbedingt nach links verlassen muss). Auf der Höhe finden sich ein Westwallbunker und der **Krawutschketurm**.
Vom Aussichtsturm schauen wir über die Höhenzüge der Nordeifel und Teile des Nationalparks bis in die Kölner Bucht und gehen erst wieder bergab und dann rechts auf dem Ringweg um den Burgberg herum. Nachdem wir hinter dem ehemaligen Forsthaus die Ruine eines weiteren Bunkers passiert haben, eröffnet sich eine fantastische Aussicht in das Rurtal.
Wir gelangen zurück an den Parkplatz, halten am Kriegerdenkmal gegenüber der Kirche inne, um uns dann links abwärts zu wenden. Durch den Wald erreichen wir den Mühlenweg, auf dem wir links nach Zerkall wandern.
Entlang dieses Weges und im unteren Kalltal fanden Anfang Februar 1945 die letzten Kämpfe im Hürtgenwald statt. In Zerkall erreichen wir die Rur und den Parkplatz am Nationalpark-Infopunkt. Der folgende Abschnitt zum Gut Kallerbend ist entlang der Bahnlinie nicht zu verfehlen und in der **Gaststätte** legen wir eine Rast ein *(Mo/Do Ruhetag)*.
Anschließend überqueren wir die Rur und wenden uns links auf den mit K markierten Weg. Nun geht es gemächlich, aber stetig bergauf. Erst durch einen Wald, dann durch die Flur erreichen wir nach rund zwei Kilometer den Ausgangpunkt unserer Wanderung.

Wieder in Brück schrauben wir uns hinauf nach **Nideggen** und nach gut 1,5 Kilometer zum rechts ausgeschilderten offiziellen **WOMO-Stellplatz** Danzley ohne weitere womo-spezifische Infrastruktur empor [**314:** N 50°41'34.0" E 06°28'44.1"; Bahnhofstraße].
Von hier sind in wenigen Minuten der historische Ortskern und die Burg schnell erreicht.

Nideggen

An der alten römischen Straße von Maastricht nach Köln gelegen, war der Ort schon zu Römerzeiten von Bedeutung. Die weithin sichtbare Burg, die frühere Trutzfeste Nideggen, ließ Wilhelm II. Graf von Jülich, in der Zeit von 1177 bis 1191 errichten. Berüchtigt war der Kerker, in dem u.a. Ludwig von Bayern gefangen gehalten wurde.
Noch heute vermitteln die Überreste der Trutze die Macht und Größe der früheren Anlage, in der jetzt ein **Burgmuseum** untergebracht ist. Eine Dauerausstellung beleuchtet die Burggeschichte und Wechselausstellungen ermöglichen Einblicke ins mittelalterliche Leben *(Di - So 10 - 17 Uhr, 24.12. geschlossen, Eintritt. www.kreis-dueren.de/burgenmuseum/index.html)*. Als Abschluss des Besuchs bietet sich die Einkehr ins **Burgrestaurant** mit gehobener Gastronomie an *(www.burgrestaurant-nideggen.de)*.
Zeitgleich mit der Burg wurde in unmittelbarer Nähe die dreischiffige **Kirche St. Johann Baptist** mit ihrer reich verzierten Holzdecke sowie fast alle umliegenden Gebäude in dem für die Region typischen Buntsandstein erbaut. Anfang des 14. Jahrhundert entstand zum Schutz des Ortes eine Stadtbefestigung mit vier Toren, von denen drei auch heute noch erhalten sind und sich harmonisch in das Stadtbild einfügen.
Wir schlendern über das Kopfsteinpflaster der Zülpicher Straße an Galerien und einladenden Lokalen sowie Läden vorbei und erfreuen uns an dem gut erhaltenen Festungsensemble, das seinesgleichen sucht. Der Aufstieg zur Burg lohnt sich auch wegen des herrlichen **Panoramablickes**, der sich vom Westturm in süd- bis nordwestliche Richtung eröffnet und das mittlere Rurtal, die nördlichen Teile des Nationalparks sowie die Hochflächen der Rureifel und den Hürtgenwald umfasst.
Wer noch tiefer in die Stadtgeschichte eintauchen möchte, kann im **Nationalpark-Tor Nideggen** eine Stadtführung buchen. Oder nach dem **Landschaftsentdeckungspfad Niddeggen** nachfragen, der auf drei Rundwegen jeweils 2,5 bis 3,5 Kilometer Länge in die hügelige Naturlandschaft des mittleren Rurtal führt *(Im Effels 9, Telefon 02427/3301150, www.nideggen.de)*.

Über eine kurvenreiche Strecke geht es vorbei an Abenden und am **Heimbacher Campingplatz** am Ufer der Rur nach **Heimbach** [**315:** N 50°38'34.2" E 06°28'29.9"; Gut Habersaul 3, Telefon 02446/437, www.heimbacher-campingplatz.de, Gebühr €€].

Direkt an der Landstraße und am Kreisverkehr liegt am Bahnhof der Ruhrtal-Bahn, die nachts nicht verkehrt, der offizielle **WOMO-Stellplatz** [**316:** N 50°38'12.1" E 06°28'23.1"; An der Laag, www.wohnmobilhafen-heimbach.de, V/E, Strom, Preis €€]. In der Nähe bietet sich ein ausgeschilderter, gebührenpflichtiger Parkplatz für den Besuch des Städtchens an [N 50°38'04.4" E 06°28'27.1"].

Heimbach

Auf einem Felsen liegt **Burg Hengebach** aus dem 11. Jahrhundert und prägt das Bild der zweitkleinsten Stadt Nordrhein-Westfalens. Die Hofräume mit Wehrgang und Burgfried sind ganzjährig und kostenfrei zugänglich.

Alljährlich Anfang Juli ist der moderne Anbau der **Pfarrkirche St. Clemens**, die Wallfahrtskirche Christus Salvator mit einem Antwerpener Schnitzaltar, Ziel tausender Pilger, die sich seit über 500 Jahren zum Gebet vor dem „Gnadenbild der Schmerzhaften Mutter Gottes" einfinden.

Ein paar Schritte abseits liegt im Ort das **Wasser-Info-Zentrum**. Durch ein gläsernes Rohrsystem saust ein Wasserstrahl, der den Besuchern den Weg zu den verschiedenen Bereichen der Ausstellung zeigt, die über Bedeutung und Nutzung des Wassers für Mensch und Natur informiert *(Di - So 14- 17 Uhr, So Führung 14.30 - 15.30 Uhr, Eintritt. ww.wasser-info-zentrum-eifel.de).*

Die **Tourist-Info** ist im **Nationalpark-Tor** direkt am Stellplatz untergebracht *(An der Laag, Telefon 02446/8057914, www.heimbach-eifel.de)* und etliche ausgeschilderte Wege bieten sich für **Rad- und Wandertouren** an, die mit der Rurtalbahn entspannt zum Ausgangspunkt zurückführen können.

Mit dem kleinen Touristenbähnchen der **Rursee-Bahn** kann man eine einstündige Rundfahrt nach Hasenfeld mit dem nachfolgend beschriebenen Jugendstil-Kraftwerk antreten und weiter zum Schiffsanleger Schwammenauel am Rursee fahren. Dabei ist das Ein- und Aussteigen an jeder Haltestelle möglich, sodass auch hierbei eine Kombination mit Wander- oder Radtouren möglich ist *(Fahrplan unter www.rurseeschifffahrt.de).*

Wir verlassen Heimbach Richtung Schwammenauel/Rursee und folgen in **Hasenfeld** dem Hinweis RWE-Industriemuseum [N 50°37'41.7" E 06°27'11.7"; Kleestraße].

RWE - Industriemuseum

In dem weißen, 1904 im Jugendstil erbauten Wasserkraftwerk ist über mehrere Etagen ein Industriemuseum untergebracht, das vor allen Dingen bei der Sammlung alter Elektrogeräte von 1913 bis 1988 Erinnerungen weckt. Immer wieder sind Sätze wie „Das hatten wir auch!" oder „Kennst Du das noch?" zu hören. Vorbei an alten Büroräumen und den Umschaltanlagen geht es zur Betriebshalle des Kraftwerks. Fasziniert stehen wir vor der riesigen Jugendstil-Schaltanlage mit den nahezu verspielt wirkenden Instrumenten und den mannshohen, schwarz lackierten Turbinen, die jeweils einen eigenen Generator zu 1.500 Kilowatt antrieben. Fast fehl am Platz erscheinen die modern und geradezu nüchtern wirkenden Turbinen, die am anderen Ende der Halle stehen und 1975 die alte Anlage ablösten.

Über einen 2.700 Meter langen Stollen mit einem Gefälle von 110 Metern wird das Wasserkraftwerk von der Urfttalsperre versorgt und jährlich werden 25 Millionen Kilowattstunden in das Verbundnetz des RWE eingespeist *(Besichtigungen für Einzelpersonen nach vorheriger Anmeldung beim Besucherdienst RWE Power März - Okt. Di/Do/Sa/So 14 Uhr, Feiertage ausgenommen. Die Führungen werden kostenlos angeboten und dauern ca. 1 Stunde. www.rwe.com/web/cms/de/614872/ wasserkraft).*

Zurück im Ort halten wir uns weiter Richtung Schwammenauel/Rursee. Etwa 300 Meter hinter der rund 480 Meter langen Staumauer des Sees notieren wir noch schnell einen Wanderparkplatz, von dem die Gegend erkundet werden kann [N 50°37'55.6" E 06°26'36.6"; An der L15].

Nach rund drei Kilometer liegt rechts in einer Linkskurve ein weiterer Parkplatz, der sich als Ausgangspunkt für Wanderungen eignet und ein besonderes Naturerlebnis verspricht [N 50°36'55.6" E 06°26'20.0"].

WOMO-Wandertipp: Barrierefrei zur Hirschley

Leichte Wanderung von rund 4,5 Kilometer.

Der Wilde Kermeter ist ein Bergrücken zischen Rur- und Urftsee, auf dem auf großen Flächen heimische Rotbuchen-Mischwälder wachsen. Hier haben sich der Naturpark Eifel und das Nationalparkforstamt etwas Besonderes einfallen lassen und einen barrierefreien Natur-Erlebnisraum für Wanderer mit und ohne Behinderung geschaffen.

Vom Parkplatz folgen wir der Ausschilderung Hirschley. Am Rundweg finden sich zahlreiche Angebote für mobilitätseingeschränkte Besucher und Gäste mit Sinnesbehinderung. Neben einer Wegsteigung von maximal 6 Prozent zum **Aussichtspunkt Hirschley**, einem durchgehenden Blinden-Leitsystem sowie unterfahrbaren Infotafeln in erhabener und Braille-Schrift wurden weitere Angebote entwickelt. Alle 250 Meter laden Bänke zum Verweilen ein. Zudem können Führungen in Gebärdensprache gebucht werden. Vom Schwarzen Kreuz erschließt der Weg den **Aussichtspunkt Vogelsang** und bietet später von der 512 Meter über dem Meeresspiegel liegenden Hirschley einen beeindruckenden Panoramablick auf den Rursee und die Steilhänge des Nordufers. Wer von dort nicht auf gleichem Weg zum Parkplatz zurückgehen möchte, kann den dann allerdings mit maximal 8 Prozent ausgewiesenen Streckenabschnitt benutzen.
Weiterhin erfreulich: Jeden Sonntag um 13 Uhr startet eine **Ranger-Führung**, die etwa drei Stunden dauert und kostenfrei angeboten wird *(Schwerhörige Menschen sollten sich im Vorfeld bei der Nationalparkverwaltung Eifel, Telefon 02444/95100 anmelden, damit ihnen der Ranger einen mobilen Hörverstärker mitbringen kann)*! Weitere barrierefreie Erlebnisse sind unter der folgenden Internetadresse zu finden: www.eifel-barrierefrei.de.

Vom Wanderparkplatz Kermeter fahren wir bis ans Ende der Straße und lassen uns links Richtung Heimbach den Abstecher zur **Abtei Mariawald** nicht entgehen.
Auf dem Klosterparkplatz findet das Wohnmobil seinen Platz, damit wir die ungefähr 9 Kilometer lange, gut ausgeschilderte **Rundwanderung Klosterrunde**, die über Heimbach und vorbei am Kraftwerk führt, antreten können [N 50°37'02.7" E 06°28'42.4"].

Abtei Mariawald

1486 bezogen die ersten Mönche das Kloster, das den Namen Nemus Mariae (Wald Mariens) erhielt. Über 300 Jahre lebten die Mönche im Zisterzienserpriorat, bis dieses 1795 von der französischen Revolutionsregierung aufgehoben wurde. Der Klosterbesitz wurde versteigert oder geplündert. Die Klostergebäude wechselten mehrfach den Besitzer und verfielen schließlich. Im 19. Jahrhundert bezogen Trappisten das Kloster, das 1909 zur Abtei erhoben wurde und heute das einzige Trappisten-Kloster Deutschlands ist (www.kloster-mariawald.de).
In der **Klostergaststätte** gibt es den angeblich besten Erbseneintopf

der Eifel und das nach Klosterrezept gebraute Bier schmeckt nach der absolvierten Klosterrunde besonders gut *(Winterzeit Mo - Fr 11 - 17 Uhr, Sa/So/Feiertage 9 - 17 Uhr, Sommerzeit Mo - Fr 10 - 18 Uhr, Sa/So/Feiertage 9 - 18 Uhr)*.

Auf gleicher Strecke geht es ein Stück zurück und über die L249, später der B265 folgend ins Tal nach **Gemünd** und zu einem von uns immer wieder gern angefahrenen ruhigen Stellplatz direkt am Kurpark in der Nähe des **Nationalpark-Tores**.

(317) Offizieller WOMO-Stellplatz: Gemünd, Wohnmobilhafen am Nationalpark-Eifel

GPS: N 50°34'42.8" E 06°29'27.1"
Pfarrer-Kneipp-Straße
Max. WOMOs: 40
Kontakt: Telefon 02444/915823
www.womo-nationalpark-eifel.eu
Ausstattung: V/E gegen Gebühr auch ohne Übernachtung zu nutzen, Strom, Dusche, WC, Brötchenservice während der Saison außer Mo, E-Bike-Verleih, Liegewiese.
Beschreibung: Der schöne, teils schattige, geschottert und gepflasterte Platz am Rande des Ortes und des Kurparks ist von unzähligen Rad- und Wanderwegen umgeben. In der Nähe gibt es ein Freibad und der Ortskern mit Geschäften und Gaststätten ist nach ca. 500 Metern erreicht.
Preise: €€.
Zufahrt: In Gemünd rechts fahren und den WOMO-Piktogrammen folgen.

Die B266 führt uns weiter Richtung Euskirchen/Mechernich und bald verlassen wir die Bundesstraße nach **Kall**. Außerhalb des betriebsamen Ortes gibt es einen ruhig gelegenen, empfehlenswerten Stellplatz mit sehr freundlichen Betreibern im Ortsteil **Goldbach**.

(318) Offizieller WOMO-Stellplatz: Kall, Im Kallbachtal

GPS: N 50°31'40.4" E 06°32'11.7" Kapellenstraße 25
Max. WOMOs: 6
Kontakt: Telefon 02441/6880, www.wohnmobilhafen-eifel.de
Ausstattung: V/E, Strom, Dusche, WC, kleiner Info-Pavillon mit Kühlschrank und kalten Getränken im Sommer.
Beschreibung: Der schöne, familienbetriebene Stellplatz zwischen Wald und Bachlauf liegt auf Wiese und Schotter am Ortsrand und bietet keinen Schatten. Hier können Radtouren starten und der Eifel-Steig verläuft direkt vor der Wohnmobiltür. **Preise:** €.
Zufahrt: In Kall am Kreisverkehr und auch an den folgenden Kreiseln nach Golbach fahren und dem WOMO-Piktogramm folgen.
Hinweis: Längere Wohnmobile müssen an der Zufahrt etwas aufpassen!

Zurück in Kall fahren wir Richtung Euskirchen und folgen dann dem Hinweis Schmidtheim/Sötenich nach links.
Vorbei an der rechts gelegenen **Burg Dalbenden**, die 1152 erstmals urkundlich erwähnt wurde, wenden wir uns Richtung Steinfeld/Schmidtheim, überqueren in **Urft** das gleichnamige Flüsschen und lassen uns von dem in einem gemauerten Bett fließenden Gillesbach begleiten.

(319) Offizieller WOMO-Stellplatz: Kall-Urft, Wohnmobilpark Urft

GPS: N 50°30‘37.2", E 6°34‘28.9"; Urfttalstraße 31 **Max. WOMOs:** 10
Kontakt: Telefon 02441/6520, www.wohnmobilpark-urft.de
Ausstattung: V/E, Strom, Tisch und Bänke, Grillstelle.
Beschreibung: Großer geschotterter, teils schattenloser Platz im Ort zwischen der Straße und einem Bach. Der Eifel-Steig verläuft ganz in der Nähe und es gibt einen ÖPNV-Anschluss. Im Ort befinden sich ein Imbiss und eine Gaststätte.
Preise: €€ (Münzen nötig!).
Zufahrt: Im Ort dem WOMO-Piktogramm folgen.
Leser-Tipp: Nach etwa 600 Metern entlang des Geilsbach im Wald ist der später beschriebene Ausweichsitz NRW prima zu erreichen und auch das Kloster Steinfeld ist nach einem rund 30-minütigen Gang über den gegenüber des Stellplatzes liegenden Sonnenweg und später links durch den Wald gehend erreichbar.

Hinter dem Ortsende wird der Weg rechts zum Kloster Steinfeld gewiesen und nachdem die Höhe erreicht ist, schaut hinter den Hügeln der Turm der Klosterkirche hervor. Vor der Klostermauer liegt rechts der Parkplatz P2 in der Nähe des Friedhofs [**320:** N 50°30'17.7" E 06°33'53.6"].

Kloster Steinfeld

Die erste bekannte klösterliche Niederlassung erfolgte um 1070 und um 1130 übernahmen die hier lebenden Kleriker die Regeln des Prämonstratenser-Ordens, der erst kurz zuvor vom Hl. Norbert von Xanten gegründet wurde. 1184 wurde Steinfeld zur Abtei erhoben. Das Kloster diente nach der Säkularisierung 1802 über lange Zeit weltlichen Zwecken, bis es 1923 von der Ordensgemeinschaft der Salvatorianer neu belebt wurde. Sie übernahmen die heutige Basilika sowie die Seelsorge in der Pfarrei und auf dem Klostergelände wurden ein Gymnasium und ein Jungeninternat gegründet.

Die Klosteranlage mit ihrer rund 1,8 Kilometer langen Mauer gilt als eines der besterhaltenen klösterlichen Baudenkmäler des Rheinlandes. Die von den Prämonstratensern zwischen 1142 und 1150 erbaute Basilika wartet mit einer Fülle verschiedener Kunstrichtungen auf. Trotzdem verschmelzen romanische Architektur, Wandgemälde aus gotischer Zeit und barocke Altäre zusammen mit der aufwendig restaurierten Orgel zu einem harmonischen Bild *(Kirche in der Regel tagsüber geöffnet, So Führungen)*. Nach der Besichtigung des Klosters können der **Klosterladen** oder das **Kloster Café** besucht werden *(Mo - Fr 12 - 18 Uhr, Sa/So 11 - 18 Uhr, www.kloster-steinfeld.de)*.

Das erste Haus, welches 1804 außerhalb der Klostermauern errichtet wurde, gehörte zu einem landwirtschaftlichen Betrieb. Heute befindet sich hier das **Wirtshaus Zur alten Abtei**, das zum Beispiel nach einer Wanderung auf dem nahen Eifelsteig zur Einkehr einlädt *(Mi - Sa ab 13 Uhr, So ab 11.30 Uhr, www.zuraltenabtei.de)*.

Zurück an der L204 halten wir uns Richtung Schmidtheim/Marmagen und parken das Wohnmobil wenig später rechts auf dem ausgeschilderten Parkplatz für eine Reise in die Zeit des Kalten Krieges [N 50°30'07.8"E 06°34'19.3"]. Schräg gegenüber führt hinter der Brücke ein Weg zur rund 500 Meter entfernten Dokumentationsstätte.

Dokumentationsstätte Ausweichsitz NRW

Eine unscheinbare Doppelgarage neben einem abseits gelegenen, seit 1997 in Privatbesitz befindlichen Einfamilienhaus ist der Eingang zum Bunker der damaligen NRW-Landesregierung. Wie viele andere seiner Art wurde der Ausweichsitz unter strengster Geheimhaltung Ende der 1950er Jahre gebaut. Er sollte der jeweiligen Regierung Schutz bieten, damit diese mit ihren Krisenstäben aus atombombensicheren Bunkern im Kriegsfall weiterarbeiten konnte. Regelmäßig wurden Übungen durchgeführt, um den Ernstfall, der zum Glück nie eintrat, zu proben. Die Übungen fanden zeitgleich im Ausweichsitz der Bundesregierung in Bad Neuenahr-Ahrweiler statt (vgl. Tour 14, Seite 362). Rund 30 Jahre wurden die Schutzräume betriebsbereit gehalten und in den 90er Jahren außer Betrieb gestellt.

Durch eine Seitentüre geht es zunächst durch die Garage, dann über einen tunnelartigen Gang und Treppen hinauf zu schweren Eisentoren, die als Schleusen dienten. Vorbei an der Dekontaminations-Dusche gelangen wir zu einem Labyrinth von Gängen, Fluren und Treppenhäusern, das sich über drei Etagen auf rund 1000 Quadratmeter erstreckt. Wir gehen unter anderem durch Arbeitszimmer, Wohn- und Aufenthaltsräume, das Tonstudio des WDR bis hin zum Schlafzimmer des Ministerpräsidenten. Alles ist voll funktionsfähig, wenn auch Technik und Ausstattung nicht mehr up to Date sind. Es ist erstaunlich, welcher Aufwand betrieben wurde, um rund 200 Personen für eine kurze Zeit im unterirdischen Gewölbe das Überleben zu sichern *(Sa 16 Uhr, nach vorheriger Anmeldung Telefon 02441/755171, Eintritt. www.ausweichsitz-nrw.de).*

Nach Temperaturen von 7°C im Bunker erreichen wir durchgefroren das Wohnmobil und rollen mit aufgedrehter Heizung gen Bahrhaus weiter, um dort nach links abknickend entlang landwirtschaftlich genutzter Flächen und bewaldeter Kuppen **Nettersheim** zu erreichen.

(321) Offizieller WOMO-Stellplatz: Nettersheim

GPS: N 50°29'10.0" E 06°37'34.5"; Urftstraße **Max. WOMOs:** 25
Kontakt: Telefon 02486/780, www.wohnmobilstellplatz.de
Ausstattung: V/E, Strom, Tische und Bänke, Grillplatz, Info-Tafeln, morgens kommt der Bäcker, WC im nahen Naturzentrum, Müllbehälter.
Beschreibung: Der angenehme auf Schotter angelegte Stellplatz bietet Halbschatten und liegt am Rand des Ortes, der nach etwa 500 Meter Fußweg erreicht ist. Es gibt ausgezeichnete Wander- und Radwege (z. B. **Römerkanal-Wanderweg**, Start 1. Etappe am Naturzentrum oder

der 22,5 Kilometer lange **Rundradweg Via Velo** nach Blankenheim).
Preise: €€.
Zufahrt: Im Ort Richtung Naturschutzzentrum fahren und den WOMO-Piktogrammen folgen.
Hinweis: Tagsüber Geräusche durch die Bahnlinie, nachts ruhig.

Nettersheim

Bereits vor vielen Jahrtausenden hinterließen Menschen ihre Spuren rund um Nettersheim. Hierbei taten sich die Römer besonders hervor, von deren Baukunst noch heute einiges vorhanden ist. Die **Tourist-Info** befindet sich im **Naturzentrum Eifel**, das ganz in der Nähe des Stellplatzes liegt *(Mo - Fr 9 - 18 Uhr, Sa/So 10 - 18 Uhr, Nov. - April bis 16 Uhr, Urftstraße 2 - 4, Telefon 02486/1246 www.nettersheim.de und www.naturzentrum-eifel.de).*
Im überregionalen **Erlebniszentrum** finden Besucher Ausstellungen zur Natur und Kulturgeschichte der Eifel. Außerdem bietet das Zentrum zahlreiche Freizeitmöglichkeiten vom **Kletterpark** über Spielplätze sowie **Rad- und Wandertouren** in die Umgebung an und sorgt damit für ein Aktivprogramm der ganzen Familie. So kann zum Beispiel ein **Korallenriff** erkundet werden oder der **Löwenzahnerlebnispfad** und der **Archäologische Landschaftspark** laden zum Wandern ein.
Am Abend spazieren wir ein Stück auf der Eifelhöhenroute und erreichen nach gut einem Kilometer die rekonstruierten Grundrisse der **römischen Siedlung Vicus Marcomagus** an der alten Römerstraße von Köln nach Trier. Das Leben sowie Arbeiten vor 2.000 Jahren wird auf Infotafeln veranschaulicht und oberhalb des ehemaligen Kleinkastells umfängt uns am ehemaligen römischen und teilrekonstruierten Tempelbezirk eine geheimnisvolle, fast magische Stimmung. Im **Matronenheiligtum Görresburg** wurden vom 1. Jahrhundert bis zum 4. Jahrhundert nach Christus die Aufanischen Matronen, einheimische Schutzgottheiten, verehrt und noch heute finden wir kleine Gaben vor den Repliken der Matronensteine, deren Originale sich im Rheinischen Landesmuseum Bonn befinden.
Der Rückweg führt uns vorbei am Stellplatz in den Ort und in ein kleines Restaurant mit dem großen Namen **Freistaat Eifel**. In der offenen Küche werden lokale Gericht modern interpretiert und die Preise sind angemessen *(Mi - Sa 17.30 - 21 Uhr, So/Feiertage 12 - 14.30/17.30 - 21 Uhr, Steinfelder Straße 9, Telefon 02486/8027563, www.freistaat-eifel.de. Tischreservierung unbedingt angeraten!).*

Matronenheiligtum Görresburg

Von Nettersheim fahren wir zunächst Richtung Zingsheim, um wenig später in **Weyer** zu landen.

In der Dorfmitte führt in einer Linkskurve vor einem Bildstock ein Sträßchen rechts zu einem etwa einem Kilometer entfernten Parkplatz am Sportplatz mit schöner Aussicht und Anschluss an verschiedene Wanderwege [**322:** N 50°32'09.5" E 06°39'24.9"; Jülicherend]. Bei der Weiterfahrt stoppen wir ungefähr 600 Meter hinter dem Ortsende am Abschnittswall Kakushöhle [N 50°32'39.5" E 06°39'34.4"; An der B477].

Abschnittswall Kakushöhle

Im Kartsteinfelsen, der vor rund 300.000 Jahren entstand, liegt eine der größten offen begehbaren Höhlen der Eifel, die eine spannende Geschichte hat. Bereits vor 80.000 Jahren suchten Menschen in den Höhlen Schutz. Archäologen fanden Steinwerkzeuge aus der Zeit der Neandertaler und rund 12.000 Jahre alte Belege, dass die Ahrensburger Rentierjäger zum Ende der letzten Eiszeit hier ihr Lager aufschlugen. Kelten bauten einen Ofen zur Eisenverhüttung und Römer schützten sich mit einem ursprünglich rund 4 Meter hohen Abschnittswall, der aber möglicherweise auch schon aus der Keltenzeit bzw. erst aus dem Mittelalter stammen könnte und dessen Reste noch deutlich sichtbar sind. Das Naturschutzgebiet des Kartsteins mit der Kakushöhle zählt zu den bedeutenden prähistorischen Fundstätten in Europa.

Nach einer Kletterpartie rund um die Höhlen erreichen wir Eiserfey, wo eingefasst in Bruchsteinen der Veybach neben der Straße dahinplätschert.

Wie unschwer zu bemerken, befinden wir uns in einem von den Römern geprägten Landstrich in der Nordeifel, die ihre unter Kaiser Claudius 50 nach Christus gegründete und prosperierende Kolonie Colonia Claudia Ara Agrippinensium, das heutige Köln, mit Wasser versorgen musste. Das kalkreiche Quellwasser aus der Eifel galt als qualitativ besonders hochwertig und so wundert es nicht, dass um das Jahr 80 nach Christus mit der Errichtung der **Eifelwasserleitung** begonnen wurde.

Sie galt mit rund 100 Kilometer Länge als größtes antikes Bauwerk nördlich der Alpen und war einer der längsten Aquädukte des römischen Imperiums. Täglich wurden bis zu 20.000 Kubikmeter Trinkwasser allein durch das Gefälle des Römerkanals von Nettersheim nach Köln transportiert.
Kurz vor dem Ortsende von **Eiserfey** liegen rechter Hand die Überreste eines **römischen Wassersammelbeckens**, während schräg links die Straße Richtung Kallmuth/Vollem rund zwei Kilometer zur Römischen Brunnenstube führt [**323:** N 50°33'09.5" E 06°37'45.6"; An der K32].

Römische Brunnenstube Klausbrunnen und Römische Wasserleitung

In der **Kallmuther Brunnenstube** treffen drei Wasserleitungszweige aufeinander, um das Wasser in einer Leitung zum Sammelbecken in Eiserfey weiterzuleiten, wo die Hauptleitung des Römerkanals in Richtung Köln begann. Die Quelleinfassung wurde gegen Ende des 1. Jahrhundert nach Christus errichtet und ist 3,50 x 5,80 Meter groß. Das vom Hang kommende Quellwasser sickerte durch die mörtellosen Fugen hinein und floss zusätzlich durch überwölbte Öffnungen in schweren Sandsteinblöcken in die Kammer. Das Wasser wurde aufgestaut und durch Kieselsteine am Beckenboden gefiltert. Nachdem es sich beruhigte, floss es in die Hauptleitung.
Die Genialität der römischen Erbauer ist auch an den Kanalbrücken zu erkennen, die es ermöglichten, Talübergänge auf kürzestem Weg zu überbrücken und dabei das Wasser am Laufen zu halten.
Am Ortseingang von Urft ist ein Teil des Kanals erhalten [N 50°32'50.6" E 06°38'28.4"; Urfeyer Straße] und in Vussem lässt sich Baukunst noch besser erkennen.
Die dortige **Aquäduktbrücke** wurde zur Überquerung eines Seitentales des Veybaches mit 13 Bogen errichtet. Nach Ausgrabungen konnten Archäologen feststellen, dass auf zehn bis zwölf Pfeilern 13 Bögen ruhten, über die auf rund 80 m das Wasser in 10 Meter Höhe über das Tal geführt wurde. Zwei Bogenstellungen dieser beeindruckenden Sehenswürdigkeit sind restauriert und auf den Resten der Originalmauer errichtet worden (Foto nächste Seite oben).

Römische Wasserleitung Vussem

Kulturhistorisch und geologisch interessierte Wanderer dürften auf dem **Römerkanal-Wanderweg** in mehrfacher Hinsicht ihre Freude haben (www.roemerkanal-wanderweg.de).
Der insgesamt 116 Kilometer lange Themenwanderweg beginnt in Nettersheim am Naturzentrum und führt in sieben Etappen bis nach Köln. Die zweite, etwa 16 Kilometer lange Etappe von Kall-Dotteln nach Mechernich führt unter anderem an der Kallmuther Brunnenstube vorbei und erreicht nach etwa 5 Kilometer das Aquädukt in Vussem, sodass man dieses kleine Teilstück wunderbar zu Fuß antreten kann.
Zurück in Eiserfey halten wir uns Richtung Mechernich und folgen in Vussem dem Hinweis zur oben erwähnten **Römischen Wasserleitung**.

(324) WOMO-Wanderparkplatz: Vussem

GPS: N 50°33'52.9" E 06°40'06.0"; Titusstraße **Max. WOMOs**: 2
Ausstattung: Infotafeln.
Beschreibung: Der einfache, geschotterte Parkplatz am Ortsrand ist fast schattenlos und es befinden sich Häuser in der Nähe. Rad- und Wanderwege laden zu sportlicher Betätigung ein.
Zufahrt: In Vussem hinter einer Bushaltestelle rechts dem Fahrradweg ca. 400 Meter zum „Aquädukt" folgen.

Bauerngarten in Vussem

Als nächstes erreichen wir Breitenbenden, steuern direkt **Bad Münstereifel** an und rollen vorbei am Kurhaus in den Ort. Hier richten wir uns nach den Hinweisen zum **Eifelbad** und folgen den WOMO-Piktogrammen bis zum offiziellen **WOMO-Stellplatz** [**325:** N 50°32'41.0" E 06°45'58.3"; Dr.-Greve-Straße, V/E, Strom, Duschen im Eifelbad zu nutzen, Preis €€ zzgl. Kurtaxe im Eifelbad zu zahlen, *Sa - Mo/Feiertage 10 - 20/21 Uhr, Di - Fr 11.30 - 21 Uhr*].

Bad Münstereifel

Das **mittelalterliche Kleinod**, das durch eines der vier Stadttore der Stadtumwehrung betreten wird und in dessen mit Fachwerkhäusern besäumte Gassen es sich entlang der Erft so schön bummeln lässt, wurde 830 als Kloster „Neumünster" gegründet und wuchs bald zu einer größeren Ansiedlung. Wegen seiner geografischen Lage erhielt diese später den Namen „Münstereifel". Die Burg Münstereifel wurde im 13. Jahrhundert oberhalb der Stadt erbaut und befindet sich heute in Privatbesitz.

Seit rund 80 Jahren darf sich das Städtchen mit dem Zusatz „Bad" schmücken und selbstverständlich darf deshalb der zentrumsnahe **Kurpark samt Kurhaus** nicht fehlen. In Letztgenanntes pilgern die Fans des Schlagersängers Heino, die sich in **Heinos Café** *(8 - 18 Uhr)* die „berühmte" Haselnusstorte schmecken lassen.

Im ältesten Haus der Stadt und ältestem Wohnhaus aus Naturstein in Westdeutschland, dem Romanischen Haus, ist das **Hürten-Heimatmuseum** untergebracht *(Sa/So 11 - 17 Uhr, Eintritt. www.huertenmuseum.de)*. Im **Schwanen-Apotheken-Museum** werden hingegen 200 Jahre Apothekengeschichte lebendig gehalten *(Di - Fr 14.30 - 17 Uhr/Sa/So/Feiertage 11 - 16 Uhr, Eintritt)*.

Um den historischen Stadtkern oder die Freizeitmöglichkeiten der Umgebung besser kennenzulernen, können sich Besucher einer **öffentlichen Stadtführung** anschließen *(Sa 14.30 Uhr, Treffpunkt am Apotheken-Museum, Gebühr)* oder sich weitere Tipps in der **Tourist-Info** im ehemaligen Bahnhofsgebäude geben lassen *(Mo - Fr 10 - 14.30 Uhr, Kölner Straße 13, Telefon 02253/542244, www.bad-muenstereifel.de)*.
Der Hauptgrund für den Besuch des Städtchens scheint aber für unzählige Tagesgäste das **City Outlet Bad Münstereifel** zu sein. Im Gegensatz zu großen „Konsumtempeln auf der grünen Wiese" handelt es sich nicht um ein künstlich angelegtes Dorf, sondern die Geschäfte wurden in die historische Altstadt integriert *(www.cityoutletbadmuenstereifel.com)*. Vom Einkauf erschöpft, kann man sich anschließend in einem der zahlreichen gastronomischen Betriebe erholen.
Trotz dieses zugegebenermaßen charmanten Shopping-Erlebnisses hat sich Bad Münstereifel mit liebevoll restaurierten Fachwerkhäusern, stolzen Bürgerhäusern und verträumten Winkeln sowie stillen Gassen an der Erft seinen behaglichen Reiz erhalten können.

Von Bad Münstereifel sind wir auf der B51 schnell nach **Blankenheim** gerutscht und wechseln auf die B258.

(326) Offizieller WOMO-Stellplatz: Blankenheim, P3

GPS: N 50°26'08.6" E 06°39'19.2"; Koblenzer Straße **Max. WOMOs:** 15
Ausstattung: V/E, Strom, Müllbehälter.
Beschreibung: Der einfache geschotterte, teils schattige Parkplatz liegt am Rand des etwa 300 Meter entfernten Ortszentrums. Es gibt Rad- und Wanderwege (z. B. Ahr-Radweg oder der 22,5 Kilometer lange **Rundradweg Via Velo** nach Nettersheim) und im Ort diverse Geschäfte und Gaststätten.
Preise: €€.
Zufahrt: Im Ort dem WOMO-Piktogramm folgen.
Hinweis: Bei Trockenheit ist der Platz ziemlich staubig. An der Zufahrt zu einem Pkw-Parkplatz gelegen und unter Umständen ab 7 Uhr laut.

Blankenheim

Im Jahr 721 wurde Blankenheim als blancio erstmals in einer Urkunde erwähnt und nennt sich in der Eifler Mundart auch gern „Blangem". Über dem kleinen Fachwerkstädtchen thront die aus dem 12. Jahrhundert stammende imposante **Burg Blankenheim**, in der eine Jugend-

Römervilla

herberge beheimatet ist und die aus dem Ort am besten über den Eifelsteig nach rund 200 Meter erreicht wird. Nur der Burghof ist öffentlich zugänglich und in der Nähe des Burgtors befindet sich der **Tiergartentunnel**, ein bemerkenswertes Monument der Technikgeschichte. Der Tunnel ist eine für das15. Jahrhundert äußerst innovative, etwa 150 Meter lange Wasserleitung, die als Kombination von Gefäll- und Druckleitung konstruiert wurde und die Burg mit dem kostbaren und lebensnotwendigen Nass versorgte.

Vom Stellplatz spazieren wir entlang des Weihers in das hübsche Mini-Zentrum mit kleinen Läden, Cafés sowie Hotels und über Kopfsteinpflaster zur **Quelle der Ahr**, die unter einem Fachwerkhaus ziemlich unspektakulär das Licht der Welt erblickt und nach gut 85 Kilometer in den Rhein mündet (vgl. Tour 14 Seite 363).

Im **Eifelmuseum**, welches auch die **Tourist-Info** beheimatet, und im angrenzenden **Gildehaus mit Römerstraßen Infozentrum** ist Wissenswertes über die Region zu erfahren *(April - Okt. Museum/Tourist-Info Mo - Do 10 - 16 Uhr, Fr bis 17 Uhr, Sa/So bis 15 Uhr, Gildehaus tägl. 11 - 15 Uhr, Nov. - März Museum/Tourist-Info/Gildehaus tägl. 11 - 14 Uhr, Ahrstraße 55 - 57, Telefon 02449/87222, www.blankenheim.de).*

Wir folgen der Ahrstraße bergauf, wenden uns an der Bahnhofstraße rechts sowie an der nächsten Möglichkeit links und haben nach rund 600 Meter die Reste eines römischen Landguts erreicht. Mittels moderner Architektur wurde die Säulenvorhalle der **Römervilla** rekonstruiert. Der Porticus lässt mit fast 60 Meter Länge die riesigen Ausmaße der ehemaligen villa rustica erkennen, die Ende des 1. Jahrhundert nach Christus errichtet wurde *(Gelände frei zugänglich)*.

Als wir an einem Tag im Februar die **Matthiaskapelle** erreichen, kommen aus den kleinen Gassen von überall vermummte, in Bettlaken gehüllte Gestalten – es ist Karnevalssamstag und die Narren bereiten sich für den traditionellen **Geisterzug** vor. Mit Pechfackeln ziehen sie am Abend unter Führung einer Hexengruppe, die den Winter vertreiben soll, singend und tanzend durch den Ort.

Nach dem „Spuk" oder einer ausgedehnten Wander- oder Radtour kann man den Aufenthalt in Blankenheim in gemütlicher Bistro-Atmosphäre bei Kerzenschein im **Café Landlust** ausklingen lassen *(Do - Mo 11 - 18 Uhr, Klosterstraße, www.landlust-blankenheim.de)* oder man besucht das **Museumscafé**, in dem es vorzügliche Waffeln gibt *(Di - Do, Sa/So 11 - 18 Uhr, www.museumscafe-blankenheim.com)*.

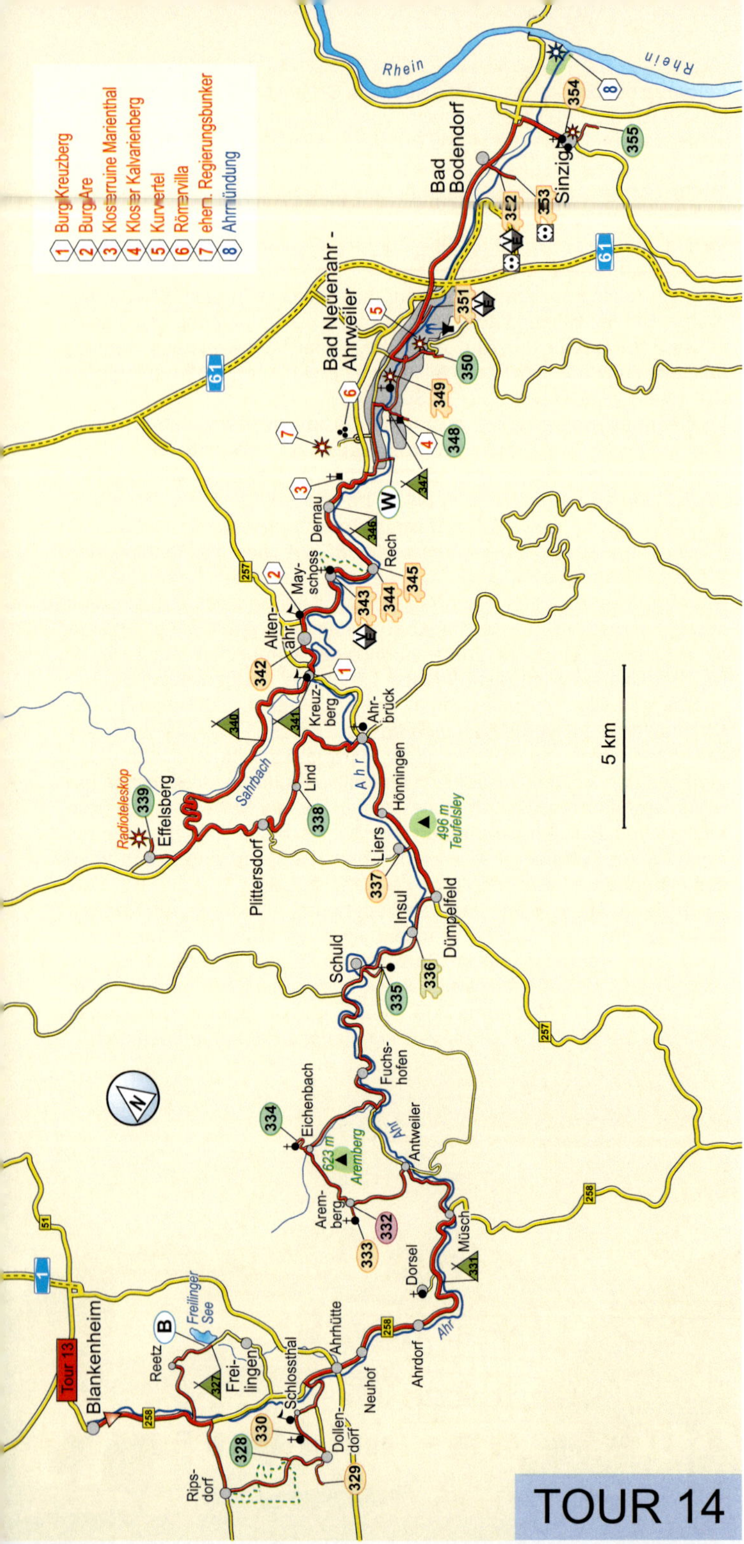
1 Burg Kreuzberg
2 Burg Are
3 Klosterruine Marienthal
4 Kloster Kalvarienberg
5 Kurviertel
6 Römervilla
7 ehem. Regierungsbunker
8 Ahrmündung
Rhein
Bad Bodendorf
Sinzig
Bad Neuenahr - Ahrweiler
Dernau
Rech
May-schoss
Alten-ahr
Kreuz-berg
Ahr-brück
Hönningen
496 m Teufelsley
Liers
Insul
Dümpelfeld
Schuld
Fuchs-hofen
Antweiler
Eichenbach
623 m Aremberg
Arem-berg
Müsch
Dorsel
Ahrdorf
Ahrhütte
Neuhof
Schlossthal
Frei-lingen
Freilinger See
Reetz
Blankenheim
Tour 13
Ripsdorf
Dollendorf
Lind
Plittersdorf
Effelsberg
Radioteleskop
Sahrbach
Ahr
5 km
61
257
258
51
1
TOUR 14

Tour 14 150 km

Freilingen – Altenahr – Mayschoss – Bad Neuenahr-Ahrweiler – Sinzig

Stellplätze:	Freilingen, Ripsdorf, Dollendorf, Aremberg, Eichenbach, Schuld, Insul, Liers, Lind, Effelsberg, Altenahr, Walporzheim, Bad Neuenahr-Ahrweiler, Sinzig.
Campingplätze:	Freilingen Eifel-Camp, Dorsel Campingplatz Stahlhütte, Kreuzberg, Campingplätze Sahrtal und Viktoria-Station, Dernau Campingplatz, Ahrweiler Campingplatz Am Ahrtor.
Besichtigen:	Ahrhütte Schmetterlingsgarten; Effelsberg Radioteleskop; Mayschoss Winzergenossenschaft und Sarkophag, Bad Neuenahr-Ahrweiler Stadtmuseum, Römervilla, Regierungsbunker u. Altstadt, Bad Neuenahr Kurviertel u. Parks.
Wandern:	Ripsdorf, AhrSteig, Rotweinwanderweg.
Radfahren:	Ahrtal-Radweg.
Baden:	Freilinger See, Bad Bodendorf.
Essen:	Müsch Restaurant SER; Schuld Langasthaus Köbes; Insul Landgasthof Ewerts, Landgasthaus Keuler; Altenahr Gasthaus Assenmacher; Rech Restaurant Sebastian 1520; Walporzheim Sanct Peter, Ahrweiler Eifelstube, Prümer Gang; Sinzig Vieux Sinzig.

Nachdem wir nun wissen, wo die Ahr entspringt, wollen wir ihrem Lauf bis zum Rhein folgen. Die letzte Tour unserer Reise wird durch das obere Ahrtal mit weiten Auen zwischen den Hügeln der Kalkeifel führen. Wir erleben, wie sich das Flüsschen im mittleren Ahrtal durch Felswände hindurchzwängt und an Steilhängen von der Sonne verwöhnte Trauben heranreifen. Schließlich öffnet sich das untere Ahrtal wieder und der Fluss, dessen Name sich vom keltischen „aha" für Wasser ableitet, ergießt sich nach gut 85 Kilometer in einer der wenigen natürlichen Mündungen in den Rhein (www.ahrtal.de).

Die Ahr bei Schuld

Weinberge an der Saffenburg in Mayschoss

Die Ahr-Region gilt als **Rotweinparadies** Deutschlands, in dem über 82 Prozent rote Rebsorten auf rund 5,6 Quadratkilometer angebaut werden. Im drittkleinsten und gleichzeitig nördlichsten Rotweinanbaugebiet reifen in mildem Klima vornehmlich Früh- und Spätburgundertrauben, doch auf 18 Prozent Anbaufläche widmen sich die Winzer inzwischen den nicht minder erwähnenswerten Weißweinen *(www.ahrwein.de).*

Wir verlassen Blankenheim auf der B258 Richtung Mayen und biegen wenig später nach Reetz und zum **Freilinger See** ab, um an diesem kleinen Stausee in wunderschöner Natur anzuhalten [N 50°25'05.8" E 06°42'56.5"; für die Parkgebühr muss Münzgeld parat gehalten werden. Hunde nur an der Leine und auf einem kleinen Wiesenbereich – nicht im Wasser – gestattet]. Hier kann man baden, angeln und verschiedenen Wassersportarten nachgehen.

Für die Übernachtung und einen längeren Aufenthalt bietet sich der gegenüberliegende Campingplatz an.

(327) WOMO-Campingplatz: Freilingen, Eifel-Camp

GPS: N 50°24'54.9" E 06°43'07.3"; Am Freilinger See
Kontakt: Telefon 02697/282, www.eifel-camp.de
Öffnungszeit: Ganzjährig.
Ausstattung: Gaststätte, Kiosk, Spiel- und Sportplätze, Grillhütte, Skaterpark, Angelmöglichkeit, E-Bike- und Smart-Verleih, Gasflaschentausch, WLAN, während der Sommerferien Animationsprogramm/außerorts.
Beschreibung: Der terrassenförmig angelegte Platz auf befestigter Wiese zwischen Bäumen liegt außerorts. Von hier gibt es ein vielfältiges Wander- und Radwegenetz zu erkunden.
Preise: €€€.
Zufahrt: Von der B258 der Beschilderung „Eifel Camp" folgen.

Nach diesem kurzen Abstecher folgen wir der B258 ein kleines Stück, visieren Ripsdorf an und fahren dort Richtung Dollendorf weiter.

Wir rollen mit herrlichem Blick auf die Wacholderlandschaft hinab in das **Naturschutz-Wandergebiet Lampertstal**. Die Straße ist nur für Fahrzeuge bis 3,5 Tonnen befahrbar, allerdings ist die Durchfahrt für Busse und Anlieger erlaubt. Unser schlechtes Gewissen hält sich also in Grenzen, denn schließlich besteht unser Anliegen darin, eine besonders schöne Wanderung vom folgenden Parkplatz aus zu beginnen.

(328) WOMO-Wanderparkplatz: Ripsdorf, Lampertstal

GPS: N 50°23'04.2" E 06°41'37.0"
Max. WOMOs: 1 - 2
Ausstattung: Infotafel, Müllbehälter.
Beschreibung: Der einfache, befestigte, teils schattige Parkplatz am Waldrand liegt außerorts und ist der ideale Startpunkt für die folgende Wanderung.
Zufahrt: In Ripsdorf der Beschilderung Dollendorf folgen und gut 3 Kilometer links zum ausgeschilderten Parkplatz fahren. Bereits an der Zufahrt befindet sich eine kleine Parkbucht am Waldrand.
Hinweis: Enge Zufahrt, nur für Wohnmobile bis 7 Meter Länge!

WOMO-Wandertipp: Zu den Wacholdergebieten

Leichte Wanderung von rund 9 Kilometer Länge.

Wir halten uns am Parkplatz links, verlassen nach wenigen Schritten die Straße rechts und gehen über einen mit dem Hinweis auf die Eifelschleifen versehenen schmalen Weg leicht bergan in den Wald. Im Wald passieren wir auf einem von Wacholder gesäumten Weg eine Schutzhütte, hinter der wir uns an der folgenden Gabelung links halten. Kurz geht es über freies Feld und gleich wieder rechts in den Wald. Der sich links erhebende Höneberg wird umrundet und je nach Jahreszeit wachsen zwischen den Wacholdern unzählige Orchideen. Nach Überqueren der folgenden Straße führt der Pfad nach einem Rechts- und einem Linksschwenk über eine Wiese zur Anhöhe, wo ein geteerter Weg uns nach rechts bis zu einer Bank leitet. Das Wandersymbol weist nach links, ein kurzes Stück geht es bergauf und am ersten Querweg rechts. Mit Blick auf die Ripsdorfer Kirche erreichen wir den Ort und folgen für wenige Minuten links der Hauptstraße, bis wir links in die „Halfenstraße" mit dem Hinweis Lampertstal einbiegen. Leicht bergab gehen wir ins Tal, wenden uns dort links und wandern bis auf Weiteres entlang des rechts neben uns fließenden Lampertsbaches, der zwischen den saftigen Wiesen

Zweiblättrige Waldhyazinthe

nur zu erahnen ist. Eigentlich könnte man diese Strecke zügig bewältigen, aber immer wieder wird die Kamera gezückt, um die besonders im Frühjahr und Sommer am Wegesrand blühenden, seltenen Orchideen, wie den unscheinbar wirkenden Vogelnestwurz oder die winzig kleinen Blüten des Fliegenragwurzes, zu fotografieren. Auch Pulsatilla, Teufelskralle, Glocken- und Schlüsselblumen sowie Johanniskraut sind zu finden. Vorbei an Wacholdersäulen mündet der Weg in eine Teerstraße, der wir kurz rechts folgen und wenig später das Wohnmobil erreichen.

An der Hauptstraße wenden wir das WOMO links, queren den kleinen Lampertsbach und halten uns auf schmalen Sträßchen nach **Dollendorf**.

(329) WOMO-Stellplatz: Dollendorf, Sportplatz

GPS: N 50°22'33.5" E 06°41'29.6" Lampertsweg **Max. WOMOs:** 2-3
Beschreibung: Einfacher, teilschattiger, außerorts liegender Wiesenparkplatz mit schöner Aussicht.
Zufahrt: Hinter dem Ortseingang an einer Gabelung scharf rechts Richtung „Sportplatz" und auf geteertem Sträßchen ca. 1,5 Kilometer bis zum Wiesenparkplatz fahren.

Zurück in Dollendorf fahren wir Richtung Ahrhütte/Blankenheim und wenig später links nach Schlosstal.
Während der Weg entlang des um 1700 errichteten **Kreuzweges** für Pilger mühsam war, rollen wir gemächlich an den Stationen aus Buntsandstein vorbei zur **Antoniuskapelle**, neben der wir einen kleinen Wiesenparkplatz für zwei Wohnmobile finden [**330:** N 50°23'05.8" E 06°42'31.5"]. An der Stelle der 1701 zu Ehren des Heiligen Antonius von Padua erbauten Kapelle soll einstmals ein römischer Marstempel gestanden haben.
Wenig später zeigen zwischen den Bäumen die Überreste des Burgturms von Schlosstal, der sogenannte **Finger Gottes**, in die Höhe. Die ehemalige Wehrburg der Herren von Dollendorf wurde schon 1077 erwähnt und eignete sich sehr gut zur Kontrolle der Verkehrswege durch das Ahrtal, die Dollendorfer Ebene und das Lampertstal.

Kreuzwegstation nahe der Antoniuskapelle

Im Ort halten wir uns rechts, bis wir an der folgenden Querstraße links nach Ahrhütte fahren und wieder die B258 erreichen. Auf unserem Weg Richtung Koblenz vermerken wir den **Eifalia Schmetterlingsgarten**, in welchem scheinbar schwerelos tropische Schmetterlinge durch ein Gewächshaus mit Wasserfall schweben. Dabei blicken sie auf verschiedene Vogel- und Schildkrötenarten sowie Echsen und fordern die Besucher auf, auch das Außengelände zu inspizieren und in die Bildhauerwerkstatt zu schauen. Ein tolles Erlebnis nicht nur an Regentagen, das im Café seinen Abschluss finden kann *(Mitte März - April/Okt. - Mitte Nov. 11 - 16 Uhr, Mai - Sept. 10 - 17 Uhr, Eintritt. www.eifalia-schmetterlingsgarten.de).*

Begleitet von der jungen Ahr durchfahren wir Neuhof und Ahrdorf. Hoch über uns ragt der Turm der 1200 erbauten Dorfkirche von Dorsel hinter den Bäumen hervor, während sich das Flüsschen weiterhin zwischen Wiesen und Bäumen durch das Tal schlängelt. Für den Aufenthalt in dieser schönen Gegend bietet sich der **Campingplatz Stahlhütte** direkt am Ahr-Radweg an [**331:** N 50°22'36.8" E 06°47'46.6"; An der B258, Telefon 02693/438, www.camping-stahlhuette.de. Ganzjährig geöffnet, Preis €€€].

Wandern und Radfahren an der Ahr

Der durchgängig markierte **Ahr-Radweg** startet in Blankenheim und endet rund 76 Kilometer in Remagen/Kripp am Rhein. Dabei bietet er lang gezogene, entspannte Abfahrten durch die romantische Flusslandschaft. Wälder, Talauen und Rebhänge säumen den Weg und Straußwirtschaften oder Wirtshäuser in kleinen Weindörfern laden zur Rast ein *(www.eifel.info/a-ahr-radweg).*

Wanderer können dem **AhrSteig** gut markiert auf rund 100 Kilometern folgen. Der anspruchsvolle Wanderweg begeistert durch seine natürliche Vielfalt und ist mit Naturdenkmälern sowie Kulturschätzen oder lebendigen Weinorten entlang seiner Strecke gespickt. Idyllische Waldwege wechseln sich mit aussichtsreichen Strecken über Hochflächen und stille Wiesen- sowie enge Felspfade wohltuend für Leib und Seele ab. Der Steig ist in mehreren Etappen begehbar und an allen Anfangs- und Endpunkten befinden sich Hinweise zum öffentlichen Personen-Nahverkehr *(www.ahrsteig.de).*

Nicht vergessen möchten wir den **Rotweinwanderweg**, der als Klassiker deutscher Wanderwege gilt. Er kann von Altenahr bis Bad Bodendorf auf einer Strecke von etwa 35 Kilometer meist auf halber Höhe der Weinbergterrassen erwandert werden. Während der Weinlese sollte beachtet werden, dass es auf dem äußerst beliebten Wanderweg rappelvoll ist und man die reizvolle Gegend nur schwer in aller Ruhe genießen kann. Dann sind die anspruchsvolleren Strecken bei Wanderern

mit Vorliebe zur Einsamkeit gefragt und man sollte zum Beispiel von Altenahr über das Teufelsloch zum Schrock und weiter zum Steinerberg wandern oder dort beginnen, wo kein Weinbau mehr betrieben wird. Um zum Ausgangspunkt der einzelnen Etappen zurückzukommen, bedient man sich anschließend einfach der Ahrtalbahn *(www.ahr-rotweinwanderweg.de).*
Von fast allen unserer im Folgenden genannten Park- und Stellplätze kann man in genussvolle Fahrrad- oder Wandertouren entlang der Ahr einsteigen.

Etwa drei Kilometer hinter dem Campingplatz setzen wir den Blinker Richtung Altenahr/Bad Münstereifel.

In **Müsch** decken wir uns am Ortseingang in der **Lachsräucherkammer „SER"** immer wieder gern mit frischen und geräucherten Lachsspezialitäten ein oder kehren im angeschlossenen Restaurant ein *(Di - Fr 9 - 18 Uhr, Sa 9 - 14.30 Uhr, www.von-ser.de).*

Nun fehlt nur noch ein schöner Picknickplatz, um die erstandenen Köstlichkeiten zu verspeisen – wir finden ihn, als wir in Antweiler links abbiegen und kurvenreich auf schmaler Straße bergauf nach **Aremberg** gelangen.

Gleich am Ortseingang lassen wir uns nieder [**332:** N 50°24'49.9" E 06°48'11.0"] und könnten anschließend zu einem Verdauungsspaziergang mit Aussicht zu einem Parkplatz an der **Schutzengelkapelle**, die in der Nähe eines Schullandheims liegt, aufbrechen [**333:** N 50°24'42.9" E 06°47'54.6"; Kapellenstraße].

Alljährlich wird hier am Sonntag nach Pfingsten, dem Dreifaltigkeitssonntag, unter großer Anteilnahme der Bevölkerung die traditionelle Brotsegnung vollzogen.

Im Ort folgen wir der Straße nach **Eichenbach** und ins gleichnamige Tal, queren den Bach und fahren geradeaus zur **Nothelferkapelle** zu Ehren von 14 Christen aus dem 2. - 4. Jahrhundert, die als Märtyrer starben, als Heilige verehrt und von Notleidenden als Schutzpatrone angerufen wurden.

Von hier bietet sich der Einstieg in eine der anspruchsvollen Wanderetappen des **AhrSteigs** an.

(334) WOMO-Wanderparkplatz: Eichenbach, Kapelle

GPS: N 50°25'51.1" E 06°48'44.8"
Max. WOMOs: 2
Ausstattung: Tische und Bänke.
Beschreibung: Einfacher, befestigter, teilschattiger Parkplatz außerhalb des Ortes, von dem es sich z. B. auf dem Ahrsteig wunderbar in die Natur wandern lässt. In der Nähe befindet sich ein Gaststätte, die nach dem Marsch zur Einkehr einlädt.
Zufahrt: In Eichenbach an der abknickenden Vorfahrtsstraße geradeaus fahren und dem Hinweis zum Wanderparkplatz geradeaus bergauf folgen.

Wie schlängeln uns weiter durch den Ort, später durch den Wald und biegen am Ende der Straße nach Altenahr ab. Das Ahrtal hat uns wieder und nach Überqueren des Flusses begleiten uns steile Felswände bis nach **Schuld**. Am Ortseingang befindet sich ein **Campingplatz** mit enger Zufahrt und in der Ortsmitte starten etliche **Rundwanderwege** unterschiedlicher Länge und Schwierigkeitsgrade, die im Vorfeld auf der Homepage der Gemeinde eingesehen werden können (schuld-ahr.de). Alljährlich zeigen Laiendarsteller auf der an der Kirche nach rechts beschilderten und außerhalb des Ortes gelegenen **Freilichtbühne** ihr Können. Außerhalb der Spielzeit ist der Parkplatz an der ebenfalls hier befindlichen **Schornkapelle** ein guter Ausgangspunkt für eine Wanderung [**335:** N 50°26'38.7" E 06°53'47.8"; An der K16. Bei Veranstaltungen nicht zu nutzen!]. Der abwechslungsreiche 7 Kilometer lange, mit leichten An- und Abstiegen versehene **Rundwanderweg Nr. 7**, führt in den Nachbarort Insul sowie zurück und könnte seinen Abschluss im **Landgasthaus Zum Köbes** finden (*Mo - Mi Ruhetag, www.zum-koebes-ahr.de*).

Fachwerkhaus in Insul

Bei der Weiterfahrt nach **Insul** öffnet sich das Ahrtal und im Ort können wir eine Stellplatzmöglichkeit verzeichnen. Zu erwähnen ist weiterhin, dass man im Ort Anschluss an den **Ahr-Steig** sowie den **Ahr-Radweg** hat.

(336) Offizieller WOMO-Stellplatz: Insul, Landgasthaus Keuler

GPS: N50°26'19.8" E06°54'53.2"
Hauptstraße 32
Max. WOMOs: 2 - 3
Ausstattung: Strom.
Beschreibung: Der einfache, befestigte, schattenlose Parkplatz auf dem rückwärtigen Teil des Privatgrundstücks liegt am Wald- und Wiesenrand. Rad- und Wanderwege verlaufen in der Nähe und die Einkehr im Restaurant wird extra berechnet.
Preise: €€ pauschal.
Zufahrt: Im Ort den Hinweisen zum Parkplatz des Landgasthofes folgen.

In Dümpelfeld treffen wir auf die B257, die Richtung Ahrweiler führt und notieren in **Liers** am gegenüberliegenden Ahrufer im Ort einen kleinen Parkplatz vor der Feuerwache [**337:** N 50°27'26.2" E 06°56'42.5"; Bahnhofstraße].
Wir passieren Hönningen und in Ahrbrück begrüßt uns leuchtend die in den Hang gebaute **Katharinen-Kapelle**.
Wenig später biegen wir nach **Lind** ab und erreichen über Serpentinen durch den Mischwald und später über offene Wiesen den kleinen Ort. Vorbei am Gemeindehaus wartet in einer Rechtskurve geradeaus fahrend, und der Hochkreuzstraße Richtung Sportplatz folgend, ein kleiner Wanderparkplatz [**338:** N 50°29'32.9" E 06°56'14.6"; Hochkreuzstraße].
Der hier beginnende mit einer Linde gekennzeichnete leichte, etwa 7 Kilometer lange **Panorama-Rundwanderweg** bietet von der Linder Höhe einen schönen Rundblick über die umliegenden Täler und die Ahrhöhen bis zum Siebengebirge.

Die Kreisstraße bringt uns in Kurven mit schöner Aussicht hinauf zu den Ausläufern der Eifel nach Plittersdorf. Etwa zwei Kilometer hinter dem Ort halten wir uns Richtung **Effelsberg** und folgen dem Hinweis zum Radioteleskop [**339:** N 50°31'05.5" E 06°52'31.3"; Max-Planck-Straße].

Radioteleskop Effelsberg

Das 1972 in Betrieb genommene Radioteleskop zählt mit 100 Meter Durchmesser weltweit zu den größten vollbeweglichen und modernsten seiner Art.

Der Parabolspiegel des rund 3.200 Tonnen schweren Kolosses kann sich in knapp 12 Minuten einmal um die eigene Achse drehen. Mitarbeiter des Bonner Max-Planck-Instituts für Radioastronomie fahnden unter anderem nach Funkwellen, um aus einem kleinen Tal in der Eifel den Geheimnissen des Universums auf die Spur zu kommen. Vom Parkplatz führt der knapp 800 Meter lange **Planetenwanderweg** zu einer Aussichtsplattform und einem Info-Pavillon, in dem Vorträge mit Bild- und Videopräsentationen gehalten werden. Einzelne Besucher können sich nach telefonischer Anmeldung eventuell bereits angemeldeten Gruppen anschließen *(April - Okt. Di - Sa 10/11/13/14/15/16 Uhr, Eintritt, Telefon 02257/301101, www.mpifr-bonn.mpg.de/effelsberg).*

Nach dem Besuch des „Ohrs zum Himmel“ (Foto unten) fahren wir zurück zur Landstraße, in die wir uns Richtung Altenahr einfädeln.

Über eine kurvenreiche Strecke rollt das Wohnmobil bergab, und noch bevor Kirchsahr erreicht ist, heißt uns ein Schild im Sahrbachtal willkommen. Bewaldete Höhen säumen das Tal des Flüsschens, das bei Kreuzburg in die Ahr mündet und weniger überlaufen als das Ahrtal ist.

Gemächlich bewegen wir uns durch das hübsche Tal und notieren den **Campingplatz Sahrtal**, von dem die Umgebung per pedes erkundet werden kann [**340:** N 50°30'40.9" E 06°57'02.8"; Münstereifeler Straße 11, Telefon 02643/2450, www.campingplatz-sahrtal.de, ganzjährig geöffnet, Gebühr €€].

Bald ist Kreuzberg mit der in Privatbesitz befindlichen **Burg Kreuzberg** erreicht und wir notieren einen weiteren Campingplatz.

(341) WOMO-Campingplatz: Kreuzberg, Viktoria Station

GPS: N 50°30'27.0" E 06°58'46.4" Camping Alte Mühle 1
Kontakt: Telefon 02643/8338, www.viktoria-station.de
Öffnungszeit: April bzw. Ostern - Oktober.
Ausstattung: Gaststätte, Spielplatz, Liege- und Spielweise, Waschmaschine, Wäschetrockner.
Beschreibung: Der am Ortsrand gelegene Platz auf befestigter Wiese ist meist schattenlos.
Preise: €€. Quickstop-Angebot für 1 Stellplatz, 2 Erwachsene, Strom pauschal 18 €.
Zufahrt: In Kreuzberg an der Ahrbrücke den Hinweisen zum Camping platz folgen.
Hinweis: Maximale Durchfahrtshöhe zum Campingplatz 3,50 Meter! Gegebenenfalls Geräusche durch die nahe Bahnlinie und die Straße.

Nun schlagen wir die Räder Richtung Grafschaft-Gelsdorf und nach Altenahr ein. Die ersten Weinberge kommen in Sicht und auf einem Gipfel liegt die bizarre Felsformation des **Teufelslochs**, das durch eine anstrengende Kraxelpartie von Altenahr aus in etwa 30 Minuten zu erwandern ist. Es soll nach einem Streit des Teufels mit seiner Großmutter entstanden sein, nachdem dieser der armen Oma eine Axt hinterhergeworfen hat.

Burg Are

Wenig später haben wir mit **Altenahr** den ersten Weinort auf unserer Ahrtour erreicht.

Im Ort wenden wir uns vor der Ahrbrücke links dem kostenpflichtigen Parkplatz an der ehemaligen Seilbahn zu, auf dem eine Übernachtung von den Stadtvätern toleriert wird **[342:** N 50°30'57.6" E 06°59'04.3"; Seilbahnstraße]. Vom Parkplatz ist der Ortskern Altenahrs, in dem sich besonders am Wochenende Massen von Pkw, Bussen und Motorrädern quälen erreicht. Sehr malerisch liegt **Burg Are**, mit deren Bau Anfang des 12. Jahrhundert begonnen wurde, auf einem Felssporn über dem etwas „verstaubten" Städtchen, das aber auch durchaus bezaubernde Winkel aufweisen kann. Zwischen Ausflugs-, Tanz- und Weinlokalen sind einige schöne Fachwerkbauten zu finden und zur Einkehr empfiehlt sich das **Gasthaus Assenmacher** *(Di - So 11.30 - 14.30/17.30 - 21 Uhr, Brückenstraße 12, Telefon 02643/1848, www.gasthaus-assenmacher.de).*

Wandertipps und weiterführende Informationen zur Freizeitgestaltung erteilt die **Tourist-Info** *(Mo - Fr 9 - 12.30 Uhr/13.30 - 16.30, Mi Nachmittag geschlossen, Sa 9.30 - 13.30 Uhr, Altenburger Straße 1a, Telefon 02643/8448, www.altenahr-ahr.de).*

Am Rand der Weinberge und an der Ahr fahren wir als nächstes den beliebten Stellplatz in **Mayschoss** an

(343) Offizieller WOMO-Stellplatz: Mayschoss, Bahnhof

GPS: N 50°31'02.6" E 7°01'08.7"
Eurode Platz **Max. WOMOs:** 60
Ausstattung: V/E, Infotafeln Müllbehälter.
Beschreibung: Der teilweise ge-

schotterte und asphaltierte Stellplatz ist schattenlos und liegt am Ortsrand. In der Nähe gibt es Gaststätten und natürlich kann man von hier fast grenzenlos wandern und radeln.
Preise: €€.
Zufahrt: In Mayschoss dem Hinweis „Bahnhof" folgen.

Ins Dorf und zur **Kirche St. Nikolaus** sind es nur wenige Gehminuten. Die Besonderheit der Mayschosser Kirche ist zweifelsfrei der Sarkophag aus schwarzem Marmor, in dem die 1646 verstorbene Gräfin Katharina von der Mark ihre letzte Ruhe gefunden hat.

Wir befinden uns inmitten des nördlichsten Rotweinanbaugebietes in Deutschland und Mayschoss kann mit der nach eigenen Angaben **ältesten Winzergenossenschaft Deutschlands**, die am 20.12.1868 gegründet wurde, samt einer **Vinothek** aufwarten *(Mai - Okt. 9 - 18.30 Uhr, Nov. - Apr. Mo - Fr 8 - 18 - Uhr, Sa/So/Feiertage 10 - 18 Uhr, www.wg-mayschoss.de)*.

Die hervorragenden geologischen und klimatischen Bedingungen lassen erstklassische Rotweine heranreifen und es versteht sich von selbst, dass ein Fläschchen Spätburgunder gleich am Abend verkostet wird. Ende September/Anfang Oktober beginnt in Mayschoss das **Weinfest**, das an fünf Wochenenden mit vielen Gästen aus nah und fern gefeiert wird und mit einem Feuerwerk endet. Auch andere Orte im Ahrtal stehen dieser fröhlichen Geselligkeit bei **Winzerfesten** in nichts nach und den besten Überblick erhalten Durchreisende unter www.ahrtal.de/veranstaltungen/weinfeste/weinfest-auf-einen-blick.

Wanderwillige lassen es sich bestimmt nicht nehmen und finden unter anderem in Mayschoss den Einstieg in einen der bekanntesten Wanderwege Deutschlands, den **Rotweinwanderweg**. 35 Kilometer zieht sich die Wanderstrecke mit verschiedenen Schwierigkeitsgraden entlang des anmutig dahinfließenden Flüsschens und es fällt schwer, dem Charme der Region nicht zu erliegen.

WOMO-Wandertipp: Rotweinwanderweg von Mayschoss nach Rech

Ein besonders schöner, wildromantischer Streckenabschnitt des Wanderweges verläuft zwischen Mayschoss und Rech. In etwa 1,5 Stunden

Blick auf Mayschoss

(einfache Strecke) erleben wir eindrucksvoll die Fels- und Waldlandschaft sowie den Weinanbau in den Steillagen. Von dem teils in den Schieferfelsen gesprengten Weg schauen wir zur imposanten Ruine der ältesten Befestigungsanlage der Ahr, der **Saffenburg** und können uns dank der Trauben-Markierung des Wanderweges gar nicht verlaufen. Von Rech aus gehen wir auf gleichem Weg zurück oder man nimmt die Ahrtalbahn, um zum Ausgangspunkt der Wanderung oder zum Stellplatz am Bahnhof zu gelangen (vgl. Seite 349/363).

Am Morgen geht es dann mit dem Wohnmobil in das typische Weindorf **Rech**, das gleich zwei offizielle **WOMO-Stellplätze** ohne womo-spezifische Infrastruktur zu bieten hat.

Zum einen handelt es sich um den auf einer Wiese am rechten Ahrufer am Ortsrand gelegenen und von uns favorisierten Wiesenplatz, der über die Nepomuk-Brücke rechts zu erreichen ist [**344:** N 50°30'51.3" E 7°02'00.9"; Rotweinstraße, Preis €. Enge Zufahrt über die Brücke!]. Zum anderen um den knapp 100 Meter hinter der Brücke im Ort ausgewiesenen Stellplatz, der ebenfalls an der Ahr liegt [**345:** N 50°30'51.0" E 7°02'17.2"; Rotweinstraße, Preis €]. Die Nepomuk-Brücke ist die älteste Brücke über die Ahr und wird wie viele

Flussübergänge vom gleichnamigen Brückenheiligen behütet. Den typischen Weinort prägen Winzerhöfe und kulinarisch haben wir uns im **Restaurant Sebastian 1520** wohlgefühlt *(Mi - Sa ab 17 Uhr, So/Feiertage ab 12 Uhr, Rotweinstraße 26, Telefon 02643/93620, www.sebastian1520.de)*.
Mayschoss und Rech, aber auch das folgende Dernau gelten mit ihrer bevorzugten Lage im Ahrtal als Zentrum des Wein-Tourismus, der sich in unzähligen Straußwirtschaften, Weinproben und Weinlokalen niederschlägt.
Demzufolge ist der kleine, gemütliche **Campingplatz** im Wein-KulturDorf am Fluss schnell mal überfüllt [**346:** N 50°32'02.6" E 7°02'51.2"; Ahrweg 2, Telefon 02643/8517, www.camping-dernau.de, geöffnet April - Okt., Preis €€].
An die im 8. Jahrhundert als Dagernova bezeichnete fränkische Siedlung, dem heutigen **Dernau**, erinnert die gleichnamige **Weinmanufaktur der Winzergemeinschaft mit Vinothek und Restaurant**, die ganz in der Nähe des Campingplatzes zu finden ist *(Manufaktur Mo - Fr 8 - 18 Uhr, Sa/So 10 - 18 Uhr, Restaurant Di - So ab 12 Uhr, www.dagernova.de)*
Wir lassen Dernau und die ehemalige Staatliche Weinbaudomäne **Kloster Marienthal**, in deren **Gutsausschank** man sich übrigens herrlich während einer Rast auf dem Rotweinwanderweg stärken kann *(10.30 - 18.30 Uhr)*, hinter uns und sind bald im Neuenahrer Ortsteil **Walporzheim** angekommen.
Wir verlassen die B267 an der Ampelkreuzung rechts in den Ort und hinter dem einladenden **Gasthaus Sanct Peter mit Vinothek** *(Do Ruhetag, Vinothek ab 10 Uhr, Mittag- und Abendtisch, www.sanct-peter.de)* biegen wir die zweite Straße rechts zu einem Wanderparkplatz am anderen Ahrufer ab [N 50°31'44.8" E 7°04'49.3"; Josefstraße].

Kloster Marienthal

Von hier ist Bad Neuenahr-Ahrweiler nach etwa zwei Kilometer auf dem Rad- bzw. Wanderweg zu erreichen.
Wieder links der Ahr gelangen wir zügig nach **Bad Neuenahr-Ahrweiler** und richten uns nach den Hinweisen zum Ahrtor.
Der Blick wird rechts auf das monumentale, nicht zu besichtigende **Kloster Kalvarienberg** gelenkt, das 1630 von Franziskanern errichtet wurde. Es wird vermutet, dass sich der Begriff calvariae (lateinisch „die Schädel") auf die Übersetzung des aramäischen Bergnamens Golgatha bezieht. Da der Weg von der Ortsmitte Ahrweilers bis zur Bergkuppe der gleichen Länge entsprechen soll, wie der Leidensweg Christi vom Lager des römischen Statthalters Pontius Pilatus zur Hinrichtungsstätte auf dem Berg Golgatha, erhielt der Berg an der Ahr den Namen Kalvarienberg.
Die Innenstadt der Doppelstadt bietet für Wohnmobile kaum Parkmöglichkeiten und die ausgeschilderten offiziellen Stellplätze können bei Veranstaltungen schnell belegt sein, sodass wir zusätzlich auf zwei abseits gelegene, ruhigere Plätze hinweisen möchten.
Unser klarer Favorit im schnuckeligen Ahrweiler ist der kombinierte Camping- und Reisemobilplatz Am Ahrtor, von dem der historische Ortskern nur einen Katzensprung entfernt liegt. Der kleine Platz ist nicht ohne Grund meist schnell belegt und es geht dann recht beengt zu. Das freundliche Willkommen durch die Betreiberin, ihre angenehme Art und ihre zahlreichen Tipps sowie ein Stellplatz direkt am Wasser mit Anschluss an eine hübsche Altstadt machen das allemal wett und lassen den Platz in unsere persönlichen **Top Ten** aufsteigen!

(347) WOMO-Campingplatz: Bad Neuenahr-Ahrweiler, Reisemobilhafen Am Ahrtor

GPS: N 50°32'19.9" E 7°05'45.6"; Kalvarienbergstraße 1
Kontakt: Telefon 02641/26539, www.camping-ahrweiler.de
Eine Reservierung ist aufgrund der sehr guten Auslastung des Platzes unbedingt erforderlich!
Öffnungszeit: Ganzjährig (Ausnahme einige Winterwochen).
Ausstattung: Sanitärgebäude, WLAN, Gasflaschentausch.

Beschreibung: Der einfache Camping- und Stellplatz liegt direkt an der Ahr und ist nur wenige Gehminuten von der Ahrweiler Altstadt entfernt. Der Unterschied zwischen Camping- und Stellplatz besteht vorwiegend aus der Größe der Parzellen, die alle auf befestigter Wiese liegen und teils schattig sind. Die Sanitäranlagen sind gepflegt und sauber. Der Anschluss an Rad- und Wanderwege ist gegeben und die Altstadt mit Geschäften und Restaurants

nur wenige Gehminuten entfernt.
Preise: Reisemobilhafen €€, Campingplatz €€.
Zufahrt: Am Ahrtor rechts die Ahr überqueren und gleich wieder rechts.
Hinweis: Eignet sich für einen Stadtrundgang in Ahrweiler!
Da der Platz im Ort liegt ist mit Geräuschen von der Straße zu rechnen.

(348) WOMO-Wanderparkplatz: Bad Neuenahr-Ahrweiler, Kalvarienberg

GPS: N 50°31'47.6" E 7°05'36.8"; Im Maibachtal **Max. WOMOs:** 3 - 5
Ausstattung: Infotafel, Bank.
Beschreibung: Der einfache, geschotterte und teils schattige Parkplatz liegt außerorts und hat Zugang zu den umliegenden Wanderwegen.
Zufahrt: Am Ahrtor rechts die Ahr überqueren, schräg geradeaus auf der „Kalvarienbergstraße" den Hinweisen Maibachfarm folgen, dann links an der Klostermauer entlang 600 Meter bis zum Parkplatz fahren.
Hinweis: Nicht für einen Stadtrundgang geeignet!
An einer Stelle der Zufahrt besteht eine Durchfahrtshöhe von 3,50 Meter!

(349) Offizieller WOMO-Stellplatz: Bad Neuenahr-Bachem, St.- Pius-Straße

GPS: N 50°32'26.1" E 7°06'33.6"; St.-Pius-Straße **Max. WOMOs:** 10
Ausstattung: Müllbehälter.

Beschreibung: Der einfache, asphaltierte, schattenlose Parkplatz liegt direkt an der Ahr in einem Wohngebiet. Das Zentrum von Bad Neuenahr ist etwa 1,5 - 2 Kilometer entfernt und nicht nur dorthin führen Radwege.
Preise: €€.
Zufahrt: Am Ahrtor vorbei bis zum Kreisverkehr, dort Richtung Bad Neuenahr fahren. Am 2. Kreisel den Hinweisen Bad Neuenahr/Königsfeld und an der Ampelkreuzung Richtung Königsfeld folgen. An der nächsten Möglichkeit links nach Bachem abbiegen und ca. 1 Kilometer bis zum Parkplatz fahren.
Hinweis: Eignet sich für einen Stadtrundgang in Bad Neuenahr!
Eher nur für WOMOs bis 7 m Länge!

(350) WOMO-Wanderparkplatz: Bad Neuenahr, Waldkletterpark

GPS: N 50°31'50.4" E 7°08'00.1"; Königsfelder Straße **Max. WOMOs:** 2 - 3
Ausstattung: Müllbehälter.
Beschreibung: Einfacher, geschotterter fast schattenloser Parkplatz außerhalb des Ortes, aber in der Nähe von Kletterpark und Naturlehrpfad.
Zufahrt: Wie zum vorherigen Stellplatz, jedoch weiter Richtung Königsfeld fahren und rechts den Hinweisen zum Waldkletterpark folgen.
Hinweis: Nicht geeignet für einen Stadtrundgang!

(351) Offizieller WOMO-Stellplatz: Bad Neuenahr, Apollinaris-Stadion

GPS: N 50°32'39.7" E 7°09'07.8"; Kreuzstraße **Max. WOMOs:** 20
Ausstattung: V/E, Müllbehälter.
Beschreibung: Der einfache, asphaltierte, wenig schattige Parkplatz hat wenig Charme und liegt am Ortsrand, etwa 1 Kilometer vom Zentrum entfernt an der der Straße.
Zufahrt: In Bad Neuenahr Richtung Sinzig an der B266 den WOMO-Piktogrammen zum Stellplatz folgen. **Preise:** €€.
Hinweis: Eignet sich für einen Stadtrundgang in Bad Neuenahr!

Bad Neuenahr - Ahrweiler

Wie beschrieben, ist die historische und autofreie Altstadt von Ahrweiler vom Campingplatz nur wenige Schritte entfernt. Zum Zentrum von Bad Neuenahr sind es knapp 3 Kilometer, die auf dem Ahr-Radweg oder auf dem Fußweg am Flussufer zurückgelegt werden können. Alternativ bietet sich die Fahrt mit dem **Ahrtal-Express** an. Das Touristenbähnchen zockelt zum Beispiel vom Ahrtor in Ahrweiler zum Badehaus in Bad Neuenahr und fährt zusätzlich weitere Haltepunkte an. Bei der ca. 50-minütigen Rundfahrt kann man den mondänen Flair von Bad Neuenahr und die beschauliche Atmosphäre von Ahrweiler an sich vorüberziehen lassen *(Ostern - Okt. täglich, Nov./Dez./März Sa/So stündlich 9.30 - 17 Uhr, Gebühr, www.altstadtexpress.de).*

Der Stellplatz in der St. Pius Straße liegt ziemlich mittig zwischen beiden Ortsteilen und Schilder weisen zu den Sehenswürdigkeiten der Stadt. Egal, ob zu Fuß oder per Fahrrad, man kann sich gar nicht verlaufen!

Wir betreten zunächst **Ahrweiler** durch das **Ahrtor.** Malerisch verträumt wirken die schönen Fachwerkhäuser in den engen Gassen, die durch die Stadtmauer mit Wallgraben, Toren und Türmen aus dem 13. Jahrhundert umfasst werden. Der Ort wurde bereits 893 als Adelshof der Abtei Prüm genannt und zieht besonders am Wochenende zahlreiche Besucher an. Um den **Marktplatz** und die **Pfarrkirche St. Laurentius** herrscht dann rege Betriebsamkeit. Im Inneren der ältesten Hallenkirche des Rheinlandes umfängt uns jedoch Stille und wir erfreuen uns an den Blumenranken der schönen Fresken aus dem14./15.Jahrhundert. Bei unserem weiteren Rundgang stoßen wir auf das spätbarocke **Rathaus** sowie den **Blankartshof** von 1680 mit der **Tourist-Info** (*Mo - Fr 9 - 12.30/13.30 - 17.30 Uhr, Sa/So/Feiertage 10 - 15 Uhr, Blankartshof 1, www.ahrtal.de).* Das **Stadtmuseum** ist im einzigen erhaltenen mittelalterlichen Wohnturm, dem Weißen Turm, zu finden.

Ein Stadtbummel macht bekanntlich hungrig und das gastronomische Angebot ist groß. Wir wurden bei unseren Besuchen in der bodenständigen **Eifelstube** *(Mi - Sa 12 - 14/17.30 - 22 Uhr, So 12 - 20 Uhr, Ahrhutstraße 26, Telefon 02641/34850, www.eifelstube-ahrweiler.de)* und im feinen **Restaurant Prümer Gang** *(Mi - Sa 12 - 14/18 - 22 Uhr, So 12 - 20 Uhr, Niederhutstraße 58, Telefon 02641/4757, www.pruemergang.de)* aufs Beste bekocht.

Während in Ahrweiler die beschauliche Altstadtidylle bezaubert, lebt

Bad Neuenahr, der jüngere Ortsteil des ungleichen Duos, vom Charme seines Kurviertels. Das wunderschöne **Badehaus**, die **Spielbank**, die im pompösen **Kurhaus** untergebracht ist, und der **Kurpark** sowie die herrlichen Parkanlagen machen den Reiz aus. Besonders schön sind der **Rosengarten**, der **Kaiserin-Auguste-Viktoria-Park** und die in der Nähe liegenden **Jugenstilhäuser**. In unmittelbarer Nähe zum Kurpark liegen die **Ahr-Thermen**, in denen man in einer schönen Thermalbadelandschaft saunieren und entspannen kann *(9 - 22/23 Uhr, www.das-heilbad.de und www.ahr-thermen.de).*
Bad Neuenahr ist durch seine **Heil- und Mineralquellen** bekannt – nicht zuletzt durch die **Apollinaris-Quelle**, die heute als Königin der Mineralwässer in fast aller Munde ist und am Ortsrand produziert wird. 1852 nannte der Entdecker der vormals in Vergessenheit geratenen Quelle den Mineralwasserbrunnen nach dem Heiligen Apollinaris, dem zu Ehren in der Nähe ein Bildstock gewidmet ist. Im Kurpark kann hingegen der **Große Sprudel** besichtigt und seine Wirkung direkt getestet werden.

Am nächsten Tag widmen wir uns zwei weiteren grundverschiedenen Themen. Für den motorisierten Besuch der Römervilla und der Dokumentationsstätte sollte man das Wohnmobil am Straßenrand abstellen und den Rest zu Fuß gehen [N 50°32'22.0" E 7°04'59.8"]. Die ausgeschilderte, enge Zufahrt bis zum Parkplatz der Dokumentationsstätte empfehlen wir nur für Fahrzeuge bis maximal 6,50 Meter Länge und 2,30 Meter Breite!

Römervilla

Bei Bauarbeiten für den Ausbau der B267 wurden die Räume eines Herrenhauses des 2. - 3. Jahrhundert entdeckt, dessen nutzbare Fläche rund 1000 Quadratmeter betrug. Die Arbeit der Archäologen dauerte mehr als 10 Jahre und die Besucher erwartet heute eine römische Villa, die zu den besterhaltenen römischen Anwesen nördlich der Alpen zählt. Das Mauerwerk ist zum Teil bis zur Fensterhöhe erhalten und mit einem farbigen Putz versehen. Auf einem geführten Weg kann man über Korridore schreiten, das Badegebäude betrachten, einen Blick in die ehemalige Küche werfen und ein wenig nachempfinden, wie Menschen hier lebten und arbeiteten. Wechselausstellungen runden den Besuch ab *(Ende März - Mitte Nov. Di - So/Feiertage 10 - 17 Uhr, Eintritt.www.museum-roemervilla.de)*.

Dokumentationsstätte Regierungsbunker

Lange Jahre wurde der Regierungsbunker im Ahrtal als „offenes Geheimnis unter Verschluss" gehalten. Viele Menschen in der Umgebung wussten etwas, aber niemand wollte, konnte oder durfte etwas über den Bunker sagen. Seit März 2008 ist der ehemalige Regierungsbunker der Bundesregierung, der Ausweichsitz im Krisenfall, für Besucher geöffnet. Etwa 1950 begannen die Planungen für das wohl geheimste Bauwerk in der Geschichte der Bundesrepublik und 1962 die Arbeiten sowie der Bunkerausbau in den bereits vorhandenen, aber stillgelegten Eisenbahntunneln in den Weinbergen. 1972 wurde die insgesamt 17 Kilometer lange Anlage fertiggestellt und verfügte über knapp 1000 Schlaf- und 900 Büroräume. Der Bunker wurde ständig in Betrieb gehalten und bei den regelmäßig stattfindenden Übungen wurden verschiedene Kriegsszenarien durchgespielt. Mit der Jahrtausendwende hatte der Bunker ausgedient und wurde zwischen 2001 und 2006 zurückgebaut. Die noch verbliebenen 203 Meter dienen heute als Museum und Dokumentationsstätte. Bei einer 90-minütigen Führung durch die auch im Sommer kühlen Räumlichkeiten erhalten die Besucher nach Passieren der mächtigen, rund 25 Tonnen schweren Haupttore an 10 Themenstationen unter anderem Einblicke in den Kanzlerbereich, das Besprechungszimmer des Bundespräsidenten sowie mehrere Funktionsräume mit Originalinventar *(Ende März/Anfang April Mi/Sa/So/gesetzl. Feiertage in RPL 10 - 18 Uhr, letzter Einlass 16.30 Uhr, Eintritt. Die Führungen sind weitgehend barrierefrei, Hunde sind nicht gestattet. www.regbu.de)*.

Wir verlassen die Stadt der Gegensätze auf der B266 Richtung Sinzig.

Durch Heppingen mit seiner bereits im Jahr 1212 erwähnten und in den Felsen gebauten Kapelle peilen wir als nächste Lohrsdorf an. Von hier begleiten die letzten Weinberge der Ahr-Region und weite Getreidefelder unseren Weg, bis wir in **Bad Bodendorf** einlaufen.

Der gut ausgeschilderte große Wohnmobilhafen bietet gleich zwei **WOMO-Stellplatz**-Varianten. Der erste liegt am **Sportplatz**, ist mit Schotter belegt und bei Trockenheit staubig [**352:** N 50°33'04.6" E 7°13'00.4"; Bäderstraße]. Der zweite Stellplatz liegt nur wenig später am **Thermalfreibad** unter Bäumen an einer Wiese mit Häusern in der Nähe [**353:** N 50°32'56.5" E 7°13'05.0"; Bäderstraße, www.sinzig-info.de/de/wohnmobilhafen. V/E am Sportplatz, Strom an beiden Plätzen, Duschen gegen Gebühr im Schwimmbad möglich, Preise jeweils €].

Da der **Ahr-Radweg** direkt vor der Nase liegt, ist besonders am Wochenende mit vielen Besucher-Pkw zu rechnen, die manchmal auch auf den ausgewiesenen WOMO-Stellplätzen geparkt werden.

Bad Bodendorf

Von beiden Stellplätzen lässt sich der überschaubare Fachwerkort gut erreichen und wer mit dem Rad unterwegs ist, sollte auf dem **Ahr-Radweg** rund 6 Kilometer Richtung Sinzig und **Ahrmündung** folgen. Die

letzte natürliche Mündung eines Rhein-Nebenflusses steht unter Naturschutz und bietet einer vielfältigen Flora und Fauna Heimat. Typisch ist, dass die Ahr in ihrem Mündungsbereich das Flussbett je nach Wasserführung ändert.
Wen es in die entgegengesetzte Richtung wieder ins Ahrtal zieht, der kann sich am Bad Bodendorfer Bahnhof in die **Ahrtalbahn** setzen und in jedem Weinort entlang des **Rotweinwanderweges** aussteigen, um wieder zurück zu wandern. Die Bahn fährt von Remagen am Rhein bis nach Ahrbrück und verkehrt regelmäßig (Fahrplanauskunft z. B. unter www.bad-neuenahr-ahrweiler.de/ahrtalbahn).

Zur letzten Etappe unserer Reise folgen wir der B266 weiter nach **Sinzig** und nehmen dort die Ausfahrt Sinzig-Nord.

(354) WOMO-Stellplatz: Sinzig, Jahnparkplatz

GPS: N 50°32'48.2" E 7°14'53.7"; Jahnstraße **Max. WOMOs:** 5

Ausstattung: Müllbehälter.
Beschreibung: Der einfache geschotterte, schattenlose Parkplatz liegt im Ort. Manchmal stehen die Wohnmobile auch auf einem Stück Wiese im Anschluss an der Parkplatz.
Zufahrt: Von der B266 kommend Richtung Sinzig Nord fahren, im Ort den Kreisverkehr an der 3. Ausfahrt verlassen und kurz darauf links zum Parkplatz abbiegen.

(355) WOMO-Wanderparkplatz: Sinzig, Ziemert Häuschen

GPS: N 50°32'07.9" E 7°15'22.5"; Zimertsweg **Max. WOMOs:** 2
Beschreibung: Der einfache, geschotterte Parkplatz am Waldrand liegt außerorts, hat Anschluss an Wanderwege und eine hübsche Aussicht.
Zufahrt: Wie zum vorgenanntem Stellplatz, dann am nächsten Kreisverkehr zunächst den Hinweisen Hauptrichtungen bzw. Königsfeld bis zu einem weiteren Kreisel folgen. Auch hier weiter Richtung Königsfeld fahren und nach 450 Meter links in den „Talendweg" abbiegen. Am Ende der Straße rechts bergauf bis zum Wanderparkplatz am Waldrand fahren.
Hinweis: Zurück bitte unbedingt den gleichen Weg zur Hauptstraße nehmen, da die Alternative unweigerlich zum Steckenbleiben des WOMOs führt!

Ahrmündung

Sinzig

Bereits die Römer siedelten auf dem heutigen Kirchplatzhügel und betrieben eine Tonmanufaktur. Im 762 erstmals urkundlich erwähnten „Sentiaco Palacio" stellt der Vater Karls des Großen eine Schenkungsurkunde aus und später entwickelte sich der Ort an der Heerstraße von Frankfurt nach Aachen zu einer wichtigen Station. Kaiser Friedrich Barbarossa besuchte die Kaiserpfalz zwischen 1152 und 1180 des Öfteren und noch heute bezeichnet sich Sinzig als **Barbarossastadt**.

Im neugotischen **Sinziger Schloss** ist das **Heimatmuseum** untergebracht, das die Stadtgeschichte beleuchtet, Gemäldesammlungen und heimatkundliche Apothekergerätschaften des 17. und 18. Jahrhundert ausstellt sowie mit einem Medizinbuch des Paracelsus von 1530 aufwarten kann *(Do 10 - 12Uhr, Sa/So 14 - 17 Uhr, kostenfreie Führung jeden 1. Sa im Monat 14.30 Uhr)*.

Die 1220 - 40 errichtete **Pfarrkirche St. Peter** ist eine spätromanische Emporenbasilika, die seit 1998 zum Kulturerbe zählt. In der rechten Chorkapelle liegt verschrumpelt in seinem gläsernen Sarg ein Vogt aus Sinzig, bei dem es sich vermutlich um Wilhelm von Holbach handelt. Vor über 300 Jahren wurde die Mumie das erste Mal in den Kirchenunterlagen schriftlich erwähnt. Seitdem ist der „arme Kerl" nahezu unbekleidet immer wieder den neugierigen Blicken der Kirchenbesucher ausgesetzt. Weitere Informationen rund um Sinzig sind in der **Tourist-Info** zu erfragen *(Mo - Fr 9 - 12/14 -17 Uhr, Bachovenstraße 10, Telefon 02642/980500, www.sinzig-info.de)*.

Am Ende unserer Reise durch den Hunsrück, entlang der Mosel und in die Eifel kehren wir am Sinziger Kreisel im hochpreisigen, aber empfehlenswerten **Restaurant Vieux Sinzig** des Jean-Marie Dumaine ein *(Mi - So 12 - 14 Uhr/ab 18 Uhr, Do 12 - 14 Uhr, Kölner Straße 6, Telefon 02642/42757, www.vieux-sinzig.de)*. Während wir uns von der exquisiten Wildkräuterküche des Maître verwöhnen lassen, weht der betörende Duft der frischen Kräuter durch die geöffnete Terrassentür und wir resümieren, dass wir eine interessante und vor allen Dingen abwechslungsreiche Reise erleben durften.

Bevor es für uns weitere Regionen zu entdecken gibt, bleibt uns an dieser Stelle nur noch zu sagen „Bis auf ein anderes Mal!" oder wie es im Moselfränkischen heißt:

Bis off en anner Tua!

Baden und Wassersport

Auf unseren Touren bieten sich viele und abwechslungsreiche Möglichkeiten an, um ins kühle Nass zu springen. Ob kleine Naturseen oder die große Erholungs- und Freizeitanlage sowie die zahlreichen Frei- und Hallenbäder oder Badestellen an den Flüssen – fast überall kann man im Wasser nach Herzenslust planschen. Ein besonderes Erlebnis bietet sich bei einem Bad in urzeitlichen Vulkantrichtern. Wer sich lieber auf dem Wasser bewegt, wird auf den Seen oder auf den Flüssen bei Boots- und Kanutouren dazu Gelegenheit haben.

Bergwerke, Höhlen und Minen

Vor 400 Millionen Jahren war unsere Reiseregion von einem tropischen Meer bedeckt. Auf dessen Boden lagerten sich im Lauf der Zeit dicke Sand- und Schlammschichten ab. Das Eigengewicht verfestigte alles zu Quarzitgestein und Schiefer. Nachdem kontinentale Hebungen das Meer zurückgedrängt und die sogenannte „Hunsrückinsel" des Devonzeitalters zu einem Gebirge aufgewölbt hatten, setzte die Verwitterung ein: Die harten Quarzite wurden aus dem weicheren Schiefer separiert und die umliegenden Hochflächen im Hunsrück und in der Eifel entstanden.

Während einer vulkanischen Phase vor etwa 140 Millionen Jahren wurde ein größeres Gebiet unter anderem um Idar-Oberstein herum von Lava bedeckt. Es kam sowohl zur oberflächlichen Ablagerung von Basaltdecken als auch zum Eindringen von Lava in Gänge von bereits bestehenden Gesteinen. Durch die sie umgebenen Gesteine kühlten die Gänge sehr langsam ab. Der Wärme-Abtransport erfolgte vor allem durch Konvektionsströmungen von Grundwasser. Dabei löste das warme Wasser Silikate aus dem Gestein und lagerte sie in Hohlräumen wieder ab. Die Lösung von Silikaten ist unter anderem abhängig vom pH-Wert des Wassers, der sich innerhalb der Gesteinsschicht verändern kann. So kommt es, dass Mineralien an einer Stelle gelöst werden, während sie an einer anderen wieder abgelagert werden. Während der Abkühlungsphase wurden auf diese Art viele der im Gestein vorhandenen Gasblasen mit Achat gefüllt. Andere wurden teilweise gefüllt und nach Ende der Abkühlung bildeten sich im stehenden Wasser verschiedene Kristalle.

Diese Formen der Mineralien werden Drusen genannt. Das Vorkommen und der Abbau von Bodenschätzen, wie Blei, Kupfer, Quecksilber und Schiefer stellten häufig die Lebensgrundlage der Bevölkerung dar. Die mühevolle Arbeit der Bergleute wird auf anschauliche Weise zum Beispiel in den Besuchergruben in Mayen, Bundenbach, Fischbach und Fell an der Mosel dokumentiert. Eine Besonderheit finden wir in den Eishöhlen von Birresborn und dem Vulkankeller in Mendig, in denen aus der Basaltlava Mühlsteine geschlagen wurden. Das Schürfen von Achaten, Bergkristallen und Jaspis vermitteln die Edelsteinminen in Idar-Oberstein.

Besichtigungen

Dieser WOMO-Reiseführer bringt Sie zu einer Vielzahl von Sehenswürdigkeiten. Damit bei einer intensiven Besichtigungstour der Geldbeutel nicht zu sehr belastet wird, bieten verschiedene Städte mehrtägig gültige Touristen-Karten an. Diese berechtigen sowohl zum freien oder ermäßigten Eintritt der verschiedensten Attraktionen als auch zur Nutzung des ÖPNV und anderer Vergünstigungen zu einem Pauschalpreis.

Verkaufsstellen sind unter den angegebenen www-Adressen zu finden oder bei den örtlichen Tourist-Informationen zu erfragen.

Campingplätze und Offizielle Wohnmobil-Stellplätze

Wir haben zahlreiche **Campingplätze** beschrieben und weisen in den

Tourenkarten auf weitere hin. Die in ihrer Qualität sehr unterschiedlichen Plätze eignen sich für einen längeren Aufenthalt und bieten teilweise viele Freizeitangebote an. Oft verfügen sie über separate Stellplätze für Reisemobile, immer aber über eine Ver- und Entsorgungsmöglichkeit. Da wir an den Strecken jedoch ausreichend Stationen zum Ver- und Entsorgen aufführen, dürfte es in diesem Punkt ohnehin keine Defizite geben.
Wer häufig Campingplätze anfährt, kann sich einen der im Handel erhältlichen aktuellen Campingführer zulegen. Einige Plätze beteiligen sich an Sparprogrammen, die zum Beispiel nach Vorlage der ADAC Camp Card, der ASCI Card, der Camping Card International oder der Camping Key Europe Card, meist außerhalb der Hauptsaison, Nachlässe gewähren.
Mit einem Reisemobil schätzen wir wohl alle unsere Flexibilität, doch während der Hauptsaison empfehlen wir Ihnen mittlerweile, den gewünschten Campingplatz vorab zu reservieren. Für diesen Fall geben wir im Text die Telefonnummern sowie teils die Webseite an, auf der Sie einen Platz per E-Mail vorbestellen können.
Je früher am Tag Sie den Campingplatz anfahren, umso größer sind die Chancen auf Einlass. **Die beste Zeit ist vormittags zwischen 11 und 12 Uhr, wenn andere Leute gerade aufgebrochen sind.** Während der Mittagszeit ist vielerorts eine Anmeldung auf dem Campingplatz nicht möglich und Sie müssen warten, bis die Rezeption wieder geöffnet ist. Da die Ruhezeiten variieren, haben wir auf diese Angabe verzichtet. Die aktuellen Öffnungszeiten haben wir jedoch für Sie notiert, können aber nicht dafür garantieren, ob diese sich nicht verändern.
Hunde sind im Allgemeinen an der Leine erlaubt, doch in diesem Fall hat der Platzbetreiber das letzte Wort und kann unter Umständen in der Hauptsaison ein Hundeverbot beschließen. Manche Campingplätze akzeptieren nur einen Hund pro Fahrzeug, auf anderen Campingplätzen sind zwei und mehr Hunde gestattet. Im Zweifelsfall sollte man vor der Anreise immer telefonisch nachfragen oder sich auf der Internetseite informieren.
Offizielle Wohnmobil-Stellplätze: Unser Reisegebiet zwischen Hunsrück, Mosel und Eifel ist auf Wohnmobilisten eingerichtet und heißt Sie willkommen! Allerdings werden die Park- und Übernachtungsmöglichkeiten nach überproportionaler Zunahme von Reisefahrzeugen unterschiedlichster Größen und Ausstattungen mittlerweile öfter als uns lieb ist reglementiert. Dies bedeutet nicht, dass Wohnmobile generell verboten sind, sondern dass diese an den dafür vorgesehenen Stellen abgestellt werden müssen. Im Interesse aller Reisemobilisten möchten wir Sie herzlichst bitten, sich an die diesbezüglichen örtlichen Vorgaben zu halten!
Die offiziellen Wohnmobil-Stellplätze reichen vom separaten WOMO-Bereich auf einem profanen, wir bezeichnen diesen als "einfachen", Parkplatz bis zum voll ausgestatteten Stellplatz mit Ver- und Entsorgung, Strom, Sanitärbereich, Abfallbehälter und meist Platz für Tisch und Stühle (klappstuhlgeeignet) vor oder neben dem Wohnmobil.
Es gibt **private und kommunal betriebene Stellplätze** deren Gesamtkosten in der Höhe sehr unterschiedlich ausfallen können. Wenige Ausnahmen werden sogar kostenlos angeboten. Für die Ver- und Entsorgung sowie Strom müssen Sie jedoch in den meisten Fällen bezahlen. Die Gebühren hierfür (1 - 5 €) sind genauso unterschiedlich wie die Art der Bezahlung und können sich zum Beispiel nach Umbauten wieder verändern.
Manche Stellplätze setzen auf Jetons, die man zum Beispiel in nahen Geschäften, Tankstellen sowie der Tourist-Info erwerben kann oder favorisieren den Einwurf von Euromünzen, andere sind nur per Kreditkarte zahlbar. Auf einigen, mittlerweile sehr wenigen Plätzen erscheint der Platzwart zum Kassieren, bei den nächsten gibt es einen schlichten Parkscheinautomat, der entweder mit Münzen gefüttert werden möchte oder nur die Kreditkartenzahlung akzeptiert. Es gibt Schranken, freie Zufahrten, Ketten zum Ab- und wieder Einhängen und Poller, die nach Bezahlung und Einfahrt im Boden versinken und wieder hochfahren.

Letztendlich können wir Ihnen nur empfehlen, immer 1 und 2 Euro-Münzen und gegebenenfalls etwas Bargeld in Form von Scheinen sowie unbedingt eine Kredit- und EC/Maestrokarte dabei zu haben.
Zusätzlich gilt, wie bei den Campingplätzen in der Hauptsaison, den gewünschten Stellplatz nie zu spät anzufahren, damit tatsächlich noch ein Plätzchen für Sie frei ist.
Während der Nebensaison, aber auch in den Wintermonaten kann die Ver- und Entsorgung schwierig werden, da V/E-Anlagen möglicherweise geschlossen sind. Zusätzlich möchten wir darauf hinweisen, dass einige der beschriebenen Stell- und Parkplätze bei Veranstaltungen und Festen gesperrt sein können, ohne dass wir dafür einen Hinweis an Sie weitergeben können.

Fest- und Feiertage

Banken, Behörden und die meisten Geschäfte, aber auch viele Sehenswürdigkeiten und Museen sind an folgenden neun bundeseinheitlich geschützten Feiertagen geschlossen:
1. Januar Neujahr, Karfreitag, Ostermontag, Christi Himmelfahrt, Pfingstmontag, 1. Mai, 3. Oktober Tag der Deutschen Einheit, Erster und Zweiter Weihnachtstag.
Alle anderen Feiertage werden von den Bundesländern festgelegt. In Rheinland-Pfalz und Nordrhein-Westfalen sind dies zusätzlich Fronleichnam, und 1.11. Allerheiligen.

Flora und Fauna

Der Hunsrück, die Moselregion und die Eifel weisen die typische Pflanzen- und Tierwelt der deutschen Mittelgebirge auf. Sowohl Hunsrück als auch Eifel sind zu 40 Prozent mit Wald bedeckt. Auf den Hochplateaus dominieren landwirtschaftliche Nutzflächen und Weidewirtschaft, während an den Hängen der Mosel die Rebstöcke überwiegen. Hier ist auch der rote Weinbergpfirsich, der, genau wie die als Frühwarnsystem für Rebkrankheiten geltenden Rosenstöcke, in den Weinbergen zu Hause. Im Eifeler Lampertstal und nahe der Hunsrückgemeinde Woppenroth treffen wir auf Wacholderheiden, die nach Waldbeweidung und rücksichtlosem Holzeinschlag entstanden sind, früher häufiger vorhanden waren und heute unter Naturschutz stehen. Als Besonderheit finden wir an den Hängen der Quarzitrücken, beispielsweise im Schwarzwälder Hochwald in der Nähe der Ruwerquelle, Quellmoore, die mit typischer Hochmoorvegetation, wie Sonnentau, Siebenstern und Bärlapp aufwarten können. Außerdem fallen immer wieder idyllische Mager- und Feuchtwiesen mit zum Teil üppigem Narzissenbewuchs auf den Höhenzügen auf. Besonders in der Eifel sind viele Orchideenarten beheimatet, die in den kalkhaltigen, mageren Böden vulkanischer Herkunft besonders gedeihen und u.a. in der Schönecker Schweiz anzutreffen sind. Erwähnenswert sind die gelb leuchtenden Ginsterbestände, die als „Eifelgold“ bezeichnet werden, aber auch im Hunsrück unsere Wege begleiten.
Die Wälder in Hunsrück und Eifel sind wildreiche Reviere. Reh- und Rotwildbestände sind groß und man begegnet ihnen auf Wanderungen häufig. Zahlreich sind die Wildschweinrotten, die wir aber gottlob nie zu Gesicht bekamen. Iltisse, Marder und Füchse sind hier ebenso zu finden, wie die scheuen Mufflons und Wildkatzen, die vor allem die Felsregionen bewohnen. In der Luft dominieren Raubvögel wie Gabelweihen und Bussarde, sowie Habichte und Kornweihen, über den klaren Bächen fliegen Wasseramseln und in den Wäldern ist der klagende Ruf der Schwarzspechte zu vernehmen. An der Ahrmündung ist der Standort des Pirols, der Uhu ist an mehreren Orten erfolgreich wieder-eingebürgert worden und mit viel Glück kann man hier und da einen Eisvogel beobachten, der im Sturzflug kleine Fische erbeutet. Während die flinken Bachforellen elegant durch die sauberen Waldbäche gleiten, surren Libellen über die Gewässer. Frösche und Kröten kreuzen ab und zu hüpfend unseren Weg und in den Weinbergen finden wir vor allem Wärme liebende Kriechtiere.

Zahlreiche Schmetterlingspopulationen flattern über steile Hänge und sonnige Wiesen, während wir an warmen Abenden vor dem Wohnmobil sitzend fast überall den nächtlichen Beutezug von Fledermäusen beobachten können.

Freies Übernachten und Parken

Das einmalige Zwischenübernachten im Wohnmobil an Straßen und auf Parkplätzen ist in Deutschland zur Wiederherstellung der Fahrtüchtigkeit, diese sollte in der Regel nach zehn Stunden erreicht sein, erlaubt. Selbstverständlich nur dort, wo es nicht durch die Straßenverkehrsordnung oder deren Zeichen ausdrücklich verboten ist. Es sind demnach örtliche Einschränkungen zu beachten und ein campingähnliches Verhalten, wie zum Beispiel Markise ausfahren, Tisch und Stühle aufstellen, Grillen und Wäsche aufhängen, zu unterlassen, da es als verkehrsfremd gilt. Die Campingausstattung im Fahrzeug darf benutzt werden. Nicht zulässig ist dagegen mehrmaliges Übernachten am gleichen Ort, da die Straße oder der Parkplatz dann nicht mehr vorwiegend zu Verkehrszwecken genutzt werden. Sollte man auf privaten Grundstücken, wie beispielsweise an Gaststätten, parken oder übernachten wollen, dann darf das nur mit der Erlaubnis des Grundstücksbesitzers geschehen.
Soweit die Theorie – in der Praxis stellt sich eher die Frage, ob Sie von der örtlichen Obrigkeit behelligt oder gar zur Kasse gebeten werden. Uns ist das allerdings nicht ein einziges Mal passiert! Nach unseren Erfahrungen kann man mit etwas Sensibilität dort stehen, wo es nicht ausdrücklich verboten ist, oder wo man wegen einer Höhenbegrenzung oder Verbotszeichen erst gar nicht hinkommt. Sollte es doch einmal vorgekommen, dass es an der Wohnmobiltür klopft und uns Ordnungshüter oder Gemeindevertreter zum Verlassen des Platzes auffordern, dann würden wir dieser Bitte ohne Diskussion und umgehend nachkommen.
Die Thematik der klassischen **freien (kostenfreien) Stellplätze** wird in Zeiten zunehmender Wohnmobilkolonnen immer schwieriger und man sollte bei der Auswahl „seines" Platzes schon ein gewisses Maß an Fingerspitzengefühl an den Tag legen! So kann es vorkommen, dass einige der von uns genannten Parkplätze je nach aktueller Situation nicht nur zum Parken, sondern gegebenenfalls durchaus auch einmal zum Übernachten geeignet sind. Sollten Sie unsicher sein oder sich der Parkplatz zum Beispiel auf privatem oder kommunalem Grund befinden, dann sorgt eine kurze Nachfrage vor Ort meist für Klarheit.
Wir haben bei der Angabe von **Max. WOMOs** bei den freien Plätzen stets die Anzahl angegeben, die wir für verträglich halten, um niemanden durch eine zu große Ansammlung von Reisemobilen zu verärgern oder zu stören. Nichtsdestotrotz werden sie auf Örtlichkeiten treffen, wo gerade in der Hauptsaison sehr viel mehr Wohnmobile anzutreffen sind, weil die Aussicht, das Städtchen und das übrige Drumherum einfach zu schön sind.
Aber mal ganz ehrlich, wenn wir uns jetzt einfach dazustellen, womöglich auch noch in zweiter Reihe oder dicht am Nachbarn, dann ist der Sinn und vor allem der Reiz des freien Stellplatzes nun wirklich verschwunden und noch schlimmer, die favorisierte Stellplatzmöglichkeit wird über kurz oder lang von offizieller Stelle verboten werden, da wir die Einheimischen mächtig stören! In solchen Fällen fahren wir weiter und suchen den nächsten Stell- oder Campingplatz auf.
Für längere Aufenthalte empfehlen wir ohnehin die offiziellen Stell- und Campingplätze.
Fahren Sie nach einer oder mehrerer der inzwischen fast obligatorischen Stellplatz-Apps? Wir tun das selbstverständlich ebenfalls und orientieren uns an dem schier unerschöpflich erscheinenden Angebot. Wir studieren Fotos, Koordinaten und die Kommentare der Nutzer – vermutlich genau wie Sie. Aber wir wählen zusätzlich für Sie aus! Wir trennen die Spreu vom Weizen, schauen nach, ob es nicht vielleicht doch eine Höhenbarriere gibt, die Zufahrt zu eng, zu lang, zu schlecht und schlammig sein könnte oder ob schlicht vergessen wurde, ein Verbotsschild zu erwähnen. Passt das Umfeld, wie ist der Unter-

grund oder gibt es vielleicht doch eine unerwähnte Einschränkung? Soweit es um anderweitig veröffentliche Plätze geht, haben wir nur diejenigen in diesem Buch aufgenommen, die wir tatsächlich für geeignet halten und warnen Sie gegebenenfalls auch einmal vor einem bestimmten Platz. Nichtdestotrotz können auch diese Angaben bei der nächsten Reise schon wieder überholt sein. Zudem gibt es, zumindest vorübergehend, noch Plätze, die Sie nur bei uns finden und hoffentlich auch in Zukunft finden werden.
Wir stellen leider zunehmend fest, dass Parkplätze, die in den vergangenen zehn Jahren in diesem Buch und anderen unserer WOMO-Bücher unbeschadet zu nutzen waren, seit der Zunahme von Reisefahrzeugen und insbesondere in Corona-Zeiten vermehrt durch die Städte oder Gemeinden rigoros geschlossen werden. Von der ehedem freundlichen Toleranz unserer Mobilisten-Zunft gegenüber, ist seit dem Auftauchen des sogenannten Trend-Campers und seinem, bezeichnen wir es wohlwollend, unbedarften Auftreten immer weniger zu spüren.
Im Allgemeinen haben wir die Plätze sauber und ordentlich vorgefunden und diese auch so wieder verlassen. Es wäre schön, wenn das so bleiben würde und wir bitten deshalb alle Leser und Leserinnen und vor allen Dingen die Nutzer der freien Stellplätze ganz herzlich, sich so zu verhalten, dass niemand uns Wohnmobilisten zürnen kann! Dazu gehört auch, dass die Entsorgung der Kassette und des Abwassers niemals in der freien Natur oder im Straßengully erfolgen soll! Es wäre schade, wenn WOMOs in Zukunft im Hunsrück, an der Mosel und in der Eifel nicht mehr gern gesehen würden.
Manchmal sind wir auf Schilder mit der Aufschrift "Lagern und Zelten verboten" gestoßen und sind uns nicht sicher, ob damit auch Wohnmobile gemeint sind. Manch einer ignoriert dieses Verbot, von dem er meint, dass es nur Zelte betrifft, und scheint manchmal damit auch Erfolg zu haben. Wir haben es ihm von Zeit zu Zeit in der Nebensaison und mit einem kleinen schlechten Gewissen nachgemacht, müssen aber auch eindeutig sagen, dass wir ein Verbot für Wohnmobile oder die Durchfahrt für Fahrzeuge über 1,8 oder 2,8 Tonnen Gesamtgewicht wie am Rursee in der Eifel immer akzeptiert haben!
Bei einigen der genannten Parkplätze werden Sie bemerken, dass das Parken für Pkw erlaubt und für Lkw verboten ist. Hier verhält es sich nach unseren Erfahrungen genau wie bei den Straßen, die für Fahrzeuge mit einem **Gesamtgewicht von mehr als 3,5 Tonnen** gesperrt sind. Auf Nachfrage erhielten wir bei den Fremdenverkehrsbüros regelmäßig die Auskunft, dass wir mit unserem über 3,5 Tonnen schweren Wohnmobil selbstverständlich die Parkplätze als auch die Straßen nutzen dürfen und die Verbotsschilder gegen Lkw im Transitverkehr gerichtet sind. Wir beschreiben hier allerdings keine juristisch fundierte Aussage, für die wir haftbar sind. Sie müssen sich auf jeden Fall darüber im Klaren sein, dass Sie sich, wenn es hart auf hart kommt, beim Parken mit dem Wohnmobil auf solchen Plätzen im Unrecht befinden und mit einer (Geld)Strafe rechnen müssen. Wem das also alles zu wage erscheint, möge diese Strecken und Parkplätze meiden oder selbst bei den entsprechenden Stellen nachfragen.
Sollte die Anzahl der Wohnmobile und ausgebauten Kastenwagen weiter so ansteigen, befürchten wir ohnehin, dass es sich mit den Zugeständnissen der Gemeinden gegenüber Reisemobilen bald erübrigt hat.
Wenn wir eine Durchfahrt im Hinblick auf die Unversehrtheit des Wohnmobils und seiner Insassen tatsächlich für bedenklich halten, dann raten wir Ihnen im Tourentext vom Befahren der Strecke ab.
Generell sollten Sie so einparken, dass Sie nicht zugeparkt werden und den Parkplatz vorwärts verlassen können. Beachten Sie bitte, dass Wohnmobile mit einem langen Radstand oder mit langem Hecküberhang beim Ausparken dicht an einer Mauer, an einem Verkehrsschild oder zwischen anderen Fahrzeugen unter Umständen mehr Platz zum Rangieren benötigen. Alte Reisemobil-Hasen werden über diesen Tipp vermutlich schmunzeln, WOMO-Neulinge werden sich vielleicht mit Freude daran erinnern.

Es kann sein, dass sich ein Stellplatz im Sommer anders darstellt als in den übrigen Jahreszeiten. Da wir uns in der freien Natur aufhalten, **sollten Unterlegkeile zum Ausgleich von Bodenunebenheiten immer dabei sein!** Lassen Sie sich nicht von der Nähe einiger unserer Plätze zu den Straßen abschrecken! Meist ruht der Straßenverkehr nachts völlig und wir haben dort störungsfreie Nächte verbringen können. Sollte eine Geräusch- oder Geruchsbelästigung soweit uns bekannt nicht auszuschließen sein, weisen wir im Text gesondert darauf hin.

Gas

Gastankstellen sind mittlerweile in Deutschland fast flächendeckend vorhanden, sodass Sie Ihre Gastankflasche befüllen können. Für den Gasflaschentausch bieten sich unter anderem die angegebenen Wohnmobil-Händler mit Zubehörläden an.

Geschichte

Bereits lange vor den letzten Vulkanausbrüchen in der Eifel durchstreiften Menschen die Region und suchten zum Beispiel in der Kakushöhle in Weyer Schutz vor der herannahenden Eiszeit. In Treis und Bremm belegen Funde, dass sich dort in der Mittelsteinzeit erste Siedlungen befanden, während sich die Menschen in der bäuerlich geprägten Jungsteinzeit im Hunsrück niederließen. Ab dem Jahr 500 vor Christus prägten keltische Niederlassungen in der La-Tène-Zeit das Bild.

Die Treverer, ein keltischer Stamm, schufen die Hunsrück-Eifel-Kultur und bauten Höhensiedlungen unter anderem auf dem Martberg bei Pommern und die Altburg bei Bundenbach oder den Otzenhäuser Ringwall. Zwischen den Jahren 50 vor Christus und 400 nach Christus erschlossen die Römer das linksrheinische Gebiet, wie zahlreiche Funde römischer Höfe und Häuser beispielsweise in Longuich an der Mosel oder Fließem in der Eifel beweisen. Sie sorgten nicht nur für ein weitverzweigtes Straßennetz, dessen bekanntester Rest die Ausoniusstraße darstellt, sondern entwickelten aus römischen Lagern Städte wie Koblenz oder Trier, das für kurze Zeit kaiserliche Residenz wurde. Römische Wasserleitungen, wie die von der Ruwer nach Trier oder vom Eifelörtchen Vussem nach Köln wurden angelegt.

Nach dem Verfall des Weströmischen Reichs eroberten die Franken das Territorium und Mitte des 8. Jahrhunderts begann die Zeit der Gaue, die unter anderem von den Emichonen im Nahegau verwaltet wurden. Klöster, wie die Benediktinerabtei in Prüm wurden gegründet und ließen die Gegend wirtschaftlich und kulturell aufblühen. Im Mittelalter bekämpften die Erzbischöfe von Trier die territorial stark zersplitterten Pfalzgrafen und Fürsten. Burganlagen, wie die Burg Eltz, die Burgen in Manderscheid, die Burg Thurant an der Mosel oder Schloss Dhaun an der Nahe wurden erweitert oder neu errichtet und sind noch heute Zeugen von erbitterten Herrschaftsansprüchen. In diese Zeit fallen aber auch die Gründungen weiterer Klöster, wie in Ravengiersburg oder der Umbau der Porta Nigra zur Simeonskirche, während die Inquisition und Hexenverfolgung in der Eifel, an der Mosel und im Hunsrück erbarmungslos zuschlugen. Entsetzlich wütete der Dreißigjährige Krieg, der vom Einfall der französischen Truppen unter Ludwig XIV., der seinen Traum von der Rheingrenze seines Reichs durchsetzen wollte, fast übertroffen wurde. Dem Pfälzischen Erbfolgekrieg fielen fast alle Burgen und Städte zum Opfer und am Ende war das Gebiet ausgeblutet und verarmt.

Mitte des 18. Jahrhundert beginnt an der Mosel eine Zeit der wirtschaftlichen und kulturellen Blüte. Als Napoleons Revolutionstruppen 1792 in Eifel und Hunsrück einmarschierten, die Feudalstrukturen aufgehoben, das Land in Départements aufgeteilt und an den Wirtschaftsraum Frankreich angegliedert wurde, lohnte sich das handwerkliche und industrielle Engagement der Bevölkerung auch dort wieder und hier war ebenfalls ein kleiner Hauch von Aufschwung zu spüren. Der Zustand währte jedoch nicht lange, denn nach

dem Wiener Kongress 1815 und der Neuordnung Europas fiel das Gebiet an Preußen, zu dem und dessen Nachfolger, dem Deutschen Reich, es bis 1945 gehörte.
Die neuen Herren waren eher aus militärischen Gründen an ihrem zugeteilten Herrschaftsgebiet interessiert, sodass sie gegen eine erneute Verarmung der Eifeler und Hunsrücker vorerst nichts Wesentliches unternahmen. Auch wenn die Wirren der Zeit nicht spurlos an der Mosel und den Moselanern vorbeigingen, hatte die Region eine Sonderstellung. Sie kam zum einen den romantischen Vorstellungen der Deutschen entgegen und der exzellente Ruf der Weine beflügelte den Weinhandel. Die im Tal verlaufende Bahnstrecke, die Städte Trier und Koblenz und die Schifffahrtsstraße brachten zusätzlich einen gewissen Wohlstand in die Gegend, wie man unter anderem den um die Jahrhundertwende vom 19. zum 20. Jahrhundert entstandenen Jugendstilbauten in Traben-Trarbach ansehen kann.
Hunsrück und Eifel führten weiterhin ein Schattendasein, über das auch die Industrialisierung unter den Preußen nicht hinwegtäuschen konnte. Durch den Eisenbahn- und Straßenbau profitierte zwar die Bevölkerung, doch die neue Infrastruktur brachte auch billigere Produkte von außerhalb und viele Industriebetriebe mussten schließen. Auch die Eisenindustrie in der Eifel kam zum Erliegen und die Not wurde so groß, dass der verarmte und ausgezehrte Landstrich den Namen „Preußisch Sibirien" erhielt.
Der Bau des Nürburgrings setzte 1925 ein erstes Zeichen für den wirtschaftlichen Neuanfang, brachte Arbeit und bis heute den Tourismus in die Eifel. Im Hunsrück wurde 1938/39 in nur 100 Tagen die 140 Kilometer lange Hunsrückhöhenstraße gebaut, die allerdings nur als militärisch-strategische Aufmarschstraße zur deutsch-französischen Grenze für das Militär von Interesse war. Der ebenfalls bereits vor dem Zweiten Weltkrieg errichtete Westwall machte die Eifel kurz vor Kriegsende zu einem der blutigsten Schlachtfelder Europas und im Bombenhagel versanken viele Dörfer und Städte, so auch Trier und Koblenz, in Schutt und Asche. Heute mahnen die ehemalige „Ordensburg" Vogelsang in der Eifel und das beim Hunsrückort Hinzert gelegene ehemalige Konzentrationslager an diese unrühmliche Zeit deutscher Geschichte.
Nachdem die französischen und britischen Besatzungsmächte abgezogen waren, wurden der Hunsrück, die Moselregion und Teile der Eifel dem neuen Bundesland Rheinland-Pfalz zugeordnet, während der Nordteil der Eifel zu Nordrhein-Westfalen gehört. In der Zeit des Kalten Krieges bis Anfang 1990 fand man im Hunsrück viele militärische Flugplätze, Munitionslager und Raketenabschussstellungen. Im Rahmen des NATO-Doppelbeschlusses sollten im Hunsrück die mit Atomsprengköpfen bestückten Cruise Missiles gelagert werden, was jedoch an den friedlichen, aber äußerst effektiven Protesten der Bevölkerung scheiterte und in der „Hunsrücker Erklärung", die sich für die Umkehr in der Sicherheitspolitik aussprach, endete. Die Raketenzeit im Hunsrück war beendet! In der Folge wurde die von den Amerikanern militärisch genutzte Airbase Hahn der zivilen Verwaltung übergeben und wird seit dieser Zeit als Flughafen Frankfurt/Hahn stetig ausgebaut. Arbeitsplätze wurden in der strukturschwachen Region geschaffen und auf dem „Hundsbuckel" zog endlich ein gewisser Wohlstand ein.
Ungeachtet der Hunnen, die in der Zeit der Völkerwanderung im Hunsrück ihr Aufmarschgebiet hatten, stammt die älteste und einfachste Erklärung für diese Bezeichnung aus dem Vergleich der welligen Höhenzüge mit einem Hunderücken. Bereits Trithemius, Abt von Sponheim übersetzte 1074 mittelhochdeutsch „hundesrucha" in einer Ravengiersburger Klosterurkunde griechisch mit „Cynonatus", also Hunderücken.
Nachdem der Nürburgring als Zugpferd für den Tourismus erfolgreich war, das Bewusstsein für die traditionelle Kultur erstarkte und besonders schöne Fachwerkstädte wie Monschau und Monreal in der Eifel und Herrstein im Hunsrück von Putz und Verblendungen befreit wurden, entwickelt sich zwar langsam, aber stetig eine touristische Infrastruktur mit Freizeiteinrichtungen,

Gastronomie und Erholungsangeboten. Wie das alles allerdings nach der Corona-Pandemie aussehen wird, vermag heute noch niemand vorhersehen.

GPS und Navigation

Inzwischen gehört die Navigation per GPS-Gerät zum Alltag und wird nahezu in jedem WOMO genutzt. Auf unseren Recherchetouren haben uns zum einen die Garmin-Navigationsgeräte, aber auch das im Wohnmobil festverbaute Radio-Navigationsgerät sicher zu unseren Zielen geführt, zum anderen nutzen wir vermehrt ein Android-Tablet und navigieren zum Beispiel mit **Google-Maps** online. Dies hat den Vorteil, dass bei entsprechender Einstellung aktuelle Straßen- und Verkehrsverhältnisse sofort sichtbar sind oder wir beispielsweise auf Sehenswürdigkeiten hingewiesen werden können.
Wenn wir unterwegs nicht online sein können oder sein möchten, dann leistet uns die App von **OsmAnd** im Offline-Modus gute Dienste. Mit dem für alle gängigen und GPS-fähigen Smartphones und Tablets kostenlosen Programm **maps.me**, für das Sie kostenfreie Karten downloaden können, besteht die Möglichkeit nach Eingabe von Koordinaten beziehungsweise Adressen offline zu navigieren. Die vom WOMO-Verlag bezogenen Koordinaten können im kml-Format auf den Geräten eingelesen werden. In der App klickt man in der Rubrik „Lesezeichen" auf das gewünschte Ziel und startet die Navigation. Die Kartendarstellung ist etwas verzögert, und die Navigation funktioniert ohne Ton, aber nach unseren bisherigen Erfahrungen recht zuverlässig (www.maps.me/de).
Wir empfehlen trotz aller Technik, bei der gelegentliche Ungenauigkeiten einkalkuliert werden müssen, die Mitnahme einer guten Straßenkarte oder bei Bedarf einer Wanderkarte.
Die GPS-Koordinaten aller Plätze haben wir in der Schreibweise Grad° Minuten' und Sekunden", z. B. N 50°36'38.2" E 10°07'55.6" angegeben und Sie können sie manuell in jedwede Art von Navigationsgerät und -möglichkeit eingeben. Gegebenenfalls muss das Eingabeformat in den Grundeinstellungen Ihres Gerätes verändert werden, sonst weicht die anvisierte Örtlichkeit deutlich vom eigentlichen Ziel ab.

Haustiere

Mitreisende Haustiere aus dem europäischen Ausland benötigen für alle Reisen innerhalb der EU einen EU-Heimtierausweis und eine gültige Tollwutimpfung. Örtliche Verordnungen sind zu beachten und wir verweisen auf die Internetseite des Bundesministeriums für Ernährung und Landwirtschaft, www.bmel.de.

Kartenmaterial und Literatur

Unsere, den Touren vorangestellten Karten ersetzen keine Straßen- oder Wanderkarten und sollen Ihnen lediglich bei der Orientierung helfen.
Dieser WOMO-Band kann zudem keinen umfassenden Reiseführer für die gesamte Region ersetzen, zu verschieden sind die Interessen und Ambitionen hinsichtlich Kultur, Architektur, Freizeitaktivitäten usw. eines jeden Einzelnen. Für die detaillierte Planung Ihrer Reise empfehlen wir Ihnen folgende Karten und Lektüren:

- Freytag & Berndt: Rheinland-Pfalz/Saarland 1:200.000
- LVermGeo Rheinland-Pfalz: Topografische Karten mit Wander- und Radwegen 1:50.000
- GeoMap Medienagentur: Wander- und Freizeitkarten 1:50.000
- DUMONT: Reisetaschenbuch Mosel
- DUMONT: Reisetaschenbuch Eifel
- Bergverlag Rother: Wanderführer „Hunsrück" und „Eifel" inkl. Mosel-Touren
- Idee-Media Verlag: Traumschleifen und Traumpfade

In den **Tourist-Informationen** vor Ort und den entsprechenden Internetseiten gibt es zusätzlich eine Fülle von Broschüren, Prospekten und Vorschlägen für die Freizeitgestaltung. Beim Stöbern in örtlichen Buchhandlungen stößt man

auf Mundartgedichte, Geschichten aus den Regionen und auf Regional-Krimis der Autoren Jacques Berndorf und Heinz-Peter Baecker. In dem Buch „Das Campen ist des Mörders Lust", einer Sammlung mit Kurz-Krimis, wurde gar auf mörderisch amüsante Weise an uns Camper gedacht. Also genügend Lesestoff gegen Langeweile und für unterhaltsame Lesestunden!
Für Smartphone-Nutzer werden für verschiedene Regionen beziehungsweise Aktivitäten nützliche Apps im Apple- oder Android-Store angeboten.

Notruf
Für alle Staaten in der EU gilt die einheitliche Notrufnummer 112.

Öffnungszeiten
Bei den von uns genannten Museen und Sehenswürdigkeiten haben wir die jeweiligen Öffnungszeiten notiert. Trotzdem kann es sein, dass sich die Zeiten verändern oder einzelne Abteilungen der Museen vorübergehend geschlossen sind.
Zusätzlich möchten wir darauf hinweisen, dass einige offizielle als auch freie, mit den Begriffen WOMO-Stellplatz, WOMO-Picknickplatz, WOMO-Badeplatz oder WOMO-Wanderparkplatz beschriebene Stellplätze und Parkplätze bei Veranstaltungen und Festen gesperrt sein können.

Reisezeit und Klima
Zu allen Jahreszeiten üben die beschriebenen Regionen ihren Reiz aus. Trockene, heiße Sommer sind möglich, genauso wie niederschlagsreiche Monate in Frühjahr und Herbst und schneereiche Winter. Im Reisegepäck sollten Bade- und Regenbekleidung, aber auch ein warmer Pullover nie fehlen. Im Frühjahr locken die Narzissenwiesen in Eifel und Hunsrück sowie die überall erwachende Natur. Im Sommer laden die Seen zu einem Bad oder einer Schiffstour und vielen anderen Aktivitäten in freier Natur ein. Der Herbst bietet einen besonderen Reiz, wenn in den Weinregionen die Winzerfeste die Besucher anlocken. Entsprechend groß ist in einigen Orten der Andrang von Wohnmobilisten und Tagestouristen. Etwas ruhiger ist es dagegen in den Wäldern mit dem herbstlich gefärbten Laub. Im Winter bietet sich ein Ausflug zum Erbeskopf und Idarkopf im Hunsrück sowie zum Skigebiet Wolfsschlucht bei Prüm und dem Weißen Stein in Hollerath an. Skifahrer, ob Langlauf oder Abfahrt, und Rodler kommen bei entsprechenden Witterungsverhältnissen auf ihre Kosten.

Sicherheit
Wir haben uns in unserem Reisegebiet immer sicher gefühlt. Aber wie überall auf der Welt, ist man besonders in Großstädten nie vor bösen Buben gefeit, die es auf Geld, Kreditkarten, Handys oder anderes abgesehen haben. Bewahren Sie diese Dinge so am Körper oder in einer Tasche auf, dass sie vor einem schnellen, unbefugten Zugriff sicher verwahrt sind.
Grundsätzlich gilt, dass man sein Wohnmobil niemals nur mit dem Autoschlüssel in der Hand für längere Zeit oder auch nur für einen kurzen Einkauf, verlassen sollte. Womöglich beobachtet gerade das der potenzielle Dieb und vermutet fette Beute im Wohnmobil.
Das Wohnmobil kann mit einer Alarmanlage gesichert werden, die einen Höllenlärm macht und den Einbrecher beim Eindringen zumindest erst einmal stört und im besten Fall verscheucht. Einfache Wohnmobilschlösser knackt jeder Einbruchwillige in Sekunden – zusätzliche Aufbauzylinderschlösser, Zusatzbügel über den Türen oder andere mechanische Hürden sind eine Hemmschwelle und erschweren den Zugriff. Der WOMO-Verlag bietet beispielsweise den WOMO-Knackerschreck an, der in die Vordertüren eingehakt wird und diese zusätzlich verriegelt (funktioniert jedoch nicht bei vollintegrierten Mobilen und soweit wir wissen auch nicht bei Ford-Modellen).

Ver- und Entsorgung

Das **Ver- und Entsorgen** gestaltet sich grundsätzlich problemlos. Anlagen finden sich an den ausgewiesenen Wohnmobilstellplätzen und sind in den meisten Fällen frei zugänglich. Wenn nicht, weisen wir im Tourentext darauf hin (zum Beispiel „durch Schranke gesichert") beziehungsweise nennen Alternativen an anderen Plätzen. Auch Campingplätze verfügen im Allgemeinen über Ver- und Entsorgungseinrichtungen und wenn nicht sowieso in der Beschreibung von uns erwähnt, lohnt sich eine entsprechende Nachfrage an der Rezeption, inwiefern eine gebührenpflichtige Nutzung ohne Übernachtung möglich ist. Im Winter kann es schwieriger werden, da V/E-Stationen wegen Frostgefahr möglicherweise geschlossen sind.

Wenn wir **öffentliche Toilette**n nennen, geschieht das nicht, um Ihnen einen Tipp zu Entleerung der Bordkassette zu geben, sondern es dient vielmehr als Hinweis an die Leser, die ihren Bedürfnissen nicht in den eigenen vier Wohnmobil-Wänden nachgehen.

An dieser Stelle möchten wir Sie nochmals eindringlich bitten, den Inhalt der Bordkassette, das Abwasser oder den anfallenden Müll niemals in der freien Natur oder im Straßengully zu entsorgen! Sie werden sehen, es gibt genug Möglichkeiten, um die Chemietoilette als auch das Grauwasser und den Abfall an den dafür vorgesehenen Stellen zu hinterlassen.

Wandern, Radfahren und Klettern

Wandern: Hunsrück, Eifel und die Moselregion sind ein wahres Paradies für Wanderer! Zwischen den Ausläufern der norddeutschen Tiefebene im Norden der Eifel, zwischen den Ardennen und der Ruwer im Westen, dem Rhein im Osten und der Nahe am südlichen Rand des Hunsrücks finden wir ein herrliches Wanderrevier mit einem gut erschlossenen Wegenetz. Durch malerische Orte, tiefe Wälder, romantische Täler und Weinberge, vorbei an historischen Stätten und imposanten Burgen und Ruinen – der Sirona-Weg, der Saar-Hunsrück-Steig, der Drei-Maare-Rundweg, der Eifelsteig, der Rotweinwanderweg oder der Kamm des Bremmer Calmont sind nur einige der unzähligen Wandermöglichkeiten, die es zu entdecken gibt. Die herrliche Naturlandschaft ist nun endgültig als Touristenmagnet anerkannt und wird sehr gekonnt in Form der Traumschleifen-und Traumpfad-Wanderungen vermarktet. Wir haben einige dieser „traumhaften" Wege erwandert und sind immer wieder aufs Neue begeistert *(www.saar-hunsrueck-steig.de/traumschleifen und www.traumpfade.info)*!

Sollten wir Wanderkarten benötigen, bestellen wir diese portofrei und immer zuverlässig innerhalb Deutschlands beim **Reisebuchladen Heidelberg/Karlsruhe** (www.reisebuchladen-heidelberg.de). Übrigens ist diese Adresse auch für uns die erste Wahl, wenn wir neue Reiseliteratur benötigen.

Es gibt mittlerweile eine große Anzahl von **Wanderapps** für den mobilen Gebrauch. Nicht jede hat sich für uns persönlich als nutzerfreundlich erwiesen und da wir annehmen, dass es Ihnen ähnlich ergehen kann, möchten wir Sie in diesem Fall auf die jeweiligen Angebote in den Shops Ihrer Smartphone-Systeme verweisen. So haben wir zum Beispiel die recht zuverlässigen Apps von Outdooractive oder Komoot.

Für unsere Wandertipps haben wir vorwiegend Rundwanderungen ausgewählt, die am Wohnmobil starten und nach einem erlebnisreichen Marsch dort enden. Der gut ausgebaute ÖPNV ermöglicht jedoch auch ausgedehnte Streckenwanderungen oder -radtouren und sorgt für einen problemlosen Transport zum Start- oder Endpunkt.

Radfahren: Auch wenn wir bedingt durch unsere vierbeinigen Begleiterinnen meist ohne Zweiräder ausgekommen, können Fahrräder gute Dienste leisten, da sie den Weg von Camping- und Stellplätze in die Ortschaften erleichtern können. Zusätzlich durchziehen hunderte Kilometer Radwege den Hunsrück sowie die Eifel und führen entlang von Nahe, Ruwer, Mosel und Ahr

auf Bahntrassen, Treidelpfaden, Waldwegen und ruhigen Nebenstraßen. Auf den Spuren des Schinderhannes zum Rhein radeln und über einen steilen Schieferhang mit der Hunsrückbahn den Rückweg antreten, eine kombinierte Rad-Schiffs-Tour an der Mosel oder eine Radtour um die Stauseen der Eifel – dem Fahrradfahren sind keine Grenzen gesetzt und auch MTB-Freunde finden herausfordernde Trails.
Wer kein eigenes Fahrrad dabei hat, dem kann an etlichen Verleihstationen geholfen werden. Entlang unserer Touren finden sich viele beschilderte Radwege und weiterführende Auskünfte sind bei den örtlichen Fremdenverkehrsbüros erhältlich.
Klettern: Kletterfreunde zieht es besonders in die Kirner Dolomiten oder in die Kletterhalle in Kirchberg, wo sie an senkrechten Wänden ihre Fähigkeiten unter Beweis stellen können.
Über viele andere angebotenen Sportarten wie z. B. **Golf**, **Tennis** oder **Reiten** und weitere Freizeitaktivitäten informieren die Fremdenverkehrsbüros. Sie werden viel unterwegs sein und reichlich Programm haben, bis Sie alle Sport- und Freizeitvorschläge „abgearbeitet" haben. Viel Vergnügen!

Wein

Schon die von der Sonne verwöhnte römische Besatzungsmacht wusste das Klima der Nahe, der Mosel, der Ruwer und der Ahr zu schätzen. In den folgenden Jahrhunderten erlebte der Weinbau in der Region durch Klimawechsel und sich ändernde Vorlieben der Verbraucher ein ständiges Auf und Ab. Ob im nördlichsten Rotweingebiet Deutschlands an der Ahr oder in einem der kleinsten Weinanbaugebiete Deutschlands an der Nahe oder einer der bekanntesten Weinregion an der Mosel und der Ruwer – in all diesen Regionen finden Weinliebhaber einen Tropfen nach ihrem Geschmack. Die unterschiedlichsten Bodenarten sorgen für eine große Geschmacksvielfalt mit einem breiten Spektrum an Würze, Gehalt und Frucht, wie sie sonst kaum zu finden ist. Am besten lässt man sich vor Ort bei einem der vielen Weingüter während einer Weinprobe beraten, trifft seine Auswahl und genießt die köstlichen Weine gleich im Wohnmobil oder später zu Hause. Verbunden mit schier endlosen Wanderungen durch Weinberge und malerische Ortschaften erfreuen die Weinanbaugebiete unseres Reisegebietes nicht nur Weinkenner aus aller Welt, sondern auch uns. Wir finden, dass die erstklassigen Weine im Verbund mit den teils atemberaubenden Landschaften unbedingt in unsere Liste der **Top Ten** gehören.

Bildnachweise

S. 5 4. Foto von oben: Campingplatz und Reisemobilhafen Ahrweiler
S. 39 unten: Natu Nimuee/Besucherbergwerk
S. 75 unten: ©wikimedia commons/Dirtsc/ CC BY-SA 4.0
S. 115 Flugausstellung Peter Junior
S. 192 unten: ©wikimedia commons/Carole Raddato/CC BY-SA 2.0
S. 254 oben: Wohnmobilpark Vulkaneifel
S. 299 unten: Kriminalhaus Hillesheim
S. 309 unten: ©wikimedia commons/Chris06/ CC BY-SA 4.0
S. 319 oben: Thomas Schröder
S. 319 unten: Vogelsang IP/Dominik Kelz

Bei den vorstehenden Fotos wurde der Bildinhalt nicht verändert.
Alle anderen Fotos von den Autoren.

Unser Dank gilt den verantwortlichen Personen der von uns besuchten Sehenswürdigkeiten und den Mitarbeitern der Touristinformationen.

Stichwortverzeichnis

F

G

H

I

T

U

V

W

Z

Der WOMO-Knackerschreck

* ist die universelle und **sofort sichtbare Einbruchssperre**.
* Wird einfach in die beiden Türarmlehnen eingehängt, zusammengeschoben und abgeschlossen.
* Passend für Ducato, Peugeot, Renault Master, MB Sprinter bis 2018 und VW (alle Typen).
* Krallen aus 10 mm massivem, einbrennlackiertem Stahl, d. h nahezu unverwüstlich.

Nur 59,90 € – und nur bei WOMO!
Versand: Deutschland portofrei, EU 10 €, Schweiz 15 €

Der WOMO-Leserservice

Passend zu unseren Reiseführern bieten wir in unserem Online-Buchshop unter **www.womo.de** an:

* Die besten **Autokarten** von Michelin, Freytag & Berndt, Reise-know-how, die garantiert die komplette Reiseroute abdecken.
* Die Kauderwelsch-**Wörterbücher** für jede Sprache unserer Reiseländer.
* Von jedem Reiseland mindestens einen Rother-**Wanderführer** über die schönsten Wanderregionen.
* Die **GPS-Daten** aller Bücher in den Versionen (.gpx und .kml) zum Download für die schnelle Übertragung auf Ihr Navi.

Info-Blatt aus dem WOMO-Buch: Hunsrück usw. '20

Lokalität: Seite: Datum:
(Stellplatz, Campingplatz, Wandertour, Gaststätte, usw.)

unverändert gesperrt/geschlossen folgende Änderungen:

Lokalität: Seite: Datum:
(Stellplatz, Campingplatz, Wandertour, Gaststätte, usw.)

unverändert gesperrt/geschlossen folgende Änderungen:

Lokalität: Seite: Datum:
(Stellplatz, Campingplatz, Wandertour, Gaststätte, usw.)

unverändert gesperrt/geschlossen folgende Änderungen:

Lokalität: Seite: Datum:
(Stellplatz, Campingplatz, Wandertour, Gaststätte, usw.)

unverändert gesperrt/geschlossen folgende Änderungen:

Lokalität: Seite: Datum:
(Stellplatz, Campingplatz, Wandertour, Gaststätte, usw.)

unverändert gesperrt/geschlossen folgende Änderungen:

Lokalität: Seite: Datum:
(Stellplatz, Campingplatz, Wandertour, Gaststätte, usw.)

unverändert gesperrt/geschlossen folgende Änderungen:

Meine Adresse und Tel.-Nummer:

Wir bestellen: (Preisänderungen vorbehalten)

- ☐ Wohnmobil Handbuch .... 12,00 €
- ☐ Wohnmobil Kochbuch .... 12,90 €
- ☐ Heitere Geschichten .... 6,90 €
- ☐ Albanien .... 19,90 €
- ☐ Allgäu .... 19,00 €
- ☐ Andalusien (Spanien Süd) .... 22,00 €
- ☐ Auvergne .... 22,00 €
- ☐ Baden-Württemberg .... 22,00 €
- ☐ Baltikum .... 23,00 €
- ☐ Bayern (Nordost) .... 20,90 €
- ☐ Bayern (Nordwest) .... 20,90 €
- ☐ Bayern (Südost/Oberbayern) 22,00 €
- ☐ Belgien & Luxemburg .... 19,90 €
- ☐ Bretagne .... 20,90 €
- ☐ Burgund .... 19,90 €
- ☐ Dänemark .... 21,00 €
- ☐ Elsass .... 19,90 €
- ☐ England (Nord) .... 19,90 €
- ☐ England (Süd) .... 19,90 €
- ☐ Finnland .... 19,90 €
- ☐ Frankreich Südwest .... 22,00 €
- ☐ Französische Alpen .... 20,90 €
- ☐ Franz. Atlantikküste (Nord) ... 19,90 €
- ☐ Französisches Jura .... 19,90 €
- ☐ Griechenland .... 19,90 €
- ☐ Hessen (Norden + Osten) .... 19,90 €
- ☐ Hessen (Mitte + Süden) .... 19,90 €
- ☐ Hunsrück/Mosel/Eifel .... 22,00 €
- ☐ Irland .... 22,00 €
- ☐ Island .... 18,90 €
- ☐ Korsika .... 18,90 €
- ☐ Kroatien / Montenegro .... 19,90 €
- ☐ Languedoc / Roussillon .... 19,90 €
- ☐ Ligurien .... 18,90 €
- ☐ Loire-Tal/Paris .... 17,90 €
- ☐ Lothringen .... 17,90 €
- ☐ Marokko .... 22,00 €
- ☐ Meckl. Vorpommern (West) .. 20,00 €
- ☐ Meckl. Vorpommern (Ost) ..... 20,00 €
- ☐ Mittel-Italien .... 19,90 €
- ☐ Namibia .... 20,90 €
- ☐ Neuseeland (Nord) .... 19,90 €
- ☐ Neuseeland (Süd) .... 19,90 €
- ☐ Niederlande .... 21,00 €
- ☐ Nord-Frankreich .... 19,90 €
- ☐ Normandie .... 22,00 €
- ☐ Norwegen (Nord) .... 21,00 €
- ☐ Norwegen (Süd) .... 19,90 €
- ☐ Österreich (Ost) .... 22,00 €
- ☐ Österreich (West) .... 17,90 €
- ☐ Ostfriesland .... 20,90 €
- ☐ Peloponnes .... 19,90 €
- ☐ Pfalz .... 19,90 €
- ☐ Piemont/Aosta-Tal .... 22,00 €
- ☐ Polen (Nord/Masuren) .... 21,00 €
- ☐ Polen (Süd/Schlesien) .... 17,90 €
- ☐ Portugal (Nord) .... 21,00 €
- ☐ Portugal (Süd) .... 20,00 €
- ☐ Provence & C. d'Azur (Ost) .. 19,90 €
- ☐ Provence & C. d'Azur (West) 19,90 €
- ☐ Pyrenäen .... 19,90 €
- ☐ Rumänien .... 19,90 €
- ☐ Sachsen .... 20,90 €
- ☐ Sardinien .... 19,90 €
- ☐ Schleswig-Holstein .... 22,00 €
- ☐ Schottland .... 19,90 €
- ☐ Schwarzwald .... 17,90 €
- ☐ Schweden (Nord) .... 19,90 €
- ☐ Schweden (Süd) .... 19,90 €
- ☐ Schweiz (Ost + West) .... je 19,90 €
- ☐ Sizilien .... 19,90 €
- ☐ Slowenien .... 18,90 €
- ☐ Spanien (Nord/Atlantik) .... 19,90 €
- ☐ Spanien (Ost/Katalonien) ..... 18,90 €
- ☐ Südafrika (Krüger NP) .... 24,90 €
- ☐ Süditalien (Ost/Apulien) .... 21,00 €
- ☐ Süditalien (West/Kalabrien) .. 19,90 €
- ☐ Süd-Tirol .... 20,00 €
- ☐ Thüringen .... 22,00 €
- ☐ Toskana & Elba .... 22,00 €
- ☐ Trentino/Gardasee .... 21,00 €
- ☐ Tschechien .... 20,00 €
- ☐ Türkei (West) .... 18,90 €
- ☐ Türkei (Mitte-Kappadokien) .. 17,90 €
- ☐ Umbrien & Marken mit Adria. 19,90 €
- ☐ Ungarn .... 18,90 €
- ☐ Venetien/Friaul .... 19,90 €
- ☐ Wales .... 18,90 €

Absender:

Datum Unterschrift

WOMO-VERLAG
Versandabteilung
OT Mittelsdorf
An der Liethe 4-6

36452 Kaltennordheim

DIE REISE- UND ERLEBNISFÜHRER
* Bequeme Touren durchs ganze Urlaubsland.
* Viele Plätzchen für freie Übernachtungen mit GPS.
* Genaue Hinweise auf viele Trinkwasserstellen.
* Die schönsten Badeplätze, die nicht jeder kennt.
* Bergtouren und Spaziergänge für groß und klein.
* Die besten Anreiserouten, Fähren, usw.
* 300 Tipps und Tricks – für Ausrüstung, Reisevorbereitung und Urlaub.
* Ausgefeilte Profipackliste.
* Spezialkarten mit präzisen Einträgen der freien Stellplätze, Trinkwasser- und Entsorgungsstellen.

DAS KOCHBUCH
* Einrichtung der WOMO-Küche.
* Lebensmittel-Grundausstattung.
* Konserven selbst gemacht.
* Backen in der Bratpfanne – Kuchen, Pizza, Brote.
* Viele, viele WOMO-Rezepte für zwei Gasflammen – einfach, schnell und lecker!
* Einkochen im Urlaub.
* Spezialrezepte für den Dampftopf.
* Der WOMO-Pfannenknecht.

DAS HANDBUCH
* Beratung bei Kauf und Miete.
* Gas-, Wasser-, Elektroinstallation.
* Einrichten des Wohnmobils.
* Tipps & Tricks fürs Wochenende.
* 3200 freie deutsche Stellplätze.
* 700 deutsche Entsorgungsstationen.
* Urlaubsvorbereitung, Profipackliste.
* .Stellplatz-Infos für ganz Europa.
* Wohnmobil und Wintersport.
* Der WOMO-Urlaubspartner-Service.
* Gastankstellen in ganz Europa.